राजभाषा तकनीकी शब्दावली
(अंग्रेजी – हिन्दी)

RAJBHASHA TECHNICAL GLOSSARY
(ENGLISH - HINDI)

राजभाषा तकनीकी शब्दावली

बलबीर सक्सेना

नीलकंठ प्रकाशन

महरौली, नई दिल्ली-110030

© प्रकाशक

ISBN : 81-87774-06-1

मूल्य : 495.00 रुपये

संस्करण : 2007

प्रकाशक : नीलकंठ प्रकाशन
1/1079-ई, महरौली,
नई दिल्ली-110030

शब्द संयोजक : एन.डी. प्रिंटर्स
ए-188, पंडारा रोड,
नई दिल्ली-110003

मुद्रक : विशाल प्रिंटर्स
नवीन शाहदरा, नई दिल्ली-110032

RAJBHASHA TAKANIKI SHABDAVALI—by Balbir Saxena

सूची / CONTENT

स्पष्टीकरण

भारत की स्वतन्त्रता प्राप्ति के सोलह वर्ष पश्चात राजऋषि पुरुषोत्तम दास टण्डन एवं सेठ गोविन्द दास जैसे कई हिन्दी प्रेमियों के निरन्तर एवं अथक प्रयासों के फलस्वरूप राजभाषा अधिनियम, 1963 का प्रादुर्भाव हुआ और सरकारी दफ्तरों में देवनागरी लिपि में हिन्दी का उपयोग मंथर गति से आरम्भ हुआ। कुछ प्रांतों ने केन्द्र का अनुसरण किया। परन्तु दक्षिण में, विशेषकर तमिलनाडु में, उनका तमिल प्रेम आड़े आ गया। वे हिन्दी शिक्षण एवं कार्यान्वयन को थोपा जाना महसूस करने लगे। राजाजी जैसे राष्ट्रीय नेता ने हिन्दी के विरुद्ध झण्डा उठा लिया, जबकि संविधान में अहिन्दी भाषा वाले प्रदेश में हिन्दी के प्रवेश के लिए पन्द्रह वर्षों की पहली ही छूट दे दी गई थी। जिस देश में स्वतन्त्रता का सम्पूर्ण संग्राम एक ही भाषा (हिन्दी) के माध्यम से लड़ा गया; जिस देश में असम से गुजरात तक और कश्मीर से कन्याकुमारी तक एक सामान्य सूत्र के रूप में संसार की सर्वाधिक सरल एवं वैज्ञानिक भाषा (हिन्दी) को स्वीकारा गया; और सम्पूर्ण देश की सर्वसाधारण जनता ने मुम्बई, हैदराबाद, कलकत्ता एवं चेन्नई में निर्मित हिन्दी फिल्में बड़े चाव से देखीं, उसी देश में, आश्चर्य है, मात्र सरकारी कामकाज करने के लिए कुछ लोगों ने आपत्ति क्यों की। किस बात का भय है उन्हें ? इसके साथ ही यह भी सर्वविदित है कि सौ वर्षों से भी अधिक समय से, तमिलनाडु एवं अन्य दक्षिणी अहिन्दी प्रदेशों में दक्षिण भारत हिन्दी प्रचार सभा के तत्त्वावधान में सैकड़ों हिन्दी अध्यापक (पण्डित) स्वेच्छा से अपने अहिन्दी भाई-बहनों को हिन्दी से परिचित करा रहे हैं।

हिन्दी में काम करने के लिए सदा यह कहा जाता रहा है कि केवल पत्रों, टिप्पणियों तथा प्रारूपों आदि को हिन्दी में लिखने का प्रयास करना ही अपेक्षित है। इसके लिए किसी प्रकार की क्लिष्टता की आवश्यकता बिलकुल नहीं। यदि आपको किसी तकनीकी अथवा अंग्रेजी शब्द का हिन्दी पर्याय तत्काल समझ में नहीं आता तो उसे खोजने के लिए शब्दकोश मत खंगालिए और वैसा ही लिख दीजिए। प्रयास कीजिए कि वह देवनागरी लिपि में लिखा हो वरन् वैसे ही लिख दीजिए। पहले आरम्भ तो कीजिए। अंग्रेज़ी में एक कहावत है कि 'अभ्यास व्यक्ति को निपुण

बनाता है'। यदि आप निपुणता प्राप्त करना चाहते हैं तो अभ्यास का दामन कदापि मत छोड़िए। याद रखिए, हिन्दी सीखने के लिए जितनी कोशिश की जा रही है और जितनी रियायतें व प्रोत्साहन दिए जा रहे हैं, उतना सब कुछ अंग्रेजी को सरकारी कामकाज में प्रवेश करने के लिए नहीं किया गया होगा। उन्होंने तब बुनियाद अर्थात स्कूलों से ही अंग्रेजी की शिक्षा अनिवार्य कर दी थी। ऐसा कुछ हमारे स्वतन्त्र भारत की सरकार ने नहीं किया। यहां अब भी अंग्रेज़ी का ही बोलबाला है।

हिन्दी के शिक्षण में हमें वैज्ञानिक एवं तकनीकी शब्दों का बहाना सुनने को मिलता है और शिकायत की जाती है कि इनके हिन्दी का शब्द भण्डार सक्षम नहीं है किन्तु खेद है कि इस ओर हमने कभी गम्भीरता से प्रयास किया ही नहीं। डॉक्टर रघुवीर जैसे अनेक दिग्गजों के प्रयास की ओर आंखें मूंद लीं। जब चीन, जापान, रूस तथा जर्मनी जैसे देशों में अपनी देशी भाषाओं में इस बहाने को आड़े नहीं आने दिया, तब यहां इतनी ऊहापोह क्यों ?

फिर भी इस ऊहापोह को दूर करने के लिए अनेक शब्दकोश प्रकाशित किए गए। सबसे पहले राजभाषा शब्दावली तैयार करने के लिए भारत सरकार के हिन्दी निदेशालय के तत्त्वावधान में हिन्दी भाषा के शीर्ष भाषाविदों एवं विद्वानों को आमन्त्रित किया गया और उनके सम्पूर्ण 'समुद्र मन्थन' के पश्चात कई मानक शब्दावलियां प्रकाश में आईं। इस प्रयास के अतिरिक्त भी निजी तौर पर भी सहयोगार्थ कई शब्दकोश प्रकाशित किए गए।

इन पंक्तियों के लेखक ने 1989 में डॉ. श्यामसिंह 'शशि' के संरक्षण में एक 'राजभाषा अंग्रेज़ी हिन्दी शब्दकोश' प्रकाशित किया। फिर भी मन तृप्त नहीं हो पाया। लगा, कुछ छूट गया। इसी कारण प्रस्तुत वृहत शब्दकोश तैयार करने का प्रयास किया गया है। इस शब्दकोश में सामान्य रूप से विषय के अनुसार शब्दों को वर्गीकृत किया गया है किन्तु कुछ विशेष मन्त्रालयों अथवा विषयों के अनुसार शब्दों को एक साथ एकत्रित किया गया है ताकि पाठक-कर्मचारी बन्धुओं को अपने मतलब का शब्द खोजना सुलभ हो। यदि कोई शब्द किसी विशेष मन्त्रालय अथवा विभाग में उपयोग किया जाता है तो उसके सम्मुख R (रेलवे), L (विधि), V (सतर्कता), H (होटल मैनेजमैंट) भी अंकित कर दिया गया है। इसी प्रकार कई शब्दों के प्रयोग को देखते हुए उसके N (संज्ञा) तथा V (क्रिया) भेदों के अलग अलग अर्थ दे दिए गए हैं। इस प्रकार का V मात्र संज्ञा (N) के साथ ही उपयोग किया गया है। अतः दो प्रकार के V में स्वतः भेद झलक जाता है। कम्प्यूटर सम्बन्धी शब्द भी जोड़े गए हैं।

प्रस्तुत शब्दकोश को तैयार करने में मुझे निस्सन्देह सम्बन्धित मंत्रालयों तथा

विभागों से अत्यन्त सौहार्दपूर्ण सहयोग प्राप्त हुआ जिसके लिए उन सभी मंत्रालयों तथा विभागों के सम्बन्धित अधिकारियों/कर्मचारियों का हृदय से आभारी हूं। शब्दों की मानकता बनाए रखने के लिए हिन्दी निदेशालय द्वारा प्रकाशित शब्दावली का निर्देश सदा छत्रछाया की तरह मेरे साथ रहा है। उसके लिए कृतज्ञता व्यक्त करने के लिए मेरे अपने शब्दभण्डार में शब्द नहीं हैं। इस महती परियोजना को सम्पूर्ण करने के लिए मुझे समय-समय पर अपने सहृदय सहयोगी व मित्र श्री जगदीश 'व्रिदोही' कृभको के हिन्दी प्रबंधक श्री नरेन्द्र सिंह जैन तथा भारतीय अन्तर्देशीय जलमार्ग प्राधिकरण के हिन्दी अधिकारी डॉ. इन्द्र सेंगर अपने अमूल्य परामर्श देते रहे हैं। उन्हें धन्यवाद देना, लगेगा मैं स्वयं को ही धन्यवाद दे रहा हूं। फिर् भी तथ्य यही है कि उन सभी के सहयोग के बिना मैं इस महायज्ञ को सम्पन्न नहीं कर पाता। उनके प्रति मैं कृतज्ञ हूं।

यह शब्दकोश सम्पूर्ण है, इसका मैं दावा नहीं करता। इसलिए मैं विनीत भाव से अपने अनगिनत पाठक/कर्मचारी बन्धुओं से उनके अमूल्य सुझाव आमन्त्रित करता हूं ताकि भविष्य में और अधिक परिष्कृत रूप आपकी सेवा में प्रस्तुत कर सकूं।

बलबीर सक्सेना

181 डीलक्स अपार्टमैंट्स
बी-5, वसुंधरा इन्क्लेव,
दिल्ली-110096

COMPUTER SCIENCE

कंप्यूटर विज्ञान

कंप्यूटर विज्ञान
Computer Science

A

Access arm : अभिगम बाहु

Access arrangement : अभिगम व्यवस्था

Access authority : अभिगम प्राधिकरण

Access charge : अभिगम शुल्क

Access class : अभिगम वर्ग

Access data base management : अभिगम संचय प्रबंध

Access gap : अभिगम अंतराल

Access index : अभिगम सूचक

Access line : अभिगम लाइन

Access mechanism : अभिगम यंत्रीकरण

Access method : अभिगम विधि

Access method routine : अभिगम विधि नेमक

Access mode : अभिगम विधा

Access right : अभिगम अधिकार

Access scan : अभिगम क्रमवीक्षण

Access tune : अभिगम काल

Accounting : लेखा कार्य

Accounting finance system : लेखा कार्य वित्त तंत्र

Accounting machine : लेखा तंत्र

Account number : खाता संख्या

Accumulating reproducer : संचयी पुनरुत्पादक

Accumulator : संचायक

Accumulator register : संचायक पंजी या पंजिका

Accumulator shift instruction: संचायक विस्थापन अनुदेश

Accuracy : परिशुद्धता

Accuracy control character : परिशुद्धता नियंत्रण संप्रतीक

Accuracy control system : परिशुद्धता नियंत्रण तंत्र

Ace pilot : उत्कृष्ट मार्गदर्शी

Acknowledge character : पावती संप्रतीक

Acousite coupler : ध्वनिक युग्मक

Acousite coupling : ध्वनिक युग्मन

Acousite delay line : ध्वनिक विलंब लाइन

Acousite memory : ध्वनिक स्मृति

Acousite modem : ध्वनिक मोडेम

Acousite signal : ध्वनिक संकेत

Acousite storage : ध्वनिक भंडारण

Acronym : परिवर्णी शब्द

Action : क्रिया

12

B

Backward trace : पश्च अनुरेख
Balance circuit : संतुलित परिपथ
Balance digit system : संतुलित अंक प्रणाली
Balance network : शेष जालक्रम
Balanced error : संतुलित त्रुटि
Balanced merge : संतुलित विलय
Balanced merge sort : संतुलित विलय शाटन
Balanced sorting : संतुलित शाटन
Balanced ternary system : संतुलित त्रि आधारी प्रणाली
Balance forward statement : शेष अग्र कथन
Band : बैंड / पट्टी
Band pass : बैंड पारक
Band pass filter : बैंड पारक निस्पंदक
Band printer : बैंड मुद्रक
Band stop filter : बैंड विराम निस्पंदक
Band width : बैंड चौड़ाई
Bank : कोष / बैंक
Banner word : ध्वजा शब्द
Base element : आधार अवयव
Base hand channel : आधार पट्टी प्रणाली
Base item : आधार मद
Base language : आधार भाषा
Base notation : आधार संकेतन
Base number : आधार संख्या
Base register : आधार पंजी
Base volume : आधार खंड
Based storage allocation : आधार भंडारण नियतन
Based variable : आधारितचर

C

Calculator : परिकलित्र
Call store : आह्वान भंडार
Call waiting : आह्वान प्रतीक्षा
Cancel : निरसन
Cancel character : निरसन संप्रतीक
Cancel key : निरसन कुंजी
Canned paragraph : पूर्वाभिलिखित पैराग्राफ
Canned software : पूर्वाभिलिखित प्रक्रिया सामग्री
Canonic generation : विहित जनन
Capacitor storage : संधारित्र भंडारण
Capacity : क्षमता
Card : पत्रक
Card code : पत्रक कूट
Card chassis : पत्रक न्याधर
Card checking : पत्रक जांच
Card coloumn : पत्रक स्तंभ
Card cycle : पत्रक चक्र

Card error checking : पत्रक त्रुटि जांच
Card feed : पत्रक भरण
Card field : पत्रक क्षेत्र
Card file : पत्रक संचिका
Card form : पत्रक रूप
Card format : पत्रक संरूप
Card hopper : पत्रक प्लूति मंजूषा
Card image : पत्रक प्रतिबिंब
Card input : पत्रक निवेश
Card jam : पत्रक संवाधा
Card loader : पत्रक भारक
Card pack : पत्रक गड्डी
Card programmed : पत्रक क्रमादेशित
Card programmed computer: क्रमादेशित अभिपत्र
Card punch : पत्रक छिद्रित
Card punching technique : पत्रक छिद्रित तकनीक
Card reader : पत्रक पाठक / पठित
Card reproducer : पत्राक पुनरुत्पादित्र
Card raw : पत्रक शक्ति

D

Data circuit : आंकड़ा परिपथ
Data circuit transparency : आंकड़ा परिपथ पारदर्शिता
Data code : आंकड़ा कूट
Data collection : आंकड़ा संग्रह
Data collection station : आंकड़ा संग्रह केंद्र
Data collection system : आंकड़ा संग्रह पद्धति
Data communication : आंकड़ा संचार
Data communication channel: आंकड़ा संचार प्रणाली
Data communication interface: आंकड़ा संचार अंतरापृष्ठ
Data communication equipment : आंकड़ा संचार उपकरण
Data communication network: आंकड़ा संचार जालक्रम
Data communication service: आंकड़ा संचार सेवा
Data compaction : आंकड़ा संहनन
Data compression : आंकड़ा संपीड़न
Data connection : आंकड़ा संबंधन
Data constant : आंकड़ा अचर
Data contamination : आंकड़ा संदूषण
Data control : आंकड़ा नियंत्रण
Data control block : आंकड़ा नियंत्रण खंडक
Data conversion : आंकड़ा रूपांतरण
Data converter : परिवर्तित्र
Data coupler : आंकड़ा युग्मक
Data declaration : आंकड़ा घोषणा
Data declaration statement : आंकड़ा घोषणा विवरण
Data definition : आंकड़ा परिभाषा

Data definition statement : आंकड़ा परिभाषा कथन

Data delay : आंकड़ा विलंब

Data delimiter : आंकड़ा परिसीमक

Data density : आंकड़ा घनत्व

Data Processing : आंकड़ा प्रक्रिया

E

Effective double word : प्रभावी द्वि-शब्द

Effective half word : प्रभावी अर्ध-शब्द

Effective instruction : प्रभावी अनुदेश

Effective operand address : प्रभावी संकार्य पता

Effective procedure : प्रभावी कार्य विधि

Effective speed : प्रभावी चाल

Effective transmission speed: प्रभावी संचरण चाल

Effective word : प्रभावी शब्द

Effective word location : प्रभावी शब्द स्थान

Eight bit byte : आठ द्वयंक बाइट

Either-way communication : पारस्परिक संचार

Either way operation : पारस्परिक संचालन

Eject key : निष्कासन कुंजी

Elastic buffer : प्रत्यास्थ चयक

Electrical accounting machine : विद्युत लेखा यंत्र

Electrical circuit analysis program : विद्युतीय परिपथ विश्लेषण क्रमावेश

Electrically matterable memory : वैद्युतिक परिवर्तनीय स्मृति

Electromagnetic compatibility : विद्युत चुंबकीय संगतता

Electromagnetic delay : विद्युत चुंबकीय विलंब

Electron-beam recording : विद्युत किरण पुंज अभिलेखन

Electronic accounting machine : विद्युतीय लेखा यंत्र

Electronic automatic exchange : विद्युतीय स्वचालित टेली केंद्र

Electronic calculator : विद्युतीय परिकलित्र

Electronic cash register : विद्युतीय रोकड़ पंजी

Electronic chart reader : विद्युतीय संचित्र पठित्र

Electronic data processing system : विद्युतीय आंकड़ा संसाधन यंत्र

Electronic filling : विद्युतीय भरण

Electronic funds transfer system: विद्युतीय निधि स्थानांतरण तंत्र

Electronic printer : विद्युतीय मुद्रक

Electronical impact printing: विद्युत यांत्रिक संघट्ट मुद्रण

Electronical plotter : विद्युत यांत्रिक आलेखित

Electronical scanning : विद्युत यांत्रिक क्रमवीक्षण

Electronical switching system : विद्युत यांत्रिक स्विचन तंत्र

Electronical toy : विद्युत यांत्रिक खिलौना

F

Fan in : निवेशांक

Fan out : निर्गमांक

Farred : फैरीड

Fast access storage : द्रुत अभिगम भंडारण

Fast busy : द्रुत व्यस्त

Fast fourier : द्रुत फ़ेरियर

Fast select : द्रुत वरण

Fast error : घातक त्रुटि

Fault defect : भ्रंश दोष

Fault rate threshold : भ्रंश-दर देहरी / आरंभ

Fault signature : भ्रंश काल / चिह्न / संकेत

Fault threshold : भ्रंश देहरी

Fault time : भ्रंश काल

Fault tolerance : भ्रंश सहिष्णुता

Fault tolerant : भ्रंश सहिष्णु

Fault tolerant system : भ्रंश सहिष्णु तंत्र

FDM = (Frequency division multiplex) : आवृत्ति विभाजन बहुसंकेत

Feasibility study : सुगमता अध्ययन

Feasible solution : सुसंगत हल

Feature extraction : लक्षण निष्कर्षण

Feature selection : लक्षण वरण

Feedback control : पुनर्भरण नियंत्रण

Feedback loop : पुनर्भरण पाश

Feedback system : पुनर्भरण तंत्र

Feedback variable : पुनर्भरण चर

Feeder cable : भरक केबल

Feeder route : भरक मार्ग

Feeder selection : भरक वरण

Feed hold : भरण अंतराल

Feed punch : भरण छिद्रित

Feed reel : भरण रील

Ferred assembly : चुंबकीय रीड समाहार

Ferrite core memory : फैराइट-कोड स्मृति

Fetch : अनायन

Fetch data : अनायन आंकड़े

Fetching instruction : अनायन निर्देश

G

Generating function : जनन फलन

Generation data group : जनन आंकड़ा समूह

Generation data set : जनन आंकड़ा समुच्चय

Generation number : पीढ़ी संख्या

Generic name : वर्ग–नाम

Generic program : जनक क्रमादेश

Geo-stationary : भूस्थिर

Gibson mix : गिब्सन मिश्रण

Glitch : ध्वनिक

Global code : सार्वत्रिक कूट

Global lock : सार्वत्रिक ताला

Global search : सार्वत्रिक खोज

Global service : सार्वत्रिक सेवा

Global variable : सार्वत्रिक चर

Global variable symbol : सार्वत्रिक चर प्रतीक

Glossary function : शब्द संग्रह प्रकार्य

Go-ahead ton : तैयार टोन

Gothic character set : गोथिक संप्रतीक समुच्चय

Graceful degradation : क्रमिक अपवर्तनांक

Graded-index fibre : क्रमिक संकेत सूत्र

Grade of service : सेवा कोटि

Grandfather tape : पितामह टेप

Graph follower : आलेख अनुपाठी

Graphic character : आलेखी संप्रतीक

Graphic data reduction : आलेखी आंकड़ा समानयन

Graphic data structure : आलेखी आंकड़ा संरचना

Graphic display program : आलेखी प्रदर्शन क्रमादेश

Graphic display resolution : आलेखी प्रदर्शन विभेदन

Graphic display unit : आलेखी प्रदर्शन एकक

Graphic documentation : आलेखी प्रलेख

H

Hard sectoring : कठोर त्रुटि

Hard stop : कठोर विराम

Hardware : यंत्र सामग्री

Hardware check : यंत्र सामग्री जांच

Hardware error recovery : यंत्र सामग्री त्रुटि पुनः प्राप्ति

Hardware language : यंत्र सामग्री भाषा

Hardware tariff : यंत्र सामग्री शुल्क

Hard wired : स्थायी तार संबद्ध

Hard wiring : स्थायी तार संबंधन

Harmonic distortion : संवादी विरूपण

Harmonic telephone ringer : संवादी टेलीफोन ध्वनित्र

Hash : द्रुतान्वेषण

Hash index : द्रुतान्वेषण सूचकांक

Hashing : द्रुतान्वेषण

Hashing aingarihm : द्रुतान्वेषण कलन विधि

Hashing function : द्रुतान्वेषण फलन

Hashing technique : द्रुतान्वेषण तकनीक

Hash total : द्रुतान्वेषण योग

Hash vahte : द्रुतान्वेषण मान

Header : प्रवेशिका

Header card : प्रवेशिका पत्रक

Header label : प्रवेशिका लेबल

Header record : प्रवेशिका अभिलेख

Header segment : प्रवेशिका खंड

Header sheet : प्रवेशिका पर्ण

Head gap : शीर्ष अंतराल

Heading : शीर्षक

Heading record : शीर्षक अभिलेख

Held over : स्थगित

Hesitation : अल्परोध

Heterodyne reception : हैटरोडाइन अभिग्रहण

Heterodyne repeator : हैटरोडाइन पुनरावर्तक

Heterogeneous multiplex : विषमांगी बहुसंकेतन

Heterogeneous network : विषमांगी जालक्रम

Heuristic : स्वानुभविक

Heuristic method : स्वानुभविक विधि

Hexadecimal : षोडश आधारी

Hexadecimal constant : षोडश आधारी नियतांक

Hexadecimal notation : षोडश आधारी अंकन

Hex Pad : षोडशआधारी पैड

I

Image graphic : प्रतिबिंब आलेखिकी

Image printer : प्रतिबिंब मुद्रक

Image processing : प्रतिबिंब संसाधन

Image sensor : प्रतिबिंब संवेद्रित

Image space : प्रतिबिंब स्थान

Image storage space : प्रतिबिंब भंडारण स्थान

Immediate access : तात्कालिक अभिगम

Immediate access storage : तात्कालिक अभिगम भंडारण

18

Immediate address : तात्कालिक पता

Immediate addressing : तात्कालिक पताभिगमन

Immediate data : तात्कालिक आंकड़ा

Immediate instructions : तात्कालिक अनुदेश

Immediate processing : तात्कालिक संसाधन

Immediate task : तात्कालिक कार्य

Impact paper : संघट्ट कागज़

Impact printer : संघट्ट मुद्रक

Imperative macro instruction : आदेशसूचक संक्रिया

Imperative statement : आदेशसूचक कथन

Implication : विवक्षा

Implicit address : अस्पष्ट पता

Implicit addressing : अंतनर्हित पताभिगम

Implicit declaration : अस्पष्ट घोषणा

Implicit opening : अस्पष्ट आरंभन

Imprinter : छापित्र

Imprinting : छापन

Imprint position : छाप स्थिति

Improved mobile telephone service : उन्नत चल टेलीफोन सेवा

Impulse : आवेग

Impulse noise : आवेगरव

Inactive link : निष्क्रिय कड़ी

Inactive node : निष्क्रिय आसंधि

Inactive station : निष्क्रिय केंद्र

Inband signalling : अंतबैंड संकेतन

Incidential time : अनुषांगिक काल

Incipient failure : अभि-विफलता

In-circuit emulation : अंत: परिपथ यंत्रानुकार

Inclusion : अंतर्वेश / अंतर्वेशन

Inclusive NOR operation : अंतर्वेशित 'अथवा' पूरक संक्रिया

Inclusive-OR-element : अंतर्वेशित 'अथवा' अवयव

J

Job stick : कार्य उत्तोलक

Job stream : कार्य धारा

Job support task : कार्य सहाय क्रमादेश

Joggle : सुस्थितिकरण

Join : सम्मिलिन

Joint access cost : संयुक्त अभिगम लागत

Joint information content : संयुक्त सूचना अंतवस्त

Josephson junction : जोसेफ्सन जंक्शन

Journal : यथारूप

Journalising : यथारूपता

Journal report : यथारूप प्रतिवेदन

Journal tap : यथारूप टेप

Joystic : कार्य उत्तोलक
Jumbo stama : जंबो समूह
Jumper : झंपक
Jumper seledable : झंपक वरणीय
Jump instruction : झंपक अनुदेश
Junctor : संधिक
Junk : कबाड़
Justification : औचित्य
Justification range : औचित्य परिसर
Justified margin : उचित उपांत

K

Keying chirp : कुंजी रव
Keying wave : कुंजीयन तरंग
Key mat : कुंजी आवरण
Key pad : कुंजी पैड
Key phrase : मुख्य वाक्यांश
Key pulse : कुंजी स्पंद
Key pulsing signal : कुंजी स्पंद संकेत
Key punch : कुंजी छिद्रित
Key sorting : कुंजी शाटन
Key stroke : कुंजी अघात
Key stroke verification : कुंजी आधार सत्यापन
Key telephone set : कुंजी दूरभाष सेट
Key talephone system : कुंजी दूरभाष तंत्र
Key to disk : कुंजी से चक्रिका
Key to floppy : कुंजी से निम्यिका
Key to tape : कुंजी से टेप
Key transformation : कुंजी रूपांतरण
Key word in contest : प्रासंगिका मुख्य शब्द
Key word parameter : मुख्य शब्द प्राचाल
Kiloband : किलोबांड

L

Leading graphics : अग्रलेखी
Leading zero : अग्रग शून्य
Leap frog test : प्लुति परीक्षण
Leased channel : पट्टायित प्रणाली
Leased circuit data transformation service : पट्टायित परिपथ आंकड़ा संचार सेवा
Leased line : पट्टायित लाइन
Least recently used memory: अद्यतन उपयोजित स्मृति
Least significant : अल्पतम सार्थक
Least significant character : अल्पतम सार्थक संप्रतीक

Least significant digit : अल्पतम सार्थक अंक

Left hand margin indent : वाम उपांत मांग-पत्र

Left justification : वाम औचित्य

Leg : पाद

Length : लंबाई

Length signification : लंबाई विनिर्देश

Letter : अक्षर

Letter code : अक्षर कूट

Letter out : अक्षर लोप

Letter quality : अक्षर गुणता

Letter shift : अक्षर विस्थापन

Level : स्तर

Level compensator : स्तर समायोजित

Level number : स्तर संख्या

Level of access : अभिगम स्तर

Level of addressing : पताभिगमन स्तर

Level one variable : संरचना बाह्य

Level order : स्तर क्रम

Level overload : स्तर अधिभार

Level source language : स्तर स्रोत भाषा

Level status register : स्तर अवस्थिति पंजी

Lexeme : शब्दिम

Lexicon : शब्दकोश

Librarian : क्रमादेश संग्रहक

Librarian programme : क्रमादेश संग्रहक क्रमादेश

Library : क्रमादेश संग्रह

Library directory : क्रमादेश संग्रह सूची

Library facility : क्रमादेश संग्रह सुविधा

M

Machine oriented language: यंत्र मूलक भाषा

Machine readable : यंत्र पठनीय

Machine readable medium : यंत्र पठनीय माध्यम

Machine run : यंत्र दौर

Machine sensible information : यंत्र संवेद सूचना

Machine simulation : यंत्र अनुकार

Machine spoiled time : यंत्र आहत काल

Machine tool control : यंत्र औज़ार नियंत्रण

Machine translation : यंत्र अनुवाद

Machine usage time : यंत्र उपयोग काल

Macro argument : स्थूल स्वतंत्र चर

Macro assembly programme: स्थूल कोडांतरक

Macro call : स्थूल आह्वान

Macro code : स्थूल कूट

Macro coding : स्थूल कूट लेखन

Macro command : स्थूल समादेश

Macro declaration : स्थूल परिभाषा

Macro definition : स्थूल घोषणा

Macro definition library :
स्थूल परिभाषा क्रमादेश संग्रह

Macro element : स्थूल अवयव

Macro exercise : स्थूल परीक्षक

Macro expansion : स्थूल प्रसार

Macro flow chart : स्थूल प्रसार
संचित्र

Macro generation : स्थूल जनन

Macro generator : स्थूल जनित्र

Macro instruction : स्थूल अनुदेश

Macro language (MACROL):
स्थूल भाषा

N

Nesting level : नीड़न स्तर

Nesting store : नीड़न भंडार

Nesting structure : नीड़न संरचना

Network access control :
जालक्रम अभिगम नियंत्रण

Network access machine :
जालक्रम अभिगम यंत्र

Network access pricing :
जालक्रम अभिगम मूल्यन

Network analog : जालक्रम अनुरूप

Network analyser : जालक्रम
विश्लेषक

Network application : जालक्रम
अनुप्रयोग

Network architecture :
जालक्रम स्थापत्यकला

Network awareness : जालक्रम
बोध

Network component : जालक्रम
घटक

Network congestion : जालक्रम
संकुलता

Network constant : जालक्रम अचर

Network control mode :
जालक्रम नियंत्रण विधा / पद्धति

Network control phase :
जालक्रम प्रावस्था एकक

**Network control program
generation** : जालक्रम नियंत्र
क्रमादेश जनन

**Network control signalling
unit** : जालक्रम नियंत्रण संकेतन एकक

Network data base system :
जालक्रम आंकड़ा संचय प्रणाली

Network delay : जालक्रम विलंब

Network front end : जालक्रम
अग्रांत्य

Network integration : जालक्रम
समेकन

Network integrity : जालक्रम
समेकता

Network interconnection :
जालक्रम अंत: संबंध

Network interface machine :
जालक्रम अंतरापृष्ठ यंत्र

Network layer : जालक्रम परत

Network load analysis : जालक्रम भार विशलेषण

Network node : जालक्रम संकारक

Network path : जालक्रम रास्ता

Network port : जालक्रम संद्वार

Network theory : स्थूल सिद्धांत

Network timing : स्थूल काल मापन

Network topology : स्थूल सासंस्थितिकी

Network virtual terminal : स्थूल कल्पित अंत्रक

Neutral ground : उदासीन भूमीयन

Neutral relay : उदासीन रिले

Neutral transmission : उदासीन संचरण

New input queue : नव निवेश पंक्ति

New line character : नई पंक्ति संप्रतीक

O

Office information system : कार्यालय सूचना तंत्र

Offline : लाइनेतर

Offline equipment : लाइनेतर उपकरण

Offline mode : लाइनेतर विधा

Offline proceeding : लाइनेतर संसाधन

Offline storage : लाइनेतर भंडारण

Offline system : लाइनेतर तंत्र

Offline unit : लाइनेतर एकक

Offset : आफसेट

Offset punch : आफसेट छिद्रण/ छिद्रित

Offset slacker : आफसेट चितिकर

Offset system : आफसेट प्रणाली

Offset variable : आफसेट चर

Off time : खाली समय

On bit : उपस्थिति द्वयंक

On chip control logic : पटलिका आरूढ़ नियंत्रक तर्क

On condition : उपस्थिति दशा

On demand system : मांग-पत्र

One address : एक पता

One address instruction : एक पता अनुदेश

One chip : एक पटलिका

One dimensional : एक विमीय

One element : एक अवयव

One for one : एकक

One for one translation : एकक अनुवाद

One gate (or gate) : एक द्वार (अथवा द्वार)

One level address : एक स्तर पता

One level code : एक स्तर

One level store : एक स्तर भंडार

One level subroutine : एक स्तर उपनेमका

One output : एक निर्गम

One pass program : एक दौर क्रमादेश

One plus one address : एकाधि एक पता

One's complement : एक का पूरक

One shot : एक शॉट

One shot circuit : एक शॉट परिपथ

One step operation : एक चरण संक्रिया

One to one assembler : एकैक कोडांतरक

One to one function : एकैक फल एकक

One to one onto function : एकैक आच्छादक फलन

Operating cost : परिचालन लागत

P

Page depth control : पृष्ठ गंभीरता नियंत्रण

Page display : पृष्ठ प्रदर्शन

Page machine : पृष्ठ यंत्र

Page memory : पृष्ठित स्मृति

Page memory management : पृष्ठित स्मृति प्रबंध

Page segmentation : पृष्ठित विभाजन

Page and character : पृष्ठ अंत्य संप्रतीक

Page fixing : पृष्ठ नियतन

Page footing : पृष्ठ पाद टिप्पण

Page frame : पृष्ठ फ्रेम

Page heading : पृष्ठ शीर्षक

Page in : अंतर्गत पृष्ठ

Page key : पृष्ठ कुंजी

Page lock : पृष्ठ तालक

Page locking : पृष्ठ तालकन

Page out : पृष्ठ आउट

Page pool : पृष्ठ पूल

Page printer : पृष्ठ मुद्रक

Page reader : पृष्ठ पठिका

Page setting : पृष्ठ मुद्रांकन

Page swapping : पृष्ठ विनिमय

Page table : पृष्ठ सारणी

Page turning : पृष्ठ वर्तन

Pagination : पृष्ठीकरण

Paging : पृष्ठन

Paging device : पृष्ठन युक्ति

Paging drum : पृष्ठन ड्रम

Paging technique : पृष्ठन तकनीक

Paging terminal : पृष्ठन अंतक

Paired cable : युग्मित केबल

Pair gain : युग्म लब्धि

Panel : पैनल / पट्टिका

Panel data set : पट्टिका आंकड़ा समुच्चय

Panel definition program : पट्टिका परिभाषा क्रमादेश

Panel number : पट्टिका संख्या

Paper advance unit : काग़ज़ अग्रिम एकक

Paper jam : काग़ज़ अवरोधक

Paper sensing : काग़ज़ संवेदन

Paper sensor : काग़ज़ संवेदित्र

Paper skip : काग़ज़ द्रुत / घूर्णन

Paper tape : काग़ज़ टेप

W

Wired logic : तारयुक्त तर्क

Wired program computer : तारयुक्त क्रमादेश अभिकलित्र

Wire frame : तार फ्रेम

Wireless terminal : बेतार अंतक

Wire printer : तार मुद्रित

Wire storage : तार भंडारण

Wire wrapping तार लपेटन

Word capacity : शब्द क्षमता

Word index : शब्द सूची

Word key : शब्द कुंजी

Word mark : शब्द चिह्न

Word oriented : शब्द अभिविन्यस्त

Word pattern : शब्द प्रतिरूप

Word period : शब्द अवधि

Word processing : शब्द संसाधन

Word processing equipment : शब्द संसाधन उपकरण

Word processor : शब्द संसाधक

Word size (=word length) : शब्द लंबाई

Word space : शब्द स्थान

Word time : शब्द काल

Word time computer : शब्द काल अभिकलित्र

Word underscore character : शब्द अधोरेखा संप्रतीक

Work area : कार्य क्षेत्र

Work cycle : कार्य चक्र

Work file : कार्य संचिका

Working area (=work area) : कार्य क्षेत्र

Working equepment : कार्य स्मृति

Working memory : कार्यकारी उपकरण

T

Tape mechanism : टेप कार्य विधि
Tape storage : टेप भंडारण
Tape unit : टेप एकक
Tape alphabet : टेप वर्णमाला
Tape computer : टेप अभिकलित्र
Target computer : लक्ष्य अभिकलित्र
Target language : लक्ष्य भाषा
Target program : लक्ष्य क्रमादेश
Target variable : लक्ष्य चर
Task control : कार्य नियंत्रण
Task management : कार्य प्रबंध
Task name : कार्य नाम
Task queue : कार्य पंक्ति
Task seeduler : कार्य नियोजक
Task scheduler : कार्य अनुसूचक
Task switch : कार्य स्विच
Task to task communication: कार्य-भार संचार
Task variable : कार्य चर
Tautology : सर्वसत्य फलन
Technique flowchart : तकनीक प्रवाह सचित्र
Tele conferencing : दूर-सम्मेलन
Tele net : दूर-जाल
Teleprinter : दूर मुद्रक
Teleprocessing network : दूर संसाधन जालक्रम
Tele screen : दूरग्राही / दूर प्रपट्ट
Tele text : दूर पाठ्यांश
Teletext : दूर पाठ्यांश सेवा
Teletype code : दूर टंकित कूट
Teletype writer : दूर टंकित्र
Tens complement : दस पूरक
Terminal : अंतक
Terminal area : अंतक क्षेत्र
Terminal job : अंतक कार्य
Terminal mode : अंतक विद्या
Terminal monitor program : अंतक मॉनीटर क्रमादेश
Terminal node : अंतक आसंधि
Terminal port : अंतक पोर्ट
Terminal repeates : अंतक पुनरावर्तक
Terminal room : अंतक कक्ष
Terminal session : अंतक सत्र
Terminal symbol : अंतक संप्रतीक
Terminal unit : अंतक एकक

U

Underflow characteristic : अद्यः प्रवाह पूर्णांश
Underflow condition : अद्यः प्रवाह स्थिति

Underflow exception : अद्य: प्रवाह अपवाद

Underlaying carrier : अद्यस्थ वाहक

Underpunch : अद्य: छिद्र

Underrun : अधो धाव

Underscore : अधो रेखा

Underscore character : अधो रेखा संप्रवीक

Underscore error : असंसूचित त्रुटि

Underscore error rate : असंसूचित त्रुटि दर

Undirected graph : अदिष्ट आलेख

Unformatted disk : अंसरूपित चक्रिका

Unformatted display : अंसरूपित प्रदर्श

Unformatted record : अंसरूपित अभिलेख

Unformly accessible storage: एक समानता अभिगमय भंडारण

Unigauge design : एक गेज अभिकल्पना

Unilaterally connected graph: एक पार्शिवकत: संबंधित आलेख

Unilaterally synchronization system : एक पार्शिवकत: तूल्यकालन तंत्र

Union Catalogue : सम्मिलित क्रमादेश सूची

Unipolar signal : एक ध्रुवी संकेत

Unit address : एकक पता

Unitary code : एकिक कूट

Unitary sempring : एकिक सामिवलय

Unit back space character : एकक पश्चीयन संप्रतीक

Unit diagnostics : एकक निदानिकी

Unit element : एकत्समक अवयव

Uniterm : एक पंदी

Unit interval : एकक अंतराल

Unit record : एकक अभिलेख

Unit record device : एकक अभिलेख युक्ति

Unit separator character : एकक पृथक्करण संप्रतीक

Unit setting : एकमद रज्जू

Unit testing : एकक परीक्षण

Universal accessers : सार्वजनिक अभिगम

Universal asynchronous : सार्वजनिक अतुल्यकारी

Universal button box : सार्व बटन बॉक्स

Universal character set : सार्वजनिक संप्रतीक समुच्चय

Universal controller : सार्वजनिक नियंत्रक

Uniprocessing : एक संसाधन

Uniquely decodable : अद्वितीयत: कूटवाचनीय

V

Vectored interrupt : सदिशित अंतरायन

Vectored restart : सदिशित पुन: प्रारंभ

Vectored generator : सदिशित जनित्र

Vectored graphics : सदिशित आलेखिकी

Vectoring : सदिशन

Vector mode graphic display: सदिश-रूप-आलेखी प्रदर्श

Vector norm : सदिश मानक

Vector plotter : सदिश आलेखित्र

Vector priority interrupt : सदिश प्राथमिकता अंतरायन

Vector transfer : सदिश स्थानांतरण

Veitch diagram (Karnaugh map) : वीच आरेख, कारनोफ़ प्रतिचित्र

Verification and validation : सत्यापन और मान्यकरण

Verification mode : सत्यापन विधा

Verifier : सत्यापित्र

Version number : आरूप संख्या

Vertical check : आरूप जांच

Vertical feed : ऊर्ध्वाधर भरण

Vertical format : ऊर्ध्वाधर फार्मेट / संरूप

Vertical format unit : ऊर्ध्वाधर संरूप एकक

Vertical microinstruction : ऊर्ध्वाधर सूक्ष्मानुदेश

Vertical processor : ऊर्ध्वाधर संसारित्र

Vertical recording : ऊर्ध्वाधर अभिलेखन

Vertical redundancy check : ऊर्ध्वाधर अतिक्तिता जांच

Vertical service : ऊर्ध्वाधर सेवा

Vertical table : ऊर्ध्वाधर सारणी

Vertical tabulation character: ऊर्ध्वाधर सारणीयन संप्रतीक

Very large scale integration: अतिविशाल एकीकरण

VFFT (Voice frequency facility terminal) : वाक् आवृत्ति सुविधा अंतक

VFTS (Voice frequency telegraph system) : वाक् आवृत्ति तार अंतक

Video signal : वीडियो संकेत

Video terminal : वीडियो आंतिक

View data : दृश्य आंकड़ा

View point : दृष्टि बिंदु

Virtual address : आभासी पता

Virtual address space : आभासी पता स्थान

Virtual call facility : आभासी आह्वान सुविधा

Virtual call service : आभासी आह्वान सेवा

Virtual circuit : आभासी परिपथ

Virtual computing system : आभासी अभिकलन-तंत्र

W

Wired logic : तारयुक्त तर्क

Wired program computer :
तारयुक्त क्रमादेश अभिकलित्र

Wire frame : तार फ्रेम

Wireless terminal : बेतार अंतक

Wire printer : तार मुद्रित

Wire storage : तार भंडारण

Wire wrapping : तार लपेटन

Word capacity : शब्द क्षमता

Word index : शब्द सूची

Word key : शब्द कुंजी

Word mark : शब्द चिह्न

Word oriented : शब्द अभिविन्यस्त

Word pattern : शब्द प्रतिरूप

Word period : शब्द अवधि

Word processing : शब्द संसाधन

Word processing equipment:
शब्द संसाधन उपकरण

Word processor : शब्द संसाधक

Word size (=word length) :
शब्द लंबाई

Word space : शब्द स्थान

Word time : शब्द काल

Word time computer : शब्द काल
अभिकलित्र

Word underscore character:
शब्द अधोरेखा संप्रतीक

Work area : कार्य क्षेत्र

Work cycle : कार्य चक्र

Work file : कार्य संचिका

Working area (=work area) :
कार्य क्षेत्र

Working equipment : कार्य स्मृति

Working memory : कार्यकारी
उपकरण

Work-out : परीक्षण

AGRICULTURE, CHEMICAL & FERTILIZER

कृषि, रसायन एवं उर्वरक

AGRICULTURE, CHEMICAL & FERTILIZER

कृषि, रसायन एवं उर्वरक

A

Abrasion : अवघर्षण

Abrasive : घर्षणकारी

Absorber : अवशोषी

Absorption : अवशोषण, विलयन

Accelerometers : एक्सिलरोमीटर/ त्वरणमापी

Acetone : एसीटोन

Acid : अम्ल

Acid storage : अम्ल भंडारण

Acid suits : अम्ल प्रतिरोधी सूट

Activated carbon filter: सक्रियित कार्बन फिल्टर

Activation : सक्रियण

Activators : सक्रियकारक

Adjustment knob : समायोजक बटन / घुंडी

Adopter : दत्तक ग्राही

After sale service : बिक्री पश्चात सेवा

After-filter : पश्च फिल्टर

Against : विरुद्ध, के एवज में

Aging : काल प्रभाव

Agglomerate : संकुलित, जमाव

Agricultural Expert : कृषि विशेषज्ञ

Agricultural Research : कृषि अनुसंधान

Agro climatic condition : कृषि जलवायु स्थिति

Air compressor : वायु संपीड़क

Air drying unit : वायु शुष्कक यूनिट

Air inlet : वायु प्रवेशद्वार

Air isolotion damper : वायु पृथक्करण अवमंदक

Air scoring of sand bed : मिट्टी की परत में वायु गुणांकन

Air stripper : वायु उत्पादक, एयर स्ट्रिपर

Algae : शैवाल

Alignment : सरेखण

Alkali : क्षार

Alkaline effluent : क्षारीय वहिस्राव

Alloy : मिश्र धातु / धातु मिश्रण

Alpha numeric : वर्ण संख्यात्मक

Alum solution preparation tank : ऐलम घोल टैंक

Alumina : एल्यूमिना

Aluminium : एल्यूमिनियम

Ambient : परिवेशी

Ammonia booster pump : अमोनिया वर्धक पंप

Ammonia synthesis loop : अमोनिया संश्लेषण लूप

Ammonical waste treatment Plant : अमोनियामय धोवनजल उपचार संयंत्र

Ammonium phasphate : अमोनियम फास्फेट

Amortisation : परिशोधन

Analysis report : विश्लेषण रिपोर्ट

Analytical procedures : विश्लेषण प्रक्रिया

Anchorage : लंगर शुल्क

Angle iron : एंगल आयरन

Anhydrous : निर्जल

Anodic : ऐनोडी

Anti fungus : फफूंदरोधी

Antifriction metal : घर्षणरोधी धातु

Apron converyor : ऐप्रनवाही

Aquatic : जलीय

Arcing horn : आर्कन हार्न

Aromatic compounds : एरोमैटिक कंपाउंड

Arrester : प्रग्राही

Ash blasting : राख ब्लास्टिंग

Atmospheric air : वायुमंडलीय हवा

Atmospheric pressure : वायुमंडलीय दाब

Atmospheric storage : वायुमंडलीय भंडारण

Atom : परमाणु

Austentic stainless steel : ऑस्टेंटिक जंगरोधी इस्पात

Auto : स्वचालित

Auto thermic : स्वत: ऊष्मिक

Automatic control systems : स्वचालित नियंत्रण पद्धति

Automation : स्वचालन

Auxilliary boiler : सहायक बायलर

Auxilliary valve : सहायक वाल्व

Axial : अक्षीय

B

Backwash : बैकवाश

Backwash inlet valve : बैकवाश इनलैट वाल्व

Backlog : बैकलॉग

Back-pressure turbines : पश्चदाब टरबाइन

Balancing Machine : भारोत्तोलन यंत्र

Ballast : ब्लास्ट

Barometer : वायुदाबमापी, बैरोमीटर

Barometric pressure : वायुमंडलीय दाब, बैरोमीटरी दाब

Base plate : आधार पर

Below par : अवमूल्य पर

Belt conveyor : वहन-पत्र

Belt marks : पट्टा चिह्न

Belt sway faulgravity feed type machines : पेटी नियंत्रण फॉलग्रेविटी फीड टाइप मशीन

Belt weigher : पट्टा तोलकर्ता

Bender's salt : बैंडर लवण
Bi-metal thermo regulator : द्विधातु तापनियामक
Bimetallic tubes : द्विधातु ट्यूब
Bimettalic stripper : द्विधातु विपट्टक
Bio-fertilisers : जैव उर्वरक
Biological oxygen demand : जैव आक्सीजन मांग
Bio-pesticides : जैव पेस्टीसाइड
Blast : स्फोटन / विस्फोट
Bleaching powder : विरंजन चूर्ण
Blow down system : अवधमन प्रणाली
Blower : ब्लोअर
Boiler cum economiser : बायलर सह मितव्ययक
Boiler feed water : क्लाथित्र भरण जल, बायलर भरण जल
Boiler inlet damper : बायलर इनलैट डैंपर
Bolt thread : काबले की चूड़ी
Booster pump : बूस्टर पम्प
Borewell : रैनी कुआं
Bottling plant : बोतलें भरने वाला संयंत्र
Brain drain : प्रतिभा पलायन
Break Point : विच्छेद बिंदु, खंडन बिंदु
Break up : ब्यौरा
Breakdown of machinery : मशीनरी में व्यवधान
Brine : लवण जल
Brine solution : लवण जल घोल
Brittleness : भंगुरता
Bronze : कांस्य
Bubble cap tray : बुदबुद टोपी ट्रे
Bubble over voltage : बुदबुद अधिवोल्टता
Bucket elevators : डोल उत्थापक
Buffer tank : बफर टैंक
Bugging unit : बगिंग यूनिट
Bulk acid storage tank : बल्क अम्ल भंडारण टंकी
Bulk caustic storage tank : बल्क कास्टिक भंडारण टंकी
Bulk chemicals : बल्क रसायन
Bumber crop : भरपूर फसल
Burette calibrator : ब्यूरेट अंश शोधक
By weight : भार से
By-pass damper : उप मार्ग डैंपर

C

Cable : केबिल
Cable thread : केबिल धागा
Calcium ammonium nitrate : कैल्शियम अमोनियम नाइट्रेट
Calcium carbonate : कैल्शियम कार्बोनेट
Calibration : अंशशोधन
Calorigenic action : ऊष्माजनी क्रिया

Captive power plant : स्थैतिक विद्युत संयंत्र
Carbamate recycle ejector : कार्बामेट रिसाइकिल इजेक्टर
Carbamate solution : कार्बामेट घोल
Carbon di oxide : कार्बन डाइ-आक्साइड
Carbonate recycle pump : कार्बोनेट रिसाइकिल पंप
Cargo : जहाजी माल
Catalyst : उत्प्रेरक
Catalyst gauzes : उत्प्रेरक पट्टियां
Catalysts stripping : उत्प्रेरक नम्नन
Catastrophe : प्रलय, विपद
Caustic scrubber : कास्टिक स्क्रूबर
Centrifugal : अपकेंद्र
Charge hopper : धान हापर
Chemical corrosion : रासायनिक संक्षाण
Chemical dosemeter : रासायनिक डोजमीटर
Chemical dosing unit : रासायनिक डोजिंग यूनिट
Chemical fertilizer : रासायनिक उर्वरक
Chemical hydrometer : रासायनिक आर्द्रतामापी
Chemical oxygen demand : रासायनिक आक्सीजन मांग
Chemical properties : रासायनिक संपत्ति
Chemical protection : रासायनिक रक्षण
Chips : छीलन
Chlorine : क्लोरीन
Chromatograph : वर्ण लेख
Circuit network : परिपथ जाल
Clarifiers : स्वच्छक
Classifier : वर्गक
Cq_2 : कार्बन डाइआक्साइड
Cq_2 absorbtion system : कार्बन डाइआक्साइड अवशोषण प्रणाली
Combustion air : दहन वायु
Commercial production : वाणिज्यिक उत्पादन
Compensation pyrheliometer : प्रतिकारित पायरेलियोमीटर
Complex fertilizer : मिश्रित उर्वरक
Compressor : संपीडित्र
Computer utility : अभिकालित्र उपयोगिता
Computing aid : कंप्यूटर के सहायक उपकरण
Concentrator : सांद्रित्र, कंसंट्रेटर
Condensate collection tank: द्राव एकत्रीकरण टैंक
Condensing steam turbine : द्रवणी माप टर्बाइन
Conduction heat : चालक ऊष्मा
Conjunction : संयोजन
Conservator tank : संरक्षक टंकी
Contacting plate : संस्पर्शी पट्ट
Contaminated effluent pond: संदूषित बहिस्त्राव तालाब
Contamination : संदूषण
Contrifuge : कंट्रीफ्यूज
Control transformer : नियंत्रण ट्रांसफार्मर

Convection : संवहन

Convection zone : संवहनी क्षेत्र

Convener : संयोजक

Conversation : संवाद, वार्तालाप

Cooling down period : शीतलन काल

Cooling tower : कूलिंग टावर

Cooling channel : शीतलन प्रणाली

Copper loss : तांबे की कमी, ताम्रिक हानि

Core drier : क्रोड शुष्कक

Corrosion : संक्षारण

Counter current breaking : प्रतिधारा रोध

Counter current regeneration : प्रतिधारा पुनर्निवेशन

Crash : क्रैश, सहसा गिरावट

Crash programme : क्रै श कार्यक्रम

Cross country pipelines : क्षेत्रपार पाइप लाइन

Crow bar exchange : क्रोबार केंद्र

Cryolite : क्राइयोलाइट

Cycle : चक्र

Cylinder : सिलिंडर

D

D.m. (demineralizied) water: विखनिजित जल

Dcc (distributed control centre) : वितरित नियंत्रण केंद्र

De sulphurised : विगंघकन

Dead line : निर्दिष्ट सीमा

Dead lock : गत्यवरोध

Dead time : अकारथ समय

Debottlenecking : अवरोध दूर करना

Decaking : पिंड तोड़ना

Decarbonated gas : डिकार्बोनेट गैस

Delink : डीलिंक

Delivery : सुपुर्दगी, आपूर्ति

Delta : डेल्टा

Delumper : ढेले तोड़ने वाला

De-mineral : विखनिज

Demonstration plot : प्रदर्शन खेत

Destructive test : विनाशात्मक परीक्षण

Desulphurised gas : विगंघकन गैस

Dew point : ओसांक

Diaphragmal aperture : डायाफ्रामीय छिद्र

Di-calcium : डाइ-कैल्शियम

Diesel : डीजल

Diode : डायोड

Diode clamper : डायोड बंधक

Diode heptode : डायोड हेप्टोड

Dip stick : निमज्जन यष्टि

Dirt and grit : धूल मिट्टी

Discharge tube : विसर्जन नलिका

Dissolved gas analysis : घुली हुई गैस का विश्लेषक

Dissolved oxygen : घुली हुई आक्सीजन

Distillation tube : आसवन नली

DM plant feed water : विखनिजित जल संयंत्र पूरक जल

Dol starter : डोल स्टार्टर

Dome : डोम, गुंबद

Dosage pump : मात्रा निर्धारण पंप

Double absorption system : दोहरा अवशोषण सिस्टम

Down stream stability : अनुप्रवाह स्थायित्व

Drainage relief valve : अपवाह रिलीफ वाल्व

Driven gas : प्रणोहित गैस

Drive arrangement : अभियान प्रबंध

Driving force : प्रेरक बल

Drum level gauge glass : ड्रम लेबल मापक

Dry farming : बारानी खेती

Dryer bucket elevator : ड्रायर बकेट एलीवेटर

Dryer elevator : ड्रायर एलीवेटर

Dryer lump bracker : ड्रायर लंप ब्रेकर

Dumping : पाटना, सन्निक्षेपण

Dust collector : धूल संग्रहक

E

E.s.d. (emergency shut down) : आपातिक शट डाउन

Earmarked : विशेष प्रयोजन के लिए निर्धारित

Earth fault : मृत्तिका दोष

Economic fertilizer : किफायती उर्वरक / सस्ता उर्वरक

Efficiency of propeller : नोदक दक्षता

Effluent collection pit : बहिस्राव एकत्रीकरण पिट

Effluent treatment lab : बहिस्राव उपचार प्रयोगशाला

Effluent treatment plant : बहिस्राव उपचार संयंत्र

Ejector pin plate : उदगिरक पिन प्लेट

Elasticity of demand : मांग लोच

Electrolyte : विद्युत अपघट्य

Electro-magnetic action : विद्युत चुंबकीय प्रक्रिया

Elemental nitrogen : तात्विक नाइट्रोजन

Elemental sulphur : तात्विक गंधक

Emergency broadcast system: आपात प्रसारण तंत्र

End product : अंत्योत्पाद

Endothermic : ऊष्माशोषी

Energy consumption : ऊर्जा उपभोग

Enhancement : बढ़ोतरी, वृद्धि

Entrepreneur : उद्यमी

Enterprise : उद्यम

Environment : पर्यावरण, वातावरण

Equalizing circuit : समकारी परिपथ

Essential commodities : आवश्यक वस्तुएं

Evaluation of accuracy : यथार्थता मूल्यांकन

Evaluation period : मूल्यांकन अवधि

Evaporator belt : वाष्पित्र पट्टा

Exchange energy : विनिमय ऊर्जा

Exhaust pump : निष्कास पंप

Exhaust valve : निवल्कि वाल्व

Exoneration : दोषमुक्त

Exothermic nature : ऊष्माक्षेपी प्रकृति

Expansion turbine : प्रसरण टर्बाइन

Ex-parte injuction : एकपक्षीय निषेधाज्ञा

Expiry : समाप्ति

Explosion point : विस्फोटन बिंदु

Explosion vent : विस्फोटन मुख

Extrusion molding process : उत्सारण संचन प्रक्रम

Extrusion pressure : बहिर्वेधन दाब

Extrusion cost : बहिर्वेधन लागत

Eye washers : नेत्र प्रक्षालन यंत्र

Eyebolt : सूराखदार बोल्ट, लोहे की चिटखनी जिसके सिरे पर आंकड़े आदि के लिए छेद हों

F

Fabrication industry : विरचना उद्योग

Fabrication : रचना निर्माण

Face shields : परिरक्षक मुखौटा

Face value : अंकित मूल्य

Falling ball viscosity method: पाती कंदुक श्यानता विधि

Falling characteristic effect : पाती अभिलाक्षणिक प्रभाव

Fault locator : दोष स्थान निर्धारक

Feed gas : ईंधन गैस

Feed preparation unit : भरण निर्माण एकक

Feeder channel : फीडर प्रणाली

Feeder gate : फीडर गेट

Fertilizer credit : उर्वरक ऋण

Fertilizer efficiency : उर्वरक दक्षता

Fertilizer : उर्वरक

Fertilizer control order : उर्वरक नियंत्रण आदेश

Field study : क्षेत्र अध्ययन

Filter sand : फिल्टर बालू

Filter pump : फिल्टर पंप

Filter water pump : फिल्टर जल पंप

Fire hydrant system : अग्निशामक जलापूर्ति प्रणाली

Fitter : फिटर

Flammable fabrics : ज्वलनशील वस्त्र

Flange : उभरा हुआ

Flange strip : फ्लेंज पट्टी

Flange-connection : फ्लेंज जोड़ना

Flare system : फ्लेयर सिस्टम

Flash steam : चमकदार भाप

Flash tank : फ्लैश टैंक

Flashgases : फ्लैश गैसें

Flow totaliser : प्रवाह सर्वयोगित्र

Flow gas duct : फ्लू गैस डक्ट

Flushing inlet valve : प्रधावन आवक वाल्व

Flushing-line : फ्लशिंग लाइन

Flywheel : गतिपालक चक्र

Foodgrains : खाद्यान्न

Forced draft furnance : सामने से हवा लेने वाली भट्टी

Fork lever : दुशाखी लीवर

Formatted floppy : फार्मेटड फ्लापी

Formic acid : फार्मिक अम्ल

Fraction : अंश, खंड

Frame frequency : फ्रेम आवृत्ति

Freezer : प्रशितित्र

Front end section : अग्रांत मात्रा

Funnel : कीप फनल

Furnance lining : भट्टी अस्तर

Furnace draught : भट्टी की एक बार की मात्रा

Further extension : अग्रगामी विस्तार

Fuse : फ्यूज

G

Gain factor : लब्धि गुणांक

Gallon : गैलन

Galvanometer : गैल्वेनोमीटर

Gas analysis : गैस विश्लेषण

Gas cutting set : गैस कटिंग सैट

Gas degeneration : गैस अपभ्रंशन

Gas isolation damper : गैस पृथक्कारी डंपर

Gas mask : गैस मास्क

Gas detector : गैस अभिक्षापक

Gas metering station : गैस मापन केंद्र

Gas purification : गैस शुद्धीकरण

Gas turbine : गैस टर्बाइन

Gas turbine generator : गैस टर्बाइन जनित्र

Gasification : गैसीकरण

Generating plant : उत्पादन संयंत्र

Generator : जनित्र

Germine : जर्माइन

Germicide : जीवाणुनाशक

Globe valve : ग्लोब वाल्व

Glue : गोंद

Good housekeeping : अच्छी गृह व्यवस्था

Grace period : अनुकंपा अवधि

Granular material : दानेदार सामग्री

Granulation plant : कणकीय संयंत्र

Granulator cooler scrubber : ग्रेनुलेटर कूलर स्क्रबर

Granulated fertilizer : दानेदार उर्वरक

Grassroot level : बिलकुल नए सिरे से, आधार स्तर

Gravity dosing system : गुरुत्व मात्रा मापन पद्धति

Grounding plate : भूसंपर्क क पट्टिका

Gypsum slurry : जिप्सम गारा

H

Hard disc drive : हार्ड डिस्क ड्राइव

Hcl (hydrocloric acid) : हाइड्रोक्लोरिक अम्ल

Heat convector : ऊष्मा संवाहित्र

Helipots (multi turn potentiom) : हेली पॉट्स

High citrate : हाई सिट्रेट

High pressure system : उच्च दाब प्रणाली

Hopper dredger : चिखलबजरा

Horn pitch : श्रृंग मज्जा

Horticulture water pump : बागवानी जल पंप

Horton sphere : हार्टन गोला

Humidity : आर्द्रता, नमी

Hybrid seeds : संकर बीज

Hydraulic : हाइड्रोलिक

Hydraulic Pullers : हाइड्रोलिक पुलर्स

Hydrocarbon mixture : हाइड्रोकार्बन मिश्रण

Hydrogenation : हाइड्रोजनीकरण

Hydrolysis : जल अपघटन

Hydrolytic : जल विश्लेषक

Hydroxide : हाइड्रोआक्साइड

I

IC (integrated circuit) : एकीकृत परिपथ

Ill treatment : दुर्व्यवहार

Illegal gratification : अवैध परितोषण, घूस

Immediate: तत्काल, आसन्न

Impedance coil : प्रतिबाधा कुंडली

Imported fertilizer : आयातित उर्वरक

Improved plough : उन्नत हल

Improved seeds : उन्नत बीज

Incline : झुकाव

Indent : मांग-पत्र, दंतुरित करना
Indentation : दंतुरता
Indentation problem : दंतुरण समस्या
Indigenous : स्वदेशी
Indigenous fertilizer : स्वदेशी उर्वरक
Individual products : अलग-अलग उत्पाद
Inert gas : अक्रिय गैस
Inert washing tower : अक्रिय धुलाई मीनार
Inflammable material : प्रज्वलनशील सामग्री
Inflammable gases : प्रज्वलनशील गैसें
Inflation : मुद्रा स्फीति
Infra red : अवरक्त
Infra red fibre optics : अवरक्त तंतु प्रकाशकी
Infrared rays : अवरक्त किरणें
Ingress : घुसना, प्रवेश करना
Inhalation : निश्वासन
Initials boiling point : प्रारंभिक क्वथनांक
Inlet chute : प्रवेश शूट
Inlet valve : प्रवेश कपाट
Inoperative : प्रभावहीन, बेकार
Inorganic : अकार्बनिक, अजैव
Input circuit : निवेशी परिपथ
Input output control system: निवेश निर्गत नियंत्रण पद्धति
Insecticide : कीटनाशक
Insertion gain : निवेशन लब्धि
Inspection hole : निरीक्षण छिद्र
Installation and shifting charges : संस्थापन और स्थानांतरण प्रभार
Instrument air : यंत्रीय वायु
Instrument-box : औजार बक्सा / यंत्र बक्स
Insulation coating : विद्युतरोधी परत
Inter cooler : अंत:प्रशीतलक
Interactive screen : अन्योन्याश्रित छलनी
Interface plan : अंतरापृष्ठ योजना
Interlacement : अंत:पाशन
Interlayer : अंत: स्तर
Interlocking effect : अंतर्गयन प्रभाव
Internal resources : आंतरिक संसाधनों से
Interphase : अंतरावस्था
Interrelated data : परस्पर संबद्ध आंकड़े
Interrupted continuous wave : विछिन्न सतत तरंग
Interrupted water table : अंतरायित भौम जल स्तर
Intersection filter : सर्वनिष्ठ निस्पंदक
Interstage cooling : अंतराचरण शीतन
Intrinsic safety : नैत्र सुरक्षा
Intrinsically positive : स्वत: घनात्मक
Invoked : आह्वन
Ion exchange resin : आयन विनिमय रेसिन

Ionization loss : आयनन हानि
Ipso-facto-ipso-jure : यथातथ्य/ इसी बात से
Ironclad : लोहे वरतदार

Iron deficient soils : लोहे की कमी वाली मिट्टी
Iron ore : लोह अयस्क
Isolating valves : पृथक्करण वाल्व

J

Jaw contact : हनुसंरचर्श
Job evaluation : कार्य मूल्यांकन
Jockey pump : जाकी पंप
Journal bearing : जर्नल वेयरिंग
Junger accumulator : युंगर संचायक सेल

Junghan's-rossi process : युंघन रासी प्रक्रम
Juniper oil : यूनिपर आयल
Junkers gas : जंकर्स गैस
Jurisprudence : स्मृतिज्ञ

K

Keyboard : कुंजी पटल
Knob : घुंडी
Knock down test : आवाघात परीक्षण
Knock out drum : निरसन ड्रम
Knockout coil : निरसन कुंडली
Knuckle action : अंगुलिपर्व क्रिया

Knurled-nut : दांतेदार नट
Knuckling : गुल्मकन
Knob & tube system : घुंडी और नली प्रणाली
Knob & basin topography : आद्रिका-द्रौणिका स्थालाकृति

L

Laboratory ecology : प्रयोगशाला पारिस्थितिकी
Labyrinth gland : लैविरिंथ ग्लैंड
Laissez-faire : यथेच्छाकारिता, अबंध नीति
Laminar flow : अघूर्ण गति

Lapping machine : लैपिंग मशीन
Law of cooling : शीतलन नियम
Lay off : कामबंदी
Lay out : नक्शा, अभिन्यास
Leak : रिसना
Leak detector : रिसाव खोजी

41

Leak proof : रिसाव रहित
Leak resistance : रिसाव रोधी
Let down drum : अवपातन ड्रम
Level indicator cum controller : स्तर सूचक तथा नियंत्रक
Lever arm : उत्तोलक भुजा
Libre weigher : लिब्रे वेयर
Lifting tackles : लिफ्टिंग टैकल्स
Limestone soil : चूना पत्थर मिट्टी
Linearity of regression : समाश्रयण की एकघातता
Liopanic acid : लाइपानिक अम्ल
Liquefaction compressor : द्रवण संपीड़ित्र
Liquid Ammonia : द्रव अमोनिया
Liquid fuel storage tank : तरल ईंधनभंडारण टैंक
Liquid Nitrogen : द्रव नाइट्रोजन
Liquid nitrogen wash : द्रव नाइट्रोजन धावन
Liquid oxygen : द्रव आक्सीजन
Liquor ammonia : लिकर अमोनिया
Listening station : श्रवण केंद्र
Logarithm : लघुगणक, लागेरिथ्म
Longitudinal : देशांतरीय
Long time burning oil : दीर्घकाल ज्वलन तेल (शुद्ध मिट्टी का तेल)
Loop direction finder : पाश दिशा निर्धारक
Lower heating valve : निम्न ऊष्मा वाल्व
LPG (Liquefied petroleum gas) : द्रवित पैट्रोलियम गैस
Lubricator : स्नेहकारी, स्नेहक
Luggin capillary : लुगिन कोशिक, लुगिन कैपिलरी
Lug strip : लग-पट्टिका
Luminous intensity : ज्योति तीव्रता
Lump breaker : संपिडक खंडक
LSD (Lysergic acid diethylamide) : एल-एसडी (लिसर्जिक अम्ल डाइइथियलऐमाइड)
Lumpsumkey contract : एकमुश्त आद्योपांत ठेका

M

Macro substitution : दीर्घ विकल्पन
Magnetic effect : चुंबकीय प्रभाव
Magnetic strip : चुंबकीय पट्टी
Magneto electricity : चुंबकीय विद्युत
Magnify : विस्तारीकरण करना
Mailing ballot : डाक द्वारा मतदान
Main control panel : मुख्य नियंत्रण पैनल
Major crop rotation : मुख्य फसल चक्र
Make up gas chiller : मेकअप गैस चिलर

Maloperation : गलत प्रचालन
Manufacturer : विनिर्माता
Manure : गोबर खाद
Marketing of fertilizers : उर्वरकों का विपणन
Mass production : व्यापक उत्पादन
Material evidence : महत्त्वपूर्ण साक्ष्य
Mathematical equation : गणितीय समीकरण
MCC (Motor control center): मोटर नियंत्रण केंद्र
Mechanical filter : यांत्रिक फिल्टर
Melting point : गलनांक, द्रवांक
Mercuring : पारस
Metering pumps : मीटरिंग पंप
Methanol : मेथानाल
Micro fertilizer : सूक्ष्म उर्वरक
Micro-biological growth : सूक्ष्म जैविक विकास
Micro-organism : सूक्ष्म जीव
Mineral deposit : खनिज भंडार
Mineral oil : खनिज तेल
Mobility : गतिशीलता
Modification : सुधार, उपांतरण, हेर फेर
Module : प्रमाप, नापने की इकाई
Moisture : नमी, आर्द्रता, सीलन
Molecule : कण परमाणु, अणु
Monopoly : एकाधिकार, एकाधिपत्य
Mother liquor : मातृद्रव, मदर लिकर
Motive fluid : गतिदायक तरल
Moving coil meter : चल कुंडली धारामापी
Moving iron meter : चल लोह धारामापी
Mucous membrane : श्लेष्मल झिल्ली
Multi vibrator : बहुकंपित्र
Multiple scrubber : बहुमार्जक
Multimeter : मल्टीमीटर

N

Naphtha : नापथा
Needle valve : पिन वाल्व
Nematic : सूत्रिल, नेमटिक
Neoprene : निओप्रिन
Neutral soils : उदासीन मिट्टी
Neutralisation pit : निष्प्रभावन गड्ढा
Nitric acid : नाइट्रिक अम्ल
Nitrogen efficiency : नाइट्रोजन दक्षता
Nitrogenous fertilizers : नाइट्रोजननीय उर्वरक
Noise voltage : नॉइज वोल्टेज
Non fatal accident : अघातक दुर्घटना
Non plan expenditure : गैर योजना व्यय
Normal metric cube (NMC): नार्मल मीट्रिक क्यूब (एनएमसी)
Noxious emission : ज़हरीला धुआं

Nozzle filter : नोज़ल फिल्टर
Nozzling : तुंडन
NRV (net realisable value) : निवल वसूली योग्य मूल्य

Nucleonic level indicator : न्यूक्लिआनिक स्तर सूचक
Nursery : पौधाधर
Nursing : पुष्टिकारक

O

Obsolete equipment : अप्रयुक्त उपस्कर
Off sites : आफसाइट
Oil gauge : तेल प्रमापी
Olypropylene grids : ओलिप्रोपलीन ग्रिड
Open cycle operation : खुला आवर्तनीय प्रचालन / संक्रिया
Operational bottle necks : संक्रियात्मक बाधाएं
Optical density : प्रकाशिक घनत्व
Optical depth : प्रकाशिक गंभीरता
Organic compound : कार्बनिक मिश्रण
Organic contents : कार्बनिक अंतर्वस्तु

Orifice plate : रंध्र फलक
Osmotic pressure : परासरण दाब
Outlet value : निर्गम वाल्व
Overcooled : अतिशीतित
Overflow : अति प्रवाह / पलावन / परिवाह / अति बहाव
Over haul : पूरी मरम्मत, पुनर्काया कल्प करना
Overhead crane : ऊपरी क्रेन
Oxidation of iron : इस्पात / लौह का आक्सीकरण / जारण
Oxides of Nitrogen : नेत्रजन / नाइट्रोजन का आक्साइड
Oxidiser : उपचायक

P

Parallax error : लंबन चूक
Partial flumes : आंशिक अवनालिकाएं
Partially reformed gas : आंशिक सुधारित गैस
Passivation air blowers : निश्चेष्टकरण वायु फुंकनी / धौंकनी

Pcb (printed circuit board) : प्रिंटेड सर्किट बोर्ड
Perishable : विनाशवान, विनाश योग्य
Physio-chemical : भौतिक रसायन
pilot burner : पायलेट बर्नर
Pipe sleeve : पाइप कालर

Piping & instrumentation : पाइपिंग और इंस्ट्रुमेंटेशन
Piston hub : पिस्टन हब
Plant and machinery : संयंत्र और मशीनरी
Plant Protection : संयंत्र सुरक्षा
Plug valve : वातीय वाल्व
Pmcc (power motor control centre) : पावर मोटर नियंत्रण केंद्र
Pollutant : प्रदूषक
Pollution : प्रदूषण
Polyelectrolyte : पालिकार्बोनेट
Porous plug : सरंध्र प्लग
Portable Air monitor : सुवाह्य वायु मानीटर
Positional value : स्थितिजन्य मूल्य / स्थितीय महत्त्व / मूल्य
Potarch : घटतोरण
Potential energy surface : स्थितिजन्य ऊर्जा पृष्ठ
Power amplification : शक्ति प्रवर्धन
Power breeder : शक्ति प्रजनक
Power control rod : शक्ति नियंत्रण छड़
Power coefficient : शक्ति गुणांक
PPM (pulse position modulation) : स्पंद स्थिति माडुलन
Pre condenser : प्री कंडेंसर
Pre treatment plant : पूर्व उपचार संयंत्र
Pre-egnition stage : पूर्व ज्वलन अवस्था
Preservative : परिरक्षक
Pressure deficit : दाब न्यूनता
Pressure accumulators : दाब संकलक
Pressure gradient : दाब प्रवणता
Pressure vessel : दाब वेसेल
Pretence : अपदेश / बहाना
Prevailing rate : प्रचलित दर / प्रभावी दर
Prevention : निरोधन / निवारक / रोक/ प्रतिरोध
Price index primaface : कीमत सूचकांक / मूल्य सूचकांक
Primary reformer : प्राथमिक शोधक
Priming : प्राथमिक लेप / पहला कोट
Prior classification : पूर्व वर्गीकरण
Priority : अग्रता / प्राथमिकता
Proceeds : आगम / आय / प्राप्ति
Process : प्रक्रम / प्रक्रिया
Process air compressor : प्रक्रम वायु कंप्रेशर / दाबक
Process flow diagrams : प्रक्रम रेखा चित्र
Process gas : प्रक्रम गैस
Processor : संसाधित्र
Product feeder : उत्पाद फीडर
Production target : उत्पादन लक्ष्य
Production unit : उत्पादन एकांश / इकाई
Promulgated : प्रख्यापित्र, प्रवर्तित, जारी
Public sector : सार्वजनिक क्षेत्र
Purge : दलशोधन / परिष्कार / पृथक्करण
Purge gas : निर्मल गैस / शोधित गैस
Purification and recovery : परिशोधन और पुनर्प्राप्ति अनुभाग
Purging with nitrogen : नाइट्रोजन से परिशोधन

Thrust bearing : प्रणोद बेयरिंग
Titration error : अनुमापन त्रुटि
Tools & tackles : टल और टैकिल
Torque tube : टार्क टयूब
Total organic carbon analyser : कुल आर्गेनिक कार्बन विश्लेषक
Transducer gain : ट्रांसडयूसर लब्धि

Transducer insertion loss : ट्रांसडयूसर निवेशन हानि
Transfer pump : अंतरण पम्प
Transient state : क्षणिक अवस्था
Transmission : संचरण, प्रेषण, पारेषण
Treatment plant : उपचार संयंत्र
Tripping coil : आशुखंडन कुंडली
Turbine : टरबाइन

U

Ultra voilet rays : पराबैंगनी किरणें
Ultra voilet sterlizer : पराबैंगनी रोगाणुहर
Undervoltage : न्यून वोल्टता
Unsaturated : असंतृप्त
Unshrouded : अनावरित, उथड़ा हुआ
Upstream : उर्ध्वप्रवाह, उपरिनन्द
Urea bunker : यूरिया बंकट
Urea concentration : यूरिया सांद्रण
Urea delumber : यूरिया डीलम्पर

Urea dust collection : यूरिया धूल संचयन
Urea floor wasting tank :
Urea reactor: यूरिया रिऐक्टर
Urea reclamation : यूरिया उद्धार
Urea silos : यूरिया साइलो
Urea synthesis : यूरिया सिंथेसिस/ यूरिया संश्लेषण

V

Vaccum instrument : निर्वात यंत्र
Vacuum breaker : निर्वात खंडक
Vacuum Chlorinators : निर्वात क्लोरीनित्र
Vacuum cleaner : निर्वात मार्जक
Vapour pressure thermometer ·

वाष्पदाबी तापमापी
Variable area flowmeter : चरक्षेत्र प्रवाहमापी
Velocity denisty : वेग घनत्व
Vent monitoring : वेन्ट मानीटरिंग

Refrigerant compressor : प्रशीतक संपीडित्र

Refrigerant compressor inter cooler : रेफ्रिजरेंट कंप्रेसर इंटर कूलर

Refrigerant flash drum : रेफ्रिजरेंट फ्लैश ड्रम

Refrigeration plant : प्रशीतन संयंत्र

Refrigerating circuit : प्रशीतन परिपथ

Regeneration of solution : प्रशीतन घोल

Regerceration of ion exchangers : आयन विनिमयक का प्रशीतन

Regulator mixture : नियामक मिश्रण

Relative humidity : सापेक्ष आर्द्रता

Remote area : सुदूर क्षेत्र

Remote indication : सुदूर सूचन

Remote operation : सुदूर प्रचालन

Rinse : खंगालना

Riser tube : राइजर ट्यूब

Role ambiguity : संदिग्ध भूमिका

Role clarity : स्पष्ट भूमिका

Role conflict : विरोधी भूमिका

Rotating equipment : घूर्णी उपकरण

Rotary scrubber : घूर्णी मार्जक

Routing :

Ruggedization : सुदृढ़ीकरण

Rust resistant : जंगरोधी

Rusting : जंग लगना

S

S.S. candles : जंगरोधी कैंडल

Safety devices : सुरक्षा उपाय

Safety consciousness : सुरक्षा के प्रति सतर्कता

Salt rejection : लवण निराकरण

Sampling cooler : प्रतिदर्शी कूलर

Sand blasting : बालू क्षेपण

Saprophytic : मृतजीवी, पूतिजीवी

Saturated steam temperature : संतृप्त भापीय ताप

Scaler (frequency divider kit) : सोपानी गणित्र (आवृत्ति विभाजक किट)

Schematic diagram : व्यवस्थित आरेख

Seal oil system : सील आयल पद्धति

Secondary reformer : द्वितीयक रिफार्मर

Sedimentation unit : अवसादन एकक

Segmental orifice plate : सैगमेंटल ओरिफिस प्लेट

Sieve plate : चालनी पट्टिका

Semi-conductor : अर्धचालक

Serviceability : प्रयोग्यता, योग्यता, कामलायक होना

Service water : सर्विस वाटर

Servo : सर्वो

Set valve : वाल्व सेट करना

Shaft sleeve : शैफ्ट स्लीव

Shock guards : प्रघात रक्षक
Shock proof : प्रघातरोधी
Shut-down power : विरामकालीन शक्ति
Silica glass : सिलिका कांच
Silica gel : सिलिक जैल
Silo : साइलो
Silo scrapper : साइलो खुरचनी
Single phase flow : एकलीय धारा बहाव
Single wheel barrow : एक पहिए की ठेली
Skilled manpower : कुशल श्रमिक
Skirt guiding : स्कर्ट गाइडिंग
Slewing mechanism : द्रुत घूर्णन क्रियाविधि
Slide valve : सर्पी कपाट, सर्पी वाल्व
Slime fluse : अवपंक वाह
Slotting machine : स्लाट काटने वाली मशीन
Sludge : अवपंक, कीच
Sludge bleed : आपंक स्राव
Sludge scrapper : आपंक खुरचनी
Sludge transfer pump : आपंक अंतरण पंप
Slurry : कर्दम पिच्छिल
Smoke extractors : धूम्र निष्कर्षक
Soil testing : मृदा परीक्षण
Solenoidal field : परिनालिकीय क्षेत्र
Soot blowers : कज्जल ब्लोअर
Spark tester : स्फुलिंग निकषक
Spigot : स्पिगाट
Spray machine : फुहार मशीन
Sprinklers : स्प्रिंकलर, छिड़कना, मुरकना
Sprocket and chain drive : चक्रदंत व श्रृंखला चालित
Square root extractor : वर्गमूल निकालने वाला
Solution preparation tank : घोल तैयार करने वाला टैंक
Stagnant areas : रुद्धजल क्षेत्र
Startup heater : प्रवर्तन तापक
Steam drum : भाप प्रवाष्प
Steam stripper : प्रवाष्पी नानक, प्रवाष्पी निर्लेपक
Steam turbine : भाप का टर्बाइन
Stock monitoring : स्टाक मानीटरिंग
Storage reservoir : संग्रह हौज
Strip chart : पट्टिका चार्ट
Stripping analyses : नग्न विश्लेषण
Strong acidic cation exchanger : प्रबल अम्ल धनायन विनिमयक
Subsurface water : अधस्तक जल
Submersible pump : निमज्जक पंप
Suction bulb : चूषण बल्ब
Suction filter : चूषण फिल्टर
Suction washer : चूषण धावित्र
Sulphur dioxide : सल्फर डाइआक्साइड
Sulphuric acid : सल्फ्यूरिक अम्ल
Supervisory control and data acquisition : पर्यवेक्षी नियंत्रण एवं दत्त अर्जन
Supplementary fuel firing : संपूरक ईंधन ज्वलन
Surge suppressor : प्रात्कर्ष निरोधक

Swing rocker shaft : दोलायमान राकर शैफ्ट

Syllabus : पाठ्यक्रम

Synthesis gas : संश्लेषण गैस

Synthesis catalyst : संश्लेषण उत्प्रेरक

T

Tacho meter feed back control : टैकोमीटर पुन: निविष्ट नियंत्रक

Tail gas : पुच्छ गैस

Techno generator : तकनीकी जनित्र

Temperature indicator : ताप सूचक

Testing equipment : जांच उपकरण

Thermal breeder reactor : तापीय प्रजनक रिएक्टर

Thermal conductivity detector : ऊष्मा चालकता संसूचक

Thermo diffusion : तापीय विसरण

Throttling process : उपरोधी प्रक्रम

Thrust bearing : प्रणोद बेयरिंग

Titration error : अनुमापन त्रुटि

Tools & tackles : टूल और टैकिल

Torque tube : टार्क ट्यूब

Total organic carbon analyser: कुल आर्गेनिक कार्बन विश्लेषक

Transducer gain : ट्रांसड्यूसर लब्धि

Transducer insertion loss : ट्रांसडयूसर निवेशन हानि

Transfer pump : अंतरण पम्प

Transient state : क्षणिक अवस्था

Transmission : संचरण, प्रेषण, पारेषण

Treatment plant : उपचार संयंत्र

Tripping coil : आशुखंडन कुंडली

Turbine : टरबाइन

U

Ultra violet rays : पराबैंगनी किरणें

Ultra violet sterlizer : पराबैंगनी रोगाणुहर

Undervoltage : न्यून वोल्टता

Unsaturated : असंतृप्त

Unshrouded : अनावरित, उधड़ा हुआ

Upstream : उर्ध्वप्रवाह, उपरिनद

Urea bunker : यूरिया बंकर

Urea concentration : यूरिया सांद्रण

Urea delumber : यूरिया डीलंपर

Urea dust collection : यूरिया धूल संचयन

Urea floor wasting tank : यूरिया फ्लोर वेस्टिंग टैंक

Urea reactor : यूरिया रिएक्टर
Urea reclamation : यूरिया उद्धार
Urea silos : यूरिया साइलो

Urea synthesis : यूरिया सिंथेसिस/
यूरिया संश्लेषण
Urula : अंगूर जैसा

V

Vacuum instrument : निर्वात यंत्र
Vacuum breaker : निर्वात खंडक
Vacuum chlorinators : निर्वात
क्लोरीनित्र
Vacuum cleaner : निर्वात मार्जक
Vapour pressure thermom-
eter : वाष्पदाबी तापमापी
Variable area flowmeter :
चरक्षेत्र प्रवाहमापी
Velocity density : वेग घनत्व
Vent monitoring : वेंट मानीटरिंग
Vent valves : वेंट वाल्व
Vertical plunger pumps :
ऊर्ध्वाधर प्लंजर पंप

Vibrating motion : कंपी गति
Vibrating screen : कंपमान छन्ना
Vibration galvanometer : कंपन
धारामापी
Vibration monitoring : कंपन
मानीटरिंग
Vibration pad : कंपन पैड
Voltage conductor : वोल्टता
चालक
Voltage transformer : वोल्टता
ट्रांसफार्मर
Vortex : वोर्टेक्स / बवंडर
Vortical : चक्कर खाता हुआ
Vayage : जलयात्रा

W

Wash water gutter : धावन जल
वाहिका
Weak acidic cation ex-
changer : दुर्बल अम्ल घनायन
विनिमयक

Weak basic anion ex-
changer: दुर्बल आधारीय ऋणायन
विनिमयक
Work environment : कार्य
पर्यावरण

Y

Yard stick : माप दंड

Z

Zinc : जिंक

SIGNAL & TELECOM

सिग्नल एवं दूर-संचार

SIGNAL & TELECOM
सिग्नल एवं दूर-संचार

A

Accommodating crank : समंजक क्रैंक / अराल

Adjusting, cabin wire : केबिन तार समायोजक

Adjusting crank : समायोजक क्रैंक

Adjusting screw : समायोजक पेंच

Adjuster pawe : समायोजक कुत्ता

Aerial : एरियल / हवाई

Air column : वायु स्तंभ

Air gap : वायु अंतराल

Alarm set : अलार्मसैट / संचेतक

Ampere : एंपियर

Amplifier : अवर्थक / एंप्लीफायर

Anchor : लंगर

Anchor bolt : लंगर बोल्ट

Angle slide : कोण पट्टी

Antenna : एंटिना / शृंगिक

Approaching track circuit : रेल आगमन परिपथ

Approach locking : आगम पाशन / बांध

Armature : अर्मेचर

Automatic signalled terri-tory: स्वचालित सिग्नल क्षेत्र

Auto surge : स्वारोह

Auxiliary cam lever spring : उपसंगी कैम लीवर कमानी

Axle counter : धुरा गणक / पटल

B

Back light : पिछली बत्ती

Bakelite : बैक लाइट

Ballast resistance : गिट्टी प्रतिरोध

Band switch : बैंड स्विच

Bar driving : चालन छड़

Barretor : बैरेटर

Bell : घंटी

Bi-polar : द्वि ध्रुवी

Blinder : अँधौटा

Block instrument : ब्लाक यंत्र

Block post : ब्लाक पोस्ट

Bobbin : फिरकी / बॉबिन

Body, signal lamp : सिग्नल लैंप / बत्ती का ढांचा

Bolt and cotter : चटखनी और कन्नी / बोल्ट और कन्नी

Bolt detection : बोल्ट जांच

Bottom roller : तल बेलन

Broken wire lock : तार टूट ताला / टूटे तार का ताला

Burner : बर्नर / कल्ला / ज्वालक / दाहक

Burner collar : बर्नर कालर

Butt end : कुंदा सिरा / छोर

Buzzer : गुंजक / बज़र

By-and-by : शनै:-शनै:

C

Cable : केबिल / तार

Capbearing : बियरिंग टोपी / ढक्कन

Cap end shaft : शाफ्ट सिरा टोपी

Capacitor : संधारित्र / कैपेसिटर

Carrier channel : वाहिका नाली / वाहक प्रणाल

Carrier equipment : वाहक उपस्कर

Carrier facility : वाहक सुविधा

Cartridge type : कारतूसनुमा

Catch handle : दाब हत्था

Central battery : केंद्रीय बैटरी

Change over contact : बदल संपर्क

Ceramic : चीनी मिट्टी का

Channel : नाली / प्रणाल / चैनल

Chassis : चेसिस / चौकी

Choke : चोक

Chord assembly : डोर समुच्चय

Chromium plated : क्रोमियम चढ़ा / लेपित

Circuit : परिपथ

Circuit controller : परिपथ नियंत्रक

Clip : क्लिप

Closed switch : बंद कांटा

Co-acting signal : सहचालित सिग्नल

Co-axile cable : समाक्ष केबिल

Coil : कुंडली

Commutator : दिक्परिवर्तक

Conflicting movement : अवरोधी संचलन

Concentric : सकेंद्री

Condenser : संघमित्र

Conductor : संवाहक

Controlling lever : नियंत्रक लीवर

Convergent/Converging lines : अभिसारी पटरियां

Converter : संपरिवर्तक

Cord, dial : डोरी, डायल

Cord, receiver : रिसीवर डोरी / अभिग्राही डोरी

Cord, wiper : वाइपर डोरी

Cotter : काटर / पन्नी

Coupling : युग्मन / कपलिंग

Coupling end : युग्मन सिरा

Coupling device : युग्मन युक्ति

Crank : क्रैंक / अराल

Crank adjustable : समायोजन के योग्य क्रैंक

Crank acute angle : न्यून कोण क्रैंक / अराल
Crank handle : क्रैंक / अराल मूठ
Crank horizontal : क्षैतिज क्रैंक
Crank medium : मध्यम क्रैंक
Crank relief : सहायक क्रैंक
Crank variable : परिवर्तनीय क्रैंक
Crank vertical : ऊर्ध्वाधर क्रैंक
Cross bar : क्रास बार
Cross connection : क्रास कनेक्शन
Cross-cut : निकट का रास्ता

D

Damping plate : अवमंदक प्लेट
Derailing switch : लंगड़ा कांटा / डिरेलिंग स्विच
Detector : संसूचक
Detector multiple : बहु संसूचक
Detector wire : संसूचक तार
Detent spring : कुत्ता कमानी
Diagonal strips : विकर्ण पट्टी
Diagram : रेखाकृति / चित्र
Dial : डायल / अकंपट
Diecast : डाई निर्मित / ठप्पा निर्मित
Diaphragm : पर्दा डायफ्राम / मध्य पट
Diode : डायोड
Direct locking : सीधा पाशन
Disengager : वियोजक
Distinctive aspect : विशिष्ट स्थिति
Diverging lines : अपसारी पटरियां
Diverging route : अपसारी मार्ग
Double line block instrument : दोहरी लाइन ब्लाक यंत्र
Drawing : आरेख / ड्राइंग

E

Earpiece : श्रोतिका
Ebonite : एबोनाइट / बल्कनाइट
Economical facing point lock: किफायती सम्मुख-कांटा-ताला
Electrical block instrument : विद्युत ब्लाक यंत्र
Electrical control : विद्युत नियंत्रण
Electrical signalling : विद्युत सिग्नल / संकेत व्यवस्था
Electrical signalling laboratory: विद्युत सिग्नल / संकेत प्रयोगशाला
Electric speaking instrument: विद्युत ध्वनि यंत्र
Electric token instrument : विद्युत टोकन यंत्र
Electrolyte : विद्युत घोल / अपघट्य
Electronic laboratory : इलेक्ट्रानिक प्रयोगशाला

Emergency control circuit : आपात नियंत्रक परिपथ

Essentials of interlocking : अंतर्पाशन के अनिवार्य अंग

Exchange plant : टेलीफोन केंद्र संयंत्र

Extension piece : विस्तारक (यंत्र)

Extension piece left hand : बायां विस्तारक (यंत्र)

Extension piece right hand : दायां विस्तारक (यंत्र)

Extraction of token : टोकन निकालना

Extravagant : अति व्यय

F

Facing point : सम्मुख कांटा

Facing point lock : सम्मुख कांटा ताला

Failure : खराबी / भंग

False indication : झूठा संकेत

Fault localisation : दोषान्वेषण

Ferro : फेरी / लौह

Feed : भरण

Feed end : भरण छोर

Filament : तंतु

Filter assembly : छन्ना समुच्चय

Filth : गंदगी

Final selector : अंतिम संवरक

Fish plate : जोड़ पट्टी

Fixed signal : स्थावर सिग्नल

Flange : फ्लज / बाजूकोर

Flap gate : पल्लेदार फाटक

Flap indicator : पल्ला सूचक

Flood lit disc : दीप्त चकरी

Focal point : नाभिक बिंदु

Focus : नाभी / फोकस

Fouling bar : फाउलिंग रोधी / पट्टी

Fouling mark : फाउलिंग चिह्न

Fouling point : फाउलिंग बिंदु

G

Gang : गैंग / दल

Gangman : गैंग मैन

Galvanised : जस्तेदार पट्टी

Galvanometer : गैल्वनोमीटर / गैल्वनोमापी

Gauge tie plate : गेज बंध पट्टी

Generator : जनित्र

Glass clear : सफेद शीशा

Goose neck : बत्तख़ कंटिया

Graduated howler : उद्घोषक

Graph : लेखाचित्र

Ground lever frame : तल लीवर फ्रेम

Ground track lock : पटरी ताला

Group selector : वर्ग संवरक

Guide gap : नियामक अंतराल

Guide roller assembly : बेलनदल नियामक

Guitt-parch : सघन गोंद

Guy wire : गाई तार / सहायक तार

H

Hand plunger key lock : हस्त चाबी-ताला

Hand test telephone : दस्ती जांच टेलीफोन

Hand worked switch : हथकांटा

Head phone : शीश फोन / हैड फोन

Heat coil : ऊष्मा कुंडली

Heavy duty contact : सघन संपर्क

Heel piece coil : गुल्फ कुंडली

Holder : धारक

Holding : धारण, अधिकार

Holding coil : धारण कुंडली

Hold off mechanism : निवारक यंत्रिका

Hold off device : निवारक युक्ति

Hook up wire : आंकड़ा तार / केकड़ा तार

Hooter : भोंपू

Horologe : घड़ी

Horologist : घड़ी साज़

Housekeeping : घरदारी / कार्यस्थान की व्यवस्था

Hovel : झोपड़ी

Hydrometer : उत्प्लव घनत्व मापी

I

Illumination : जगमगाहट / प्रदीप्ति / प्रकाश व्यवस्था

Impedence : प्रतिबाधा

Indication : संकेत

Indication contact : संकेत संपर्क

Indication lock : संकेत पाश / ताल

Indirect locking : अप्रत्यक्ष पाशन

Induction : प्रेरण

Induction coil : प्रेरण कुंडली

Infringement : अतिलंघन

Input : आगत

Installation : प्रतिष्ठापन

Instruction chart : अनुदेश चार्ट

Instructor room : अनुदेशक कक्ष

Instruments : उपकरण / यंत्र

Insulation : विसंवाहन / विद्युत रोधन

Insulated wire : विद्युत रोधी तार

Integrated telephone : अंतर्ग्रंथित टेलीफोन

Inter communication : अंतस्संचार

Inter locking layouts : अंतर्पाशन-विन्यास

Inter locking apparatus : अंतर्पाशन उपकरण

Inter locking frame : अंतर्पाशन फ्रेम

Inter locking installation : अंतर्पाशन प्रतिष्ठापन

Intermediate starter : मध्यवर्ती स्टार्टर / मध्यवर्ती प्रस्थानक / प्रस्थान सिग्नल

Interruptor spring assembly: अंतवधिक कमानी समुच्चय

Inter wire : अंतर तार

Iron dust : लौह चूर्ण

Isolation : अलगाव / पृथक्करण

Isophone : ध्वनि रेखा

J

Jack spring combination : जैक कमानी समूह

Jaw plugger : जबड़ा डाट

Jaw screw : जबड़ा पेच

Jaw solid : ठोस जबड़ा

Joint : जोड़

Joint eye : अंख जोड़

Joint flush : सपाट जोड़

Joint long : लंबा जोड़

Joint off set : मुड़ा जोड़

Joint screw : पेचदार जोड़

Joint solid : ठोस जोड़

Joint wide : चौड़ा जोड़

Junction box : जंक्शन बक्सा

Junction indicator : जंक्शन संकेतक

K

Key : चाबी / कुंजी

Key lever : लीवर चाबी

Key listening : श्रवण चाबी

Key lock : ताला-चाबी

Key lock extension : ताला-चाबी विस्तार

Key transmitter : प्रेषक चाबी

King lever : राजा / बड़ा लीवर

Kink : ऐंठन / बल

Kit : किट / सामान / औजार

Knob : घुंडी

Know how : जानकारी

L

Laminated : परतदार / पटलित

Lamp jack : बत्ती जैक

Layout : विन्यास

Leak proof : रिसन सह

Level crossing : समपार

Lever cutter : लीवर कटर

Lever cover : लीवर ढक्कन

Lever handle : लीवर-मूठ

Lever lock : लीवर ताला
Lever shoe : लीवर नाल
Lever tail : लीवर पूंछ
Lifting barrier : उठान फाटक
Lightning discharger : तड़ित रक्षा
Lightning protector : तड़ित रक्षी / रक्षक
Line blocked : रुद्ध लाइन
Line circuit : लाइन परिपथ
Line clear : लाइन क्लियर
Line closed : बंद लाइन
Line current : लाइन करंट
Line fault : लाइन दोष
Line patrolling : लाइन गश्त

Link : कड़ी
Link clip : लिंक क्लिप
Lock and block : लाक-ब्लाक
Lock bar : ताला पट्टी / लाक-बार
Lock bar clip : लाक बार क्लिप / ताला पट्टी क्लिप
Lock coil : ताला कुंडली
Locking device : पाशनयुक्ति
Lowering of signal : सिग्नल देना / गिराना
Lower quadrant : लोअर क्वाड्रेंट
Lug eye : लग आई
Lunar white : चांदना
Lurch : झटका / झोंका
Lustre : चमक

M

Magnetic system : चुंबकीय प्रणाली
Main distribution frame : मुख्य वितरण ढांचा
Manipulation : हेरफेर / रद्दोबदल
Manually operated : हस्तचालित
Manual telephone exchange: हस्तचालित टेलीफोन केंद्र
Mechanical control : यांत्रिक नियंत्रण
Mechanical fitter : यांत्रिक फिटर
Mechanical signalling : यांत्रिक सिग्नल व्यवस्था
Mechanically operated : यंत्र चालित

Mechani sain : यांत्रिका
Mega phone : मेगाफोन / भोंपू
Message : संदेश
Metallic : धातुक
Metallic return : धातुक वापसी
Mica : अभ्रक
Micro ampere : माइक्रोएंपियर
Microphone : माइक्रोफोन / ध्वनिवर्धक
Micro switch : सूक्ष्म तरंग
Micro wave : छोटा स्विच
Miniature : वामन
Miniature light : वामन बत्ती
Minimum deviation : न्यूनतम विचलन

Misleading indication : भ्रामक संकेत

Mixer : मिश्रक

Mobile communication : चल संचार

Modulation : अधिमिश्रण / मॉडुलन

Monitoring : निगरानी / अनुश्रवण

Monolith : पत्थर का खंभा

Motor : मोटर

Motor commutator : मोटर कम्यूटेटर / दिक् परिवर्तक

Mould : सांचा

Moveable diamond crossing: चल-डायमंड-क्रासिंग

Multi unit : बहु इकाई

Mutual : पारस्परिक

N

Nail : कील

Narrative: वर्णनात्मक

Negative : ऋणात्मक

Neon : निऑन

Network : जाल / तंत्र

Neutral coil : मध्यम कुंडली

Neutralising : शामक / निष्प्रभावक

Non inductive : गैर प्रेरक

Non insulated : असंवाहित

Non-interlocked layout : गैर अंतर्पाशित विन्यास

Non isolated line : अविच्छिन्न लाइन

Non-magnetic : गैर चुंबकीय

Normal : सामान्य

Normal contact : सामान्य संपर्क

Normal & reserve indication lock : सामान्य तथा विपरीत संकेत ताला

Notch : खांच

Number plate : संख्या पट्टी / नंबर प्लेट

Numerator : गणक

O

Observation : अवलोकन

Obsolete : अप्रचलित

Obstruction test : अवरोध परीक्षण

Obverse : प्रतिवृत्त / अभिमुख

Occupation : रोधक पेटी

Operational requirement : परिचालनिक आवश्यकता

Operational voltage : कार्यक्षम वोल्टता

Operational control : परिचालन नियंत्रण

Oscillator : दोलक

Output : निर्गम

Outside : बाह्य

Overhead alignment : ऊपरी संरक्षण / ऊपरी तार प्रणाली

Overhead protection : ऊपरी संरक्षण

Over run : अधिचालन

Over turn : उलट जाना

Oxygenerate : आक्सीजन भरना / आक्सीजनीकरण

P

Packthread : सुतली

Pad : गद्दी / उपधान

Pad lock : ताला *(verb)* ताला लगाना

Paging & talk back system : खोजी और परिवार्ता प्रणाली

Paging loudspeaker : खोजी ध्वनि विस्तारक

Pawl guide : पाल निदेशक

Periodical overhaul : आवधिक ओवर हाल

Permissible distance : अनुमत दूरी

Phantom indication : भ्रामक संकेत

Pickup apparatus : टोकन खंभा / पिकअप खंभा

Pickup coil : पिकअप / उठान कुंडली

Pickup contact : पिकअप / उठान संपर्क

Pin : पिन

Pin link : पिन संपर्क

Pinnacle : शिखर

Piston ring : पिस्टन छल्ला

Plate : प्लेट / पट्टी

Plate foundation : आधार पट्ट

Plug assembly : प्लग समुच्चय

Plug clamping : प्लग बंधेज

Plug in type : प्लग वाली

Plug isolating : वियोजक प्लग

Plunger : प्लंजर

Plunger type facing point lock: प्लंजरनुमा सम्मुख कांटा पाश / ताला

Point : कांटा / प्वाइंट

Point adjusting screw : कांटा समायोजक पेंच

Point clamp : कांटा शिकंजा

Point indicator directional : दिशाबोधी कांटा संकेतक

Point indicator target type : अक्षनुमा कांटा संकेतक

Point lock lever type : कांटा ताला लीवर

Point rodding : कांटा छड़

Point slide : कांटा स्लाइड

Pole : ध्रुव

Polar : ध्रुवी

Polarised : ध्रुवित

Porcelain : चीनी मिट्टी / पोर्सिलेन

Portable control phone : सफ़री कंट्रोल फ़ोन

Portable phone : सफ़री फोन

Positive : धनात्मक

Potential : विद्युत दाब
Potentiometer : विद्युत दाब मापी
Power handling capacity :
विद्युत-संचालन-क्षमता
Power room : विद्युत कक्ष
Power signalling laboratory :
विद्युत सिग्नल प्रयोगशाला
Power sources : विद्युत स्रोत
Power worked signal : विद्युत
चालित सिग्नल
Primary : प्राथमिक
Private automatic exchange:
निजी स्वचालित टेलीफोन केंद्र

Prolong ringing : लम्बी घंटी
Protective device : सुरक्षा यंत्र /
युक्ति
Protector strip : तड़ित रक्षी पट्टी
Public address equipment :
जन प्रसारण उपस्कर
Pull chart : लीवर तालिका
Pull pull mechanism : दुकर्षी
यंत्रिका
Pull sheet : लीवर शीट / तालिका
Pulsating current : स्पंदी धारा
Push button : पुश बटन
Puzzle : पहेली / उलझन / समस्या

Q

Quadrant : क्वाड्रेंट / चतुर्थांश / वृत्तपाद
Quadrant intermediate :
मध्यवर्ती क्वाड्रेंट
Quadrant left hand : बायां क्वाड्रेंट
Quadrant right hand : दायां
क्वाड्रेंट

Quadrant shaft : शाफ्ट क्वाड्रेंट
Qualified : योग्य
Quality : विशेषता
Question : प्रश्न
Quotation : उद्धरण
Quotidian : प्रतिदिन

R

Rack : रैक / निधानी
Radiator : विकिरक / रेडिएटर
Radio frequency : रेडियो आवृत्ति
Ramp cover : ढालू ढक्कन
Range : प्रक्षेत्र
Reactance : प्रतिघात
Reactor : रिएक्टर / प्रतिघातक
Rectification : परिशोधन

Rectifier : परिशोधक
Rectifier bridge : परिशोधक सेतु /
ब्रिज / पुल
Rectifier selenium : परिशोधक
सिलीनियम
Relay : रिले / प्रसारण
Relay auto to auto set : स्वचल
से स्वचल रिले सेट

Relay coil : रिले कुंडली
Relay spring : रिले कमानी
Removeable cover : हटाऊ ढक्कन
Repeat indication : पुनरावर्त संकेत
Repeater : पुनरावर्तक
Repeater shunt signal : पुनरावर्तक शंट सिग्नल
Repeating coil : पुनरावर्ती कुंडली
Resting lever : फिर बिठाऊ लीवर
Residual magentism : शेष चुंबकत्व
Resistance : प्रतिरोध
Resistor variable : सर्वजक प्रतिरोधक
Restoring armature : पुनःस्थापक आर्मेचर
Restriction : प्रतिबंध
Rim lock type : ताला रिम
Ring tone : घनन स्वर
Rivet : रिवेट
Rocker arm : दोलक पूजा
Rocking shaft : दोलन शाफ़्ट
Rod alignment : छड़ रेखण
Rod catch handle : मूंढ़ छड़
Rodding : छड़ व्यवस्था
Rod-run : छड़ रेखा
Rosette : रासेट
Rotary : रोटरी
Rotary detector : रोटरी संसूचक
Rotary switch : रोटरी स्विच
Route diagram : मार्गचित्र
Route direction : मार्ग दिशा
Route indicator : मार्ग सूचक
Route locking : मार्ग पाशन
Route release : मार्ग रिहाई
Routing signal : मार्ग सूचक सिग्नल
Rubber sheet : रबर खोल
Rubber sheathed cable : रबड़-बंद केबल
Running line : चालू लाइन
Rupture : भंग / फटन / फट

S

Safety certificate : संरक्षा प्रमाण-पत्र
Safety rules : संरक्षा नियम
Screw armature : आर्मेचर पेंच
Screw buffer : दाबड़ा पेंच
Screw point adjusting : काटा समंजक पेंच
Sealing compound : सीलबंदी मिश्रण
Sealing facility : सीलबंदी सुविधा
Sealing oil : सीलबंदी तेल
Secondary : द्वितीयक
Secondary cell : संचालक सैल / कक्ष
Selectivity : चयनात्मक कला
Selective ringing : चयनात्मक घनन
Selector hunter : चयन खोजी

Semi automatic : अर्द्ध स्वचालित

Shaft : शाफ्ट

Shaft cap : शाफ्ट टोपी

Shield : ढाल / ढक्कन

Shock absorbent : धक्कासह

Shock proof : धक्कारोधी

Short circuit : धक्कारोधी

Short dead end : लघु ठोकर

Shunt : शंट

Shunt path : शंट पथ

Shunt resistance : शंट प्रतिरोध

Shunt signal : शंट सिग्नल

Shunting neck : शंटिंग छोर

Siding : साइडिंग

Sighting board : अवलोकन पट्ट

Signal : सिग्नल

Signal arm : सिग्नल भुजा / पट्टी

Signal colour light : रंगीन बत्ती सिग्नल

Signal doll : डॉल सिग्नल

Signal dwarf : बौना सिग्नल

Signal in advance : अग्रिम सिग्नल

Signal in rear : पिछला सिग्नल

Signal multi aspect : बहुसंकेती सिग्नल

Signal post : सिग्नल खंभा

Signal searchlight : सर्चलाइट सिग्नल

Signal unit : सिग्नल इकाई

Signalling circuit : सिग्नल परिपथ

Single current : इकहरी (विद्युत) धारा

Single line token instrument: इकहरी लाइन टोकन-यंत्र

Single phase : इकहरा फेज़

Sketch : रेखाचित्र

Sleeve : आस्तीन

Slide : सर्पी / स्लाइड

Slip siding : स्लिप साइडिंग

Slot : स्लाट / खांचा

Slot indication : खांचा संकेत / स्लाट संकेत

Slot lever : खांचा लीवर

Slow acting relay : मंद रिले

Slow to pickup : मंदग्राही

Slow to release : मंद त्यागी

Socket : साकेट

Socket cap : साकेट टोपी / ढक्कन

Soldering iron : कहिया / टांकिया

Sounder : गरगटिया

Sounder bracket : गरगटिया बंधनी

Sounder dubarn : ड्यूबर्न गरगटिया

Spare lever : अतिरिक्त लीवर

Spark plug : चिनगारी प्लग

Spark quench circuit : चिनगारी शामक परिपथ

Special locks : विशेष पाश / ताले

Speed limit : गति सीमा

Spiral : सर्पिल

Split pin : चिरवां कील

Split stretcher blade : फलकजुवा

Spool : चर्खी

Spring : कमानी

Spring catch handle : मूठ कमानी

Spring helical : सर्पिल कमानी

Spring point : कमानीदार कांटा

Spring point mechanism : कमानीदार कांटा यंत्रिका

Spring & shaft assembly : कमानी शाफ्ट समुच्चय

Spring washer : कमानी वाशर

Staff key : डंडा चाबी

Staging with ladder : सीढ़ीदार मचान

Stalk galvanised : जस्तेदार तना

Stalk insulator : विद्युत रोधी तना

Stand for roller guide : घिरी गाइड चौकी

Standard : मानक

Standard of interlocking : अंतर्पाशन मानक

Standard of signalling : सिग्नल मानक प्रणाली

Station Master's control : स्टेशन मास्टर का नियंत्रण

Station Master's key : स्टेशन मास्टर की चाबी

Station Master's lockup : स्टेशन मास्टर का ताला बक्सा

Station Master's slid control frame : स्टेशन मास्टर का सर्पी नियंत्रण फ्रेम

Steel plate : इस्पाती चद्दर

Steel sleeper : इस्पाती स्लीपर

Step down transformer : अवरोही ट्रांसफार्मर

Step up transformer : आरोही ट्रांसफार्मर

Stick circuit : यष्टि परिपथ

Stock rail : स्थिर पटरी

Stop board : रोक पट्ट

Stop lock bar : लॉक-बार रोक

Stores code : भंडार संहिता

Store godown : भंडार गोदाम

Strecher : स्ट्रेचर / जुवा

Stroke : चाल

Stud : खूंटी / दुपेचा

Support quadrant : सहकार क्वाड्रेंट

Surface leakage : सतही स्राव

Swan neck : हंस कंटिया

Switch rail : स्विच पटरी

Switch operating mechanism: स्विच परिचालन यंत्रिका

Switching in : चालू करना / जलाना

Switching out : बंद करना / बुझाना

Synchronism : समक्रमिता

System : तंत्र / प्रणाली / पद्धति / क्रम

T

Table : तालिका / फलक / पट्टी

Tablet : टिक्की

Tactful : निपुण / कुशल

Tag block : ताग ब्लाक

Talk back amplifier : प्रतिवार्ता विस्तारक

Tape recorder : टेप रिकार्डर

Telecommunication : दूर संचार

Telecommunication laboratory : दूर संचार प्रयोगशाला

Telegraph : तार / टेलीग्राफ

Telephone : दूरभाष / टेलीफोन

Telephone transmitter : दूरभाष प्रेषी

Teleprinter: टेलीप्रिंटर / तार लेखी / दूर मुद्रण यंत्र
Terminal : टर्मिनल / छोर / अंतस्थ
Terminal block : टर्मिनल ब्लाक / छोर खूंटी ब्लाक
Terminal box : छोर खूंटी पेटिका
Terminal post : छोर खंभा / अंतस्थ खंभा
Terminal station : अंतस्थ स्टेशन
Terminal of cable : केबल छोर
Testing gauge : जांच मापी
Testing lamp : जांच बत्ती
Testing panel : जांच पैनल / पटल
Testing piece : जांच मापी
Thimble : छल्ला
Time pulse relay : समय स्पंद रिले
Time element relay : समयतत्व रिले
Time relay : समय रिले
Toggle and pawl assembly : टागिल-पाल समुच्चय
Toggle switch : टागिल स्विच
Token : टोकन
Token exchanger : टोकन बदल / परिवर्तक
Tokenless : टोकन रहित
Tokenless block instrument: बेटोकन ब्लाक उपकरण
Tone : स्वर
Tone control : स्वर नियंत्रण
Tone generator : स्वर जनित्र
Tongue rail : टंग रेल
Top roller : ऊपरी रोलर
Track circuit : रेल परिपथ
Track indicator : रेलपथ सूचक
Track lock : रेलपथ ताला
Track relay : रेलपथ रिले
Tracing : अनुरेखण
Trail through : कांटा भेदन
Trailing direction : अनुगामी दिशा
Train shunt : गाड़ी शंट / गाड़ी का पटरी बदलना / गाड़ी को आगे पीछे ले जाना
Train graph : गाड़ी संचालन ग्राफ
Train on line : लाइन पर गाड़ी
Train register : गाड़ी रजिस्टर
Transformer : ट्रांसफार्मर / परिवर्तक
Transformer air cool : वायुशीतल ट्रांसफार्मर
Transformer water cool : जल शीतल ट्रांसफार्मर
Transistor : ट्रांज़िस्टर
Transmission : प्रेषण
Transmit : प्रेषित करना
Transmitter : प्रेषी (व्यक्ति) प्रेषित (यंत्र)
Transposition of wire : तार पक्षांतर
Trap indicator : लंगड़ा कांटा संकेतक
Trap points : लंगड़ा कांटा
Trap siding : लंगड़ी साइडिंग
Trap switch : लंगड़ा स्विच
Treadle : पथचाप
Treastle : मंचिका / घोड़ी
Trimmer : कर्तक
Trunk exchange : ट्रंक दूरभाष केंद्र
Tubular : नालिकाकार
Tubular post : नलिकाकार खंभा / स्तंभ

Tumbler lever : पलोटन लीवर
Turning : विशाखन
Two way switch : दोमुखी स्विच
Typic : लाक्षणिक

U

Unidirectional : एक दिशीय
Uniselector : एकल चयक
Unit : इकाई
Unrestricted speed : निर्वाध गति
Unworked Warner : स्थावर चेतावनी सिग्नल
Upper quadrant : ऊपरीक्वाड्रेंट
Unzoned : अविभाजित

V

Vacuum : निर्वात
Valve : वाल्व
Variable : परिवर्तनीय
Variable light : परिवर्तनीय बत्ती
Vertical detent assembly : ऊर्ध्वाधर कुत्ता समुच्चय
Vertical ratchet : ऊर्ध्वाधर रैचट
Vibration relay set : कंपन रिले सेट
Vibrator : कंपन
Visual indicator : दृश्य सूचक
Voice frequency : वार्ता ध्वनि आवृत्ति
Volume control : घनत्व नियंत्रण

W

Warning board : चेतावनी पट्ट
Washer : वाशर
Washer spring : कमानीदार वाशर
Water tight : जलरोधी
Wayside station : मार्गस्थ छोटा स्टेशन
Weather proof : ऋतु-सह
Winding : लपेट
Wing nut : पंखी डिबरी
Wiper assembly : पोंछक समुच्चय
Wiper terminal : पोंछक खूंटी
Wire alignment : तार रेखण
Wire run : तार पथ
Wire stripper : तार छीलक
Wire wound : तार लिपटा
Working rules : कार्य संचालन नियम

Y

Yard stick : मापदंड

Yoke : योक

Z

Zebra board : जेबरा पट्ट

Zinc bar : जस्ता छड़

Zinc element : जस्ता अवयव

Zenner diode : जैनर डायोड

ELECTRICAL ENGINEERING

बिजली इंजीनियरी

ELECTRICAL ENGINEERING

बिजली इंजीनियरी

A

Abbreviate *(v)* **:** संक्षिप्त करना
Abound (in) : (से) भरपूर होना
Absorb : सोख लेना
Accede : पद या कार्यभार ग्रहण करना
Accelerating contactor : त्वरण संपकित्र
Accelerating relay : त्वरक रिले
Access : अभिगमन
Accessory : उपकरण
Accident relief train : दुर्घटना सहायता गाड़ी
Accumulator : संचायक
Accumulator grid : संचायक ग्रिड
Accumulator insulator : संचायक विद्युतरोधक
Accumulator switch board : संचायक स्विच बोर्ड
Accumulator traction : संचायक कर्षण
Accumulator vehicle : संचायक यान
Accurate : परिशुद्ध
Accusative : कर्म कारक
Achieve : संपादित / उपार्जित करना
Acoustic : ध्वनिक / श्रवण
Active current : सक्रिय धारा / करंट
Active electrode : सक्रिय इलैक्ट्रोड
Active material : सक्रिय पदार्थ
Active power : सक्रिय शक्ति
Active voltage : सक्रिय वोल्टता
Active voltampere : सक्रिय वोल्ट एंपियर
Actual : वास्तविक
Actuation : प्रेरणा
Aculeate : कंटीला / शूल
Acuminate : नुकीला बनाना
Acute : नुकीला / कुशाग्र
Adapter : ऐडाप्टर / अनुकूलक
Adhesion : आंसजन
Adjoined : से लगा हुआ
Adverse : प्रतिकूल
Aegis : संरक्षण / तत्वावधान
Aerate : हवा भरना, गैस भरना
Affix : जोड़ संबद्ध करना
Afflatus : उत्प्रेरणा
Afresh : फिर से / दोबारा
Ageing : काल-प्रभावन
Air break switch : वायु वियोजन स्विच
Air cooled machine : वायु शीतल मशीन / वायु शीतलति मशीन
Air cooled transformer : वायु शीतल ट्रांसफार्मर
Air duct : वायु वाहिनी

Air gap : वायु अंतराल
Air insulation : वातज रोधन / वायु विद्युत रोधन
Allen key : एलन कुंजी
Alkaline : क्षारीय
Alkaline accumulator : क्षारीय संचायक
Alternate feed : वैकल्पिक प्रभरण
Alternator : प्रत्यावर्तक / प्रत्यावर्तित्र
Alternating current / A.C. प्रत्यावर्ती धारा / प्र.धा. / ए.सी.
Alternating current balancer: प्रत्यावर्ती धारा संतोलक
Alternating current cummutator motor : प्रत्यावर्ती धारा परिवर्तक मोटर / प्रत्यावर्ती धारा कम्यूटेटर मोटर
Alternating current exciter : प्रत्यावर्ती धारा उत्तेजक
Aluminium conductor : एल्युमिनियम चालक
Ampere : एंपियर
Ampere hour capacity : एंपियर होरा क्षमता / एंपियर घंटा क्षमता
Ampere hour efficiency : एंपियर होरा दक्षता / घंटा दक्षता
Ampere hour meter : एंपियर होरा मीटर / घंटा मीटर
Ampere hour turn : एंपियर होरा वर्त
Amplifier : प्रवर्धक
Amplitude : आयाम / विस्तार
Anchor clamp : लंगर / स्थिरक क्लैंप
Anchor guy rod : लंगर तान छड़ / स्थिरक लाल शलाका
Anchor insulator : लंगर रोधक विद्युत
Anchor pole : लंगर खंभा / स्थिरक खंभा
Anchor rod : लंगर छड़ / स्थिरक शलाका
Anchor tower : लंगर / स्थिरक टावर
Annual load factor : वार्षिक लोड गुणांक
Anode : एनोड / घनाग्र
Anticreep : सर्पणरोधी / विसर्पण रोधी
Applied voltage : नियोजित वोल्टता / प्रयक्त वोल्टता
Arc control device : आर्क नियंत्रण युक्ति / सामान
Arc duration : आर्क अवधि
Arc furnace : आर्क भट्टी
Arc generator : आर्क जनित्र
Arcing contact : आर्कन संपर्क
Arcing ground : भू-आर्कन / आर्कन भूतार
Arcing horn : आर्कन श्रृंग
Arcing lamp : आर्कन आर्क बत्ती / लैंप
Arcing rectifier : आर्क परिशोधक / दिष्टकारी
Arcing shield : आर्क कवच / परिरक्षक
Arcing ring : आर्कन वलय / रिंग
Arcing suppressor : आर्कन शामक / भूआर्कन दमनकारी
Arcing voltage : आर्क वोल्टता
Arcing welding : आर्क वेल्डन / आर्क झलाई / झालन
Arm : भुजा / बाजू
Armature : आर्मेचर / कवच

Armature bands : आर्मेचर बंध
Armature bar : आर्मेचर शलाका
Armature coils : आर्मेचर कुंडली
Armature conducter : आर्मेचर चाक्षक
Armature core : आर्मेचर क्रोड़
Armature core disc : आर्मेचर क्रोड़ चकरी
Armature ducts : आर्मेचर वाहिनी
Armature end connection : आर्मेचर सिरा संबंधन
Armature end place : आर्मेचर सिरा पट्टिका
Armature reacting : आर्मेचर प्रतिघाती
Armature winding : आर्मेचर कुंडलन
Armouring : कवचन
Arrester : प्रग्राही / अवग्राही / निरोधक / विरामक
Asstt. traction foreman : सहायक कर्षण फोरमैन
Asstt. traction power controller : सहायक कर्षण शक्ति नियंत्रक
Asynchronous motor : अतुल्यकालिक मोटर / असहकालिक मोटर
Auto cut in switch : स्वचल योजक स्विच
Auto cut out switch : स्वचल वियोजक स्विच
Automatic circuit breaker : स्वचल परिपथ-वियोजक
Automatic cut out : स्वचल रोक

Automatic generating plant : स्वचल जनन संयंत्र
Automatic signalling : स्वचल सिग्नल व्यवस्था
Automatic starter : स्वचल प्रवर्तक
Automatic sub station : स्वचल उप-केंद्र
Automatic synchroniser : स्वचल तुल्यकालक
Automatic tap changing equipment : स्वचल टैप परिवर्तक
Automatic train stop : गाड़ी का स्वत: ठहराव
Automatic voltage regulator: स्वचल वोल्टता नियामक
Automation : स्वचलन
Auto reclose circuit breaker : स्वचल पुनर्योजी वियोजक
Auto transformer : स्वचल ट्रांसफार्मर / परिवर्तक
Auto transformer starter : स्वचल ट्रांसफार्मर प्रवर्तक
Auxanometer : वृद्धिमापी
Auxiliary : सहायक
Auxiliary plant : सहायक संयंत्र / प्लांट
Auxiliary pole : सहायक स्तंभ
Auxiliary spark gap : सहायक स्फलिंग अंतराल
Auxiliary switch : सहायक स्विच
Auxiliary transformer : सहायक ट्रांसफार्मर
Auxiliary winding : सहायक कुंडली
Auxiliary current : सहायक धारा

Average current : औसत धारा
Axle / Axil : ऐक्सिल / कक्ष
Axle / Axil pulley : धुरा घिर्री
Axle pulley (V Grove) : धुरा घिर्री (V खांचे वाली)
Axillary : कक्षीय / कक्षवर्ती
Axiological : मूल्याश्रित
Axiology : मूल्य मीमांसा
Axis : धुरी
Azure : आसमानी

B

Backboard : पिछला तख़्ता
Backfire : व्यर्थ या निष्फल हो जाना
Background : पृष्ठभूमि
Back e.m.f. : पृष्ठ विद्युत वाहक दल
Back pitch : पृष्ठ अंतराल / पंक्ति अंतराल
Back plate lamp : पश्च पट्टिका लैंप धारक
Balanced load : संतुलित लाद / लोड
Balanced voltage : संतुलित वोल्टता
Balancer : संतोलक / संतुलक
Balancing : संतोलन
Balancing ring : संतुलक वलय / घेरा / चक्र
Balancing wheel : संतुलक चक्र
Ball bearing : बाल बेयरिंग
Ball and socket joint : कंदुक खल्लिका संधि
Bare conductor : अनावृत्त चालक
Bare electrode : अनावृत्त इलेक्ट्रोड
Batten lamp : गुटका लैंप
Battery : बैटरी
Battery charging unit : बैटरी आवेशक
Battery fuse : बैटरी फ़्यूज़
Battering ram : मित्तिपातक
Beam : शहतीर, धरनी
Bell electric : घंटी बिजली की
Belt : पट्टा
Belt *(verb)* : घेर लेना
Belt fastener : पट्टा योजी
Belt fusion indicator : पट्टा तनाव सूचक
Big end bearing : बड़े सिरे वाली बियरिंग
Bimetal : द्विधातु
Bimetallic strip : द्विधातुक पत्ती
Black tape : काला फीता
Blower fan : धौंकनी पंखा
Bobbin insulator : फिरकी रोधक (विद्युत)
Bond fitter : बंध फिटर
Bonding clip : बंधक क्लिप
Booster pump : वर्धक पंप
Booster transformer : बूस्टर ट्रांसफार्मर / बूस्टर परिणमित्र
Bore : नली / परिवेध
Bore *(verb)* : वेधन करना
Bow compass : धनु परकार

Box : संदूक / पेटी

Box spanner : पेटी पाना

Bracket : बंधनी / ब्रेकेट

Bracket arm : बंधनी भुजा

Bracket insulator : बंधनी रोधक

Brake horse power (BHP) : ब्रेक अश्व शक्ति

Braking : ब्रेक लगाना / आरोधन

Breakdown : भंग

Breaker : वियोजक / भंजक

Breaking capacity : भंजन क्षमता / वियोजन क्षमता

Breaking current : वियोजन धारा

Bridging interruptor : सेतु अवरोधक

Bridge megger : ब्रिज मेगर

Brush : ब्रुश

Brush arm : ब्रुश भुजा

Brush arm insulation : ब्रुश भुजा रोधन (विद्युत)

Brush box : ब्रुश पेटी

Brush contact : ब्रुश संपर्क

Brush carbon for blower fan motor : धौंकनी पंखा मोटर का कार्बन ब्रुश

Brush carbon for water raising apparatus : जलोत्तोलक का कार्बन ब्रुश

Brush gear : ब्रुश गरारी / उपस्कर / गियर

Brush gear assembly : ब्रुश गरारी समुच्चय

Brush holder : ब्रुश धारक

Brushless alternator : ब्रुश रहित प्रत्यावर्तक

Brush shift : ब्रुश विस्थापन

Bucket wheel : डोल चक्र / रहट

Bulk supply : थोक प्रदाय / सप्लाई

Bump : टक्कर / धक्का

Bumper : टक्कर रोक

Bundle : गठरी / पुलिंदा / गट्टा

Burning : ज्वलंत

Burnish : चमकना

Bus bar coupler : वाहन छड़ युग्मक / बस बार युग्मक

Bus bar synchronizing : तुल्यकालन वाहन छड़

Bushing : व्यास्तर / बुशिंग

Bushing current transformer: व्यास्तर धारा ट्रांसफार्मर

C

Cabin : कोठरी / केबिन / कुटीर

Cabinet : अलमारी, पेटिका / मंत्रिमंडल

Cable : केबिल / रस्सा / तार

Cage : कटघरा / पिंजरी

Cage winding : पिंजरी कुंडलन

Call indicator : बुलाहट संकेतक

Camion : ट्रक गाड़ी

Can : बाल्टी / कढ़ाई

Cantilever : प्रास

Cantilever assembly : प्रास समुच्चय

Capacitance : संघारिता

Capacitive load : भार / भारिता

Capacitor : संघारित्र

Capacitor motor : संघारित्र मोटर

Carbon filament lamp : कार्बन तंतु लैंप

Cartridge fused : कारतूस फ्यूज़ / बुझा हुआ

Catenary wire : टंगणी तार / केटिनरी तार

Caution board : सावधान पट्ट

Caution order : सावधान आदेश

Ceiling fan : छत का पंखा

Ceiling rose : अंतरछद कटोरी / सीलिंग रोज़

Cell tender : सेल परीक्षित

C.G.S. unit : से.ग्रा.से. इकाई

Centrifugal pump : अपकेंद्री पंप

Centrifugal starter : अपकेंद्री प्रवर्तक

Changeover switch : पथ परिवर्तन स्विच

Charging current : आवेशन धारा

Charging resistor : आवेशन प्रतिरोधक

Chief traction foreman : मुख्य कर्षण फोरमैन

Chief traction power controller : मुख्य कर्षण शक्ति नियंत्रक

Circuit breaker : परिपथ वियोजक

Circulating current : परिसंचारी धारा

Clamping nut : शिकंजा डिबरी

Clutch : क्लच / ग्राभ

Coiled coil filament : कुंडलित-कुंडली तंतु

Common return : संयुक्त वापसी

Commutating field : दिक् परिवर्तन क्षेत्र

Commutating pole : दिक् परिवर्तन ध्रुव

Commutator bar : दिक् परिवर्तक शलाका

Compaginate (verb) : जोड़ देना / संहत करना

Compartment : रेल का डिब्बा / उपखंड

Compass : दिक् सूचक

Compensating coil or Compensating winding : प्रतिकरण कुंडली अथवा प्रतिकरण कुंडलन

Compensator : प्रतिकारक

Compressor : संपीड़क

Compressor motor : संपीड़क मोटर

Condenser : संघनित्र / द्रवणित्र / संघारित्र

Condenser bushing : संघारित्र व्यास्तर

Conductance : चालकता

Conductivity : चालकता

Conductor : चालक

Conduit : वाहक नली / कंड्यूइट नल

Conduit box : नलिका / कंड्यूइट पेटी

Conduit fitting : नलिका फिटिंग

Conduit system : नलिका प्रणाली

Connected load : संयोजित लोड

Connecting box : संयोजी पेटी

Connecting rod complete: पूर्ण योजक छड़पूर्ण संयोजी छड़

Consumer's terminal : उपभोक्ता सीमांत

Contact : संपर्क
Contact bar : संपर्क छड़
Contact drop : संपर्क पात
Contact wire : संपर्क तार
Continuity : अविच्छन्नता
Continuous or direct current: अविच्छन्न अथवा दिष्ट धारा
Contract demand : संविदा मांग
Control board or Control panel : नियंत्रण बोर्ड या नियंत्रण पट्ट
Control circuit : नियंत्रण परिपथ
Control limit switch : नियंत्रण सीमा स्विच
Controller : नियंत्रक
Control room : नियंत्रण कक्ष
Control valve : नियंत्रक वाल्व
Converter : परिवर्तक
Cooling duct : शीतलन वाहिनी
Coopt : सहयोजित
Cooption : सहयोजन
Coordination : समन्वयन
Co-owner : सहस्वामी
Copper loss : ताम्रज हानि / ताम्र हानि
Copper plate : ताम्रपत्र
Core : क्रोड
Core loss : क्रोड हानि

Core type transformer : क्रोडी ट्रांसफार्मर / क्रोड प्ररूप ट्रांसफार्मर
Corona : किरीट
Corona power : किरीट शक्ति
Corona power loss : किरीट शक्ति हानि
Cotton covered wire : सूत्राच्छादित तार
Counter shaft : काउंटर शाफ्ट
Counter shaft with pully : घिरनीदार काउंटर शाफ्ट
Coupler plug : युग्मक प्लग
Coupler socket : युग्मक साकेट
Cradle guard : रक्षी झूला
Crank shaft : क्रैंक शाफ्ट
Cross arm : तिर्यक बाहु / कैंची भुजा
Crossbond : तिर्यक बंध / अनुप्रस्थ बंध
Current : करंट / धारा
Current transformer : धारा / करंट ट्रांसफार्मर
Cut out : छिन्न गर्त / कट आउट
Cycle : चक्र / आवर्तन
Cycloid : चक्राभ / चक्रज
Cylinder : सिलंडर / वेलन
Cylinder head gasket : वेलन शीर्ष गास्केट

D

Damp : नम / आर्द्र गीला
Damping : अवमंदन
Damping magnet : अवमंदन चुंबक
Damping winding : अवमंदन कुंडली

Danger prone : ख़तरा प्रवृत्त / प्रणत
Danger zone : ख़तरा क्षेत्र/आपद क्षेत्र
Daniel cell : डेनियल सेल
Dashpot with plunger : समज्जक अवमंदक पात्र

Dead : निष्क्रिय

Dehydrator : निर्जलक

Dehydrator and filter cartridges : निर्जलक एवं शोधक उपकरण

Delta connection : त्रिकोण संबंधन

Demagnetion : विचुंबकन

Demagnetising ampere turn : विचुंबकन एंपियर फेरा

Density : घनत्व

Differential relay : विभेदी रिले

Direct current motor : दिष्टधारा मोटर

Direct lighting : सीधा प्रकाशय

Discharge rate : विसर्जन गति

Discharge resistance : विसर्जन प्रतिरोध

Discharge rod : विसर्जन छड़

Disc type insulator : चक्राकार रोधक (विद्युत)

Distance relay : अंतर रिले / दूरी रिले

Distribution fuse board : वितरण फ्यूज़ पट्ट

Distributor : वितरक

Diversity factor : विभिन्नता गुणक / विविधता गुणक

Dividing box : विभाजन पेटी

Double pole gang operated isolator with earthing heel: गैंग चालित दो मुखी वियोजक, भूयोजन सहित

Dropper : बिंदुपाती / ड्रापर / अविलंबी तानक / ड्रापर

Drop test : पात परीक्षण

Drum controller : ढोलाकार नियंत्रक

Dummy cell : अक्रिय कुंडली

Duplex fitting : द्विक फिटिंग / द्विधा फिटिंग

Dwarf mast for anchor : लंगर हेतु लघु मस्तूल

Dynamo : डायनमो

Dynamometer : डायनमोमीटर

E

Earth (verb) : भू-योजन करना

Earthed : भू-योजित

Earthed system : भू-संपर्कित प्रणाली

Earth fault : भू-संपर्क दोष

Earth fault relay : भू-संपर्क दोष रिले

Earth plate : भू-पट्टिका

Earth potential : भू-विभव

Earth resistance : भू-प्रतिरोध

Earth return circuit : भू-प्रतिगमन परिपथ

Earth wire : भूतार

Eddy current : भंवर धारा

Eddy current brake : भंवर धारा आरोध

Eddy current loss : भंवर धारा हानि

Effective resistance : प्रभावी प्रतिरोध

Electrical clearance : विद्युत मुक्तांतर

Electric bell : विद्युत घंटी

Electric discharge lamp : विद्युत विसर्जन लैंप

Electric field : विद्युत क्षेत्र

Electric field strength : विद्युत क्षेत्र तीव्रता

Electric flux : विद्युत फ्लक्स / अभिवाह

Electric flux density : विद्युत अभिवाह घनत्व

Electric furnace : विद्युत भट्टी

Electric locomotive : विद्युत इंजन / विद्युत रेल इंजन

Electric motor : विद्युत मोटर

Electric resonance : विद्युत अनुनाद

Electric traction : विद्युत कर्षण

Electrician : बिजली मिस्त्री

Electricity : विद्युत / बिजली

Electrified track : विद्युत प्रवाहित रेल पथ / विद्युत रेल पथ

Electrification : विद्युतीकरण

Electrocution : विद्युत्मारण

Electrode : विद्युदग्र

Electrolysis : विद्युत अपघटन

Electrolytic : विद्युत अपघटनी

Electromagnet : विद्युत चुंबक

Electromagnetic switch : विद्युत चुंबकीय स्विच

Electromechanical brake : विद्युत यांत्रिक आरोधक

Electromotive : विद्युत वाहक / इंजन

Electromotive force : विद्युत वाहक बल

Electron : विद्युदणु

Electronic : इलेक्ट्रोनी / इलेक्ट्रोनिक

Electro negative : ऋणविद्युती

Electroplating : बिजली मुलम्मा / विद्युत्लेपन

Electro scope : विद्युतदर्शी

Electro static : स्थिर वैद्युत

Electro statics : स्थिर वैद्युतिकी

Elementary section : प्रारंभिक खंड

Emergency coupler : आपाती युग्मक

Emergency coupler plug : आपाती युग्मक पलड़ा

Emergency power : आपाती शक्ति

Emergency power block : आपाती शक्ति अवरोध

Emergency socket : आपाती साकेट

Emergency stop : आपाती रोक

Emergency switch : आपाती स्विच

End connection : सिरा संबंधन

Energy meter : ऊर्जा मापी

Engine : इंजन / यंत्र

Engineer : अभियंता / इंजीनियर

Engrave : उत्कीर्ण करना

Equaliser ring : समकारी वलय

Equivalent reactance : तुल्यमान प्रतिघात

Equivalent resistance : तुल्यमान प्रतिरोध

Excess voltage : अधिक वोल्टता

Exciter : उत्तेजक

Exciting current : उत्तेजक धारा

Exhaust : निकास / निर्गम

Exhaust end : निकास सिरा

Exhaust end cover gasket : निकास सिरा आवरण गास्केट

Expansion valve : प्रसार वाल्व

Extra high voltage : अति उच्च वोल्टता

F

Fabricate (verb) : गढ़ना / बनाना

Face : फलक

Face value : प्रत्यक्ष मूल्य

Feeder : संभरक

Feeder post : संभरक केंद्र

Field : क्षेत्र

Field coil : क्षेत्र कुंडली

Field current : क्षेत्र धारा

Field discharge resistance : क्षेत्र विसर्जन प्रतिरोध

Field discharge switch : क्षेत्र विसर्जन स्विच

Filament : दीप्ति तंतु / तंतु

Fish plate : जोड़ पट्टी

Fixed contact : स्थिर संपर्क

Flash over test : दमक परीक्षण / अतिरेक जांच

Flash over voltage : दमक वोल्टता / अतिरेक वोल्टता

Flash point : दमक बिंदु

Flat twin cable : चपटा दोहरा केबल

Flexible coupling : लचीला युग्मक

Flexible wiring : लचीला तार

Float switch : प्लवन स्विच

Fluorescent lamp : प्रति दीप्तिशील बत्ती

Flux : अभिवाह / फ्लक्स

Flux density : अभिवाह घनत्व

Foot switch : पाद स्विच

Former : पूर्वोक्त

Former wound coil : पूर्वोक्त कुंडली

Frequency : आवृत्ति

Frequency changer : आवृत्ति परिवर्तक

Frequency channel : आवृत्ति सारणी

Frequency meter : आवृत्ति मापी

Frequency relay : आवृत्ति रिले

Friction disc assembly : घर्षण चकरी समुच्चय / घर्षण चक्रिका

Frictional loss : घर्षण हानि

Fuse : फ्यूज़

Fuse box : फ्यूज़ पेटी

Fuse slide lock : फ्यूज़ पेटी ताला

G

Gas : गैस

Gas plant : गैस संयंत्र

Gasification : गैसीकरण

Gasometer : गैस मापी

Gate keeper : द्वारपाल

Gauss : गाउस (मात्रक)

Gear : गरारी

Gear box : गरारी पेटी

Gear box bearing : गरारी पेटी बेयरिंग

Gear box oil seals : गरारी पेटी की तेल सील

Gear up for beni dynamo 100 amps : 100 एंपियर के बेनी डायनेमो की गरारी टोपी

Gear governor complete : पूर्ण अधिनियंत्रक गरारी

General lighting : सामान्य प्रकाश व्यवस्था

Generating plant : विद्युत उत्पादन संयंत्र / जनन संयंत्र

Generating set : जनित्र सैट

Generating station : विद्युत उत्पादन केंद्र

Generator : जनित्र

Generator control panel : जनित्र नियंत्रण पट्ट

Generator field control : जनित्र क्षेत्र नियंत्रण

Gland assembly : ग्रंथि समुच्चय

Glass bowl for 3 lights : तीन बत्ती कांच कटोरी

Glass opal cases G 108 four lights : जी 108 की चार बत्तियों का दूधिया शीशा

Globes glass white for fitting no. 35 : 35 फिटिंग का सफेद गोल शीशा

Governor : गवर्नर / अधिनियंत्रक

Graphite brush : ग्रेफाइट ब्रुश

Graphite resistance : ग्रेफाइट प्रतिरोध

Gravity controlled instrument : गुरुत्व नियंत्रित माप यंत्र

Grid resistance : जालीनुमा प्रतिरोध/ झालक प्रतिरोध

Grid sub station : जालीनुमा / ग्रिड उपकेंद्र

Ground : भू / भू-संपर्कन

Grounded circuit : भू-संपर्कित परिपत्र

Guard control switch : रक्षी नियंत्रक स्विच

Guard wire : रक्षी तार

Gyrate : घूमना

H

H type pole : एच खंभा
Hack : फावड़ा
Haft : मूढ़ / दस्ता
Handle : हथ / हस्त / हत्था
Handle catches steel for battery box : बैटरी बाक्स / पेटी का इस्पाती हत्था
Handle door steel : इस्पाती द्वार का हत्था
Hand wheel for dynamo tension : डायनमो तनन का हथ पहिया
Hand winding : हस्त कुंडलन
Head light tonum 'E' type complete : टोनम 'ई' प्रकार के इंजन की सम्मुख बत्ती का पूरा उपकरण
Head span : शीर्ष निस्तार / फैलाव
Heating element : तापंन तार / एलीमैंट
Heat run : ताप परीक्षण
Heavy duty motor trolly : गुरु कार्य मोटर ट्राली
Hefty : भारी
Helmet : टोप / हेलमेट / शिरस्त्राण
Helper : सहायक
Hertz : हर्ट्ज़
High tension : उच्च तनन
Hinges steel battery box : बैटरी बक्से का इस्पात कब्जा
Hoisting motor : उच्चालक मोटर
Holdon coil : प्रग्रह कुंडली
Horn : श्रंग
Horn gap : श्रंग अंतराल
Hydrometer : द्रव घनत्व मापी
Hydraulic : द्रव चालित
Hygrology : आर्द्रता विज्ञान
Hyper- : अति
Hypo- : उप / अव / अल्प / अद्य
Hypothetical : माना हुआ

I

Ignite : सुलगाना / ज्वलित करना / उत्तेजित करना
Ignition : प्रज्वलन
Ignition plug : प्रज्वलन प्लग
Ignition rating : प्रज्वलन निर्धारण
Ignition voltage : प्रज्वलन वोल्टता
Illustrate : सचित्र करना / समझाना उदाहरण देना
Image : छवि
Immature : कच्चा / अ(परि)पक्व / अपूर्ण
Immersible apparatus : निमज्जनीय उपकरण
Immersion heater : निमज्जन तापक
Impale : छेदना

Impedance : प्रतिबाधा

Impedance bond : प्रतिबाधा बंध/ संवंधन

Impedance drop : प्रतिबाधा पात

Impedance factor : प्रतिबाधा गुणक

Impedance relay : प्रतिबाधा रिले

Impedance voltage : प्रतिबाधा वोल्टता

Impediment : बाधा

Implantation distance : (पटरी मध्य से) खंभा रोपण दूरी

Impulse circuit breaker : आवेग परिपथ वियोजक

Impulse flash over voltage : आवेग दमक वोल्टता

Indicating instrument : सूचक यंत्र

Induced charge : प्रेरित आवेश

Induced e.m.f.: प्रेरित दि.वा.व.

Induced voltage : प्रेरित वोल्टता

Inductance : प्रेरकत्व

Inductance coil : प्रेरकत्व कुंडली

Induction : प्रेरण

Induction coil : प्रेरण कुंडली

Induction furnace : प्रेरण भट्टी

Induction instrument : प्रेरण उपकरण

Induction meter : प्रेरण मापी

Induction meter generator : प्रेरण जनित्र

Induction motor : प्रेरण मोटर

Induction relay : प्रेरण रिले

Induction regulator : प्रेरण नियामक

Inductive drop : प्रेरणिक पात

Inductive load : प्रेरणिक लोड / भार

Inductive resistor : प्रेरणिक प्रतिरोधक

Inductor : प्रेरक

Inductor generator : प्रेरक जनित्र

Industrial frequency : औद्योगिक आवृत्ति

Infrastructure : अवसंरचना / मूल उद्योग / सुविधा आधारभूत ढांचा

Inner conductor : आंतरिक चालक

Inspection plug : निरीक्षण प्लग

Input voltage : निविष्ट वोल्टता

Instantaneous valve : तात्क्षणिक वाल्व

Instrument transformer : मापयंत्र ट्रांसफार्मर / उपकरण परिवर्तक

Insulated neutral : रोधित निष्क्रिय

Insulated overlap : रोधी क्षतिव्याप

Insulated wire : रोधित तार / विद्युत रोधित तार

Insulating material : रोधी पदार्थ

Insulating nut : रोधी ढिबरी

Insulating oil : रोधी तेल

Insulating resistance : रोधण अतिरोध

Insulating test : रोधण परीक्षण

Insulating tester : रोधण परीक्षक / परीक्षित

Insulator : विद्युत रोधी / रोधक

Insulator pin : कीलनुमा रोधक / कीली विद्युत रोधक

Insulator suspension : निलंबित रोधी (विद्युत)

Insupportable : असह्य / अप्रमेय
In run OHE (over head equip-ment) : अंतर्गामी ऊपरी उपस्कर
Intact : अविकल / अक्षुण्ण / संपूर्ण
Interaction : अन्योन्य क्रिया / पारस्परिक क्रिया
Intercept : बीच में रोक देना / अवरोध / अवरुद्ध करना
Intensity of field : क्षेत्रीय तीव्रता
Intensity of magnetisation : चुंबकन तीव्रता
Inter connected connection: अंतर्योजित तारक संबंधन

Intermediate switch : मध्यवर्ती स्विच
Internal e.m.f. : आंतरिक वि.वा.व.
Interpole : अंतरामुख
Interrupler : अंतरायिज्ञ / अंतरायक
Inverse time element : विसोम समय अवयव
Inverter : प्रतीपक
Iron clad switch gear : लौहावृत स्विच उपस्कर
Iron loss : लौहज हानि / लौह हानि
Isolator : विलगकारी
Iterate : दोहराना

J

Jack : उत्थापक
Job : फुटकर काम
Joinder : सम्मिलन / योजक
Joint : जोड़
Jolt : झटका
Jostle : धक्का देना
Joules's effect : जूल प्रभाव
Joule's law : जूल का नियम

Jumper : झंपक
Jumper box : झंपक पेटी
Jumper cable : झंपक केबल
Jumper wire : झंपक तार
Junction : संयोजन / संगम / जंक्शन
Juncture : संयोजन / संधि
Junk : रद्दी रस्सा / तार
Justify : सफाई देना

K

Keep : आरक्षित करना
Keeper : रक्षक
Kill : नष्ट कर देना / हटा देना / काटना
Kelvin bridge : केल्विन सेतु

Kilo volt ampere : किलो वोल्ट ऐंपियर
Kilowatt : किलोवाट
Kilowatt meter : किलोवाट मापी
Kirchhoff's law : किर्क हाफ नियम

Knife switch : छुरी स्विच / नाइफ स्विच
25 K.V. single phase AC
traction : 25 कि.वोल्ट एक कलीय
प्र.धा. कर्षण

25 K.V. AC traction manual :
25 किलो वाट प्र.धा. कर्षण नियमावली
Knotty : पेचदार-काम

L

Label : लेबल / नाम-पत्र / परचा
Labelled : अंकित
Laboratory : प्रयोगशाला
Laborious : परिश्रमी / मेहनती
Labour : श्रम / मेहनत / मज़दूर
Labour bureau : श्रम कार्यालय
Labour dispute : श्रम विवाद
Labour famine : श्रमिक अभाव
Labour market : श्रम बाजार
Labour movement : श्रमिक
आंदोलन
Labour union : श्रमिक संघ
Labour welfare : श्रमिक कल्याण
Labourer : मज़दूर / श्रमिक
Lagging current : पश्चगामी धारा
Lagging load : पश्चगामी लोड / भार
Lagging phase : पश्चगामी कला
Lamp : बत्ती / लैंप
Lamp gas filled 24 V. 15 watts:
24 वोल्ट-15 वाट की गैसी बत्ती
Lamp gas filled 32 V. 15 watts
ESC (Edison screw cap) :
32 वोल्ट-15 वाट की गैसी बत्ती ई एस
सी (एडीसन पेच टोपी)
Lamp gas filled 32 V. 250 W
(EHL) : 32 वोल्ट-250 वाट की गैसी
बत्ती (ई एच एल)

Lamp holder : बत्ती धारक
Lamp holder, complete : पूर्ण
बत्ती धारक / पूर्ण बल्ब आधार
Lamp holder sealing ring :
बत्ती धारक संचरण वलय
Lamp indication clear 6 V. :
6 वोल्ट की दीप सूचक बत्ती
Lamp resistance, complete :
पूर्ण बत्ती प्रतिरोधक
Lamp twin filament : द्वितंतु बत्ती
Lamp voltage regulator : बत्ती
वोल्टता नियामक
Lamp winding : पूर्ण कुंडलन / लैंप
कुंडलन
Leading current : अग्रगामी धारा
Leading load : अग्रगामी भार / लोड
Leakage current : क्षरण धारा /
धारा का रिसना
Leakage flux : क्षरण अभिवाह /
क्षरण फ्लक्स
Leakage indicator : क्षरण
(धारा) सूचक
Leakage protective system:
क्षरण बचाव प्रणाली
Leakage reactance : क्षरण प्रतिघात
Lever, short circuiting : लघु
पथन लीवर

Lifting magnet : उत्थापक चुंबक
Lightning arrester : तड़ित अवग्राही
Lightning arrester equipment : तड़ित अवग्राही उपस्कर
Lightning conductor : तड़ित चालक
Limit switch : सीमा स्विच
Line : लाइन
Line voltage : लाइन वोल्टता
Linesman : लाइन वाला / लाइन मिस्त्री
Link : कड़ी / लिंक / श्रृंखला / अन्य
Little end bush : छोटे सिरे का व्यास्तर
Little end pin : छोटे सिरे की कील
Live : विद्युन्मय / सक्रिय / चल
Live circuit : विद्युन्मय परिपथ / चल परिपथ
Live conductor : सक्रिय चालक
Live metal : विद्युन्मय धातु
Live rail : विद्युन्मय रेल
Live track : सक्रिय पटरी
Load : लोड / भार / भारण
Load switch : भार स्विच
Local power block : स्थानीय शक्ति बंध
Location number : स्थानांक
Locking nut : पाशन डिबरी
Locking screw : पाशन पेच
Loco inspection : इंजन निरीक्षण
Loco inspection pit : इंजन निरीक्षण गर्त
Lower panto 'Raise panto' caution : पेंटो गिराओ-उठाओ सतर्कता आदेश
Loss angle : हानि कोण
Low voltage : विघ्न वोल्टता
Lubrication nipple with cup: ढक्कनदार स्नेहक घुंडी
Lug : लग / कर्णक

M

Machine : मशीन / यंत्र
Machinery : मशीनरी / यंत्र समूह
Machinist : मशीनवाला / मशीन चालक / यांत्रिक
Mager : मेगर
Magnet coil : चुंबक कुंडली
Magnet frame : चुंबक फ्रेम / ढांचा
Magnetic blow out coil : चुंबकीय निर्धमन कुंडली
Magnetic circuit : चुंबकीय परिपथ
Magnetic clutch : चुंबकीय क्लच
Magnetic flux : चुंबकीय फ़्लक्स / अभिवाह
Magnetic flux density : चुंबकीय फ़्लक्स घनत्व
Magnetic leakage : क्षरण / रिसना
Main : मुख्य संपर्क
Main switch board : मुख्य स्विच बोर्ड
Maintenance : अनुरक्षण / रख रखाव

Making current : संयोजन धारा

Mass resistivity : द्रव्य मान प्रतिरोधकता

Master controller : मास्टर नियंत्रक

Maximum demand indicator: अधिकतम मांग सूचक

Maximum demand tariff : अधिकतम मांग दर / टैरिफ

Mercury meter : पारद मीटर

Mercury switch : पारद स्विच

Mercury vapour : पारद-वाष्प वाली / पारद वाष्प लाइन

Mesh connection : जाली संबंधन

Metal rectifier : धातु दिष्टकारी

Meter : मीटर / मापी

Mica V ring : अभ्रक V वलय

Micro farad : माइक्रो फैरड

Milli ammeter : मिली आमीटर / सहक्षांश / आमीटर / मिली से मीटर

Motor : मोटर

Moving coil galvanometer : चल कुंडली गैल्वैनोमीटर / धारामापी

Moving coil instrument : चल कुंडली नियामक

Moving coil regulator : चल कुंडली माप-यंत्र

Moving iron instrument : चल लोह माप यंत्र

Multilayer winding : बहु स्तर कुंडलन / बहुस्तरीय कुंडलन

Murray's loop test : 'मरे' का लूप परीक्षण

Mutual inductance : अन्योन्य प्रेरकत्व

Mux : बिगाड़ना

N

Naked light : खुली बत्ती

Naked wire : खुला/अरक्षित तार (विद्युत)

Negative : ऋणात्मक

Negative booster : ऋणात्मक वर्धक/ बूस्टर

Negative feeder : ऋणात्मक प्रभरक/ प्रतिगामी / प्रभरक / ऋणात्मक प्रदायक

Negative phase sequence : ऋणात्मक कला अनुक्रम

Network : जाल / तंत्र

Neutralize *(verb)* **:** निष्प्रभावित करना/ अनाविष्ट कर देना

Neutral axis : न्यूट्रल अक्ष

Neutral conductor : न्यूट्रल चालक

Neutral point : न्यूट्रल बिंदु

No land characteristic : लोड / भार शून्य अभिलक्षण / शून्य लोड अभिलक्षण

Non inductive : अप्रेरणिक

Non inductive resistance : अप्रेरणिक प्रतिरोध

Non magnetic steel : अचुंबकीय इस्पात
Non natural : अस्वाभाविक
Non productive : अनुत्पादक
Non recurring : अनावर्ती
Non renewable : अपूवर्य
Non resistance : अप्रतिरोध / अरोधक
Non stop : निरंतर
Non technical : अप्राविधिक

O

Obstruction : बाधक / प्रतिरोधन
Oil circuit breaker : तेल परिपथ वियोजक
Oil cooled : तेल शीतल / तेल शीतालित
Oil immersed : तेल निमज्जित
Oil insulated : तेल रोधित / तेल विद्युत रोधित
Oil tight : तेल रोध
Oily : तैलाक्त
One phase : एक कलीय
One way switch : इकतरफ़ा स्विच
Open circuit : खुला परिपथ
Open circuit characteristic : खुला परिपथ अभिलक्षण
Open circuit voltage : खुला परिपथ वोल्टता
Out door sub station : बाहरी उपकेंद्र
Outer conductor : बाहरी चालक/ निर्गमन प्रदायक
Out of phase : कला भिन्न / बाह्य
Over all efficiency : सर्वांग दक्षता
Over current relay : अतिधारा रिले
Overhead crossing : ऊपरी पारण / क्रासिंग
Over lap span : अति व्यापि विस्तृति
Over load relay : अधिभार रिले
Over voltage : अति वोल्टता
Over voltage protective device : अति वोल्टता बचाव युक्ति / अति वोल्टता प्रतिरक्षी साधन
Over voltage release : अति वोल्टता मोचन / मोचित्र
Over weight : अतिभार
Over whelm : अति दबाव
Over work : अतिश्रम

P

Package : संवेष्टन / पैकेज
Panel : पैनल / पट्ट
Parallel : समानांतर
Parallel feeder protection : पार्श्वपथ प्रदायक रक्षण / पार्श्वपथ प्रभरक रक्षक

Peak load : शिखर लोड / अधिकतम लोड

Peak valve : शिखर वाल्व

Permanent magnet : स्थायी चुंबक

Phase changer : कला परिवर्तक

Phase difference : कला अंतर / फेज़ अंतर

Phase sequence : कला अनुक्रम

Phase sequence indicator : कला अनुक्रम सूचक

Phase voltage : कला वोल्टता

Pico farad : पिको फैरड

Pilot : पायलट / सूचक

Pitch : अंतराल

Plug : प्लग / डाट लगाना

Point : बिंदु / प्वाइंट

Pole shoe : ध्रुव शू

Pole strength : ध्रुव सामर्थ्य

Pole tip : ध्रुव सिरा

Poly phase : बहुकलीय

Positive : घनात्मक

Post insulator : स्तंभोपरि रोधी

Potential difference : विभव अंतर

Potential transformer : विभव ट्रांसफार्मर

Potentio meter : विभव मापी

Power circuit : शक्ति परिपथ

Power factor : शक्ति गुणक

Power factor meter : शक्ति गुणक मापी

Primary coil : मूल कुंडली

Primary voltage : मूल वोल्टता

Primary winding : मूल कुंडलन

Pump : पंप

Push bell : दाब घंटी

Push button switch : दाब बटन स्विच

Q

Quality : गुण / लक्षण

Quantity of electricity : विद्युत परिमाण

Questionaire : प्रश्नावली

Quotation : उद्धरण / भाव / दर

Quate : उदाहरण

R

Radial : त्रिज्य

Radial feeder : त्रिज्य प्रभरक / प्रदायक

Radial system : त्रिज्य प्रणाली

Radiate *(verb)* **:** विकिरण करना

Radiator : विकिरक

Radioactive : विघटनाभिक

Radiography : विकिरणी चित्रण

Radius : त्रिज्या

Rag : चिथड़ा / लत्ता

Ragman : कबाड़िया
Rail : रेल / छड़
Rail bond : पटरी बांध / संबंधन
Rated input : निर्धारित निवेश
Rated output : निर्धारित निर्गम
Reactance coil : प्रतिघात कुंडली
Reactance drop : प्रतिघाती पात
Reactance relay : प्रतिघात रिले
Reactive component : प्रतिघाती घटक
Reactive load : प्रतिघाती भार / लोड
Reactive power / volt ampere : प्रतिघाती शक्ति वोल्टता एंपियर
Reactive voltage : प्रतिघाती वोल्टता
Re-generative breaking : पुनर्जनक आरोधन
Regulation : नियमन
Relay : रिले
Residual magnetism : अवशिष्ट चुंबकत्व
Resist : विरोध

Resistance : प्रतिरोध
Resistance box : प्रतिरोध पेटी / बाक्स
Resistance drop : प्रतिरोधी पात
Resistivity : प्रतिरोधकता
Resistor : प्रतिरोधक
Return feeder : वापसी प्रभरक / प्रदायक प्रतिजर्ती प्रदायक
Reversing switch : विपर्यायी स्विच
Reversion : प्रत्यावर्तन / विपर्यय
Revive : फिर प्रदर्शित करना
Revolution : परिक्रमण
Rig (verb) : पुर्जे जोड़ना
Ring bolt : छल्ला बोल्ट / छल्लेदार डिबरी
Riser : संचमुख / राइज़र
Rock oil : पैट्रोलियम / शैल तेल
Roll : रजिस्टर / पंजी / हाजिरी रजिस्टर/ लुढ़कना / ढुलकाना
Rolling : बेलनी मिल
Root mean square valve : वर्ग माध्यम मूल (वाल्व)
Rotating field : घुर्णी क्षेत्र

S

Sabotage : तोड़ फोड़ / ध्वंसन
Salient pole : बहिर्गत ध्रुव
Sanction : अनुमोदन
Saw : आरा / आरा चलाना
Sax : स्लेट छेनी
Secondary cell : द्वितीय कोशिका / द्वितीय सेल

Secondary voltage : द्वितीय वोल्टता
Section switch : खंड स्विच
Selector switch : संवरक स्विच
Self induction : स्वतः प्रेरण
Self induced e.m.f. : स्वप्रेरित वि.वा.ब.

Semi conductor : अर्ध चालक

Semi direct lighting : सीधा आंशिक प्रकाशन

Sending end : प्रेषण सिरा

Seperator : पृथक्कारक

Series field : श्रेणी क्षेत्र

Series motor : श्रेणी मोटर

Service mains : सेवा मुख्य तार / सेवा मेंस

Shaded pole : छादित ध्रुव

Shoe : पादित्त / शामी

Short circuit : लघु पथ

Short circuit test : लघु पथ परीक्षण

Shunt : पार्श्वपथ / पथ या पटरी बदलना

Shunt field relay : पार्श्वपथ क्षेत्र रिले

Shunt winding : पार्श्व पथ कुंडली

Single core cable : एक क्रोटी केबल

Single phase : एक कला

Single pole switch : एक ध्रुवी स्विच

Slip : विसर्पण

Slip ring rotor : सर्पी वलय घूर्णक / सर्पी वलय रोटर

Slot pitches : खांचा अंतराल

Solenoid : परिनालिका

Span : विस्तृति

Spark : स्फुलिंग

Sparking : स्फुलिंग करता हुआ

Spark gap : स्फुलिंग अंतराल

Speed : चाल / गति

Squirrel cage motor : पिंजर मोटर

Star connection : तारक संबंधन / तारा संबंधन

Star delta connection starter: तारक त्रिकोण संबंधन प्रवर्तक

Step down transformer : अपचायी ट्रांसफार्मर / अपचयन ट्रांसफार्मर

Step up transformer : उच्चायी ट्रांसफार्मर

Storage cell : आगार कोशिका / कोशक संचायक सेल

Strain insulator : विकृति रोधी / (विद्युत) विकृति सह (विद्युत) रोधक

Sub standard instrument : प्रकीर्ण हानि

Supply voltage : सप्लाई वोल्टता / प्रदाय वोल्टता

Switch board : स्विच पटल / बोर्ड

Switch fuse : स्विच फ्यूज / फ्यूज स्विच

Switch gear : स्विच उपस्कर

Switching 'off' : स्विच बंद करना

Switching 'on' : स्विच चालू करना

Sychronous : तुल्य कालिक मशीन

System : प्रणाली / पद्धति / निकाय

Systematist : वर्गीकरण-विशेषज्ञ

T

Tab : पट्टी / तसमा

Table : सारणी / फलक

Tackle (noun) : उपकरण / हथियार

Tackle (verb) : हाथ में लेना / मुकाबला करना

Tail light : पिछली बत्ती (रेल की)

Temperature rise : ताप वृद्धि

Terminal bar : सिरा पट्टी

Terminal lug : सिरा कर्णक / टर्मिनल कर्णक

Terminal voltage : अंत्य / टर्मिनल वोल्टता

Testing set : परीक्षण उपकरण / सैट

Thermal electricity : तापीय ताप विद्युत

Thermal relay : तापीय रिले

Thermal station : तापीय केंद्र / उष्मीय केंद्र

Thermostatic control : ताप-स्थापीय-नियंत्रण

Three phase : त्रिकला

Three pin plug : त्रिपिन प्लग

Three way switch : त्रिपथी स्विच

Three wire system : त्रितार प्रणाली

Time switch : समय स्विच

Tower : टावर / मीनार

Traction battery : कर्षण बैटरी / बैटरी संकर्षण

Trail : पुछल्ला

Train : ट्रेन / रेलगाड़ी

Train (verb) : प्रशिक्षण देना

Transformation ratio : परिणमन अनुपात

Transformer : ट्रांसफार्मर / परिणामित्र

Transformer core : ट्रांसफार्मर कोर

Transformer winding : ट्रांसफार्मर कुंडलन

Transmisson : प्रेषण / संचारण

Transmisson loss : संचारण हानि

Transmisson tower : संचारण टावर

Twin cable : यमल केबिल / द्वि केबिल

Twin flexible cord : द्विक नम्य डोरी/ द्विनम्य डोरी

Two core cable : द्विक कोर केबल

Two part tariff : द्विक भाग टैरिफ़

Two phases : द्वि कला

Two pin plug : द्वि पिन प्लग

Two way switch : द्वि पथी / दुतरफ़ा स्विच

U

Unbalanced circuit : असंतुलित परिपथ

Unbalanced load : असंतुलित भार/ लोड

Unbalanced system : असंतुलित तंत्र

Under voltage release : न्यून वोल्टता मोचित्र

Useful life : उपयोगी आयु

Utility factor : उपयोगिता गुणक

Utmost : यथाशक्ति

V

Vacuum : शून्य / रिक्त स्थान

Variety : विविधता

Variable : परिवर्ती

Variable resistance: परिवर्ती प्रतिरोधक

Variable speed drive : परिवर्ती गति चालन

Variable speed motor : परिवर्ती गति मोटर

Variable voltage control : वोल्टता परिवर्तन नियंत्रण

Ventilating duct : संवातन वाहिनी

Voltage : वोल्टता

Voltage drop : वोल्टता पात

Voltage divider : वोल्टता विभाजक

Voltameter : वोल्टता मापी

Volume : राशि / आयतन

Voluminous : ढेर, बहुत अधिक

W

Wage : वेतन / मज़दूरी

Wagon : वैगर / चार पहियों वाली गाड़ी

Water cooled transformer : जल शीतलित ट्रांसफार्मर

Water feeding : जल भरण

Water mill : पन चक्की

Water power : जल शक्ति

Water resistant : जल प्रतिरोधी

Water tight : जल रोधी

Water tight fitting : जलरोधी फिटिंग

Water works : जल कल

Watt hour : वाट घंटा

Wattless component : वाटहीन घटक / कार्यहीन घटक

Watt meter method : वाट मापी / वाटमीटर विधि

Wave : तरंग

Welding rod : वेल्डक छड़

Winding : कुंडलन / कुंडली

Winding diagram : कुंडलन आरेख

Winding pitch : कुंडलन अंतराल

X

X-ray : एक्सकिरण / एक्स तरंग

Xylograph : काष्ठ चित्र

Xyster : खुरचनी

Y

Yard : गज़ / अहाता / बाड़ा | **Yard stick :** मान दंड

Z

Zero phase sequence : |
शून्यकला अनुक्रम

STORES

भंडार

STORES

भंडार

A

Accepected quotations : स्वीकृत दर / भाव / उद्धरण

Accepected stores : स्वीकृत भंडार / सामान

Accounting, stores : भंडार का लेखाकरण

Accountable : उत्तरदायी / लेखा देय

Accredit : विश्वास करना / बनाना

Accrue : उपचय होना / निकलना

Accumulate : संचय करना

Accuracy : परिशुद्धि / विशुद्धता

Achieve : पूरा करना / उपार्जित करना

Acid : अम्ल / एसिड

Acoustic : ध्वनिक / ध्वनि

Acquest : उपलब्ध संपत्ति

Acquire : प्राप्त करना

Acquisition : अधिग्रहण

Across : आर-पार / पार / के आर-पार

Activate : प्रेरित करना

Actual parties : वास्तविक पक्ष/पार्टियां

Additional charges : अतिरिक्त प्रभार

Additional facility : अतिरिक्त सुविधा

Additions & alterations : परिवर्तन एवं परिवर्धन

Adequate inspection arrangement : पर्याप्त निरीक्षण व्यवस्था

Adjoin : से लगा हुआ होना

Adjourn : स्थगन

Adjust : समंजित करना / समायोजन करना

Admeasure : आबंटन करना

Admit : प्रवेश करने देना / भरती करना

Adopt : अपनाना / धारण / अंगीकार करना

Advance allotment : अग्रिम आबंटन

Advertised annual tender : विज्ञापित वार्षिक निविदा

Advertised open tender : विज्ञापित व्यापक निविदा / खुली निविदा

Advertised time & place : विज्ञापित समय एवं स्थान

Advice of acceptance of tender : निविदा स्वीकृति की सूचना

Aerated (water) : वातित (पेय)

Affect : प्रभावित करना

Affirm : दृढ़ता / निश्चयपूर्वक

Affluent : विपुल

Afire : प्रज्वलित

95

Afoot : सक्रिय

Agent : एजेंट / अभिकर्ता

Aggradation : भूमिवृद्धि / अभिवृद्धि

Aggregate : पूर्णयोग / समष्टि

Agreed statement : स्वीकृत विवरण / बयान

Agreed statement of rates : दरों का विवरण स्वीकृत

Agreement enforceable : प्रवर्तनीय करार

Agreement form : करारनामा

Alarm signal fitting (carriage) : खतरा संकेत फिटिंग (सवारी डिब्बा)

Allocate *(verb)* : निर्धारित करना

Allotment : आबंटन

Alteration of contract price : संविदागत कीमतों में परिवर्तन

Amend or amplify : संशोधन या प्रवर्धन करना

Analytical test of stores : भंडार का विश्लेषणात्मक परीक्षण

Annual contract : वार्षिक ठेका / संविदा

Annual contract terms : वार्षिक ठेका / संविदा की शर्तें

A.O.T. (Acceptance of tender) : निविदा की स्वीकृति

Apiece : प्रत्येक / प्रत्येक के लिए

Appliance : उपकरण

Appropriate specification : उपयुक्त विनिदिष्टियां

Approved contractor : अनुमोदित ठेकेदार

Approved design : अनुमोदित अभिकल्प ठेकेदार

Approved sample : अनुमोदित नमूना

Article : वस्तु / अनुच्छेद

Articles of foreign manufacture : विदेशी निर्मित वस्तुएं

Articles of proprietory character : स्वामित्वधर्मी वस्तुएं

Articles of special or unusal character : विशेष या असाधारण वस्तुएं

As and when required : आवश्यकतानुसार

Asbestos : एस्बेस्टॉस

As usual : बदस्तूर / पहले की तरह

At fixed unit rates & price : नियत यूनिट दर या कीमत पर

Auction : नीलाम

Average consumption : औसत उपभोग

Award : पंचाट / पंच निर्णय / अर्थ दंड

Awkward : भद्दा बेढंगा

Awry : तिरछा / टेढ़ा

Axle box : धुरा बक्स

Azurine : चंवई / आसमानी रंग

B

Back : पिछला भाग

Background : पृष्ठभूमि

Bailiff : बेलिफ़ / आसेधक

Bale : गठरी

Bandoleer : कारतूस पेटी

Bar : रोध

Barrel : पीपा

Barter : अदला-बदली

Basic : मूल / आधारीय

Basin : बेसिन / कुंडी / कुंड

Battery : बैटरी

Battery box fitting (carriage): बैटरी बक्स जुड़वार / फिटिंग (सवारी डिब्बा)

Bending : झुकाव / कंबकन

Blank forms : कोरे फार्म

Blueprint : नीला नक्शा / (अंतिम) रूपरेखा

Blueprint corrector : नीला नक्शा / (अंतिम) रूपरेखा संशोधक

Board, manila : मनीला गत्ता

Board, pulp : लुगदी गत्ता

Body components : काय घटक

Body fittings : काय जुड़नार / फ़िटिंग

Bogies and tier : बोगी व टियर

Bogies and tyre : बोगी व टायर

Bogies frame : बोगी का ढांचा

Bolt : बोल्ट / काबला

Book, blank : बही, कोरी

Book, index (A to Z) : सूचक बही (वर्णक्रम से)

Book rate : खाता दर

Book rate for scrap : रद्दी सामग्री के लिए खाता दर

Boxes for leads and needles: सीसे की सलाइयों और सुइयों के लिए बक्स

Brake rigging and gear : ब्रेक रिगिंग और गियर ब्रेक साज़ सामान और औज़ार

Breach of contract : संविदा भंग

Breakage : टूट-फूट

Bridge sleeper : पुल स्लीपर

Brushes, drawings camel hair : ऊंट के बाल की तूलिका / ब्रुश

Brushes, drawings squirrel hair : गिलहरी के बाल की तूलिका/ ब्रुश

Buffing and drawgear : बफिंग और ड्रा गियर

Bushes : बुश / झाड़ियां

By direct sale : सीधी बिक्री द्वारा

By tenders : निविदाओं द्वारा

C

Calling for tenders on a rupee basis : रुपए के आधार पर निविदाएं मंगाना / आमंत्रित करना

Cancellation of contract : संविदा निरसन / संविदा रद्द करना

Capable of exceuting the work: कार्य निष्पादन में समर्थ / सक्षम

Capability and standing of firm : फर्म / संस्था की क्षमता और साख

Carriage wagon, EMU and railcar parts and fittings, including traction equipment and power back : सवारी डिब्बा, माल डिब्बा, ई.एम.यू. और रेल कार के पुर्जे तथा जुड़नार (कर्षण उपस्कर तथा पावर पैक सहित)

Casual tender : आकस्मिक निविदा

Catenary wire : केटिनरी (रज्जु वक्र) तार

Cement : सीमेंट

Chains, measuring : ज़ंजीर, नपैनी / मापक चैन / ज़ंजीर

Chakla : चकला

Chemicals : रसायन

Class : श्रेणी / वर्ग

Class of stores : सामान / भंडार का वर्ग

Clocks and watches : दीवार घड़ियां और घड़ियां

Close the contract : संविदा समाप्त करना

Clothing : वस्त्र

Cloth, tracing : ट्रेसिंग कपड़ा / अनुरेखण वस्त्र

Coal on contract : ठेके का कोयला

Collieries output : कोयला खान/ खदान का उत्पादन

Combined purchases : सम्मिलित क्रय / खरीद

Combined receipt and issue note : संयुक्त प्राप्ति तथा निर्गम नोट

Commitments : वचनबद्धता / प्रतिबद्धता / सुपुर्दगी

Commodity : पण्य / जिंस / माल / पदार्थ

Compartment fitting : सवारी डिब्बे का जुड़नार / फिटिंग

Compass, Complete brass chromium plated : पीतल के क्रोमियम चढ़ी हुई दिक्सूचक / कुतबनुमा

Competency of authorities : प्राधिकारियों की सक्षमता

Competency of authorities to vary contracts : संविदाओं / ठेकों में परिवत करने की प्राधिकारियों की सक्षमता

Competitive tenders : प्रतियोगी निविदाएं

Concurrence : सहमति

Conditions of contract : ठेके की शर्तें

Conditions if proving defective : शर्तों के सदोष साबित होने पर

Confirmatory advice : पुष्टि की सूचना

Consenting parties : सहमत पक्ष

Consolidation of estimates : प्राक्कलनों का समेकन

Consuming branch : उपभोगी शाखा

Consuming department : उपभोगी विभाग

Contract allotment : ठेका आबंटन

Contract condition : संविदा की शर्त

Contract document : संविदा प्रलेख

Contracted quantity : संविदागत मात्रा

Contracting firm : ठेका लेने वाली फर्म / संविदाकारी संस्थान

Contracts for machinery and plant : मशीनों और संयंत्रों के ठेके

Contract letting date : संविदा देना / ठेका देना

Contract period : संविदा की अवधि

Contract price : संविदा कीमत

Contractor's risk : ठेकेदार की जोखिम

Controller of stores : भंडार नियंत्रक

Correlativity : सहसंबद्धता

Cost of stores : भंडार की लागत

Cottage and small scale industry products : कुटीर एवं लघु उद्योग द्वारा निर्मित वस्तुएं

Country of manufacture : निर्माता देश

Crayons : रंगीन खड़िया

Crockery : क्राकरी / चीनी के बर्तन

Crucible : कुठाली

Cutlery : कटलरी / छुरी-कांटे

Cylinder : सिलिंडर / बेलन

Cylinderical : सिलिंडरीकल / बेलनाकार

D

Daily : दैनिक

Daily abstract : दैनिक सार

Daily orders : दैनिक पूर्ति आदेश

Daily purchase : दैनिक क्रय / खरीद

Daily summary of credit to purchase account : खरीद / क्रय खाते में / जमा का दैनिक सारांश

Daily tender : दैनिक निविदा

Dead (surplus) stores : अचल (अधिशेष) भंडार

Defaulting firm : चूक करने वाली फर्म / बाकीदार फर्म

Delivery date : सुपुर्दगी की तारीख

Demand, constant : सतत मांग

Deodrants : दुर्गंधहर / गंधहर

Departmental charges : विभागीय प्रभार

Depot recomendations : डिपो की सिफारिशें

Depot transfers : डिपो अंतरण

Description : विवरण

Description of stores : सामान / भंडार का विवरण

Detergents : अपमार्जक / डिटरजेंट्स

Determination of contract : संविदा / ठेके का पर्यवसान

Diesel locomotive parts and fittings : डीज़ल इंजन के पुर्जे और जुड़नार

Disinfectants : रोगाणुनाशक

Disparity : असमानता

Disposal : निपटान

Distinguish : भेद करना

Distribution : वितरण

Distribution and transmission line material : लाइन के सामान का वितरण एवं पारेषण / प्रेषण

Divider firm joint : डिवाइडर फर्म ज्वाइंट

Dividing of contracts : संविधाओं का विभाजन

Door and windows fittings : खिड़की-दरवाजों के जुड़नार / फिटिंग

Dormant non-stock items : गैर-स्टॉक प्रसुप्त मदें

Drawing board, engineers pattern : इंजीनियरी उपयोग का ड्राइंग बोर्ड

Drawing pen, complete with plain nib : प्लेन (सादी) निब वाली ड्राइंग कलम / पैन

Drawing pen, lifting nib : ड्राइंग पैन, लिफ्टिंग निब

Dress regulation : वर्दी विनियम

Dual units of measurement : माप की दोहरी इकाइयां

E

Earnest money : बयाना / पेशगी

Economical purchase : किफायती खरीद

Electrical gear and traction equipments : बिजली यंत्रावली और कर्षण उपस्कर

Electrical stores : बिजली के सामान का भंडार

Electric locomotives parts and fittings : बिजली इंजन के पुर्जे और जुड़नार

Electronic stores : इलेक्ट्रानिक भंडार

Emergency stores : आपाती भंडार

Engine oil : इंजन का तेल

Envelope (window type) : लिफाफे (झरोखेदार)

Equipments : उपस्कर

Equity : न्याय

Eraser emerald green : पन्नई रबड़

Eraser ink for tracing cloth : ट्रेसिंग कपड़े का स्याही विलोपक / रबड़

Erasures and alteration : फेर बदल

Erection and test at site of work : कार्यस्थल पर उत्थापन तथा परीक्षण

Essence (of contract) : सार (संविदा)

Estimated forecast : पूर्वानुमान

Estimate sheets : अनुमान-पत्र / प्राक्कलन पत्र

Examination of tenders : निविदाओं की जांच

Expenditure of advertisements : विज्ञापनों की जांच

Explosives : विस्फोटक

Ex-stock transaction : स्टाक से लेन-देन

Extension of delivery date : सुपुर्दगी की तारीख बढ़ाना

Extension of delivery pe-riod: सुपुर्दगी की अवधि बढ़ाना

Extension of time : समय का बढ़ाया जाना

F

Fatigue, impact : संघात जनित श्रांति
Fencing material : बाड़ की सामग्री
File books : फाइल बुक
File case covers : फाइल केस कवर
File with eye lets : छेददार फाइल
Financial propriety : वित्तीय औचित्य
Financial standing : वित्तीय हैसियत
Finished products : तैयार माल
Fire bricks : अग्नि सह ईंटें
Fire clay : अग्नि सह मिट्टी
Flat rate : एक समान दर
Fluctuation : घट-बढ़ / उतार-चढ़ाव
Forcing issue : आग्रही निर्गम

Foreign manufacture : विदेश निर्मित सामग्री
Formal written contract: औपचारिक लिखित संविदा
Forward delivery : वायदा सुपुर्दगी
Forwarding the tenders : निविदाएं अग्रेषित करना
Freight factor : भाड़े का अंश
Freight receipt : भाड़ा रसीद
Frequency of purchases : क्रय की आवृत्ति
Fresh proposal : नया / ताजा प्रस्ताव
Fulfilment of contract : संविदा का पालन (ठेका पूरा करना)

G

Gas : गैस
Gauge glass : गेज नली
General fittings & miscella-neous items : सामान्य जुड़नार एवं विविध मदें
General purposes grants : सामान्य प्रयोजन अनुदान
General stores depot : सामान्य भंडार डिपो

Given period : निर्धारित अवधि
Government test house : सरकारी परीक्षण घर
Grain shop stores : गल्ले की दुकान का सामान
Ground rent : भूमि भाड़ा
Grouping : समूहीकरण
Gyro compass : घूर्णाक्ष दिक्सूचक

H

Handle : मूठ हत्था
Handle *(verb)* : सम्हालना
Hardware : लोहे का सामान
Hardware items (special to rolling stock) : लोहे के सामान की मदें (विशेषत: चल स्टाक के लिए)
Head of stores : भंडार शीर्षक
High tenders : ऊंची निविदाएं
Holder for crow quill steel pens : क्रोक्किल कलम का होल्डर
Holder for mapping steel pen: नक्शा कलम का होल्डर
Home furnishing : घर का साज़ सामान

I

Imported : आयातित
Imported material : आयातित सामग्री
Imported stores : आयातित सामान / भंडार
Incurrence of liabilites : दायित्व भार आना
Indemnity bond : क्षतिपूर्ति बंध पत्र / बांड
Indenting party : मांग कर्ता
Indents : मांग-पत्र
Indian Railway standard conditions of contract : भारतीय रेल मानक संविदा शर्तें
Indian Railway standard specifications : भारतीय रेल की मानक विशिष्टियां
Indian rubber goods : भारतीय रबड़ का माल
Indian stores department : भारतीय भंडार विभाग
Indigenous : स्वदेशी
Indigenous material : स्वदेशी सामग्री
Indigenous stores : स्वदेशी भंडार
In a proper manner : उचित ढंग से / उचित रीति से
In excess of qualification contracted : ठेके की मात्रा से अधिक
Inflow : आवक
Initial documents : आरंभिक प्रलेख / दस्तावेज
Ink drawing : आरेखण स्याही
Ink liquid : तरल स्याही
Ink waterproof : जलसह स्याही
Inspector officer : निरीक्षण अधिकारी

Inspection and specifications: निरीक्षण और विशिष्टियां / विनिर्देशन (बहुवचन)

Insulation : रोधन / प्रथक्करण

Insulating material : विसंवाही सामग्री / रोधनकारी सामग्री

Intending contractor : इच्छुक ठेकेदार / ठेकार्थी

Inter departmental purchases : अंतर्विभागीय क्रय / खरीद

Invented and produced : अविष्कृत तथा उत्पादित

Invitation to tender : निविदा आमंत्रण

Iron barrel : लोहे का पीपा

Iron bars : लोहे के छड़

Iron tools : लोहे के औज़ार

Isolation : अलगाव

Item : मद / विषय / वस्तु

Item wise : विषयवार

J

Jack : छोटा डंडा / उत्थापक

Jack knife : खटकेदार चाकू

Jack plane : मोटा रंदा

Jack screw : चैक पेंच

Jerk *(verb)* **:** झटकना

Joint : जोड़ / गांठ

Joint sleeper : जोड़ स्लीपर

Journal : रोज़नामचा / डायरी

Justification : औचित्य / न्यायसंगत

Justly : ईमानदारी से

K

Keen : तीक्ष्ण, पैना / उत्साही

Keeper : रक्षक / पाल(क)

Killick : पत्थर का लंगर

Knife : चाकू / छुरी

Knot : गांठ / ग्रंथि

Knowhow : जानकारी

Known reliability : ज्ञात विश्वसनीयता

L

Label : लेबल

Laboratory : प्रयोगशाला

Laborious : परिश्रमी

Labour bureau : श्रमालय / श्रम कार्यालय

Labour dispute : श्रम विवाद

Lace : फीता

Ladder : सीढ़ी

Late : विलंबित / देर

Latency : अव्यक्तता

Lathe : खराद

Latter : अवरोक्त / पिछला / परवर्ती

Laundry : धुलाई / धोबी खाना

Lavatory and water tank fittings : शौचालय तथा जलटंकी जुड़नार

Lawful considertation : विधि संगत आधार

Laydown terms and conditions : शर्तें निर्धारित करना

Legal tender : वैध निविदा

Legitimacy : वैधता / तर्कसंगत

Lengthening bar complete brass chromium plated : लंबक छड़, पीतल की क्रोमियम चढ़ी

Letterhead foolscap, in pads: सरनामा फुल्स्केप पैड में

Letterhead quarto, airmail in pads : सरनामा, क्वार्टो (चौपृष्ठी) हवाई डाक, पैड में

Letterhead small : सरनामा छोटा

Letter press : लैटर / अक्षर छपाई

Levelling instruments engineering : तलेक्षण यंत्र / समतलन यंत्र इंजीनियरी

Levelling instruments dummy size : तलेक्षण यंत्र / समतलन यंत्र डमी आकार

Levelling instruments engineering wooden : तलेक्षण यंत्र / समतलन यंत्र, इंजीनियरी लकड़ी का

Levelling instruments road : तलेक्षण यंत्र / समतलन यंत्र, सड़क / मार्ग

Levelling instruments reflecting : तलेक्षण यंत्र / समतलन यंत्र, परावर्ती

Levelling instruments 'Y' pattern : तलेक्षण यंत्र / समतलन यंत्र, 'वाई' पैटर्न / प्रतिरूप

Levy of liquidated damages: निर्णीत हर्जाने की उगाही

Limited tender : सीमित निविदा

Limited tender system : सीमित निविदा प्रणाली

Local purchase : स्थानीय खरीद / क्रय

Local specifications : स्थानीय विशिष्टियां

Local stock : स्थानीय स्टाक / सामान

Location (of stoves depot) : (भंडार डिपो का) निर्धारित स्थान / मौका

Locking of capital : पूंजी का अवरोधन

Long term agreement : दीर्घकालिक करार

Lowest tender : न्यूनतम निविदा

Lumpsum allotment : एकमुश्त / इकमुश्त आबंटन

Lumpsum contract : एकमुश्त / इकमुश्त संविदा

M

Machine, adding : जोड़ मशीन

Machine, drawing : आरेख मशीन

Machine, saw bench : आरा मशीन

Machine, screw cutting : पेंच काटने की मशीन

Machine, tools & plants : मशीन औजार और संयंत्र

Machinist : मशीन वाला / यांत्रिक

Magnitude : विस्तार / आकार / महत्त्व

Main depot : मुख्य डिपो

Main force : विशेष बल

Maintenance : अनुरक्षण

Manoeuvre : युक्ति चाल

Mantel piece : अंगीठी कानस (दीवार में)

Manual : नियम पुस्तिका

Manufacturer : विनिर्माण

Manufacturer of articles : वस्तु विनिर्माता

Manuscript register : हस्तलिखित पंजी

Material of a perishable nature : खराब होने वाला सामान

Material ordered : पूर्ति के लिए आदेशित सामग्री

Material unservicable : अनुपयोगी सामग्री

Mathematical electrum : गणितीय इलेक्ट्रम

Mathematical instrument : गणितीय उपकरण

Maximum quantity of stock: स्टाक की अधिकतम मात्रा

Maximum stock : अधिकतम स्टाक

Measurement book : माप पुस्तक

Metallurgist : धातु विज्ञानी

Method of settling disputes: विवादों को निपटाने की रीति / पद्धति

Minimum quantity : न्यूनतम मात्रा

Minimum stock : न्यूनतम स्टाक

Miscellaneous fitting : विविध जुड़वार

Modification of purchase order : क्रय आदेशों में तरमीम / आशोधन

Moveable surplus stores : चल अधिशेष भंडार

Moving : गतिमान

Muddle : गड़बड़ी / अव्यवस्था

Mudguard : पंकरोक

Mule : खच्चर

Multangular : बहुकोणीय

Multicoloured : बहुरंगीय

Multipurpose : बहु प्रयोजन

Multistoried : बहुमंजला / बहु तल

Mutual : पारस्परिक

Mysterious : रहस्यमय

N

Nail : कील/नाखून/कांटा/कील ठोकना
Naked : खुला / उघाड़ा
Napery : मेज़पोश
Napkin : नैपकिन / छोटी दस्ती
Negative form : नकारात्मक पत्र
Negotiate : बातचीत करना
Negotiated : बातचीत से तय
Negotiation : बातचीत / वार्त्ता
Needle : सूई
Net value : निवल मूल्य
Net weight : निवल वजन
No demand certificate : बेबाकी पत्र
Nomenclature : नामावली
Non proprietary articles : गैर एकाधिकृत वस्तुएं
Non recurring capital issues: अनावर्ती पूंजीगत निर्गम
Non recurring capital works: अनावर्ती पूंजीगत निर्माण कार्य
Non stock items : असंचयी वस्तु
Normal circumstances : सामान्य स्थिर / परिस्थिति
Notebook / blank / refill : नोट बुक / सादा / रीफिल
Notebook / blank /shorthand ruled : नोटबुक / सादा / आशुलिपि/ रूलदार
Notebook officers ruled : नोटबुक अधिकारियों की रूलदार
Note paper D.O. large post quarto : नोट पेपर, सरकारी बड़ा पोस्ट, चौथाई
Note sheet block (white) : नोटशीट ब्लाक (सफेद)
Note sheet, local, cream with margin : नोटशीट, स्थानीय, मक्खनी हाशियावार
Not represented in India : भारत में प्रतिनिधित्व रहित
Not upto the standard required : अपेक्षित स्तर का न होना
Numerical ledger : संख्यासूचक बही
Nuts : डिबरी / नट / सुपारी
Nutcrackers : सरौता

O

Obedience : आज्ञापालन
Object : पदार्थ / लक्ष्य / उद्देश्य
Objection : आपत्ति
Objective : वस्तुगत / विषय परक
Obligate *(verb)* : वचनबद्ध करना
Obligation : आभार / बाध्यता / दायित्व
Obligatory : अनिवार्य / बाध्यकर
Obligatory quantity : अनिवार्य मात्रा
Obliging : अनुग्राहक

Obsolescence : अप्रचलन

Obsolete purchase : अप्रचलित क्रय / खरीद

Offer to supply : पूर्ति प्रस्ताव / संभरण प्रस्ताव

Office and station equipment: कार्यालय तथा स्टेशन के उपस्कर

Office machinery : कार्यालय मशीनरी

Office stationery : कार्यालय की लेखन सामग्री

One delivery contract : एकमुश्त सुपुर्दगी का ठेका

On his own condition of sale: विक्रय के लिए उसका अपना शर्ती पत्र

Open market : खुला बाज़ार

Open tender : खुली निविदा / खुला टेंडर

Option : विकल्प

Optional quantity : वैकल्पिक मात्रा

Order of preference : अधिमान क्रम / वरीयता क्रम

Order or the portion thereof: पूर्ति आदेश या उसका एक भाग

Ordinary stock : साधारण स्टाक

Ordinary stores : साधारण भंडार

Original contract : मूल संविदा / ठेका

Out of stock : स्टाक में नहीं

Overdue : विलंबित / अतिकाल देय/ कालातीत / पुराना

Over estimate : अति प्राक्कलन / अधिमूल्यांकन

Overhand : ऊपरला

Overhead : बंधा खर्च / शिरोपरि / अतिरिक्त

P

Packet : पुलंदा / पैकेट

Packing paper : पैकिंग कागज

Pad d.o.[1] foolscap : पैड अ.स.[1] फुलस्केप

Pad d.o. medium : पैड अ.स. मध्यम

Pad d.o. small : पैड अ.स. छोटा

Pad draft foolscap, folio : पैड, प्रारूप / ड्राफ्ट / फुलस्केप, पन्ना

Pad general use : पैड सामान्य उपयोगार्थ

Pad graph : पैड ग्राफ

Paint : पेंट / रंग रोगन

Painter's stores : रंगसाज का सामान / भंडार

Paper art : आर्ट पेपर

Paper azure, laid : काग़ज़ आसमानी, डोरेदार

---

1. d.o. demi official = अर्ध सरकारी

Paper badami : बादामी काग़ज़

Paper blotting, white : सोख्ता काग़ज़, सफेद

Paper, brown craft plain : काग़ज़ बादामी, दस्तकारी, सादा

Paper brown, kraft, plain : काग़ज़, बांस का, बादामी, सादा

Paper, brown wrapping : लपेटने का बादामी काग़ज़

Paper, carbon one side : कार्बन पेपर इकतरफ़ा

Paper, carbon double side : कार्बन पेपर दुतरफ़ा

Paper, carbon typewriter : कार्बन पेपर टाइपराइटर का

Paper, carbon typewriter light weight : कार्बन पेपर टाइपराइटर का हल्के वजन का

Paper, carbon typewriter medium weight : कार्बन पेपर टाइपराइटर का मध्यम वजन का

Paper, carbon typewriter standard weight : कार्बन पेपर टाइपराइटर का मानक वजन

Paper, cartridge newsprint glazed : अखबारी रंगीन कागज

Paper, cartridge pink : चमकीला गुलाबी काग़ज़

Paper cartridge white : काग़ज़ कारट्रिज सफ़ेद

Paper, coloured printing blue: रंगीन नीला छपाई का काग़ज़

Paper, coloured printing buff: रंगीन पांडु छपाई का काग़ज़

Paper, coloured printing green : रंगीन हरा छपाई का काग़ज़

Paper, coloured printing in light green : छपाई का रंगीन (हल्का हरा) काग़ज़

Paper, coloured printing in reels : छपाई का रंगीन (रीलों में) काग़ज़

Paper, coloured printing mottled grey : छपाई का रंगीन (चितकबरा भूरा) काग़ज़

Paper, coloured printing pink: छपाई का रंगीन (गुलाबी) काग़ज़

Paper, coloured printing solomon : छपाई का रंगीन (हल्का गुलाबी) काग़ज़

Paper, coloured printing yellow : छपाई का रंगीन (पीला) काग़ज़

Paper, continuous, stationery in rolls for IBM machines: काग़ज़ लपेटा हुआ, अविच्छिन्न स्टेशनरी आई बी एम मशीनों के लिए

Paper, cover Hindustan blue: काग़ज़ लिफाफे का हिंदुस्तान नीला

Paper, cream laid : काग़ज़, मक्खनी डोरेदार

Paper, cream laid ruled : काग़ज़ मक्खनी डोरेदार रूलदार

Paper, drawing : ड्राइंग का काग़ज़

Paper, drawing cartridge : काग़ज़ ड्राइंग का, कर्ट्रिज

Paper, drawing imperial : काग़ज़ ड्राइंग का, इंपीरियल

Paper, duplicating bleached soft : काग़ज़, अनुलिपि का विरंजित मुलायम

Paper, duplicating white absorbent : काग़ज़ अनुलिपि का सफेद अवशोषक

Paper, ferroprussiate : कागज़ फ़ेरो प्रसिएट

Paper, hand made white : काग़ज़ हाथ का बना, सफ़ेद

Paper, manifold airmail : काग़ज़ मेनीफोल्ड (नानारूप) हवाई डाक

Paper, manila buff : काग़ज़ मनीला, पांडु

Paper, map printing : नक्शा छापने का कागज

Paper, other kind : काग़ज़ अन्य प्रकार का

Paper, printing : छपाई का कागज

Paper roll for teleprinter : टेलीप्रिंटर के लिए काग़ज़ का रोल

Paper, tissue : टिशू पेपर (काग़ज़)

Paper, tracing : अनुरेखण / अक्सी काग़ज़

Paper, unbleached : अविरंजित काग़ज़

Paper, semibleached : अर्ध विरंजित काग़ज़

Particular make or brand : मेक या छाप विशेष

Partially manufactured in India : अंशत: भारत में निर्मित

Part number code : सूचक कूट संख्या

Passed for payment : भुगतान के लिए पास किया

Past consumption : पिछली खपत / पिछला उपभोग

Patent under a particular name : किसी नाम विशेष से पेटेंट किया हुआ

Pen, steel nibs : इस्पात के निब का पैन

Penalty clauses : दंड की शर्तें / शासित खंड

Pencil colours, assorted, in boxes : बक्सों में, पेंसिल कलर

Pencil, drawing : ड्राइंग की पेंसिल

Pencil for chart work : चार्ट बनाने की पेंसिल

Pencil point, complete brass chromium plated : पेंसिल प्वाइंट संपूर्ण पीतल का, क्रोमियम चढ़ा

Perambulaters, English pattern : अंग्रेजी ढंग की बच्चा गाड़ी

Perambulaters, Everest pattern : एवरेस्ट ढंग की बच्चा गाड़ी

Perambulaters, wough pattern : वोग ढंग की बच्चा गाड़ी

Percentage tolerance : प्रतिशत गुंजाइश

Period of delivery : सुपुर्दगी की अवधि

Personal equipments : व्यक्तिगत उपस्कर

Petty items : छोटी-मोटी मदें

Petty stores : लघु भंडार

Piece work contract : उजरती काम का ठेका

Pin : पिन / कांटे

Pin, drawing : ड्राइंग-पिन

Pin, plastic head for use on photo static printing : फोटोस्टेटिक छपाई के लिए प्लास्टिक सिरे वाली पिन

Pin, special, kola drawing series : कोला ड्राइंग सीरीज़ की स्पेशल / विशेष पिन

Placing of a contract : संविदा / ठेका देना

Placing of the order : पूर्ति-आदेश देना

Planning of supplies : पूर्ति आयोजना

Pneumatic plant : वायुचालित संयंत्र

Pocket memo book : जेबी मेमों पुस्तिका / बुक

Pocket notebook : जेबी नोट पुस्तिका / बुक

Point or place of delivery : सुपुर्दगी का स्थान या बिंदु

Position card : स्थिति सूचक कार्ड

Positive form of consideration : सकारात्मक रूप (आधार का)

Postage charges : डाक व्यय

Postal receipt : डाक रसीद

Precise and definite : सुस्पष्ट और निश्चित

Preparation and despatch of tenders : निविदाएं तैयार करना और भेजना / प्रेषण

Price list : मूल्य-सूची

Price list rates : मूल्य-सूची दरें

Price preference : मूल्य अधिमान

Pricker, brass, chromium plated : बंधनी, पीतल की क्रोमियम चढ़ी हुई

Prime cost : मूल लागत

Printing stores : मुद्रण भंडार

Private capacity : निजी हैसियत

Probity : ईमानदारी

Production of stores : भंडार के सामान का उत्पादन

Programme : कार्यक्रम

Proprietary articles : स्वाम्य वस्तुएं

Prudence : विवेक

Public advertisement : सार्वजनिक विज्ञापन

Purchase allotment : क्रय आबंटन

Purchase of stores : भंडार क्रय / सामान की खरीद

Purchase policy : क्रय नीति

Purchase rate : क्रय दर

Purchasing authorities : क्रय प्राधिकारी

Q

Quadrature : वर्गकरण / क्षेत्रकलन

Quaestor : कोषाध्यक्ष

Quality : विशेषता / गुण

Quantitative : मात्रिक

Quantity : मात्रा

Quantity rejected : अस्वीकृत मात्रा

Quarterly stock return : तिमाही स्टाक विवरणी

Query : प्रश्न / पूछ-ताछ

Queue : क़तार / पंक्ति / क्यू

Quota : नियतांश

Quotations : दरें / भाव / निर्ख़

R

Rack : रैक / टाँड / ढाँचा

Rack steel : स्टील / इस्पात का ढाँचा

Railway property lent to a contractor : ठेकेदार को दी गई रेलवे संपत्ति

Rate contract : दर संविदा / ठेका

Readily obtainable : तुरंत सुलभ

Rear : पिछड़ी / पीछा / पिछवाड़ा

Reassure *(verb)* : पुनः आश्वासन देना

Rebuff *(verb)* : दो टूक जवाब देना

Recall *(verb)* : वापस बुलाना

Receipt : रसीद / प्राप्ति

Receipt note : पावती नोट

Receiving officer : प्राप्तकर्ता अधिकारी / प्रापक अधिकारी

Register of agreement : करार का रजिस्टर

Rejection memo : अस्वीकृति ज्ञापन

Released material : पुराना निकला सामान / निर्मुक्त सामान

Relevant documents : संगत प्रलेख / दस्तावेज़

Removal : हटाना / रद्द करना

Repeat orders : पुनरादेश

Replace the parts : पुर्जे बदलना

Replacement : पुनः स्थापन / बदलाई

Replenishment : संपूर्ति

Requisite quality : अपेक्षित गुण

Requisition : अधियाचन

Reserve fund : आरक्षित निधि

Retain a claim : दावे को बरकरार रखना

Returned stores : लौटाया गया सामान / भंडार

Right reserved to reject : अस्वीकृति का अधिकार स्वरक्षित

Risk purchase : जोखिम खरीद

Road surfacing material : सड़क की ऊपरी परत की सामग्री

Rolling pin : बेलन पिन

Rolling stock : चल स्टाक / भंडार

Rotation : बारी / पारी / आवर्तन

Running and spring gear : रनिंग और स्प्रिंग गियर

Running contract : चालू संविदा / ठेका

Running out of stock items : समाप्तप्राय वस्तुएं / मदें

Running rate : प्रचलित दर

Rupee tender system : रुपया भुगतान प्रणाली

Rupture : फूटन / टूटना / फूटना

S

Sabotage : तोड़-फोड़ / बिगाड़ना

Sack : बोरा

Sale value : विक्रय मूल्य

Sanitary fittings : सेनेटरी फिटिंग

Satisfactorily executed : संतोषप्रद रूप से निष्पन्न

Satisfy the prescribed test : निर्धारित परीक्षण पर खरा उतरना

Scale, engineer's : इंजीनियरी पैमाना

Scale, guntur, wooden : मापनी, गुंटूर लकड़ी की

Scale, metric, varnished : वार्निशदार मीटरी पैमाना

Scale of rates or prices : दर या मूल्य का पैमाना

Schedule contracts : अनुसूचित संविदाएं

Schedule of items : मदों की अनुसूची

Scope of supplies : पूर्ति की गुंजाइश / का दायरा

Scrap material : रद्दी सामग्री

Scrap material schedule : रद्दी सामग्री की अनुसूची

Screw driver : पेचकस

Scrutiny of contract : ठेके की छानबीन / संविदा संवीक्षा

Secure (verb) : प्राप्त कर लेना

Security deposit : जमानत

Set of drawing instruments, engineers : इंजीनियर का ड्राइंग उपकरण का सैट

Set of drawing instruments, general : ड्राइंग का उपकरण सैट सामान्य

Signle & telecommunication stores : संकेत और दूर-संचार भंडार

Single tender or private purchase : एकल निविदा या प्राइवेट क्रय / खरीद

Single tender system : एकल निविदा प्रणाली

Sleeper pool : स्लीपर पूल

Slip book : पर्ची पुस्तक / स्लिप बुक

Small hand track tools : रेलपथ के छोटे हाथ के औज़ार

Small orders : लघु / छोटे पूर्ति आदेश

Source of supply : पूर्ति स्रोत

Special store : विशेष भंडार

Specification : विशिष्टि / विनिर्दिष्टि

Specification and / or tests prescribed : निर्धारित विनिर्दिष्टियां और / या परीक्षण

Sponge, large : बड़ा स्पंज

Spring and spring gear : स्प्रिंग और स्प्रिंग गियर

Spring bow pen : बो-पैन, स्प्रिंग

Stamp duty : मुद्रांक शुल्क

Standard code : मानक संहिता

Standard or special : मानक या विशेष
Standard sample : मानक नमूना / प्रतिदर्श
Standard size : मानक आकार
Standard weight : मानक वज़न
Statement of rates : दरों की सूची
Station material : स्टेशन सामग्री
Station sheets : स्टेशन शीट
Stationery : लेखन सामग्री
Staves, levelling G.T. survey pattern : समतलन तख़्ताबंदी, जी.टी. सर्वेक्षण ढंग की
Steam locomotives, parts and fittings : भाप इंजन के पुर्जे और जुड़नार
Steel material in rolled condition : लपेटी हुई इस्पात सामग्री
Steel material in semi-finished condition : अर्ध परिष्कृत इस्पात सामग्री
Stipulate : अनुबंध करना
Stencils for duplicating : अनुलिपिकरण के लिए स्टैंसिल
Stock account : स्टाक लेखा
Stock items : स्टाक वस्तुएं / स्टाक की मदें
Stock order point : स्टाक आदेश स्तर
Stock recoupment : स्टाक क्षति पूर्ति
Stocks : स्टाक
Stock verifier : स्टाक सत्यापक
Storing : भंडारण
Stores : भंडार
Stores balances : शेष भंडार
Stores bulletin : भंडार पत्रिका / बुलेटिन
'Stores' contract : 'भंडार' संविदा
Stores depot : भंडार डिपो
Stores of capital works : पूंजीगत कार्य का भंडार
Stores of requisite quality : अपेक्षित कोटि का भंडार
Stores required for general purpose : सामान्य प्रयोजन के लिए अपेक्षित भंडार
Stores transaction : सामान का लेन-देन
Strawboard : गत्ता / दफ्ती
Submission of tenders : निविदाएं देना
Subsidiary agreement : अनुषंगी करार
Subsidiary depot : सहायक डिपो
Substitutes for stock items : स्टाक वस्तुओं के एवज़ में दूसरा सामान
Sufficient guarantee : पर्याप्त गारंटी
Sufficient supply of tender forms : निविदा फार्मों की पर्याप्त पूर्ति
Suitable and economical purchases : उपयुक्त और किफ़ायती खरीद
Suitable points : उपयुक्त स्थल
Suitable type, articles of : उपयुक्त प्रकार की वस्तुएं
Summarily rejected : तत्काल अस्वीकृत
Supervision charges : पर्यवेक्षण प्रभार

Supplementary specifications : पूरक विशिष्टियां
Supplier's bill : पूर्तिकर्ता का बिल
Supplier's challan : पूर्तिकर्ता का चालान
Supplier's firm : पूर्तिकर्ता की फ़र्म
Supplier's premise : पूर्तिकर्ता का परिसर
Supply order : पूर्ति आदेश
Surplus stores : अधिशेष भंडार / सामान / फालतू सामान
Survey : सर्वेक्षण
Suspension : निलंबन
Suspicious : संदिग्ध
Swarf (of metal) : लोह चूर्ण / कतरन
Sweep *(verb)* : झाड़ू देना / बुहारना
Swindle : धोखा देना / ठगना / झांसा देना
Systematic : सुव्यवस्थित

T

Table : मेज, सारणी, सूची
Tact : व्यवहार कौशल
Tailor : दर्ज़ी
Taint : दूषण / विकृति
Tally book : मिलान खाता
Taps, chestermain's metallic: चैस्टरमेन धात्विक टैप
Teak wood : सागौन की लकड़ी
Technical advice : तकनीकी सलाह
'T' square, engineer's pattern : इंजीनियर किस्म के टी–स्क्वेयर
Tenders, calling of : निविदा आमंत्रण
Tender committee : निविदा समिति
Tender deposit : निविदा निवेष
Tendering firm : निविदा फर्म
Tender schedule : निविदा अनुसूची
Tickets, blank card : कोरे कार्ड के टिकट
Tickets blank card season : कोरे कार्ड के सीजन टिकट
The contractor and his surities : ठेकेदार और उसकी जमानतें
Theodolites, Everest's : एवरेस्ट थिओडोलाइट
To ascertain ability of the firm : फर्म की क्षमता को सुनिश्चित करना
To conduct scrutiny : छानबीन करना
To execute contract satisfactorily : ठेके का संतोषजनक रूप से निष्पादन करना
Tolerance : छूट / गुंजाइश
Tone of the market : बाज़ार का रुख़
Tools and plants : औजार और संयंत्र
To supersede specification or / drawing : विशिष्ट या आरेख का अधिक्रमण करना

Track supply officer : रेल पूर्ति अधिकारी
Transfer : स्थानांतरण
Transfer of stores : सामान का स्थानांतरण

Trimings (for Rly. carriages): गद्दियों का समान
True issue or consumption : वास्तविक निर्गम या खपत
Tyre : टायर

U

Ultimatum : अंतिम निर्णय
Ultimo : गत मास
Unable to tender for delivery and payment in India : भारत में सुपुर्दगी और भुगतान करने में असमर्थ
Uncalled for : अनावश्यक
Uncertain : अनिश्चित

Under frames (of Rly. carriage & wagons) : (रेल सवारी डिब्बे और माल डिब्बे का) निचला ढांचा / फ्रेम
Uniform : वर्दी
Uniformity : एकरूपता
Unreliable firm : अविश्वसनीय फर्म
Users : उपभोक्ता / उपभोग कर्ता
Utensils : बर्तन
Utility : उपयोगिता

V

Vacancy : रिक्ति / खाली जगह
Vacate : खाली करना / छोड़ना
Vacation : (लंबी) छुट्टी/ अवकाश
Vaccinate (verb) : टीका लगाना
Vacuum : शून्य ; खाली / निर्वात
Vacuum brake equipment : निर्वात ब्रेक उपस्कर
Valuation : मूल्यांकन
Value of the order : पूर्ति आदेश का मूल्य

Value of tender forms : निविदा फार्मों का मूल्य
Variation : घट-बढ़ / उतार-चढ़ाव
Variation and modification : घट-बढ़ और आशोधन
Vegetable oils excluding linseed oil : वनस्पति तेल, अलसी के तेल को छोड़कर
Views at variance : मतभेद / मत भिन्नता

Vitiate contract : संविदा / ठेके को निष्फल करना

Viva voce: मौखिक परीक्षा

Void : रिक्ति / परिशून्य / खाली

Volte-face : पलटा / कायापलट

Volume : खंड / मात्रा

W

Ward : वार्ड

Wash basin : चिलमची / वाशबेसिन

Washer : वाशर

Water colour : पानी के रंग

Water mains : वाटर मेंस

Water proof : जलसह / वाटर प्रूफ

Water reservoir : जलाशय

Water tank : पानी की टंकी

Water varnish : जलीय वार्निश

Wear and tear : टूट-फूट

Welding gas : झलाई गैस

Welding wire : झलाई तार / झलाई तार

Weld metal : झलाई धातु / झलाई धातु

Wide competition : व्यापक प्रतियोगिता

Without assignment of reasons : कारण बताए बिना

Without ticket : बिना टिकट

Wheel bearing : पहिए की बेयरिंग

Wheel gauge : पहिया मापी

Wheel guard : पहिया रक्षी

Wholesale market : थोक बाजार

White and ruled : सफ़ेद व रूलदार

With retrospective effect : पूर्व व्याप्ति सहित

Wooden furniture : लकड़ी का फर्नीचर

'Works' contract : 'निर्माण कार्य' संविदा

Workshop manufactured stock items : कारखाना विनिर्मित स्टाक वस्तुएं

Workshop manufactured stores : कारखाना विनिर्मित भंडार / सामान

Write off : बट्टे खाते डालना

Writing material : लेखन की सामग्री

Written agreement as to price : कीमत का लिखित करार

X

X-ray apparatus : एक्स-रे यंत्र

(RAILWAY) TRAFFIC (COMMERCIAL)

(रेलवे) यातायात (वाणिज्य)

Railway Traffic (Commercial)
रेलवे यातायात (वाणिज्य)

A

Abidance : प्रचलन / पाबंदी / पालन

Abnormal : अप्रसामान्य / असाधारण

Abound : भरपूर

Abridge : संक्षिप्त करना

Abrupt : आकस्मिक

Absconding : लापता

Absorb (verb) : आत्मसात करना

Absorption : तन्मयता / समावेशन

Abstract : सार, विवरण

Accomodation : समायोजन / आवास

Accord : से मेल खाना / मेल / संगति

Accost : संबोधित करना

Acceptance of consignment: परेषण / प्रेषित माल की स्वीकृति

Acceptance of liability / debit: देयता / नाम खाते की स्वीकृति

Accountal : लेखीय / लेखा

Accounts objection : लेखा-आपत्ति

Acknowledgement : स्वीकृति / पावती / प्राप्ति सूचना

Acquest : उपलब्ध संपत्ति

Acquire : प्राप्त

Acquit (verb) : निर्दोष ठहराना / दोषमुक्त करना

A.C. chair car : वातानुकूल कुर्सी यान

A.C. class : वातानुकूल श्रेणी / दर्जा

ACO (catering) : सहायक वाणिज्य अधिकारी (खान पान)

Act : अधिनियम

Actual cost : वास्तविक लागत

Adhoc claim commissioner : तदर्थ दावा आयुक्त

Adjoining : निकटवर्ती

Adjournment cost : स्थगन व्यय

Adjustment of accounts : लेखा-समायोजन

Admission of liability / claims: देयता / दावा स्वीकरण

Admitted and objected debit: स्वीकृत और प्रतिवादित नाम खाता / स्वीकृत और आपत्यधीन नामें रकम

Admitted debit : स्वीकृत नाम खाता / नामे रकम

Advance payment : अग्रिम भुगतान / अदायगी

Adverse remarks : प्रतिकूल अभ्युक्ति / टिप्पणी

Advice of payment : भुगतान की सूचना / अदायगी की सूचना

Affidavit : हलफ़नामा / शपथ-पत्र

Agency charge : एजेंसी प्रभार / अभिकरण प्रभार

Agenda : कार्य सूची

Agreement : करार / करारनामा / समझौता

Airconditioned : वातानुकूलित

Allegation : आरोप / अभिकथन

Allocation : विनिधान / बंटवारा / विनियोजन

Allotment : आबंटन

Ambulance : अस्पताल गाड़ी

Ambush check : घात जांच

Amendment : संशोधन

Analysis : विश्लेषण

Ancillary : सहायक / आनुषंगिक

Annex (verb) : अनुबंध करना

Annexure : अनुबंध

Answerable : उत्तरदायी / जवाबदेह

Anti corruption bill : भ्रष्टता विरोधी विधेयक

Anti fraud inspector : छद्मरोधी निरीक्षक

Appeal : अपील / अभ्यर्थना

Appeate court : अपील अदालत / अपीलीय न्यायालय

Appellant : अपीलकर्ता / अभ्यार्थी

Applicant : आवेदक / प्रार्थी

Appointment : नियुक्ति

Appointment of halt contractor : हाल्ट ठेकेदार की नियुक्ति

Appropriation Account : विनियोग लेखा / विनियोजन लेखा

Approval : अनुमोदन

Approximation : निकटागमन

Arbitrate : विचालन / मध्यस्थ करना

Arc lamp : चाप दीप

Arch : मेहराव

Ardent : उद्दीप्त / प्रबल

Argument : तर्क / युक्ति

Arrear : बकाया

Article : भाग / अनुच्छेद

Articulate : संधियुक्त

Article of special value : विशेष मूल्य की वस्तुएं

As per conference rules : सम्मेलन नियमानुसार

As per forwarding note : अग्रेषण नोट के अनुसार

Assessment delivery : मूल्यांकन सुपुर्दगी

Assisted siding : इमदादी साइडिंग

Assumption of charge : कार्य भार ग्रहण / भार ग्रहण

Attached : संलग्न / नत्थी

Attachment : कुर्की

Attendant : परिचर

Auction sale : नीलामी बिक्री

Audit objection : लेखा परीक्षा आपत्ति

Audit para : लेखा परीक्षा पैरा

August review : अगस्त पुनरीक्षण

Authentic issue rate : प्रामाणिक निर्गम दर

Authorised alternative routes: प्राधिकृत वैकल्पिक मार्ग

Award : पंच निर्णय / पुरस्कार

B

Back board : पिछला तख्ता

Back date : पिछली तारीख

Back date ticket : पिछली तारीख का टिकट

Backing up ticket : टिकटों पर अगली तारीख डालना

Backing pan : सेकने का तवा

Bailee : अमानतदार / उपनिहिती

Balance : शेष

Balance sheet : तुलन-पत्र

Bale : गांठ

Bank guarantee : बैंक गारंटी

Bankrupt : दिवालिया

Banner : झंडा / बैनर

Bar : छड़ / रोक / अदालत

Base kitchen : मूल रसोई घर

Batch in charge (TC) : बैच प्रभारी (टिकट कलेक्टर)

Battery : बैटरी

Bear (verb) : बर्दाश्त करना

Beejuck : बीजक

Beejuck rate : बीजक दर

Bell : घंटा

Bench : बैंच / तख़्त

Berth : शायिका

Best : उत्तम / सर्वोत्तम

Biannual : अर्धवार्षिक

Bill : बिल

Bill issuer : बिल निर्गमक / बिल जारीकर्ता

Biweekly : अर्ध साप्ताहिक

Blank paper ticket : पर्ची टिकट

Booking conditions : बुकिंग शर्तें / बुकिंग कालीन दशा

Booking consignment : प्रेषण की बुकिंग / माल की बुकिंग

Booking clerk : टिकट बाबू

Booking office : टिकट घर

Booking window : टिकट खिड़की

Booked from siding : साइडिंग से बुक किया गया

Booked as Rly risk : रेलवे की जिम्मेदारी पर बुक

Booked as owner's risk : मालिक / उपभोक्ता की जिम्मेदारी पर बुक

Booked via : के रास्ते / ब रास्ते बुक

Bracket lable : ब्रैकेट लेबल

Bradma machine : ब्रेडमा मशीन

Breach : भंग / टूटना

Breakage : टूट-फूट

Break journey : यात्रा विराम / भंग

Break of gauge : आमान / गेज / परिवर्तन

Broad gauge : बड़ी लाइन

Brokerage : दलाली

Broker's certificate : दलाल का प्रमाण-पत्र

Budget : बजट

Buffet car : बुफे यान / उपहार यान

Bulky articles : भारी / स्थूल समान / वस्तुएं

Bundle : बंडल

Burden of proof : प्रमाण का दायित्व

Butter knife : मक्खन छुरी

Butter pad : मक्खन पैड

Button : बटन / घुंडी

Buttress : सहारा / टेक

Buy : खरीदना

By (e) law : उप विधि / उपनियम

C

Cab : गाड़ी / घोड़ा गाड़ी / टैक्सी

Cabin : कोठरी / केबिन

Cadre : संवर्ग

Calendar : पंचाग / कार्यानुसूची

Calibration chart : अंशांकन चार्ट

Caligraphy : सुलेख (न)

Capacity : क्षमता / धारिता

Capital cost : पूंजीगत लागत

Carriage & wagon : सवारी और माल डिब्बा

Carrying capacity : वहन क्षमता

Cash bag : रोकड़ थैली

Cash bill / voucher : रोकड़ बिल / वाउचर

Cash book : रोकड़ बही

Cash counter : रोकड़ पटल / गणक

Cash imprest : नकदी अग्रदाय / अगाऊ

Cash remittance : नकदी प्रेषण

Cash witness : रोकड़ साक्षी

Casual labour : नैमित्तिक मज़दूर

Casual leave : आकस्मिक छुट्टी

Causewise and commodity wise statement : कारणवार तथा जिंस (वस्तु) वार विवरण

Cause of claim : दावे का कारण

Caution money : अवधान राशि / द्रव्य

Casuality : हताहत / आपात / दुर्घटना

Category : कोटि / वर्ग / श्रेणी

Categorical : सुस्पष्ट / सुनिश्चित / निरपेक्ष

Catering : खानपान

Catering departing : खानपान विभाग

Catering inspector : खानपान निरीक्षक

Catering section : खानपान अनुभाग

Cancel (verb) : रद्द करना

Ceiling : भीतरी छत

Ceiling fan : छत का पंखा

Ceiling price : उच्चतम मूल्य

Cell : कोठरी / कक्ष

Centigrade : सेंटीग्रेड

Central : केंद्रीय

Central excise duty : केंद्रीय उत्पाद-शुल्क

Central sale tax : केंद्रीय बिक्री कर

Cess : उपकर

Charges for ancillary service: अनुषंगी सेवा प्रभार / व्यय

Charges for depreciation, maintenance etc. : मूल्य ह्रास, अनुरक्षण आदि के लिए प्रभार / व्यय

Charges for dummy wagon : डमी (दिखावटी) माल डिब्बा के लिए प्रभार / व्यय / मूल्य

Charge-sheet : आरोप-पत्र / अभियोग पत्र

Chargeable distance : प्रभार्य दूरी

Charged weight : प्रभारित वज़न

Charging of fare : किराया चार्ज करना / लगाना

Cheapest open route : (सबसे) सस्ता खुला मार्ग (खुला = उपयोग करने योग्य)

Cheapest route : (सबसे) सस्ता मार्ग

Check lines : जांच लाइनें

Cheque : चैक

Cheque pass : चैक पास (काग़ज पर बनाया गया रेलवे निःशुल्क यात्रा-पत्र)

Chief : प्रमुख

Chief catering inspector : मुख्य खानपान निरीक्षक

Chief inspector (Ticket) : मुख्य निरीक्षक (टिकट)

Chicken curry : चिकन करी / सालन वाला मुर्ग़ा / मुर्ग़े की तरकारी / कढ़ी

Chicken chop : चिकन चाप / टुकड़ा / क़ीमा

Chicket cutlet : चिकन कटलैट / टिक्का

Chicken sandwich : चिकन सैंडविच

Circular letter : परिपत्र / गशती-पत्र

Circular tour : परिक्रमा यात्रा

City booking agency/officer: नगर टिकट घर

Claim : दावा

Claim arbitration committee: दावा मध्यस्थता समिति

Claim commissioner : दावा आयुक्त

Claim for compensation : क्षतिपूर्ति का दावा

Claim inspector : दावा निरीक्षक

Class rate : वर्ग दर

Classification : वर्गीकरण

Classification goods : माल का वर्गीकरण

Clearance : निपटारा / निस्तारण / निकासी

Clearance of freight out-standing : बकाया / शेष भाड़े का निपटा

Clear railway receipt : निर्बाध रेलवे रसीद

Clear receipt : निर्बाध रसीद

Clerkage : लेखन शुल्क (विशेषकर यात्रा टिकट वापस करने पर)

Client : ग्राहक

Cloak room : अमानती सामान घर

Closing balance : इतिशेष

Clubbing of consignment : प्रेषण समूहन

Coach attendant : सवारी डिब्बा परिचर

Coach booking : सवारी डिब्बा को भाड़े पर आरक्षित करना

Coaching tariff : कोचिंग शुल्क दर सूची / कोचिंग दर सूची

Coaching / goods debit : कोचिंग / माल नाम खाता

Coal claims : कोयला संबंधी दावा

Code : संहिता / कूट

Code initial : कूट आद्यक्षर

Coffee in cup : प्याले वाली कॉफी

Coffee pot : कॉफीदान

Coffee pot-medium : मझोले काफ़ीदान में कॉफी

Coffee saucer : कॉफी की तश्तरी

Coffee small : छोटे कॉफीदान में काफ़ी

Cognizable offence : संज्ञेय अपराध

Commercial inspector : वाणिज्य निरीक्षक

Commission : कमीशन / आढ़त / आयोग

Commission agent : कमीशन एजेंट / आढ़तिया / कमीशन अधिकर्ता

Commission bearer : कमीशन बेरा / धारक

Commission hawker : कमीशनी फेरीवाला

Commission rate : कमीशन दर / छूट दर

Commission staff security deposit register : कमीशनी कर्मचारियों की ज़मानत जमा रजिस्टर

Commission vendor : कमीशनी खोमचेवाला

Commodity : पण्य / जिंस / वस्तु

Common portion : साझे का हिस्सा / सामान्य हिस्सा

Common carrier's liability : सामान्य वाहक देयता

Compliance : अनुपालन

Compensation : क्षतिपूर्ति / प्रतिकार / मुआवजा

Competence : सक्षमता / सामर्थ्य

Compute : संगणना करना / अभिकलन करना

Complain book : शिकायत पुस्तक

Concession : रियायत

Concurrence : सहमति

Condition of booking : बुकिंग की शर्त

Condition of sale : बिक्री की शर्त

Conductor : संवाहक / कंडक्टर / संचालक

Conference room : सम्मेलन कक्ष

Conference rules : सम्मेलन नियमावली

Consignee : परेषिती

Consumable stores : अपभोग्य भंडार

Consumer goods : उपभोक्ता माल / वस्तुएं

Content : विषय वस्तुएं / अंतर्वस्तु

Contest : प्रतिरोध / विवाद / प्रतियोगिता

Contract : ठेका / संविदा

Contract Act : ठेका / संविदा अधिनियम

Contract of chemist stall : केमिस्ट की दुकान का ठेका

Contract of directly licensed vender : लाइसेंस प्राप्त विक्रेताओं का ठेका

Contract for fruit vending : फल विक्रय / बेचने का ठेका

Contract for refreshment room (Veg./Non veg) : जलपान गृह / भोजनालय (निरामिष / सामिष) का ठेका

Contract for running expresso coffee : एक्प्रेसो कॉफी ठेका

Contract for sale of handloom and cottage industry products : हथकरघा और कुटीर उद्योग उत्पादों की बिक्री का ठेका

Contract for shoe shining : बूट पालिश का ठेका

Contract for tea and sweet stall : चाय और मिठाई स्टाल का ठेका

Contract rate : ठेका दर / संविदा दर

Contraband goods : निषिद्ध माल

Contractor operated halt : ठेका चालित हाल्ट

Contractor's remuneration : ठेकेदार का पारिश्रमिक

Conversion : परिवर्तन

Cook : रसोइया / बावरची

Cook's chopper : रसोइये का छुरा

Cook's cap : रसोइये की टोपी

Cook's coat : रसोइये का कोट

Cook's khanti : रसोइये की खंती

Cook's knife : रसोइये का चाकू

Cook's spoon : रसोइये का चमचा

Cook's pant : रसोइये की पतलून

Copy invoice : इन्वाइस / बीजक की प्रति

Corn flakes : कार्न फ्लेक्स

Corresponding : तदनुरूपी

Cost of service : सेवा व्यय

Cost of stoppage : ठहराव की लागत

Counter affidavit : प्रति शपथ-पत्र

Counter foil : प्रतिपर्ण / अधपन्ना / प्रतिपत्रक

Court case : अदालती मामला

Court fee : न्यायालय शुल्क

Covered wagon : छतदार माल डिब्बा

Covering letter : आवरण-पत्र

Crane : क्रेन

Crane charges : क्रेन प्रभार

Credit : साख / जमा / जमा खाता / क्रेडिट

Credit advice : जमा सूचना

Credit note : जमा पत्र / साख-पत्र

Credit schedule : जमा अनुसूची

Crevice : दरार

Criminal : अपराधी

Criminal interference : अपराधी हस्तक्षेप

Crockery : चीनी मिट्टी के बर्तन / क्राकरी

Cross country check : अंतरमार्गी जांच / अंतर्देशीय / क्षेत्रपार जांच

Cross traffic : परगामी यातायात

Cubical contents : घनाकार अंतर्वस्तु

Cunning : धूर्त / चालाक

Curb : निरोध करना / नियंत्रित करना

Current : चालू / वर्तमान / धारा

Cut and slack : कटा और ढीला

Cutlery : छुरी-कांटा

Cyclometer : परिक्रमणमापी

D

Daily trip report : दैनिक फेरा रिपोर्ट
Dairy : दुग्धशाला
Dakbangalow : डाक बंगला
Damage : क्षति
Damage / Deficiency message : क्षति / कमी की सूचना
Damage by wet : भीगने से क्षति
Dangerous and explosive good : खतरनाक और विस्फोटक माल
Dangerous goods : खतरनाक माल
Dangerous and inflammable articles : खतरनाक और ज्वलनशील वस्तुएं
Dead account : बंद खाता
Dead freight : अमुक्त भाड़ा
Dead load : अमुक्त भार
Dead stock : निष्क्रिय स्टाक
Dead weight : कुल भार / महाभार
Dealing staff : संबद्ध कर्मचारी
Dearer route : महंगा मार्ग
Debit : नामे / डेबिट
Debit issue note : नामे निर्गम-पत्र
Debit statement of zonal railway : क्षेत्रीय रेल का नाम खाता विवरण
Declared value : घोषित मूल्य
Decree : डिगरी
Decree defendant : डिगरी प्रतिवादी
Deficiency : कमी
Deficient bale : अपूर्ण गांठ / सदोष गांठ
Deficiency in bale : गांठ में दोष / अपूर्णता
Delay in transit : विलंब
Delivery book : सुपुर्दगी बही
Delivery of goods : माल की सुपुर्दगी
Delivery on assessment : मूल्यांकित सुपुर्दगी
Delivery on weighment : तोल कर सुपुर्दगी
Delivery under clear receipt: निर्बाध पावती सुपुर्दगी
Delivery short of destination: गंतव्य स्थान से पहले सुपुर्दगी
Demmurage : विलंब शुल्क
Demmurage charges : विलंब शुल्क प्रभार
Demmurge note : विलंब शुल्क नोट
Demmurage statement : विलंब शुल्क विवरण
Designation : पदनाम / पद
Dessert fork : मझोला कांटा
Dessert spoon : मझोला चम्मच
Destination : गंतव्य
Destination railway : गंतव्य रेलवे
Destination station : गंतव्य स्टेशन
Destination to wagon : माल डिब्बा रुकाई

Destruction : विनाश

Detachable fittings : वियोज्य जुड़नार

Deterioration : विकार / बिगड़ना / खराब होना

Deviation statement : विचलन विवरण

Diesel crane : डीज़ल क्रेन

Differential rule : विभेदक नियम

Dining car : भोजन यान

Dining table : खाने की मेज़

Disablement, partial / permanent : अशक्तता / आंशिक / स्थायी

DAR enquiry : अनुशासन एवं अपील

Discovery : खोज

Dishwashing machine : बर्तन धुलाई मशीन

Dismissal : बर्खास्तगी

Disposal : निपटारा / निपटान

Disposal instruction : निपटान हिदायतें / अनुदेश

Distance table : दूरी सारणी

Distribution point : वितरण स्थल

District average rate : जिला औसत दर

Diversion : मार्ग परिवर्तन

Diversion of wagon : माल डिब्बे का मार्ग परिवर्तन

Document : दस्तावेज / प्रलेख

Documentary evidence : दस्तावेज़ी साक्ष्य

Documentation : प्रलेखीकरण / प्रलेखन

Draft para : लेखा प्रारूप पेरा

Drying charges : सुखाई प्रभार

Dunnage : निभार

Durability : स्थायित्व

Duration : अवधि

Dutiable : शुल्क योग्य

Duty card pass : ड्यूटी कार्ड पास

Duplicate : दोहरा / समगुण

Dynamite : डाइनेमाइट / प्रध्वंसक

Dynamo : डायनामो शक्तिमापी

E

Earmark : छाप / निशान

Earnest money : बयाना

Earning : अर्जन / आय

Egg boiled : उबला अंडा

Egg curry : अंडा कढ़ी / तरकारी

Egg fried : तला हुआ अंडा

Egg omlette : अंडा आमलेट

Egg peached : पकाया हुआ अंडा

Egg sandwich : अंडा सैंडविच

Egg scramble : अंडा स्क्रैंबल (तोड़ कर पकाना)

Electric toaster : बिजली का टोस्टर

Element of profit : लाभ का अंश / तत्व

Endorsed consignee : पृष्ठांकित परेषिती

Endorse : पृष्ठांकिती
Endorsement : पृष्ठांकन / समर्थन / पृष्ठपोषण
Enquiry : पूछताछ
Enroute : रास्ते में
Entry tax : प्रवेश कर
E.P. lock : ई.पी. ताला
Equate : समीकरण करना / बराबर करना
Error sheet : त्रुटि पत्रक
Espresso coffee cup : एस्प्रेसो कॉफी का प्याला
Espresso coffee machine : एस्प्रेसो कॉफी की मशीन
Estimate of budget grants on commercial account : वाणिज्य लेखे बजट अनुदान का प्राक्कलन
Estoppel : विबंध / रोक
Evidence : साक्ष्य
Excepted articles : अपवादित वस्तुएं
Excepted perils : अपवादित संकट
Exchange : विनिमय
Excess charge : अतिरिक्त प्रभार
Excess fare ticket : अतिरिक्त किराया टिकट
Excise duty : उत्पादन शुल्क
Execution : निष्पादन
Exemption : छूट
Ex-gratia payment : अनुग्रह भुगतान / अदायगी
Ex-haust fan : निकास पंखा
Exparte degree : इकतरफा डिगरी / एकपक्षीय आज्ञप्ति
Explanation of guard : गार्ड का स्पष्टीकरण
Explosive articles : विस्फोटक पदार्थ / वस्तुएं
Expost facto : कार्योत्तर
Extention : विस्तारं
Extention of journey : यात्रा विस्तारण
Exterminate *(verb)* : मिटा देना
External : बाहरी
Exterritorial : राज्य क्षेत्रातीत
Extinction : उन्मूलन / समापन
Extinguish : बुझा
Extra : अतिरिक्त
Extravagant : असंयत / निरंकुश फिजूल खर्च
Extreme : अंतिम / आख़िरी
Exuberance : प्राचुर्य / बाहुल्य

F

Fabricate : गढ़ना / जाली बनाना
FACAO : वित्त सलाहकार एवं मुख्य लेखा अधिकारो
Faced : मोहरा / अग्रभाग / सामना
Face value : प्रत्यक्ष मूल्य
Factor : अभिकर्ता / कारण / निमित्त
Factory : कारखाना
Faculty : संकाय / कार्यशक्ति
Fair acompli : संपन्न कार्य
Fall into arrears : बकाया बढ़ जाना

Fare : किराया

Fee : शुल्क

Ferry distance : नौ-दूरी

File / File (verb) : पंजी / फाइल / फाइल करना

Fitness : योग्यता / स्वस्थता

Fixed hand cranes : स्थिर हथ क्रेन

Flap door : पल्लादार दरवाजा

Flap door gap : पल्लादार दरवाजे की दरार

Final modification : अंतिम आशोधन

Financial concurrence : वित्तीय सहमति

Financial implication : वित्तीय निहितार्थ / विवक्षा

Fire : आग

First class : पहला दर्जा / प्रथम श्रेणी

First modification : प्रथम आशोधन

Fish cake : मछली केक

Fish curry : मछली की कढ़ी / तरकारी

Fish fork : मछली कांटा

Fish fried : तली मछली

Flag station : फ्लैग स्टेशन / झंडी स्टेशन

Foil : पर्ण

Forced debits : जबरन नाम खाते

Foreign : इतर / अन्य / विदेशी

Foreign inward return : इतर आवक विवरणी

Forfeiture : जब्ती

Forwarding note : अग्रेषण नोट / टिप्पणी

Forwarding railway : अग्रेषक रेलवे

Forwarding station : अग्रेषक स्टेशन

Free allowance : नि:शुल्क वजन / वजन छूट

Free service way bill : नि:शुल्क सेवा यात्रा-सूची / खन्ना

Free time : समय छूट

Free time rules : समय छूट नियम

Freight : भाड़ा / माल भाड़ा

Freight forwarder scheme : भाड़ा अग्रेषक योजना

Freight in hand : हस्तगत भाड़ा / माल

Freight paid : भाड़ा दत्त

Freight to pay : भाड़ा देय

Frypan : तलने का तवा / कढ़ाई

Full plate : पूरी प्लेट

Full wagon load : पूर्ण माल डिब्बा भार

G

Gain : लाभ / वृद्धि / प्राप्ति

Gangway : मार्ग

Garden invoice : बागान बीजक / इन्वाइस

Gas cylinder : गैस सिलिंडर

Gas oven : गैस का चूल्हा

Gate pass : गेट पास

Gazette : राजपत्र / गज़ट

Gazette notification : गज़ट / राजपत्र अधिसूचना

Gazetted officer : राजपत्रित अधिकारी

General merchandise : सामान्य तिजारती माल

General order : सामान्य आदेश

General indemnity note : साधारण क्षतिपूर्ति नोट

Glass fingers bowl : धावन कांच कटोरा

Glassware : कांच का सामान

Godown : गोदाम

Goods : माल

Goods clerk : माल बाबू

Goods delivery book : माल सुपुर्दगी पुस्तिका

Goods shed / office : माल गोदाम/ कार्यालय

Goods supervisor : माल पर्यवेक्षण

Goods superintendent : माल अधीक्षक

Goods parcel handling contract : माल पार्सल सम्हलाई ठेका

G.R.P. Hajat / Govt Rly Police (Hajat) : सरकारी रेलवे पुलिस हाजत / जी.आर.पी. (हाजत)

Goods tariff : माल भाड़ा दर सूची / माल शुल्क / दर सूची / माल भाड़ा / शुल्क दर

Goods traffic : माल यातायात

Goods in bulk : थोक माल / ढेरी माल

Gross weight : सकल भार / वज़न

Ground rent : जमीन किराया

Guard : गार्ड

Guard's certificate of permission to travel : गार्ड का यात्रा अनुमति पत्र

Guidance : मार्गदर्शन ब्यौरा / माल उतराई ब्यौरा

H

Half plate : आधी प्लेट

Half ticket : बच्चे का टिकट / आधा टिकट

Halt : हाल्ट / पड़ाव / रोकना

Handling charges : चढ़ाई-उतराई / सम्हलाई प्रभार

Hand over charge : कार्य भार सौंपना

Hard cash : नकद राशि

Haulage charge : ढुलाई प्रभार / खर्च

Head of account : लेखा शीर्ष

Head of allocation : विनिधान शीर्ष / बंटवारा शीर्ष

Headquarter : मुख्यालय

Higher excess charge : उच्च अतिरिक्त प्रभार

Highest bid : उच्चतम बोली (नीलाम की)

High rated commodity : उच्च दर की जिंस / वस्तु / पण्य

High valued cases : ऊंचे मूल्य के मामले

Hire : भाड़ा

Hire charges : उच्चतर भाड़ा / किराया

Home delivery service : घर सुपुर्दगी सेवा / घर पहुंचाई सेवा

Home railways : स्वकीय रेलवे

Hoof mark : कंटियाथान / हुकमार

Honorarium : मानदेय

Hot axle : गर्म धुरा

Hot case : गर्म पेटी

Hot water boiler : पानी तापी / जल तापी

House hold : घरेलू

Hundi : हुंडी

I

Ice : बर्फ

Ice box / bucket : बर्फ का डिब्बा

Ice cream cup : आइसक्रीम कप / बर्फ मलाई का प्याला

Ice cream trolly : आइसक्रीम ट्राली / बर्फ मलाई की ट्राली

Idea : भाव / विचार / योजना

Identical : अभिन्न / समरूप

Identification : पहचान / एकीकरण

Identy card : पहचान-पत्र

Ideological : सैद्धांतिक / वैचारिक

Illegible : अपाठ्य / अस्पष्ट

Illicit : ग़ैर कानूनी / अवैध

Illiterate : निरक्षर / अनपढ़

Illumination : प्रदीपन / प्रबोधन

Illusion : भ्रम / धोखा

Illustrious : प्रख्यात / यशस्वी

Imaginable : कल्पनीय

Imbibe *(verb)* **:** आत्मसात करना

Imitable : अनुकरणीय

Immaterial : अभौतिक/निराकार/नगण्य

Immediate : तात्कालिक / प्रत्यक्ष

Immense : विशाल

Immovable property : अचल संपत्ति

Incentive : प्रोत्साहन

Incidental charges : प्रासंगिक प्रभार / व्यय

Increment : वेतन वृद्धि / वृद्धि

Indemnity bond : क्षतिपूर्ति बंध-पत्र

Indemnity note : क्षतिपूर्ति नोट

Indent : मांग-पत्र

Indian Rly. (Amendment) Act 1961 : भारतीय रेल (संशोधन) अधिनियम 1961

Inflammable articles : ज्वलनशील वस्तुएं

Inflated distance : स्फीति दूरी

Infrastructure : मूल सुविधा / आधारभूत ढांचा

Infringement charges : अतिलंघन प्रभार

Inherent vice : अंतर्निहित दोष

Injury, minor / major / grievous / simple : चोट, हलकी / भारी / सख्त मामूली

In lump sum : एकमुश्त

Inspection report : निरीक्षण रिपोर्ट

Inspector (ticket) : निरीक्षक (टिकट)

Insurance charges : बीमा प्रभार

Integrated budget : समाकलित बजट

Interception : अंतर्रोध / बीच में रोक लेना

Interchange point : अंतर्ग्रहण स्थल / अदली बदली

Inter divisional check : अंतर्मंडलीय जांच

Interest on capital cost : पूंजी लागत पर ब्याज

Intermediate Rly. : मध्यवर्ती रेलवे

Inter Rly. liability : अंतर रेलवे देयता

Interview : साक्षात्कार / इंटरव्यू

In time : समय पर / समय से

In transit : रास्ते में

Inventory : वस्तुसूची / माल सूची

Invoice : इनवायस

ICRA : भारतीय रेल सम्मेलन

Iron karai : लोहे की कड़ाही

Inward earning : आवक आय (अर्जन)

Inward paid / cash book : दत्त रोकड़ बही (आवक)

Inward traffic : आवक यातायात / आगम यातायात

Issue : जारी करना / मुद्दा

Issue register : निर्गम पंजी

Item : मद / मद्द / विषय

Ivory : हस्ति दंत / हाथी दांत

J

Jam : जैम / मुरब्बा / जकड़ना

Jar : मरतबान

Jelly mould : जेली मोल्ड

Jetty : जेटी / घाट

Job : कार्य / नौकरी

Job analysis : कार्य विश्लेषण

Joining : शामिल होना / कार्य भार ग्रहण

Joining date : कार्यभार ग्रहण करने की तिथि

Journal : दैनिकी / डायरी / अख़बार

Journey : यात्रा

Jubilee : जयंती

Judge : न्यायाधीश

Judicial : न्यायिक / अदालती

Judiciary : न्यायपालिका

Judgement : न्याय / निर्णय

Junction : जंक्शन / संयोजन

Junction invoice : जंक्शन इनवायस

Junior catering manager : कनिष्ठ खानपान प्रबंधक

Jurisdiction : अधिकार क्षेत्र

Justification : औचित्य

K

Keep : देखरेख / निर्वाह
Kennel : कुत्ताघर / शिकारी कुत्ते
Key : कुंजी
Key board : कुंजी पटल
Khaddar : खद्दर
Khaki : ख़ाकी
Khalasi : खलासी
Khansama : खानसामा
Khidmatgar : खिदमतगार
Killick : पत्थर का लंगर
Kiln : भट्टा
Kitchen table : रसोई की मेज
Kitchen ware : रसोई के बर्तन
Knife : चाकू

L

Label : लेबल / पट्टी
Labelling *(verb)* : लेबल लगाना
Laborious : परिश्रमी / मेहनती
Lac : लाख / लाक्षा
Lac seal : लाख की मोहर
Lace : फ़ीता / तसमा
Ladder : सीढ़ी नसैनी
Lashing : रस्सी
Last pay certificate : अंतिम वेतन प्रमाण-पत्र
Last ticket checking station: पिछला टिकट जांच स्टेशन
Latent defect : प्रच्छन्न दोष / अव्यक्त दोष
Law : विधि कानून
Law abiding : विधि पालक
Law breaker : विधि भंजक
Lawyer : वकील / विधिज्ञ
Lay down *(verb)* : निर्धारित करना
Layman : सामान्य जन / अविशेषज्ञ
Leave : छुट्टी / अवकाश
Leave, casual : आकस्मिक छुट्टी
Leave, commuted : रूपांतरित छुट्टी
Leave, earned : अर्जित छुट्टी
Leave, privileged : विशेषाधिकृत छुट्टी
Ledger : खाता / खाता बही / लेजर
Left luggage : अमानती समान
Legal : कानूनी
Legal and technical fitness : कानूनी एवं तकनीकी उपयुक्तता
Legal due : कानूनी देय (प्राप्य राशि)
Letter of authority : प्राधिकार-पत्र
Letter of subrogation : प्रत्यासन-पत्र / अन्य स्थापन पत्र
Liability : देयता / दायित्व
Liable : भागी / योग्य / दायी

Licence : लाइसेंस / अनुज्ञप्ति
Licenced porter : लाइसेंस प्राप्त भारिक / लाइसेंस धारी भारिक / कुली
Licenced porters, rest shelters : लाइसेंस धारी भारिक विश्रामालय
Listed customers : सूचीगत ग्राहक
Litigation : मुकदमेबाजी
Live stock : पशुधन
Loading : लदान / लदाई
Loading and unloading : लदाई और उतराई
Loading condition : लदान की शर्त
Loading of goods : माल का लदान / माल लदाई
Loading not supervised by Rly. : लदान का पर्यवेक्षण रेलवे द्वारा नहीं किया गया
Loading space : लदान का स्थान / गुंजाइश
Local : स्थानीय

Local / foreign : स्थानीय / इतर
Local charges : स्थानीय प्रभार
Local purchase : स्थानीय क्रय / खरीद
Local sale tax : स्थानीय बिक्री कर
Local traffic : स्थानीय यातायात
Locus standi : अधिकारिता / प्रवेशाधिकार मान्य / वैधस्थिति / दखल देने का अधिकार
Loose : खुला / ढीला
Loose consignment : खुला परेषण
Loss : हानि / नुकसान
Lost property office : खोया सामान कार्यालय
Luggage : सामान
Luggage ticket : सामान टिकट
Lumpsum rate : एकमुश्त दर
Luxurious : विलासप्रिय / विलासमय
Lying : झूठा / मिथ्याभाषी

M

Machine : यंत्र / मशीन
Machinery : मशीनरी
Machinery and plant programme on commercial account (yearly) : वाणिज्य लेखे का मशीनरी और संयंत्र का कार्यक्रम (वार्षिक)
Machine abstract : मशीन सार सूची / सार
Machine prepared abstract : मशीनी विवरण

Magisterial check : मजिस्ट्रेटी जांच
Maintenance allowance : निर्वाह भत्ता
Major head : मुख्य शीर्ष
Making over / taking over : भार सौंपना / भार ग्रहण करना
Man hours / days : श्रम घंटे / श्रम दिवस
Marginal free allowance : उपांत वजन छूट

Marine service : नौ सेवा / समुद्री सेवा
Mark : चिह्न / संकेत / छाप
Market rate : बाज़ार दर
Marksman : मार्केवाला / निशान लगाने वाला
Marmalade portion : फलपाग का हिस्सा
Marking : मार्क लगाना / निशान लगाना
Marketing & sales : विपणन और विक्रय
Marquee : शामियाना
Mashed potato : आलू भुर्ता
Master : स्वामी / मालिक / अधिपति
Match : दियासलाई / जोड़ीदार
Material : भौतिक / द्रव्यात्मक
Material clerk : सामग्री क्लर्क / लिपिक
Materiel : उपकरण
Maturation : परिपाक्क / प्रौढ़ता
Matutinal : प्रात:कालीन
Maximum moving dimension : अधिकतम गतिमान आयाम
Meal message (XML) : भोजन (अत्यावश्यक) संदेश
Measurement : माप
Mechanical Handling equipment : यांत्रिक प्रहस्तन (सम्हलाई) उपस्कर
Memo delivery : मेमो सुपुर्दगी
Memorandum : ज्ञापन
Memo invoice : मेमो इनवायस
Menu : खानपान सूची / मीनू
Menu holder : खानपान सूची / धर
Message : संदेश
Metal pass : धातु (रेल यात्रा) पास (प्रथम श्रेणी अथवा उस से ऊपर के रेलवे अधिकारियों को प्राप्त)
Meter / metre : मीटर / मापी
Meter gauge : मीटर गेज / छोटी लाइन
Military personal : सेना के कार्मिक
Military tariff : सेना शुल्क सूची
Military traffic : सेना यातायात
Military warrant : सैनिक अधिपत्र / वारंट
Minimum charges : न्यूनतम प्रभार
Minimum weight condition : न्यूनतम वज़न की शर्त
Misapplication : दुरुपयोग / दुष्प्रयोग
Misapprehend : गलत समझना
Misapprehension : गलतफहमी
Misappropriation : गबन / अपयोजन
Miscellaneous advance : विविध अग्रिम / पेशगी
Miscellaneous articles contract : विविध वस्तुओं का ठेका
Miscellaneous items : विविध मदें
Miscellaneous items as directed from time to time : समय-समय पर निर्देशित विविध मदें
Miscellaneous cases : विविध मामले / अन्य मामले / फुटकर मामले
Miscellaneous proceeding : विविध कार्यवाही

Misconduct : अवचार / गलत आचरण

Misdelivery : गलत सुपुर्दगी

Misdespatch : गलत प्रेषण

Missing goods : खोना / खोया माल

Missing goods report : खोया / खोए हुए माल की सूचना

Misrepresent : का यथार्थ रूप प्रस्तुत करना

Misrule : कुशासन

Mobile : चल

Mobile check : चलती-फिरती जांच

Mode of payment : भुगतान की विधि

Money coal : धन देय कोयला / अर्जक कोयला

Money receipt : धन की रसीद

Month to month : माह-दर-माह/ मास-प्रति-मास

Monthly excess fare return: मासिक अतिरिक्त किराया विवरणी

Monthly season ticket : मासिक सीज़न टिकट

Monthly vendor season ticket : मासिक विक्रेता सीज़न टिकट

Movement register : संचलन पंजी

Mustard pot : राईदान

Mutton chop : मटन चॉप

Mutton curry : मटन कढ़ी / तरकार

Mutton cutlets : मटन कटलेट्स

Mutton roll : मटन रोल

Mutual transfer : परस्पर स्थानांतरण

Mystification : घबराहट

N

Name plate : नामपट्ट

Name sake : समनाम / नाम के लिए

Naming of halt : हाल्ट का नामकरण

Napkin : गमछी

Naration : वर्णन / वृत्तांत

Narrow gauge : पतली लाइन

Nasty : गंदा / अप्रिय

Nature of disposal : निपटारे की विधि

Neat : साफ-सुथरा / परिष्कृत

Necessity : आवश्यकता

Need : आवश्यकता / जरूरत

Needle : सूई / छेदना

Negation : इंकार / प्रतिवाद

Negligence : लापरवाही

Negotiation of claims : दावा-वार्त्ता

Nick name : उपनाम

NIKOLO Wagon : अखंड मुहर माल डिब्बा मुहर दुरुस्त माल डिब्बा कुछ नहीं / शून्य

Nil : कुछ नहीं / शून्य

Nip : दबाना

No bid : बोली नहीं

Nominated : नामित / नामांकित

Non acceptance : अस्वीकृति

Non accountal of P.W. bill / invoice : पार्सलखाना / इन्वायस को हिसाब में न लेना

Non appearance : अनुपसंजाति / अनुपस्थिति

Non attendance : बिना उपस्थिति के

Non availability : बिना उपलब्धि के

Non cognizable offence : असंज्ञेय अपराध

Non issued ticket : गैर जारी टिकट

Non recurring expenditure : अनावर्ती व्यय

Non-selection post : अप्रवरण पद / चयनेतर पद

Non standard demurrage : अमानक विलंब शुल्क

Non veg. kitchen : सामिष रसोईघर

Non water tight : पनरोक रहित / जलरोध रहित

Notice : पूर्व सूचना

Notice of claim : दावा नोटिस

Notice of claim under conference rules : सम्मेलन नियमों के अंतर्गत दावा नोटिस

Notice of payment under conference rules : सम्मेलन नियमों के अंतर्गत भुगतान का नोटिस

No where : कहीं भी नहीं

Number : संख्या

O

Oath : शपथ

Obedient : आज्ञाकारी

Obituary : निधन सूचना

Objected debit : प्रतिवादित नाम खाता

Octroi charge : चुंगी

Off duty / off day : कार्य मुक्त / छुट्टी का दिन

Offensive articles : गर्हित वस्तुएं

Offensive goods : गर्हित माल / बदबूदार माल

On behalf of : की ओर से

Opening balance : अथशेष

Open delivery / assessment report : खुली सुपुर्दगी / मूल्यांकन रिपोर्ट

Operating feasibility : परिचालन साध्यता

Opposite party : प्रतिपक्ष

Order of pariority : प्राथमिकता क्रम

Original Rly. receipt : मूल रेलवे रसीद

Originating earning : प्रारंभिक अर्जन

Originating traffic : प्रारंभिक यातायात

Out agency charge : आउट एजेंसी प्रभार

Outstanding claim : बकाया दावा

Outward guidance : जावक ब्यौरा / निरीक्षण

Outward packing : बाहरी पैकिंग
Outward paid cash book : दत्त रोकड़ बही / (जावक)
Outward return : जावक विवरणी
Outward traffic : जावक यातायात
Oval dish : अंडाकार तश्तरी
Over carriage : अति वहन
Over charge : अति प्रभार
Over charge sheet : अति प्रभार पत्रक
Over dimension consignment : अति आयामी परेषण
Over riding : अतिक्रामी
Overtime allowance : समयोपरि भत्ता
Owner's risk : मालिक का जोखि़म
Owner's risk rate : मालिक जोखि़म दर

P

Pace : गति / कदम
Pack : गठरी
Package : पैकेज
Packet : पैकेट / पुलिंदा
Packet thread : सुतली
Packing : पैकिंग
Packing condition : पैकिंग शर्त / अवस्था
Packing guidance : पैकिंग निर्देशिका
Pad : गद्दी
Pad lock : ताला (लगाना)
Paid freight : दत्त भाड़ा
Paid on charge : सग्राह्य प्रभार
Paid / to pay traffic : दत्त / देय यातायात
Paid traffic : दत्त यातायात
Panel cut : पैनल कटा हुआ
Pantry car : पेंट्री कार / रसोई-भंडार कार
Parcel clerk : पार्सल बाबू / क्लर्क
Parcel inward tally book : आवक पार्सल मिलान पुस्तिका
Parcel shed : पार्सल गोदाम
Parcel waybill : पार्सल खन्ना
Parity : समता
Park : उपवन / गाड़ी स्थान
Part : भाग / टुकड़ा
Partial : आंशिक
Participant : भाग लेने वाला
Particular : विशिष्ट
Particular of delievery : सुपुर्दगी ब्यौरा / विवरण
Particular of transhipment / repacking : यानांतरण / पुन: पैकिंग का विवरण / ब्यौरा
Partner : साथी / साझेदार
Party : टोली / पक्ष / प्रीतिभोज
Passage : गमन / पारगमन
Passenger : यात्री
Passport : पासपोर्ट
Paste on label : चिपक लेबल

Pay order : अदायगी आदेश / भुगतान आदेश

Pay order statement : अदायगी का विवरण

Pay roll / sheet : वेतन चिट्ठा

Pay scale : वेतनमान

Peg : खूंटी

Penal : दंड / दंड विषयक

Penal rent : दंड किराया

Penetrate : छेदना / वेधना

Pension : पेंशन / निवृत्ति वेतन / अनुवृत्ति

Perception : प्रत्यक्ष ज्ञान / बोध

Percentage charge : प्रतिशत प्रभार

Percentage charge on value: मूल्य पर प्रतिशत प्रभार

Period : अवधि / मुद्दत

Periodical statement : आवधिक विवरण

Permanent disablement : स्थायी अशक्तता

Permissible : अनुज्ञेय

Perplate : प्रति प्लेट

Perposition : प्रतिभाग

Perquisite : अनुलाभ

Pestle and mortar : मूसल और ओखली

Petty repairs : छोटी-मोटी मरम्मत

Pilferage : कर चोरी

Pilot to pilot system : पायलट से पायलट पद्धति

Phenomena : तथ्य / चमत्कार

Placement wagon : मालडिब्बा स्थनन

Plaint : वाद-पत्र / अर्जी दावा

Plaintiff : वादी / मुद्दई

Platform : प्लेटफार्म / मंच

Platform ticket : प्लेटफ़ार्म टिकट

Plea : दलील

Pledge : प्रतिज्ञा / बंधक

Plinth : कुरसी (भवन)

Pocket guide for ticket checking staff : टिकट जांच कर्मचारी गुटका

Porridge : दलिया / फिरंनी

Porter : भारिक / कुली

Portage charge : भारिक प्रभार / मज़दूरी

Posting : तैनाती / दर्ज करना

Power of attorney : मुख़्तारनामा

Premises : परिसर

Prescribed packing condition: निर्धारित पैकिंग शर्त

Priority : प्राथमिकता

Private mark : निजी मार्का / निशान / चिह्न

Private seal : निजी मुहर

Privilege ticket order (P.T.O.) : सुविधा टिकट आदेश (पी. टी. ओ.)

Probationer : परिवीक्षाधीन

Profit and loss account : लाभ-हानि लेखा

Proforma : प्रपत्र / प्रोफार्मा

Progressive No. : क्रमिक संख्या

Proof : प्रमाण

Provision : प्रावधान / व्यवस्था

Provision of dunnage 'S 27': 'एस 27' निभार की व्यवस्था

Publication : प्रकाशन
Punctuality : समय की पाबंदी
Punished staff : दंडित कर्मचारी
Purchase rate : खरीद / क्रय दर

Q

Quadruplicate : चौहरा
Qualification : योग्यता
Qualified delivery : सशर्त सुपुर्दगी
Qualified remark : सशर्त टिप्पणी
Qualified remark on booking / delivery : बुकिंग / सुपुर्दगी पर सशर्त टिप्पणी
Quarterly progress report (M&P)* : तिमाही प्रगति रिपोर्ट (मशीन और संयंत्र)
Quarantine : संगरोध
Quarter plate : चौथाई प्लेट
Quarterly inspection : तिमाही निरीक्षण
Query : प्रश्न
Queue : क्यू / कतार
Quick transit service : द्रुत पारवहन सेवा
Quotation : दर प्रस्ताव / कोटेशन
Quo warranto : अधिकार प्रच्छा

R

Race : दौड़ / जाति
Rack : टांड़ / रैक
Raid : छापा / धावा
Rail car : रेल कार
Railway advocate : रेल अधिवक्ता
Railway dues : रेल देय
Railway magistrate : रेल मजिस्ट्रेट
Railway material : रेल सामग्री / सामान
Railway material consignment note : रेल सामग्री परेषण नोट
Railway material credit note: रेल सामग्री जमा–पत्र
Railway mark : रेल मार्का / निशान / चिह्न
Railway protection force report : रेल सुरक्षा दल की रिपोर्ट
Railway receipt (R.R.) : रेलवे रसीद
Railway risk : रेलवे जोख़िम
Rate : दर
Rate reduction power : दर घटाने का अधिकार / दर घटाने की शक्ति

* Machine and plant

Rate on continuous distance basis : सतत दूरी के आधार पर दर

Ready reference : सुलभ संदर्भ

Ready to serve meal : भोजन तैयार

Rebate : छूट

Rebooking : पुनर्बुकिंग

Rebooking of consignment : परेषण की पुनर्बुकिंग

Reconcile : मिलान / समाधान करना

Recovery of cost : लागत वसूली

Recovery of dues : देय की वसूली

Rectification of errors in invoice : इन्वायस त्रुटि सुधार / इन्वायस भूल सुधार

Red tariff : लाल शुल्क सूची / दर सूची

Refresher course : पुनश्चर्या पाठ्यक्रम

Refund : धन वापसी

Refund order : धन वापसी आदेश

Refund voucher : धन वापसी वाउचर

Refund of fare / freight : किराया / भाड़ा वापसी

Registration fee : पंजीयन शुल्क

Registration of claim / refund: दावा / धन वापसी का पंजीयन

Registration rules : पंजीकरण नियम

Re-issue of pay orders : भुगतान पुनरादेश

Rejoinder : प्रत्युत्तर

Release : मुक्त / खाली करना / छोड़ना

Release of wagon : माल डिब्बा खाली करना / मालडिब्बे की मुक्ति

Remarks on R.R. : रेलवे रसीद पर टिप्पणी

Remission : माफी

Remission statement : माफी विवरण

Remission of wharfage / demurrage : स्थान शुल्क / विलंब शुल्क की माफी

Remittance note : प्रेषण-पत्र

Reopened cases : पुनश्चालित मामले

Repacking : पुनः पैकिंग

Repudiate : निराकरण / नकारना

Resealing : दुबारा मुहरबंदी / पुनः मुहरबंदी

Respondent : प्रतिवादी प्रत्यर्थी

Responsible : उत्तरदायी / जिम्मेदारी

Responsibility fixed : उत्तरदायित्व / जिम्मेदारी निश्चित

Rest shelter for licenced porters : लाइसेंसी भारिकों का विश्रामालय / बसेरा

Restriction : प्रतिबंध

Return journey ticket : वापसी यात्रा टिकट

Return ticket : वापसी टिकट

Reversal of debit : नामखाते की वापसी

Review : पुनरीक्षण / पुनरीक्षा

Revisional court : पुनरीक्षण न्यायालय

Revisionist : पुनरीक्षण वादी

Re-weighment : पुनरत्तोलन

Rightful claimant : आधिकारिक दावेदार / वास्तविक दावेदार

Risk at which class rates apply : जोख़िम, जिस पर वर्ग दरें लागू होती है
Rivets : रिवेट / कीलक
Room service : कक्ष सेवा
Rough handling : अशिष्ट बर्ताव
Rough journal book : कच्चा रोजनामचा
Rough shunting : गलत शंटिंग
Rounding off : पूर्णांकन
Round-up : गिरफ्तारी / हंकाई / सिंहावलोकन
Routing of goods traffic : माल यातायात का मार्ग निर्धारण
Running train theft : चलती गाड़ी में चोरी
Run of the Mill : मामूली साधारण
Rupture : फटन / संबंध भंग
Rust : जंग / मोरचा / जंग लगना
Rusty : मोर्चा लगा हुआ

S

Sabotage : तोड़-फोड़
Sacrifice : त्याग / बलिदान
Safety : सुरक्षा
Safety device : सुरक्षा युक्ति
Safety equipment : संरक्षा उपस्कर
Said to contain Rly receipt : कथित माल रेल रसीद
Sale invoice : बिक्री इंवायस
Sale proceeds : बिक्री धन
Sale tax : बिक्री कर
Sanction : मंजूरी / अनुमोदन
Satisfaction : संतोष
Scale : तुला / कांटा / मापदंड
Scarce : दुर्लभ
Scarcity : कमी / अभाव
Scene : घटना स्थल
Schedule : सूची / अनुसूची
Scheme : योजना / परियोजना
Scope : कार्य क्षेत्र / विस्तार
Seal : मुहर
Seal and card label : मुहर कार्ड लेबल
Seal cards : मुहरकार्ड
Seal defective wagon : त्रुटिपूर्ण मुहर माल डिब्बा
Seal intact : अखंड मुहर
Seal intact wagon : अखंड मुहर माल डिब्बा
Seat : सीट / गद्दी
Second : द्वितीय
Security : सुरक्षा
Security report : सुरक्षा रिपोर्ट
Selected by sender : प्रेषक द्वारा चुना गया
Selling rate : बिक्रीदर
Sender : प्रेषक
Sender's weight accepted : प्रेषकीय वज़न स्वीकृत
Senior catering inspector : वरिष्ठ खानपान निरीक्षक

Serving station : सेवा स्टेशन

Service book : सेवा पुस्तिका

Settlement : निपटारा / बंदोबस्त

Settlement by payment / repudiation : भुगतान / नकार द्वारा निपटारा

Settlement pending cases : अनिर्णित मामलों का निपटारा

Settlement out of court : बिना अदालत निपटारा

Set off : संतुलन / समंजन

Shed theft : गोदाम / शेड में चोरी

Sheet : चादर / पत्रक

Shortage : कमी / न्यूनतम

Shortage noticed from the custody of guard : गार्ड की अभिरक्षा में पाई गई कमी

Short certificate : न्यूनता प्रमाण-पत्र

Shortest route : लघुतम मार्ग

Show case : शो-केस

Shunting charges : शंटिंग प्रभार

Sick wagon : मरम्मती मालडिब्बा

Side board : पार्श्व पट्ट

Siding charges : साइडिंग प्रभार

Single journey ticket : इकतरफा चल टिकट परीक्षक

'Smalls' : फुटकर

Smalls consignment : फुटकर परेषण

Spacing : अंतर छोड़ना / अंतरालन

Special catering : विशेष खानपान

Special condition : विशेष शर्त

Special credit : विशेष जमाखाते / विशेष जमा / विशेष क्रेडिट

Special debit : विशेष नामखाते / विशेष डेबिट

Special fittings : विशेष जुड़नार

Special grade TTE* : विशेष ग्रेड चल टिकट परीक्षक

Special power of attorney : विशेष मुख्तारनामा

Special rate : विशेष दर

Specimen signature : नमूना हस्ताक्षर

Spot check : मुकामी जांच

Squad : दस्ता

Squad incharge : दस्ता प्रभारी / अधिकारी

Staff responsibility : कर्मचारी का उत्तरदायित्व / जिम्मेदारी

Stall keeper : स्टाल वाला

Stamped indemnity note : मुद्रांकित क्षतिपूर्ति / मुद्रांकित क्षतिपूर्ति-पत्र / नोट

Standard dunnage : मानक निभार

Standardisation of siding charges : साइडिंग प्रभार का मानकीकरण

Statement of figures : आंकड़ों का विवरण

Statement of guard : गार्ड का बयान

Station pay order : स्टेशन भुगतान आदेश

Station to station rate : स्टेशन से स्टेशन दर

Stationery checks : लेखन सामग्री जांच

---

* Travelling ticket examiner

Statistical data : सांख्यिकी आंकड़े
Statutory : सांविधिक
Steam : भाप / वाष्प
Stone grinder : पत्थर पीस / पत्थर पेषक
Storage : भंडारण
Storage fee : भंडारण शुल्क / गोदाम भाड़ा
Street collection & delivery service : गली वसूली तथा सुपुर्दगी सेवा
Strong room : तिजोरी कक्ष / स्ट्रांग रूम / सुरक्षित कक्ष
Subcommittee : उप समिति
Subrogation letter : अन्य स्थापन-पत्र / प्रत्यासन पत्र
Subsidiary : सहायक
Subsidy : आर्थिक सहायता
Subsistance allowance : निर्वाह भत्ता
Substandard : अवसामान्य
Substantiate : का प्रमाण या सबूत देना
Substitution : प्रतिस्थापन

Suburban train : उपनगरीय रेल
Subvert (verb) : उलट देना
Subway : सुरंग पथ / तल मार्ग
Successive : क्रमिक / निरंतर / अनुक्रामक
Suitability : उपयुक्तता / औचित्य
Summit : चोटी / शिखर
Sundry : नानाविध / विविध
Superb : भव्य
Supervision : पर्यवेक्षण
Supplementary charge : अनुपूरक प्रभार
Supplementary pay order : अनुपूरक भुगतान आदेश
Suppliant : प्रार्थी
Supplier : संभरक / पूर्तिकर्ता
Supply : पूर्ति
Surcharge : अधिशुल्क / अतिरिक्त कर
Surtax : अतिरिक्त कर
Surveillance : निगरानी
Suspend (verb) : निलंबित करना
Symmetrize : सममित / सुडौल
Systematic : सुव्यवस्थित / क्रमबद्ध

T

Table : मेज / सारणी / तालिका
Table of distance and fares : दूरी और किरायों की तालिका
Tail-light / lamp : गाड़ी का सबसे पिछले डिब्बे के पीछे का प्रकाश चिह्न
Tally : प्रतिरूप / हिसाब में दर्ज करना
Tank : टंकी / तालाब
Tariff : शुल्क / दर सूची

Tattoo : परेड / रात का बिगुल / गोदना
Teak : सागौन
Technically responsible : तकनीकी रूप से उत्तरदायी
Temporary disablement : अस्थायी अशक्तता
Tender : निविदा / टेंडर
Tenure post : सावधि पद

Termination of transit : पारवहन की समाप्ति

Thickness : मोटाई / स्थूलता

Through invoice : सीधी इंवायस

Through traffic : सीधा यातायात

Ticket, blank paper : पर्ची टिकट

Ticket checking organisation : टिकट जांच संगठन

Ticket collector : टिकट कलक्टर/ संग्राहक

Ticket nippers and punchers: टिकट कर्तक व छेदक

Ticket tube : टिकट ट्यूब

Tie-on-label : बंधा लेबल

Time barred claim : समय-बाधित दावा

Time limit : समय सीमा

Time table : समय सारणी

Title : हक / उपाधि / मुख शीर्षक

Title in order : हक, नियम सहित

Title, not in order : हक, नियमरहित

To fix staff responsibility : कर्मचारी की जिम्मेदारी निर्धारित करना

Torn and slack : फटा और ढीला

To pay traffic : देय यातायात

Total to pay : कुल देय

Total paid : कुल दत्त

To seek legal opinion : कानूनी सलाह लेना

Traffic account : यातायात लेखे / खाते

Traffic arbitration : यातायात मध्यस्थता

Traffic audit : यातायात लेखा परीक्षा

Train service : गाड़ी सेवा

Transfer issue note : स्थानांतरण निर्गम-पत्र

Transhipment : यानांतरण

Tranship point : यानांतरण स्थल

Tranship shed : यानांतरण शैड

Tranship under clear receipt: निवधि रसीद पर यानांतरण

Transit invoice : पारवहन इंवायस

Transit loss : पारवहन हानि

Transit office : पारवहन कार्यालय

Transit time : पारवहन समय / अवधि

Transport : परिवहन

Travelling : यात्रा / चल

Travelling by restricted trains : प्रतिबंधित गाड़ियों द्वारा यात्रा

Travelling inspector of station accounts (TIA) : स्टेशन खातों / लेखों का चल निरीक्षक

Travelling ticket examiner (TTE) : चल टिकट परीक्षक

TTE's appearance register : चल टिकट परीक्षक उपस्थिति रजिस्टर

Travelling with expired date ticket : बीती तारीख के टिकट पर यात्रा

Travelling without ticket (WT) : बिना टिकट यात्रा

Trial : विचारण / परीक्षण / जांच

Trolly : ट्राली / ठेला / ठेली

Tune : सामंजस्य / तालमेल

Tunnel : सुरंग

Turnout : उत्पादन / निर्गमन

Twine : सुतली

Typist : टंकक / टाइपिस्ट

Tyre : टायर

U

Ultra-vires : शक्ति बाह्य / अधिकारातीत / नियम बाह्य

Unauthorised : अनधिकृत

Unbooked goods : अबुक माल

Unclaimed : बेदावा / लावारिस

Unconditional : बिना शर्त

Unconnected : असंबद्ध

Unconnected wagons / consignments : असंबद्ध माल डिब्बे / परेषण

Unaccounted : बेहिसाब

Unacceptable : अस्वीकार्य

Unacknowledged : अनुतरित

Unacquired : अनर्जित

Unadvised : अविवेकी

Unanswerable : अनुत्तरित

Unapparent : अप्रत्यक्ष

Undercharge : कम प्रभार

Under intimation to this office : इस कार्यालय को सूचना देते हुए

Under load : लदा हुआ

Uniform : एक रूप /वर्दी

Unloading : उतराई

Unloading book : उतराई बही

Unloading in presence of RPF*: रेलवे सुरक्षा दल की उपस्थिति में माल उतारना / माल की उतराई

Unpaid : अदत्त

Upper class carriage : ऊंचे दर्जे का सवारी डिब्बा

Using ticket fraudulently : जालसाजी से टिकट का उपयोग

V

Vacancy : रिक्ति / खाली जगह

Vacate (verb) : खाली करना

Vacum : शून्य / खाली स्थान

Vague : अस्पष्ट

Vain : बेकार / व्यर्थ / निष्फल

Valuation : मूल्यांकन

Value-payable system : मूल्य देय पद्धति

Variation : घट-बढ़ / अंतर

Vegetable : सब्ज़ी

Vehicle summary / guidance: वाहन सारंग / ब्यौरा

Verbal order : मौखिक आदेश

Verification : सत्यापन

Verification of claim : दावा सत्यापन

Vetting from accounts : लेखा द्वारा विधीक्षा

---

* Railway protection force

Vice-versa : विलोमत / विपरीत रूप से

Voluntary : स्वेच्छिक

Voucher : वाउचर

Vouch safe (verb) : कृपापूर्वक प्रदान करना

Vow : व्रत / इकरार

Voyage : पर्यटन

W

Wad : गद्दी

Wage : वेतन / मजदूरी

Wagon / Waggon : माल-डिब्बा

Wagon load consignment : माल डिब्बा-भार परेषण

Wagon load rate : मालडिब्बा भार दर

Wagon load scale : मालडिब्बा भार मान

Waiver : छूट / अधित्याग

Waiver of suitbar : बादबाधा अधित्याग

Waiver of time bar : समय बाधा का अधित्याग

Water cooler : जल शीतक

Way bill : रवन्ना

Weigh bridge : तुला चौकी / कांटा

Weighted distance : भारित दूरी

Weighment charge : तुलाई प्रभार / तौल प्रभार

Weight only : केवल वजन

Western style dinner : पाश्चात्य शैली का रात्रि भोज

Wharfage : स्थान शुल्क

Wharfage statement : स्थान शुल्क विवरण

Winter garments : जाड़े की पोशाक / गरम कपड़े

Withdrawl : निकासी / वापस लेना

Without prejudice : प्रतिकूल प्रभाव डाले बिना / पूर्वाग्रह रहित

Without ticket (WT) : बिना टिकट

Withhold : रोकना

Withhold of increment : वेतनवृद्धि रोकना

With immediate effect : तत्काल / अभी / समय से

Witness : गवाह / साक्षी

Woolen jursey : ऊनी जरसी

Workman : कामगार

Works inspector : कार्य निरीक्षक

Works in progress : काम चालू है

Works programme (Preliminary and final on commercial account (Yearly) : वाणिज्य खाते (निर्माण कार्यक्रम प्रारंभिक और अंतिम)

Write off : बट्टे खाते डालना

Write off issue note : बट्टे खाते निर्गम-पत्र

Written statement : लिखित कथन / लिखित बयान

Wrong accountal : गलत लेखा

Wrong route : गलत मार्ग

X

X.R. : एक्सप्रेस तार

XEN : एक्स. ई. एन.

XXR : अत्यधिक तार

Y

Yard : यार्ड

Yard incharge : यार्ड प्रभारी

Yard master : यार्ड मास्टर

Yard stick : मापदंड

Yard theft : यार्ड में चोरी

Yearly : वार्षिक

Z

Zonal Railway : क्षेत्रीय / मंडलीय रेलवे

Zonation : अनुक्षेत्र / वर्गीकरण

Zone : क्षेत्र

DEFENCE

रक्षा

Defence

रक्षा

A

Abandonment : परित्याग
Abbreviation : संक्षेप
Abdicate : पद त्याग देना
Abduction : अपहरण, भगा लेना
Abeyance : प्रास्थगन
Abnormal : अपसामान्य
Abnormal increase : अपसामान्य वृद्धि
Abolition : उन्मूलन
Aboriginal : आदिवासी
Abridge : संक्षेप करना
Absconder : फरार
Absence : अनुपस्थिति / ग़ैरहाजिरी
Absentee statement : अनुपस्थित कथन
Absolute monopoly : पूर्ण एकाधिकार
Absolute value : निरपेक्ष मूल्य
Absorb : अंतर्लयन करना
Abstract contingent bill : संक्षिप्त आकस्मिक व्यय बिल
Abstract of contract : निविदा का सार
Abuse : दुरुपयोग
Academic : शैक्षणिक
Academic council : विद्या परिषद
Academic discussion : शास्त्रीय चर्चा
Academic qualification : शैक्षणिक अर्हता / योग्यता
Academic session : शैक्षणिक सत्र
Acceleration : त्वरण
Acceptance : स्वीकार्य
Access : पहुंच
Accession : पदारोहण / राज्यारोहण
Accidental : आकस्मिक
Acclimatisation : पर्यनुकूलन
Accommodation : आवास / निर्वाह
Account : लेखा / खाता / हिसाब
Accountability : जवाबदारी / उत्तरदायित्व
Accredit : प्रत्यायित करना
Accredited (correspondent): प्रत्यायित (संवाददाता)
Accretion : अभिवृद्धि
Accrue : प्रोद्भूत होना
Accumulation : संचय
Accuracy : यथार्थता
Accusation : दोष रोपण / अभियोग
Achievement : उपलब्धि
Acquaintance : परिचय / जान पहचान

Acquit : दोष मुक्त करना

Acquittance roll : भुगतान पंजी

Acting allowance : कार्यकारी भत्ता

Action committee : कार्रवाई समिति

Activate : सक्रिय करना

Act of misconduct : कदाचार

Actuals : वास्तविक आंकड़े

Adaptation : अनुकूलन / रूपांतर

A.D.C.* to the President : राष्ट्रपति के ए डी सी

Addendum : अनुशेष

Additional grant : अतिरिक्त अनुदान

Adequacy : पर्याप्तता

Adherence : समर्थन

Adhesive : आसंजक

Adhoc : तदर्थ

Ad infinitum : निरवधि

Adjutant : एडजुटेंट / सहायक

Administer oath (V) : शपथ दिलाना

Administrative : प्रशासनिक

Administrative convenience: प्रशासनिक सुविधा

Administrative head : प्रशासनिक प्रधान

Administrative ministry : प्रशासनिक मंत्रालय

Administrative system : प्रशासनिक पद्धति

Admissible expenditure : ग्राह्य व्यय

Admission : स्वीकृति / अभिस्वीकृति/ प्रवेश / दाखिला

Admission form : प्रवेश पत्र

Admonition : भर्त्सना

Adoption : अंगीकरण / दत्तक / ग्रहण

Adulterant : अपमिश्रक

Advance copy : अग्रिम प्रति

Adverse : प्रतिकूल

Advice : परामर्श / सलाह

Advisory council : सलाहकार समिति

Aerial : आकाशी / हवाई / एरियल

Aerial photo interpretation : हवाई फोटो निर्वचन

Aerodrome : हवाई अड्डा

Aeronautical : वैमानिक

Affairs : मामले / कार्य

Affiliate : संबद्ध करना

Affirmation : अभिपुष्टि

Afforestation : वन रोपण

Age limit : आयु सीमा

Age of retirement : सेवा निवृत्ति की आयु

Age of superannuation : अधिवर्षिता आयु

Aggregate : समुच्चय, समूह

Aggrieved : व्यथित

Agnate : गोत्रज

Aided (School) : सहायता प्राप्त (स्कूल)

Airbase / Airfield : विमान स्थल

Air force : वायु सेना

Airport : विमानपत्तन / हवाई अड्डा

---

*ADC — Aid-de-Camp : परिसहायक

Air route : वायु मार्ग

Air strip : हवाई पट्टी

Alarm : अलार्म / आपद संकेत / खतरे का संकेत

Alertness : सजगता

Allegiance : निष्ठा

Alliance : मैत्री

Allowance : भत्ता

Alternative : विकल्प / वैकल्पिक

Amalgamation : समामेलन

Amendment : संशोधन

Amenity : सुख सुविधा

Amnesty : सर्व क्षमा

Analytical estimating : वैश्लेषिक आकलन

Animosity : बैर

Annex : संलग्न करना / जोड़ना / नत्थी करना / राज्य में मिलाना

Annexure : संलग्नक

Annotation : टिप्पण लेखन / टीका/ व्याख्या

Announce : एलान करना

Annoyance : छिन्नता / क्षोभ / खीज

Annuity : वार्षिकी

Anomaly : अनियमितता

Anticipation : प्रत्याशा / पुरा काल

Apparent : प्रकट

Appeal : अपील

Appearance : हाज़िरी / उपस्थिति / आकृति / रूप

Appellate powers : अपीलीय अधिकार

Appellate tribunal : अपीलीय अधिकरण

Append : परिशिष्ट के रूप में लगाना

Appendage : संलग्नक

Applicant : आवेदक

Application : आवेदन / अर्जी / प्रयोज्यता

Appointee : नियुक्त व्यक्ति

Appointing authority : नियुक्ति प्राधिकारी

Appraiser : मूल्यनिरूपक

Apprentice : शिक्षु

Apprenticeship : शिक्षुता

Approver : इकबाली साक्षी

Appurtenance : उपाबंध

Arbitrary : मनमाना

Arbitrator : मध्यस्थ

Archives : अभिलेखागार

Area argument : तर्क / बहस क्षेत्र/ क्षेत्रीय

Argument : क्षेत्र / क्षेत्रीय

Armed : सशस्त्र

Armistice : युद्ध विराम

Arms : आयुध / हथियार

Army : सेना / थल सेना

Arrears : बकाया

Arrivals : आमद

Arrogance : दम्भ / अक्खड़पन

Arsenal : आयुधागार

Arson : आग लगाना / आगज़नी

Artillery : तोपखाना

Ascend : आरोहण

Aspersion : निंदना / लांछन / कलंक

Assassination : हत्या / हनन

Assault : हमला/धावा/प्रहार/आक्रमण

Assembly : सभा / जमाव

Assent : अनुमति

Assert : दृढ़ता से / जोर देकर कहना

Assessed value : निर्धारित मूल्य

Assessor : कर-निर्धारक / असेसर

Assets : परिसंपत्ति / संपत्ति

Assignment : सुपुर्द काम / समनुदेशन

Assurance : आश्वासन / बीमा / हस्तांतरण पत्र

Atmosphere : वायुमंडल

Atomic power : परमाणु शक्ति

At par : सम मूल्य पर / बराबर

At premium : बढ़े मूल्य पर / प्रीमियम पर

Attached office : संलग्न कार्यालय

Attainment : उपलब्धि / प्राप्ति

Attendance register : उपस्थिति रजिस्टर

Attention : सावधान / ध्यान

Attest : अनुप्रमाणित / तसदीक करना

Attitude : अभिवृत्ति

Auction sale : नीलामी बिक्री

Audio visual : दृश्य-श्रव्य

Audit : लेखा परीक्षा

Audit objection : लेखा परीक्षा आपत्तियां

Auditorium : प्रेक्षागृह / सभागार

Audit report : लेखा परीक्षा रिपोर्ट

Augmentation : आवर्धन

Austerity : मितोषभोग / मिताहार / सादगी / आडंबर हीनता

Authentic : प्रामाणिक

Authorisation : प्राधिकरण

Authority : प्राधिकारी

Autograph : स्वाक्षर

Autonomy : स्वायत्तता

Auxiliary : सहकारी, सहायक

Average leave : औसत छुट्टी

Averment : सत्य घोषणा, साग्रह कथन

Aviation : विमानन

Avocation : वर्जन करना

Avoidable : परिहार्य

Avouched age : घोषित आयु

Awareness : बोध, ज्ञान, जागरण

Awkward : भद्दा

Axiom : स्वयं सिद्ध

Ay(e) : 'हाँ' पक्ष

B

Background : पृष्ठभूमि

Back reference : पिछला हवाला

Bad behaviour : दुश्चरित्र / दु:शील

Bail : जमानत

Balanced budget : संतुलित बजट

Ban : प्रतिबंध / रोक

Band : दल / पट्टी / बिल्ला / बैंड

Banishment : देश निकाला

Banner : बैनर / प्रदर्श पट्ट

Banquet : प्रीतिभोज

Bar : रुकावट

Bare denial : कोरा प्रत्याख्यान

Barbed wire : कंटीला तार

Barge serang : बजरा सेरांग

Barrack : बैरक
Barrage : बराज
Barrier : रोध / अवरोध / नाका
Base : आधार / अड्डा / आस्थान
Base camp : मूल शिविर / पड़ाव
Base coin : खोटा सिक्का
Base year : आधार वर्ष
Basic education : बुनियादी शिक्षा
Basic fact : मूल तथ्य
Basic pay : मूल वेतन
Basic period : मूल अवधि
Basic training : मूल प्रशिक्षण
Battalion : वाहिनी
Batten : बैटन / डंडा / बत्ता
Battle : युद्ध / लड़ाई / संग्राम
Beat guard : गश्ती गारद
Benefit of doubt : संदेह लाभ
Benefit period : सुविधा की अवधि
Benevolence : परहितेच्छा
Bereaved : शोक संतप्त
Beverage : सुपेय
Bias : पूर्वाग्रह
Bibliographer : ग्रंथ सूचीकार
Bicameral : द्विसदन / द्विसदनी
Bifurcate : दो भागों में बंटना
Bilateral : द्विपक्षीय
Bill counter : बिल पटल
Bill of entry : आगम पत्र
Bill of exchange : विनिमय पत्र
Binding folder : बंधक फोल्डर
Bio-data : जीवन-वृत्त
Birth mark : जन्म चिह्न
Blackleg : जुआरी
Black list : काली सूची
Blank : कोरा / खाली

Blank endorsement : कोरा पृष्ठांकन
Blanket order : व्यापक आदेश
Blockade : नाकाबंदी
Blockade account : निरुद्ध लेखा/ खाता
Border : सीमा
Border security : सीमा सुरक्षा
Breach : भंग
Breach of agreement : करार भंग
Breach of confidence : विश्वास भंग
Breach of contract : संविदा भंग
Breach of peace : शांति भंग
Breach of privilege : विशेषाधिकार भंग
Breach of promise : वचन भंग
Breach of trust : विश्वास भंग
Break in service : सेवा में व्यवधान
Breakup : ब्यौरा
Breed : नस्ल
Breeder : प्रजनक
Breeding : प्रजनन
Brevity : संक्षेप
Brewery : मद्य निर्माण शाला
Bribe : घूस / रिश्वत
Brigade : ब्रिगेड / वाहिनी / पृतना
Brigadier : ब्रिगेडियर / पृतनापति
Brilliance : दीप्ति / चमक / महिमा
Brilliant : देदीप्यमान / वैभवशाली / प्रतिभाशाली
Brim : किनारा / मुंह (नदी का / प्याले का)
Bring into commission : प्रवर्तन करना

Bring into notice : ध्यान में लाना
Brochure : विवरणिका
Broken period : खंडित अवधि
Brought forward : अग्रानीत
Buffer : बफ़र / प्रतिरोधक / मध्यवर्ती
Buffer stock : बफर स्टाक
Bulk : अधिकांश / थोक
Bulk inspection : सामूहिक निरीक्षण
Bulletin : बुलेटिन
Business hours : कार्यकाल
By(e) law : उपविधि / कानून से
By force : बलपूर्वक
By-path : पगडंडी

C

Cabin : केबिन / कक्ष
Cadet : कैडिट / सैन्य छात्र
Calculating machine : परिकल पत्र
Calamity : विपत्ति
Camp : शिविर, कैंप
Campaign : अभियान
Cancellation of allotment : आबंटन का रद्द करना
Cancellation of indent : इंडेंट का रद्द करना
Candidate : अभ्यार्थी / उम्मीदवार
Cantonment : छावनी
Capital account : पूंजी लेख / खाता
Capital investment : पूंजी निवेश
Capitation fee : प्रति व्यक्ति फीस / शुल्क
Capitation tax : प्रति व्यक्ति कर
Capture : पकड़ना / जीतना / कब्जा करना
Care : सावधानी
Career : वृत्ति / जीविका / जीवन
Caretaker : केयर टेकर
Caretaker government : कामचलाऊ सरकार
Cargo : नौभार
Carpenter : बढ़ई
Carriage : वाहन / गाड़ी वाहन / सवारी वाहन
Carrier : वाहक / वाहन
Cartage : गाड़ी भाड़ा
Cash chest : तिजोरी
Cash crop : नक़दी फसल
Cassab : कस्साब / क़साई
Casual labour : अनियत मज़दूर
Casual leave : आकस्मिक छुट्टी
Casualty : हताहत
Casualty report : हताहत रिपोर्ट
Casual vacancy : आकस्मिक रिक्ति
Catalogue : ग्रंथ सूची (लायब्रेरी की)/ सूचीपत्र
Catch crop : अंतर्वती फसल
Catch word : सूचक शब्द / (नाटक में पूर्व पात्र के कथोपकथन का) अंतिम शब्द
Categorical : सीधा, सुस्पष्ट/ सुनिश्चित

Catering : भोजन प्रबंध

Caution : खबरदार / सावधान / सावधानी

Caution money : अवधान द्रव्य

Ceasefire : अस्त्र विराम / युद्ध बंद

Ceiling price : मूल्य की उच्चतम सीमा

Celebration : समारोह

Cell : प्रकोष्ठ / कक्ष

Censor : सेंसर / नियंत्रक / निरीक्षक

Censure : निंदा

Central room : केंद्रीय कक्ष

Century : शताब्दी

Cereal : धान्य / अनाज

Cerealist : धान्यविद्

Ceremonial : समारोह

Ceremonial parade : समारोह परेड

Certificate of fitness : आरोग्य प्रमाण-पत्र

Certificate of posting : डाक प्रमाण-पत्र / तैनाती प्रमाण-पत्र

Certification : प्रमाणन

Cess : उपकर

Cessation : समाप्ति

Challenge : चुनौती

Chamber : चैंबर / कक्ष

Change slip : परिवर्तन पर्ची

Channel : माध्यम / सरणि

Chaos : अव्यवस्था

Character : चरित्र

Character certificate : चरित्र प्रमाण पत्र

Character roll : चरित्र पंजी

Charge : आरोप / चार्ज

Chargeable : प्रभार / खर्च / कार्य भार प्रभार्य

Charged' affairs : कार्य दूत

Charge hand : चार्जहैंड / कार्यवीक्षक

Charge report : कार्य भार रिपोर्ट

Charge sheet : आरोप-पत्र

Charitable : उदारता / दानशीलता

Charitable trust : धर्मार्थ संस्थान

Chart : चार्ट

Charter : भाड़े पर लेना

Checkpost : जांच चौकी

Chorus : वृंदगान

Chronic : जीर्ण / दीर्घकालिक

Chronological order : कालक्रमिक

Chronology : कालक्रम / कालानुक्रम

Circular letter : परिपत्र

Circulating library : परिचल पुस्तकालय

Circumstantial evidence : पारिस्थितिक साक्ष्य

Citation : उद्धरण / प्रशस्ति

City allowance : नगर भत्ता

City compensatory allowance : नगर प्रतिकार भत्ता

Civil defence : सिविल रक्षा

Civil defence instruction's course : सिविल रक्षा अनुदेशक पाठ्यक्रम

Civil defence staff course : सिविल रक्षा कर्मचारी पाठ्यक्रम

Civil Engineering : सिविल इंजीनियरी

Claim for refund : धन वापसी का दावा

Classification : वर्गीकरण

Clearance : निष्कासन

Clear vacancy : स्पष्ट रिक्ति

Clerical : लिपिकीय / लेखन संबंधी

Clinic : क्लिनिक / निदानालय

Clue : सूत्र

Coach : गाड़ी / कोच / डिब्बा / प्रशिक्षक

Coastal guard : तटीय / तटवर्ती रक्षक

Code : संहिता / कोड / संकेत

Codify : संहिताकरण / संहिताबद्ध करना

Cold war : शीत युद्ध

Collaboration : सहयोग

Colleague : सहकर्मी / सहयोगी

Collection charges : वसूली प्रभार

Collectively responsible : सामूहिक रूप से उत्तरदायी

Colour blindness : वर्णांधता

Column : स्तंभ /खाना (भोज नहीं)

Columnist : स्तंभ लेखक

Combined office : संयुक्त कार्यालय

Comity : सौहार्द

Command : कमान / समादेश / प्रभुता / आज्ञा / नियंत्रण / शासन

Commemoration : स्मारक

Commendable : प्रशंसनीय / सराहनीय

Commensurate : अनुरूप

Comment : टीका / टिप्पणी

Commitment : प्रतिबद्धता / सुपुर्दगी

Commodity : वस्तु

Communicate : संदेश पहुंचाना / बताना / सूचित करना

Communication : संचार / संसूचना/ पत्र व्यवहार संप्रेषण

Communique : विज्ञप्ति

Commutation : परिवर्तन (of leave), संराशीकरण (of pension), लघूकरण (of punishment)

Comparer : मिलान कर्ता

Comparison : मिलान / तुलना

Compassionate allowance : अनुकंपा भत्ता

Compendium : सार संग्रह

Compensation : प्रतिपूर्ति / प्रतिकर/ मुआवजा / क्षतिपूर्ति

Compensatory allowance : मुआवजा / प्रतिकर भत्ता

Compensatory leave : प्रतिपूरक छुट्टी

Competence : सक्षमता

Competent authority : सक्षम अधिकारी

Competitive examination : प्रतियोगिता परीक्षा

Competitive rate : प्रतियोगी दर

Compilation : संकलन

Complaint book : शिकायत पुस्तिका

Complement : पूरक

Complementary : पूरक

Completion certificate : समापन प्रमाण-पत्र

Completion report : समापन रिपोर्ट

Compliance : अनुपालन / पालन

Complimentary : मानार्थ

Complimentary copy : उपहार प्रति/ मानार्थ प्रति

Comply with : अनुपालन करना

Composition : रचना / निर्माण / मिश्रण

Composite culture : समष्टिक संस्कृति

Comprehensive : व्यापक

Compromise : समझौता / समझौता करना

Comptometer : गणन-यंत्र

Compulsory : अनिवार्य

Compulsory retirement : अनिवार्य सेवा निवृत्ति

Computer : कंप्यूटर

Concentration : एकाग्रता / गाढ़ापन

Concentration camp : नज़रबंदी शिविर

Concept : धारणा / संकल्पना

Concern : सरोकार / प्रतिष्ठान

Concession : रियायत

Conciliation : सुलह / मेलमिलाप / निपटारा

Conclusion : अंत / निष्कर्ष

Conclusive : निश्चयात्मक / निश्चायक

Concur : सहमत होना

Concurrence : सहमति

Concurrent audit : समवर्ती लेखा-परीक्षा

Concurrent list : समवर्ती सूची

Condemn *(verb)* **:** अनुपयोगी घोषित करना / दंडनीय घोषित करना / निंदा करना

Conditional : सशर्त

Condolence : संवेदन / शोक

Condone : माफ करना

Conduct : आचरण / कार्य संचालन

Confer : प्रदान करना / विचार करना

Conference : सम्मेलन

Conferred : (सम्मान / डिग्री) प्रदत्त

Confession : संस्वीकृति / अपराध स्वीकारना

Confidence : विश्वास / भरोसा

Confidential : गोपीय / अंतरंग

Confinement : परिरोध / प्रसूति

Confirm : पुष्टि करना

Confirmatory order : पुष्टि आदेश

Confirmatory test : पुष्टि परीक्षण

Confiscate : अधिहरण करना / ज़ब्त करना

Conflict : संघर्ष / विरोध

Conformity : अनुरूपता

Connivance : मौन सहमति / मौनानुकूलता

Consensus : मतैक्य

Consent : सम्मति

Consequence : परिणाम / फल

Consequent upon : के परिणाम स्वरूप

Conservancy : मल सफाई

Conservation : संरक्षण

Consignment : परेषण

Consistent : संगत / अविरोधी

Consolidation : चकबंदी / समेकन

Conspicuous : सहज दृश्य / ध्यानाकर्षी

Conspiracy : षडयंत्र

Constitution : संविधान/गठन/संघटन

Construction : निर्माण / रचना

Constructive : रचनात्मक

Consultant : परामर्शदाता

Consumption : उपभोग / खपत

Contact : संस्पर्श / संपर्क / स्पर्श

Contagious : सांसर्गिक

Contaminate : संदूषित करना

Contemplated : अवेक्षित

Contempt of court : न्यायालय की अवमानना

Content : विषय सूची / अंतर्वस्तु

Contingencies : आकस्मिक व्यय

Contingency allowance : आकस्मिकता भत्ता

Contingency fund : आकस्मिकता निधि

Contractual document : ठेका/ संविदा प्रलेख

Contractual period : ठेके / संविदा की अवधि

Contradiction : प्रतिवाद / खंडन

Contravention : उल्लंघन

Contributory provident fund: अंशदायी भविष्य निधि

Contrivance : प्रयुक्ति / कल्पना

Control chart : नियंत्रण चार्ट

Controversial : विवादास्पद

Convenience : सुविधा

Convention : परिपाटी/रूढ़ि / अभिसमय

Conversion : परिवर्तन

Conversion table : परिवर्तन सारणी

Converted leaves : परिवर्तित छुट्टियां

Convey : सूचित करना / पहुंचना / हस्तांतरण करना

Conveyance allowance : वाहन भत्ता

Convict : सिद्ध दोष / सिद्ध दोष ठहराना

Convoy note : वहन पत्र

Coopt : सहयोजित करना

Co-owner : सहस्वामी

Co-partner : सहभागीदार

Copy right : प्रतिलिप्यधिकार / कापीराइट

Cordial : सौहार्दपूर्ण

Corporation : निगम

Corps : कोर

Correction : भूल सुधार

Correctional service : दोष सुधार सेवा

Correspond : पत्र व्यवहार करना / समरूप होना / मेल खाना

Corresponding : तदनुरूप

Corrigendum : शुद्धि पत्र

Corroborate : संपुष्टि करना

Corrupt : भ्रष्ट / भ्रष्ट करना

Cost of living : निर्वाह व्यय

Council : परिषद

Counsel : काउंसेल / परामर्श देना

Counter : काउंटर / पटल / प्रति / गणित्र/ विरोध

Counter affidavit : प्रति शपथ पत्र/ जवाबी शपथ पत्र

Counter claim : जवाबी दावा / प्रति दावा

Counterfeiting : कटुकरण / जालसाज़ी

Counter signature : प्रति हस्ताक्षर

Coupon : कूपन

Courier : वार्ताहर

Course : मार्ग / दिशा / क्रम / पाठ्यक्रम/ विधि / प्रक्रिया

Course of study : पाठ्यक्रम
Courtesy : सौजन्य / शिष्टाचार / विनय
Cover letter : सह पत्र/आवरक पत्र
Cranage : क्रेन भाड़ा
Crash programme : द्रुत कार्यक्रम
Crech : शिशु सदन / क्रैच / शिशु पालन केंद्र
Credit : उधार / प्रत्यय / साख / जमा / क्रेडिट
Credit note : जमा पत्र
Creditor : लेनदार / ऋणदाता
Crew : कर्मी दल
Crime : अपराध / जुर्म
Criminal breach of trust : आपराधिक न्यास भंग
Criminal offence : दंडनीय अपराध
Criminal procedural code : दंड प्रक्रिया संहिता
Crisis : संकट
Criterion : मानदंड / कसौटी
Cross breed : संकरता
Crossed cheque : क्रास चैक / रेखित चैक
Crude : कच्चा / अपरिष्कृत / असभ्य / अशिष्ट
Culpable homicide : आपराधिक मानव वध
Culprit : अपराधी / दोषी
Cumulative : संचयी
Currency : मुद्रा / करेंसी
Current : चालू / प्रचलित / (बिजली का) करंट
Curtail : कम करना
Custody : अभिरक्षा
Custom : सीमा शुल्क
Cut : काटना / कटौती / कर्तन
Cyclostyle : साइक्लोस्टाइल करना
Cypher : बीज लेख / शून्य / सिफ़र

D

Dagger : छुरा / कटार
Daily allowance (D.A.) : दैनिक भत्ता
Daily wages : दैनिक मजदूरी
Dak book : डाक पुस्तक
Dak bungalow : डाक बंगला
Damages : नुकसानी / हर्जाना
Daring : साहसिक / निर्भीक
Date of arrival : आगमन / आने की तारीख
Date of departure : प्रस्थान / जाने की तारीख
Daybook : रोजनामचा
Day scholar : अनावासी छात्र
Day shift : दिन की पारी
Days of grace : रियायती दिन
Dead account : निष्क्रिय खाता / लेखा
Dead card : बेकार कार्ड
Dead lock : गतिरोध
Dead stock register : अविक्रेय स्टाक रजिस्टर
Dead weight : कुल भार
Dealing hand : संबंधित कर्मचारी

Dealings : व्यवहार / लेनदेन

Dearness allowance : महंगाई भत्ता

Death anniversary : पुण्य तिथि

Death cum retirement gratu-ity : मृत्यु निवृत्ति उपदान

Debar : वर्जन करना / रोकना

Debenture : डिबेंचर / ऋण पत्र

Debit : नामे / डेबिट / नामे डालना

Debit advice : नामे संज्ञापन

Debit balance : नामे शेष

Debit time : नामे समय

Debt : ऋण

Debtor : देनदार ऋणी

Decency : शिष्टता

Decentralisation : विकेंद्रीकरण

Decimal system : दशमलव पद्धति

Deck : डैक / छत

Deck hand : नाविक

Deck serang : डेक सेरांग

Declaration : घोषणा

Declare on oath : सशपथ घोषणा करना

Decode : कूटवाचन

Decontrol : विनियंत्रण

Decrease : घटती / कमी

Decree : डिगरी

Deduction : कटौती / घटाना

Deed : विलेख

Deed of mortgage : बंधक विलेख

Deemed university : सम-विश्वविद्यालय

Deface : विरूपित करना

Defacto : वस्तुतः

Defalcation : गबन

Defamation : मानहानि

Default : चूक/व्यतिक्रम/बकाया/अभाव

Defective : त्रुटिपूर्ण

Defence : रक्षा / बचाव / प्रतिवाद

Defence production : रक्षा उत्पादन

Defence specification : रक्षा (मंत्रालय) विशिष्टि

Defer : स्थगित करना / टालना

Defer to : का सम्मान करना / मान लेना / स्वीकार करना

Deferred : स्थगित

Defiance : अवज्ञा

Deficit : कमी / घाटा

Defy : अवज्ञा करना

Degradation : ग्रेड / पद घटाना

De-jure : विधितः

Delay : विलंब

Delegate : प्रतिनिधि / प्रत्योजित करना

Delegation : प्रतिनिधि मंडल / प्रत्योजन

Delegation of powers : शक्तियों का प्रत्योजन

Deliberately : जान बूझ कर

Deliberation : विचार विमर्श

Delimitation : परिसीमन

Delinquency : अपचार

Deliver : देना, सौंपना / जन्म देना

Demand : मांग / अभियाचना

Demand for grant : अनुदान की मांग

Demarcation : सीमांकन

Demi-offcial (D.O.) : अर्ध शासकीय

Democratic : लोकतांत्रिक

Demonstration : प्रदर्शन (show)/ निरूपण (representation) / प्रमाण (proof)

Demote : पदावनत करना / पद घटाना

Demotion : पदावनति

Demurrage : विलंब-शुल्क / डेमरेज

Denial : इनकार / नकार

Denomination : अभिधान / अंकित मूल्य / पंथ

Denovo : नए सिरे से

Depart : प्रस्थान करना / हटना / विचलित होना / दिवंगत होना / मरना / रवाना होना

Department : विभाग

Departure : प्रस्थान / विचलन / हटना

Dependent : आश्रित

Deploy : तैनात करना / परिनियोजन करना

Deponent : अभिसाक्षी

Deportation : देश निकाला

Depose : अभिसाक्ष्य देना / गवाही देना

Deposit : निक्षेप / जमा

Depreciation : मूल्य ह्रास

Deprive : वंचित करना

Deputation : प्रतिनियुक्ति / शिष्टमंडल

Deputy : उप

Dereliction : अवहेलना

De requisition : अभिग्रहण-मोचन/ अभिग्रहण से छुटना

Derogation : अनादर / अल्पीकरण

Derogatory : अनादर सूचक

Descendent : वंशज

Description : वर्णन / विवरण

Deserving : सुपात्र

Design : अभिकल्प / डिजाइन

Designate : नामोद्दिष्ट करना / अभिहित करना

Designation : पदनाम / पद

Despatch : प्रेषण / रवानगी / प्रेषित करना / रवाना करना / भेजना

Destination : गंतव्य / लक्ष्य

Destitute : निराश्रित

Detail : ब्यौरा

Detect : पता लगाना / पकड़ना

Detention : नजरबंदी / निरोध

Determination : संकल्प / अवधारण

Detriment : अहित

Devaluation : अवमूल्यन

Devastation : विध्वंस / विनास

Development : विकास

Deviate : विचलित होना

Device : युक्ति / साधन

Diagram : आरेख

Dialogue : संवाद

Diamond jubilee : हीरक जयंती

Diarise : डायरी करना

Diet : आहार

Dignified : गरिमापूर्ण

Dilemma : दुविधा

Diligent : अध्यवसायी / परिश्रमी

Diminish : कम करना / घटाना

Dinner : रात्रि भोज / डिनर (दिन का मुख्य भोजन)

Diploma : डिप्लोमा

Diplomacy : राजनय / कूटनीति

Direct action : प्रत्यक्ष कार्यवाही / सीधी कार्यवाही

Direction and control : निर्देशन और नियंत्रण

Direct nomination : प्रत्यक्ष नामन

Direct recruitment : सीधी भर्ती

Disability : निर्योग्यता / नि:शक्तता (विधि) अपंगता

Disadvantage : हानि / अहित
Disallowed : अस्वीकृत
Disapprobation : अननुमोदन / नापसंदी
Disapproval : अननुमोदन
Disaster : विनाश
Disband : तोड़ देना / भंग कर देना
Discharge : निवर्हन, पालन (as of duty) / उन्मोचन (as from debt)/ सेवा मुक्त / कार्य मुक्त / छुट्टी (हास्पिटल से)
Disciplinary action : अनुशासनिक कार्यवाही
Disclaim : दावा छोड़ना/अस्वीकार करना
Disclose : प्रकट करना
Discontent : असंतोष
Discontinuance : बंद करना / जारी न रखना
Discord : विस्वरता
Discount : बट्टा / कटौती / छूट
Discover : पता लगाना
Discredit : साख गिराना / अविश्वसनीय मानना
Discrepancy : विसंगति
Discretion : विवेक
Discriminate : विभेद करना
Discussion : विचार-विमर्श / चर्चा / बहस
Disfigure : विरूपित करना
Disharmony : विसंवाद
Dishonest : बेईमान
Disintegration : विघटन
Dislocation : विस्थापन / अस्त-व्यस्त होना
Dismiss : पदच्युत करना / बरखास्त करना
Disobedience : अवज्ञा
Disorder : अव्यवस्था / गड़बड़ी
Disparity : असमानता
Dispensary : डिस्पेंसरी / औषधालय
Dispense with : अलग करना
Dispense : विसर्जन करना / तितर-बितर करना
Displaced : विस्थापित
Display : प्रदर्शित करना / सजाना
Displeasure : अप्रसाद
Disposal : निपटान / निवर्तन / व्ययन
Disposition : विन्यास / स्थिति / व्यवस्था / मनोवृत्ति / अधिकार / शील / मिज़ाज / स्ववृत्ति
Dispossess : बेकब्ज़ा करना
Dispute : विवाद
Disqualification : अयोग्यता / अनर्हता
Disregard : अवहेलना
Disrespect : अनादर
Dissent : विसम्मति / विमति / असहमति
Disservice : अपकार
Dissociate : वियोजित करना / असंबद्ध होना
Dissolution : भंग / विघटन
Dissolve : विघटित करना / भंग करना
Distinct : भिन्न / अलग सुस्पष्ट / सुव्यक्त
Distinguished : विशिष्ट
Distortion : विकृति / तोड़-मरोड़
Distress : विपति / दुःख
Disturbance : उपद्रव / गड़बड़ी / बाधा
Ditto : यथोपरि / जैसे ऊपर

Diversification : विविधीकरण

Diversion : विषयांतर / पथांतर / पथांतरण

Dividend : लाभांश

Document : दस्तावेज़ / प्रलेख

Documentary film : वृत्त चित्र

Documentation : प्रलेखीकरण

Domicile : अधिवास / अधिवासी

Dominant : प्रभावी / प्रबल

Donation : दान

Dormitory : शयनशाला

Down payment : तत्काल अदायगी

Downward trend : अधोमुखी प्रवृत्ति/ गिरावट

Draft : प्रारूप / टुकड़ी (सैनिकों की)

Draw : आहरण (वेतन का) निकालना (लाटरी) / चैक काटना

Drawing : ड्राइंग / रेखाचित्र

Drought : अनावृष्टि / सूखा

Dual charge : दोहरा प्रभार

Due date : नियत तिथि

Dues : देय राशि

Duly : विधिवत् / यथाविधि

Dummy : डमी / नकली

Dumping : पाटना

Duplicate : दूसरी प्रति / अनुलिपि

Duration : अवधि

Duress : दबाव

Duty allowance : ड्यूटी भत्ता

Duty chart : ड्यूटी चार्ट

Duty leave : ड्यूटी छुट्टी

Duty roster : ड्यूटी रोस्टर

Dying declaration : मृत्युकालिक कथन

Dynamic : गत्यात्मक / गतिशील

Dynasty : राजवंश

E

Eagle eyed : तीक्ष्ण दृष्टि / तीव्र दृष्टि/ सुदूर दृष्टि

Earliest possible : यथा शीघ्र

Earmark : निश्चित करना

Earned leave : अर्जित अवकाश

Earnest money : बयाना

Economic resources : आर्थिक साधन

Economy slip : अर्थप्रबंध पर्ची

Education : शिक्षा

Efficiency : दक्षता / कार्यकुशलता

Efficiency bar : दक्षता रोध

Elaborate : विस्तार से कहना

Election : निर्वाचन

Electrification : विद्युतीकरण

Electronic : इलेक्ट्रानिकी

Elementary : प्रारंभिक

Eligibility : पात्रता

Eliminate : निकाल देना / हटा देना

Eliquence : वाक्पटुता

Embarrassment : उलझन / घबराहट/ लज्जा / किंकर्तव्यविमूढ़ता / परेशानी

Embattled : पंक्तिबद्ध / सन्नद्ध

Embezzlement : ग़बन

Emblem : संप्रतीक
Emergency : आपात
Emergency cadre : आपात केडर
Emergent : आपातिक
Emigrant : उत्प्रवासी
Emoluments : परिलब्धियां / पारिश्रमिक
Employ : नियुक्त करना / प्रयोग करना
Empower : शक्ति देना
Enactment : अधिनियमन
En-block : एक साथ
Encash : भुनाना
Enclair telegram : शब्दबद्ध तार
Encroachment : अतिक्रमण
Encumbrance : अवरोध / भार
Endorse : पृष्ठांकन / समर्थन / सही करना
Endowment : विन्यास / धर्मस्व / धर्मादा
End product : अंतिम उत्पाद
Enforcement : प्रवर्तन
Engagement : वचनबंध / आबंध
Engineering : इंजीनियरी / अभियांत्रिकी
Engineering personnel : इंजीनियरी कार्मिक / अभियांत्रिक कार्मिक
Enhancement : वृद्धि / बढ़ोतरी
Enjoin : आदेश देना / व्यादेश देना (विधि)
Enlist : भर्ती करना / सूची में चढ़ाना
Enmass : सामूहिक रूप से
Enquiry : पूछताछ / जांच
Enroll (enrol) : भर्ती करना / (नाम) दर्ज करना
Ensuing : आगामी
Ensure : आश्वस्त करना
Enter : दर्ज करना / प्रविष्टि करना

Enterprise : उद्यम
Entertainment : मनोरंजन
Entitled : हक़दार होना / बनाना
Entrance : प्रवेशी
Enumeration : गणना / गिनना
Environment : पर्यावरण
Ephemeral file : अल्पकालिक मिसिल/पंजी
Epitome : निष्कर्ष / सार
Equilibrium : संतुलन
Equivalent : तुल्यांक / तुल्यमान / पर्याय/ समकक्ष
Equivocal : द्वयर्थक
Eradicate : उन्मूलन करना
Errata : शुद्धि पत्र
Error and ommission : भूल चूक
Escort : अनुरक्षक
Essential services : अनिवार्य सेवाएं
Estate duty : संपदा शुल्क
Estimates of expenditure : व्यय अनुमान
Estimator : आगणक / मूल्यांकक
Evacuation : निष्क्रमण
Evade : टालना
Evaluation : मूल्यांकन
Eviction : बेदखली
Evidence : साक्ष्य / गवाही / प्रमाण
Evolve : विकसित करना
Exact : यथार्थ / बिलकुल ठीक / निश्चित
Examination : परीक्षा / परीक्षण
Example : उदाहरण
Ex-cadre post : संवर्गबाह्य पद / काडर बाह्य पद

Excavation : उत्खनन / खुदाई

Excellent : अत्युत्तम

Exception : अपवाद

Excess : अति / अधिकता / ज्यादती

Exchange : विनिमय / केंद्र

Exchequer : राजकोष

Excise : उत्पादन शुल्क / आबकारी

Excise duty : उत्पाद शुल्क

Exclude : वर्जित करना / निकालना / अपवर्जन

Exclusive powers / right : अनन्य शक्तियां / एकमात्र अधिकार

Execution : निष्पादन

Executive : कार्यपालिका / कार्यपालक

Executor : निष्पादक

Exempt : छूट प्राप्त / माफ़ / छूट देना

Exercise : अभ्यास / कसरत / प्रयोग करना

Ex-gratia grant : अनुग्रह अनुदान

Ex-gratia payment : अनुग्रह पूर्वक अदायगी / भुगतान

Exhaust : निःशेष करना

Exhaustive : सर्वांगपूर्ण

Exhibition : प्रदर्शनी

Exigency : तात्कालिक आवश्यकता

Ex-India leave : भारत-बाह्य अवकाश

Exit : निर्गम / निकास

Ex-officio : पदेन

Exonerate : आरोप मुक्त करना

Expansion : विस्तार / प्रसार / प्रसरण

Exparte : एक-पक्षीय

Expediency : कालोचितता

Expedite : शीघ्र कार्यवाही करना

Expedition : खोज यात्रा / अभियान

Expel : निकाल देना / निष्कासित करना

Expenditure : व्यय / खर्च

Experiment : अनुभव

Expert : विशेषज्ञ

Expiry : समाप्ति

Explanation : व्याख्या / स्पष्टीकरण

Explicit : स्पष्ट

Exploit : शोषण करना

Explore : खोज करना / पता लगाना

Explosion : विस्फोट

Explosive : विस्फोटक / प्रस्फोटी

Exponent : प्रतिपादक / व्याख्याता

Export : निर्यात

Ex post facto : कार्योत्तर

Express delivery : तुरंत वितरण / एक्सप्रेस डाक

Expulsion : निष्कासन / निर्वासन

Expunge : (प्रलेख से) निकालना / काट देना

Extend : बढ़ाना / विस्तार देना

Extensive : व्यापक / विस्तृत

External : बाह्य / वैदेशिक

Extortion : उद्दीपन / खसोट

Extract : उद्धरण / सार / निचोड़ / तत्व

Extra curricular : पढ़ाई के अतिरिक्त

Extra grant : अतिरिक्त अनुदान

Extraordinary : असाधारण

Extravagant : फिजूल खर्च / अत्यधिक

Extremist : उग्रवादी / अतिवादी

Extrovert : बहिर्मुखी

Eyewitness : चश्मदीद गवाह / प्रत्यक्ष साक्षी

F

Fabricate : गढ़ना / निर्माण करना

Face value : अंकित मूल्य

Facilitate : सरल / सुसाध्य बनाना

Facsimile : अनुलिपि / प्रतिकृति

Factionalism : गुटबंदी / गुटवाद

Factual : तथ्यपूर्ण

Faculty : संकाय / क्षमता / मन:शक्ति आत्मिक ऊर्जा / योग्यता

Fail : असफल होना / चूकना

Fair : स्वच्छ / उचित / निष्कपट / पर्याप्त / साधारण / मेला

Fair deal / treatment : उचित / निष्कपट व्यवहार

Fair knowledge : पर्याप्त / अच्छा/ साधारण ज्ञान

Fair price shop : उचित मूल्य की दुकान

Faithful : विश्वासपात्र

Fake : नकली / जाली / मनगढ़ंत

Family pension : परिवार पेंशन

Family planning : परिवार नियोजन

Family welfare : परिवार कल्याण

Famine : दुर्भिक्ष / अकाल

Farewell : विदाई

Farming : खेती / कृषि

Fault : दोष / चूक

Fault finding : छिद्रान्वेषण / दोष निकालना

Favour : पक्ष / अनुग्रह / कृपा / पक्षपात

Favourable : अनुकूल

Feasibility : साध्यता

Federation : परिसंघ

Fee : शुल्क / फीस

Felicitate : अभिनंदन करना/बधाई देना

Fellow : अध्येता (विश्वविद्यालय) रत्न सदस्य (अकादमी)

Fellowship : अध्येतावृत्ति

Fertile : उपजाऊ / उर्वर

Festival advance : त्यौहार अग्रिम

Fictitious : काल्पनिक

Fidelity : निष्ठा / वफादारी

Fidelity guarantee policy : निष्ठा गारंटी–बीमा

Field : क्षेत्र / रणभूमि / युद्ध क्षेत्र

Figures : आंकड़े

File : मिसिल / फाइल / संचिका *(क्रिया)* फाइल करना / दाखिल करना / पंक्तिबद्ध चलना / पंक्ति

Final : अंतिम

Finalise : अंतिम रूप देना

Finance : वित्त / रुपया लगाना

Financial certificate : वित्तीय प्रमाण पत्र

Financial legislation : वित्तीय विधान

Financial obligation : वित्तीय दायित्व

Financial powers : वित्तीय शक्तियां

Financial sanction : वित्तीय मंजूरी

Financial statement : वित्तीय विवरण

Financial year : वित्तीय वर्ष / वित्त वर्ष

Financier : वित्त पोषक

Findings : निष्कर्ष

Fine : दंड

Fine arts : ललित कलाएं

Finger impression : अंगुलिछाप

Finished goods : तैयार माल

Fire : गोलाबारी / आग

Fire extinguisher : दमकल / अग्निशामक

Fire insurance : अग्नि बीमा

Fire proof : अग्निसह

Fire services : अग्निशमन सेवा

Firing : गोली चलाना / गोली कांड

First aid : प्रथमोपचार

Fiscal : राजकोषीय

Fit : योग्य / दौरा (मूर्छा)

Fitness certificate : योग्यता प्रमाण-पत्र

Fix : नियत करना / स्थिर करना

Fixed deposit : आवधिक निक्षेप / आवधिक जमा

Fixed grant : नियत अनुदान

Fixed monthly allowance : नियत मासिक भत्ता

Fixed pay : नियत वेतन

Fixed point : नियत स्थल

Fixtures : जुड़नार

Flag hoisting : ध्वजोत्तोलन / ध्वजारोहण

Flag staff : ध्वजदंड

Flat : फ्लैट / समतल / चपटा

Flat fyling system : अनुप्रस्थ फाइल पद्धति

Flat rate : सपाट दर / एक समान दर

Flexibility : लचीलापन

Flight : उड़ान / फ्लाइट

Flimsy ground : सारहीन आधार

Floating bridge : प्लवमान सेतु

Floating capital : प्लवमान पूंजी

Floating debt : प्लवमान ऋण

Floor : सदन / पक्ष / फर्श / मंजिल / तल

Fluctuation : उच्चावचन / घट-बढ़

Flying officer : फ्लाइंग आफीसर

Flying squad / squadron : तूफानी दल

Foal : घोड़े का बछड़ा / ब्याना

Following : निम्नलिखित / शिष्य समुदाय / अनुसरण / अनुकरण

Follow up action : अनुवर्ती कार्रवाई

Follow up negotiation : अनुवर्ती बातचीत

Foment : उत्तेजित करना

Forbid : निषेध करना

Forced labour : बलात श्रम / बेगार

Forecast : पूर्वानुमान

Foregoing : पूर्वगत

Foreign collaboration : विदेशी सहयोग

Foreign exchange : विदेशी मुद्रा

Forenoon : पूर्वाह्न / दोपहर से पहले

Forensic medicine : न्याय आयुर्विज्ञान

Forestry : वानिकी / वन विद्या

Forfeit : खो देना / समपहरण करना

Forged : कूटरचित / जाली

Formulate : बनाना / रूप देना

Forthcoming : आगामी

Forward : प्राक्कथन

Forwarding letter : अग्रेषण पत्र

Foundation : शिलान्यास / नींव / आधार/ प्रतिष्ठान
Founder : संस्थापक
Framework : ढांचा
Fraudulent : कपटपूर्ण
Free on Board (FOB) : पोतपर्यंत निःशुल्क
Free on Rail (FOR) : रेलपर्यंत निःशुल्क
Freight paid : भाड़ा दिया
Freight to pay : भाड़ा देना है
Frequency : आवृत्ति / बारंबारता
Fresh receipt (FR) : नई आवती
Fuel : ईंधन
Function : कार्य / समारोह
Functionary : कार्यकर्ता
Furnish : देना / सज्जित करना / सजाना
Furor / Fury : प्रकोप/उन्माद/विक्षेप
Further action : आगे की / अगली कार्यवाही
Fusil : तोड़ेदार बंदूक
Fusion : संगलन / समेकन / विलयन
Fuss : बतंगड़ / उपद्रव / घबराहट
Fustian : आडंबरपूर्ण
Fusty : पुराना / फफंदिया
Futile : व्यर्थ / निरर्थक
Futurity : भविष्य / भावी जीवन
Fylfot : स्वस्तिक

G

Gag : मुंह बंद करना / बोलने न देना
Gaiety : प्रसन्नता / उल्लास
Gain : लाभ
Gainsay *(verb)* : खंडन करना
Gala : उत्सव / समारोह
Gale : झंझा / झक्कड़
Gallantry award : शौर्य पुरस्कार
Galleon : जहाज़
Gallop : सरपट दौड़ना (घोड़े का)
Gallows : फांसी का तख़ता
Games : खेल
Garden party : गार्डेन पार्टी / उद्यान भोज
Gate pass : गेट पास / प्रवेश-पत्र
Gazetted : राजपत्रित
Gear technology : गियर प्रौद्योगिकी
General : साधारण (1) General meeting, general public, information आदि में सामान्य (2) General administration में (3) आम General election में (4)महा Director General में)
Genius : प्रतिभा / प्रतिभाशाली / प्रकृति
Genius of language : भाषा की प्रकृति
Genuine : प्रामाणिक / यथार्थ / वास्तविक
Geologist : भूविज्ञानी
Gist : सार
Give effect to : कार्यान्वित करना
Glaring : सुस्पष्ट
Glaring disparity : घोर असमानता

Glossary : शब्दावली / शब्द संग्रह
Goal : लक्ष्य / गोल
Godown : गोदाम
Golden jubilee : स्वर्ण जयंती
Good behaviour : सदव्यवहार
Good character : सच्चरित्र / सच्चरित्रता
Good conduct : सदाचरण
Good faith : सद्भाव
Good offices : मध्यस्थता / प्रभाव
Good order : अच्छी स्थिति
Good reason : पर्याप्त कारण
Goods train : मालगाड़ी
Goodwill : सुनाम / सद्भावना / साख
Good wishes : शुभकामनाएं
Governing body : शासी निकाय
Government affairs : राजकाज / सरकारी मामले
Government agency : सरकारी एजेंसी
Government business : सरकारी कार्य
Government estate : सरकारी संपदा
Government house : राजभवन / राष्ट्रपति भवन
Government regulation : सरकारी विनियम
Government securities : सरकारी प्रतिभूतियां
Govt. servant conduct rules: सरकारी कर्मचारी आचरण नियमावली
Grace : अनुग्रह / प्रसाद / रियायत
Gradation : श्रेणीकरण / पदक्रम
Gradation list : पदक्रम सूची
Grade : श्रेणी / पदक्रम / ग्रेड / कोटि
Gradual : क्रमिक
Graduate : स्नातक / क्रमबद्ध / श्रेणीबद्ध
Graft : घूस / रिश्वत / अनुचित लाभ
Grant : अनुदान / मंजूरी
Granted : स्वीकृत
Graph : ग्राफ़ / लेखाचित्र / आलेख
Gratification : परितोषण / तुष्टीकरण / पारितोषिक
Gratis / Gratiutous : निःशुल्क / मुफ़्त/आनुग्रहिक
Gratuity : उपदान
Grave : गंभीर / संगीन / समाधि / कब्र
Greaser : तेलवाला
Grievance : शिकायत
Grievous : घोर / गंभीर
Gross abuse : घोर दुरुपयोग
Gross income : कुल आमदनी
Gross misconduct : घोर कदाचार
Gross mistake : घोर भूल / गंभीर ग़लती
Gross neglect : घोर उपेक्षा
Gross negligence : भारी लापरवाही
Gross revenue : कुल राजस्व
Gross total : सकल योग
Groundless : निराधार
Ground plan : बुनियाद ख़ाका
Ground rent : जमीन का भाड़ा
Ground *(verb)* : जमीन पर उतरना / उड़ान बंद करना (जहाज़ का) तल से लग जाना / भूग्रस्त हो जाना / प्रमाणित करना / स्थापित करना
Growth rate : संवृद्धि दर

Guard : गार्ड / गारद / रक्षक
Guard of honour : सम्मान गारद / सैनिक सलामी
Guidance : मार्गनिर्देशन / मार्गदर्शन
Guidon (गाइडॅन) : ध्वज / ध्वजवाहक
Guild : शिल्प संघ / निकाय
Guilt : दोष
Guiltless : निर्दोष
Guilty : दोषी / अपराधी
Guise : बहाना / ढोंग / रूप / वेश
Gulp *(noun)* : घूंट / कौर / ग्रास
Gulp *(verb)* : गटकना / निगल जाना/ हांपना
Gun : बंदूक
Gun barrel : नाल
Gun boat : तोपवाली नाव
Gun carriage : तोपगाड़ी
Gun cotton : बारूदी रुई
Gun fire : गोलाबारी
Gun man : सशस्त्र व्यक्ति
Gunner : तोपची
Gun powder : बारूद
Gun shot : तोप या बंदूक की मार
Gunny : टाट / बोरा
Gymnasium : व्यायामशाला
Gyve : हथकड़ी / बेड़ी

H

Habit : स्वभाव / आदत
Habitual defaulter : आदी व्यतिक्रामी/ दोषी
Habitual offender : आदी अपराधी
Half holiday : आधी छुट्टी
Half mast : झुका / अर्धनत (झंडा)
Half pay : आधा वेतन
Half pay leave : आधे वेतन पर छुट्टी
Half timer : अर्ध कालिक
Half yearly : अर्धवार्षिक / छमाही
Halt : विराम / रुको
Halting allowance : विराम भत्ता
Hand bill : परचा
Handbook : पुस्तिका
Handcuff : हथकड़ी
Handicap : विकलांग
Handicraft : दस्तकारी / हस्त शिल्प
Handle : दस्ता / मूठ / हत्था / संभालना
Handling (of dak) : कार्यवाही करना (डाक पर)
Handling facilities : उठाने-रखने की सुविधाएं
Handover : सौंपना
Handy : छोटा-सा / सुविधाजनक
Harrassment : परेशानी / उत्पीड़न
Hard and fast rules : पक्के नियम
Hard cash : नक़दी
Hard currency area : दुर्लभ मुद्रा क्षेत्र
Hard labour : कठोर श्रम/कड़ी मेहनत
Hardness : कठोरता
Hard working : मेहनती / परिश्रमी
Hardware unit : धातु वस्तु एकांश
Hazardous : जोखिमवाला

Head : शीर्षक / मुख्य

Heading : शीर्षक

Head note : शीर्ष टिप्पणी

Head of account : लेखा - शीर्ष

Head of revenue : राजस्व-शीर्ष

Headquarter : मुख्यालय / हैड क्वार्टर

Health centre : स्वास्थ्य केंद्र

Health resort : सैरगाह / आरोग्याश्रम

Hearing : सुनवाई

Heavy equipment : भारी उपस्कर

Heavy industry : भारी उद्योग

Heavy vehicle : भारी वाहन

Heir apparent : प्रत्यक्ष वारिस / उत्तराधिकारी

Helicopter : हैलीकाप्टर

Helipad : हैलीकाप्टर उतरने की भू-पट्टी

Helmet : टोप / शिरस्त्राण

Helper : मददगार

Helpful : सहायक / उपयोगी

Helter skelter : हड़बड़ी / अस्त-व्यस्त

Heptagon : सप्त भुज

Heptarchy : सप्त तंत्र

Hepthedron : सप्त फलक

Herald : अग्रदूत / घोषणा करना

Herculean : भीमकाय / भारी भरकम/ अत्यंत कठिन

Herculean effort : भागीरथ प्रयत्न

Hereafter : इसके बाद

Hereby : इसके द्वारा

Hereditary : पैतृक / आनुवंशिक

Here in before : इसमें इससे पहले/ पूर्व

Here under : इसके नीचे / एतदधीन

Heritage : दाय / विरासत

Hierarchy : उत्क्रम / सोपान

Higher authority : उच्चतर प्राधिकारी/ प्राधिकरण

Highhandedness : मनमानी/ ज्यादती

High income group : उच्च आय वर्ग

High level : उच्चस्तरीय

Highlights : मुख्य बातें

High skilled : अतिकुशल

High power committee : उच्चाधिकार समिति

High priority : उच्च प्राथमिकता

Highway division : राजपथ प्रभाग

Highway man : बटमार

Hike : पैदल सैर / पैदल यात्रा

Hill allowance : पहाड़ भत्ता

Hill station : पहाड़ी स्थान

Hindi teaching scheme : हिंदी शिक्षा योजना

Hindi version : हिंदी विवरण/ अनुवाद/ भाषांतर

Hinder : रोकना

Hindrance : बाधा / विघ्न

Hinge : कब्जा / चूल

Hinny : हिनहिनाना

Hit : मारना / प्रहार / टक्कर

Hitch : झटका

Hive : मधुमक्खी पेटिका

Hoarding : जमाखोरी / विज्ञान पट

Holding : जोत धृति

Holdover : स्थगित करना / उठा रखना

Holiday resort : अवकाश सदन

Holocaust : पूर्णाहुति / विध्वंस अग्निकांड
Holograph : स्वलेखन
Homage : श्रद्धांजलि
Homicide : मानव / नर हत्या
Homy : घरेलू
Honest : ईमानदार
Honorarium : मानदेय
Honorary : अवैतनिक
Honourable : माननीय / सम्मानपूर्ण
Honours : प्रतिष्ठा / सम्मान
Hooligan : गुंडा
Hospital leave : अस्पताली छुट्टी
Hostel : आवास
Hostile : प्रतिकूल / प्रतिपक्षीय / विरोधी
Hours of business : कार्य समय
Hours of employment : काम के घंटे
House rent : मकान किराया
House rent allowance : मकान किराया भत्ता
Housing : आवास
Huge : विशाल
Humble : विनीत / नम्र / विनम्र
Humiliate : नीचा दिखाना / मान-मर्दन
Hunt : शिकार
Hurdle : बाधा / रुकावट
Hurl *(v)* : फेंकना
Hutment : अस्थायी मकान
Hydrant : नल / बंबा
Hydrography : जल सर्वेक्षण
Hygiene : स्वास्थ्य विज्ञान

I

Identical : एक जैसा / समान / तदरूप
Identity : पहचान
Identity card : पहचान-पत्र
Ignorance : अनभिज्ञता
Ignore : उपेक्षा
Illegal : अवैध
Illegal gratification : अवैध परितोषण
Illegal practice : अवैध आचरण
Illegible : अपाठ्य
Illegitimate : अवैध / अधर्मज्ञ
Illicit : निषिद्ध
Illiteracy : निरक्षरता
Illuminative : प्रदीपक
Illusion : भ्रम / धोखा / भ्रांति
Illustrious : प्रख्यात / सुविख्यात
Image : चित्र / छवि / मूर्ति
Imaginable : कल्पनीय
Imitable : अनुकरणीय
Immaterial : अमूर्त / निराकार / असार
Immature : कच्चा / अप्रौढ़ / अपूर्ण
Immeasurable : अपरिमेय
Immediate : तात्कालिक / तुरंत
Immense : विशाल / अपरिमित
Immerse : तल्लीन / डूबना
Impact : प्रभाव / समाघात
Impartial : निष्पक्ष
Impending : आसन्न
Imperative : लाजिमी / अनिवार्य

Impersonation : प्रतिरूपण
Implementation : परिपालन / कार्यान्वयन
Implication : मंशा / विवक्षा / फंसाना
Implicit : निहित
Import : आयात / अभिप्राय
Important : महत्त्वपूर्ण
Impose : अधिरोपित करना
Impossible : असंभव
Impost : लाभ कर
Impracticable : अव्यावहारिक
Impression : छाप प्रभाव
Imprest : अग्रदाय
Imprest account : अग्रदाय खाता/ लेखा
Imprest holder : अग्रदायधारी
Imprest money : अग्रदाय धन
Imprisonment : कारावास
Improvisation : काम चलाऊ व्यवस्था/ तात्कालिक व्यवस्था
Imputation : आरोपण
In abeyance : निलंबित / प्रास्थगित
Inability : अयोग्यता
Inaccessible : अगम्य / पहुंच से परे
Inaccurate : गलत / अयथार्थ
Inaction : निष्क्रियता
Inactivate : निष्क्रिय बना देना
Inadaptable : अननुकलनीय
Inadequacy : अपर्याप्त
Inadequate : अपर्याप्त
Inadmissible : अमान्य / अस्वीकार्य
Inadvertence : असावधानी
Inadvertently : अनजाने / असावधानी से
Inapplicable : अप्रयोज्य
Inaudible : अश्रव्य
Inauguration : उद्घाटन
Inauspicious : अशुभ
Inboard : भीतरी
Inborn : सहज / स्वाभाविक
Incalculable : अनिश्चित / गणनातीत
In camera : बंद कमरे में गुप्त, गुप्त बैठक
Incapable : अक्षम / असमर्थ
In cash : नक़द
Incentive : प्रोत्साहन
Incentive scheme : प्रोत्साहन योजना
Incharge : प्रभारी
Incidental charges : प्रासंगिक प्रभार
Incidental expenditure : प्रासंगिक व्यय
Incidental order : प्रासंगिक आदेश
Incite : उकसाना
Inclination : प्रवृत्ति / रुझान / झुकाव
Inclusion : समावेश
Inclusive : सहित
Incognito : अज्ञात
Incognizable : अबोधगम्य
Incoherent : असंबद्ध / असंगत
Income : आय
Income tax clearance certificate : आयकर शोधन-पत्र
Incomer : प्रवेशक / आगंतुक
Incoming : आवक / प्रवेशी
Incommensurable : अतुलनीय
Incompatible : बेमेल
Incompetency : अक्षमता

Incomplete : अपूर्ण
Incomprehensible : अबोध
Incompressible : असंपीड्य / दावक न होने योग्य
Incomputable : अपरिकलनीय
Inconceivable : अचिंत्य / कल्पनातीत / अकल्पित
Inconclusive : अनिश्चायक / अनिर्णायक
Incondensable : असंघनीय
Incondite: अपरिष्कृत / कच्चा / असभ्य
Inconformity : विषमता
Incongruous : असंगत
Inconsecutive : तर्क विरुद्ध
Inconsequent : असंगत
Inconsistency : असंगति
Inconsistent : असंगत
Inconvenience : असुविधा
Incorporated : समाविष्ट / सम्मिलित/ निगमित
Incredible : अविश्वसनीय
Increment : वेतन वृद्धि
Increment certificate : वेतन वृद्धि प्रमाण-पत्र
Incriminate : अपराध में फंसाना
Incubator room : ऊष्मायित्र कक्ष
Incumbent : पदधारी / पदस्थ
Incumbrance : ऋण भार
Incur : उठाना / अपने ऊपर लेना / में पड़ना
Incurable : असाध्य
Incurious : अनुत्सुक / उदासीन
Incurrence : भार ग्रहण
Incursive : आक्रामक
Indemnification : क्षतिपूर्ण करना
Indemnity bond : क्षतिपूर्ति बंध-पत्र इंडेम्निटी बांड
Indent : मांग-पत्र
Indenture : विलेख / दस्तावेज़
In detail : विस्तार से / ब्यौरेवार
Index : सूचक / अनुक्रमणिका
Index card : सूचक-पत्र / कार्ड
Index number : सूचकांक
Index sheet : सूचक-पत्र
Index slip : सूचक पर्ची
Indian custom tariff : भारतीय सीमा शुल्क दर
Indication : संकेत / सूचना
Indicator : संकेतक
Indigenous : देशी
Indirect : परोक्ष / अप्रत्यक्ष
Indiscipline : अनुशासन हीनता
Indiscretion : अविवेक
Indiscriminate : अंधाधुंध / अविचारपूर्ण / अविवेकी
Indispensible : अपरिहार्य
Indisputable : निर्विवाद
Indistinct : अस्पष्ट
Individual : व्यक्ति / वैयक्तिक
Individual inspection : पृथक-पृथक निरीक्षक
Individually : अलग-अलग / व्यक्तिशः
Indorsement (Endorsement): पृष्ठांकन / समर्थन
In duplicate : अनुलिपि सहित / दो प्रतियों में
Industrial civil defence staff course : औद्योगिक सिविल रक्षा कर्मचारी पाठ्यक्रम

Industrial engineering : औद्योगिक इंजीनियरी

Industrial estate : उद्योग संपदा

Ineffective : निष्प्रभावी

Inefficient : अदक्ष / अयोग्य

Ineligible : अपात्र

Inevitable : अपरिहार्य / अवश्यंभावी

Inexpedient : असमीचीन / असामयिक

Infact : वस्तुतः / वास्तव में

Infection : संक्रमण

Infiltrate : घुसपैठ / गुप्त प्रवेश

Infirmity : अशक्तता / दौर्बल्य / दुर्बलता

Inflation : मुद्रास्फीति / महंगाई

Influential : प्रभावशाली

Information : सूचना / वार्त्ता

Infringe : अतिलंघन करना

Inherent : सहज / अंतर्निहित

Inherit : विरासत में पाना

Initial : प्रारंभिक

Initial pay : प्रारंभिक वेतन

Initials : आद्याक्षर

Initiate (v) : प्रवर्तित करना / प्रारंभिक शिक्षा देना

Initiate (n) : दीक्षित

Initiative : पहल शक्ति / सूत्रपात क्षमता

Injunction : व्यादेश / निषेधाज्ञा

Inoperative : अप्रवृत

Inordinate : अत्यधिक / अनियमित

Insignia : अधिकार-चिह्न

Insignificance : महत्त्वहीनता / तुच्छता

Insinuation : आक्षेप

Insolvency : दिवालियापन / दिवाला

Inspection : निरीक्षण

Inspection certificate : निरीक्षण प्रमाण-पत्र

Inspection circle : निरीक्षण हलका / सर्किल

Inspection equipment : निरीक्षण उपस्कर

Inspection fee : निरीक्षण शुल्क / की फीस

Inspection note : निरीक्षण टिप्पणी

Inspection report : निरीक्षण रिपोर्ट / रपट

Inspection unit : निरीक्षण एकक / एकांश

Instability : अस्थिरता

Installation : संस्थापन / अधिष्ठापन

Instalment : किस्त

Instigate : उकसाना

Institute/Institution : संस्था/ संस्थान

Institute (v) : संस्थापित करना

Instruction : अनुदेश / हिदायत

Instrument : औज़ार / यंत्र / दस्तावेज

Insubordination : अनधीनता

Insurance : बीमा

Insured letter : बीमाकृत / बीमा किया हुआ पत्र

Integral : अभिन्न / अविभाज्य

Integration : एकीकरण / समाकलन

Integrity : सत्यनिष्ठा / ईमानदारी / अखंडता

Intelligence : आसूचना / बुद्धि

Intelligence department : खुफिया विभाग

Intelligence test : बुद्धि परीक्षा

Intelligence quotient : बौद्धिक स्तर

Intemperance : असंयम

Intensive : गहन / प्रकृष्ट / तीव्र

Intensive drive : तीव्र आंदोलन / प्रयास

Intent : आशय

Intention : अभिप्राय / आशय

Inter alia : के साथ-साथ

Intercommunication : अंतरासंचार / अंत:संचार

Inter departmental : अंतराविभागीय

Interact (v) : एक-दूसरे को प्रभावित करना

Interchange : विनिमय

Interest : ब्याज / स्वार्थ / लाभ / दिलचस्पी

Interface : अंतरापृष्ठ

Interfere (v) : हस्तक्षेप करना

Interference : हस्तक्षेप

Interim : अंतरिम

Interim grant : अंतरिम अनुदान

Interim relief : अंतरिम सहायता

Intermediary : मध्यवर्ती

Intermediate : मध्यवर्ती

Internal : आंतरिक / आभ्यांतरिक

International : अंतरराष्ट्रीय

Interpolation : प्रक्षेप

Interpretation : व्याख्या / निर्वचन

Interruption : बाधा / विघ्न / व्यवधान

Interruption in service : सेवा में व्यवधान / सेवा क्रम में भंग

Inter se : परस्पर / आपस में

Intersectional movement register : अंतरानुभागीय संचालन रजिस्टर

Inter sectional reference : अंतरानुभागीय पत्राचार

Inter unit : अंतर एकक

Interval : अंतरावधि / अंतराल

Intervene : बीच में पड़ना / अंत:क्षेप करना

Intervening period : बीच की अवधि

Interview : साक्षात्कार / भेंट / इंटरव्यू

Intimate : सूचना देना / प्रज्ञापित करना

Intimidation : अभित्रास

Intolerance : असहनशीलता

In toto : पूरी तरह से / संपूर्णत:

Intricacy : जटिलता

Intrigue : कुचक्र / साजिश

Introduce : प्रस्तुत करना / परिचित कराना / समाविष्ट करना

Introduction : प्रस्तावना / परिचय / पुर: स्थापना

Invalid : अविधिमान्य / अमान्य / अशक्त

Invalidation : अमान्यीकरण

Invalidity : असमर्थता / अशक्तता

Inventory : वस्तु सूची / फर्द

Investigation : अन्वेषण / जांच-पड़ताल

Investment : निवेश / विनिधान (विधि)

Invigilation : अन्वीक्षण

Invitation : निमंत्रण / आमंत्रण / मांगना

Invitation of tender : टेंडर / निविदा मांगना

In vogue : प्रचलित
Invoice : बीजक / इंवायस
Invoice machine : बीजक मशीन
Invoice of receipts : आवती बीजक
Involuntary : अनैच्छिक
Involved : संबद्ध / फंसा हुआ / अंतर्निहित
Inward register : आवक रजिस्टर/ पंजी
Ipso facto : स्वयमेव
Irrational : अयुक्त / अविवेकशील
Irrecoverable : लावसूल / नावसूल/ अप्रत्युद्धरणीय
Irregular : अनियमित
Irrelevant : असंबद्ध / विसंगत
Irresponsible : अनुत्तरदायी / बेजवाबदार / गैर जिम्मेदार
Irrevocable : अटल
Issue *(n)* : निर्गम *(सं)* मुद्दा
Issue *(v)* : जारी करना
Issue diary : निर्गम डायरी
Issue note : निर्गम टिप्पणी
Issue order : निर्गम आदेश
Issue price : निर्गम मूल्य / कीमत
Issue voucher : निर्गम वाउचर
Item : मद् / मद्द / विषय / बात / वस्तु
Itinerary : यात्राक्रम / मार्ग विवरण
Itinerate *(v)* : भ्रमण करना

J

Jack : नौकर / मजदूर (ताश में) गुलाम
Jacket : जैकेट / मिरजई
Jack knife : खटकेदार चाकू
Jamboree : जमावड़ा
Jaunt : सैर / भ्रमण
Jeep : जीप गाड़ी
Jemadar : जमादार
Jerk : झटका
Jetty : घाट / जेटी
Job : कार्य / नौकरी
Job analysis : कार्य विश्लेषण
Job card : कार्य कार्ड
Job description : कार्य विवरण
Job oriented : व्यवसायोन्मुख
Job work : फुटकर काम
Join : कार्यभार ग्रहण करना
Joining date : कार्य ग्रहण तारीख़
Joining pay : कार्यारंभ काल वेतन
Joining period : कार्यारंभ अवधि/ पद ग्रहण अवधि
Joining report : कार्यारंभ प्रतिवेदन
Joining time : कार्यारंभ काल/ योग काल
Joint : संयुक्त
Joint account : संयुक्त खाता
Joint annuity : संयुक्त वार्षिकी
Joint application : संयुक्त आवेदन
Joint attestation : संयुक्त अनुप्रमाणन
Joint committee : संयुक्त समिति
Joint communication : संयुक्त संचार
Joint concurrence: संयुक्त सहमति

Joint consultation : सम्मिलित परामर्श

Joint family : संयुक्त परिवार / कुटुंब

Joint funds : संयुक्त निधि

Joint holding : संयुक्त जोत / धृति

Joint intelligence staff : संयुक्त आसूचना कर्मचारी वर्ग

Joint liabilities : संयुक्त दायित्व

Jointly : संयुक्त रूप से

Jointly and severally : संयुक्त और पृथक रूप से

Joint planning staff : संयुक्त योजना स्टाफ

Joint representation : संयुक्त प्रतिनिधित्व / संयुक्त अभिवेदन

Joint resolution : संयुक्त संकल्प

Joint sector : संयुक्त क्षेत्र / सेक्टर

Joint supervision : संयुक्त पर्यवेक्षण

Joint tenants : संयुक्त किराएदार / संयुक्त काश्तकार

Joint venture : संयुक्त उद्यम

Journal : दैनिकी / रोजनामचा / पत्रिका

Jubilee : जयंती

Judgement : निर्णय

Judicial enquiry : न्यायिक जांच / अदालती जांच

Judicial notice : न्यायिक सूचना

Judicial service : न्यायिक सेवा

Judiciary : न्यायपालिका

Junior administrative grade: अवर प्रशासनिक कोटि

Justice : न्याय / न्यायमूर्ति

Justifiable : न्यायोचित / समर्थनीय

Justify (v) : न्यायसंगत सिद्ध करना / उचित सिद्ध करना

Jute : जूट / पाट / पटसन / पटुआ

K

Kaleidoscope : बहुमूर्तिदर्शी

Key : आधारभूत / मूल / मुख्य / कुंजी

Key-board : कुंजीपटल / की बोर्ड

Key industry : मूल / आधारभूत उद्योग

Key map : मूल नक्शा

Kidnapping : अपहरण

Kindergarten teacher : बालबाड़ी शिक्षक

Kin : रिश्तेदार

Kindle : सुलगाना

Kinematograph : चलचित्रदर्शी

Knock : प्रहार

Knot : गांठ

Know-how : जानकारी / तकनीकी जानकारी

Knowingly : जानबूझकर

Knowledgeable : जानकार / बहुज्ञ

L

Label : लेबल / परचा / नामपत्र
Laboratory : प्रयोगशाला
Laborious : परिश्रमी
Labour dispute : श्रम-विवाद
Labour division (division of labour) : श्रम-विभाजन
Labour organisation : श्रम संगठन / मजदूर संगठन
Labour relation : श्रम संपर्क / श्रमिक संपर्क
Labour welfare : श्रम / श्रमिक कल्याण
Landed property : भू-संपत्ति
Land holder : भूमिधारी
Landless labourer : भूमिहीन मज़दूर
Landmark : सीमा चिह्न
Land record : भू-अभिलेख
Land revenue : भू-राजस्व / मालगुज़ारी
Land tenure : पट्टेदारी
Lapse : बीत जाना / व्यपगत होना
Lapsing deposit : जमा का व्यपगमन
Lasting : स्थायी
Last pay certificate (LPC) : अंतिम वेतन प्रमाण-पत्र
Late attendance : विलंबित उपस्थिति
Later reference : उत्तर संदर्भ / उत्तरनिर्देश / बाद का हवाला
Latest : नवीनतम
Latitude : छूट / अक्षांश
Laudable : प्रशंसनीय
Launch : प्रारंभ करना / प्रमोचन
Law and order : कानून और व्यवस्था
Law breaker : कानून तोड़ने वाला
Lawful : विधि सम्मत
Laxity : शिथिलता
Lay before : पेश करना / सामने रखना
Lay off : काम बंदी
Lay out : अभिन्यास / नक्शा
Leader : नेता / प्रमुख
Leading article : अग्रलेख
Leaflet : पर्ची
Leakage : रिसन / लीकेज
Leap year : अधिवर्ष / लीप वर्ष
Leaseable : पट्टा देय
Lease *(n)* : पट्टा
Lease *(v)* : पट्टे पर देना
Lease hold : पट्टा भूमि
Lease without term : निरवधि पट्टा
Leasing : छूट
Leave : अवकाश / छुट्टी
Leave account : छुट्टी का खाता
Leave allowance : छुट्टी भत्ता
Leave reserve : छुट्टी रिजर्व
Leave salary : छुट्टी का वेतन
Leave vacancy : अवकाश रिक्ति
Leave without pay : अवैतनिक छुट्टी
Leave with pay : सवेतन / वैतनिक अवकाश

Lecture hall : भाषण भवन
Ledger : खाता
Ledger balance : खाता बकाया / शेष
Ledger folio : खाता फोलियो
Legacy : रिक्थ / वसीयत संपदा / पैतृक संपत्ति
Legalise : वैध करना
Legible : सुवाच्य / पढ़ा जाने योग्य
Legitimacy : वैधता / धर्मजता
Legitimate : उचित / विधि सम्मत
Leniency : नरमी / उदारता
Leskary : लश्करी
Lessee : पट्टेदार
Letter of acceptance : स्वीकृति-पत्र
Letter of advice : सूचना-पत्र
Letter of authority : प्राधिकार-पत्र
Letter of credence : प्रत्यय-पत्र
Letter of guarantee : गारंटी-पत्र
Letter of introduction : परिचय-पत्र
Levy : उद्ग्रहण / महसूल / उगाही
Lexicography : कोश विज्ञान
Liability : दायित्व
Liason : संपर्क
Licence : अनुज्ञप्ति
Lien : पुनर्ग्रहणाधिकार / धारणाधिकार
Light ship : प्रकाश पोत
Limitation : सीमा / अवधि
Limited : सीमित / मर्यादित / लिमिटेड
Linguistics : भाषा विज्ञान
Link : श्रृंखला / संपर्क / योजक / लिंक
Linked file : संलग्न फाइल / पंजी
Link language : संपर्क भाषा
List : सूची
Listeners : श्रोतागण
List of business : कार्य सूची
Literal : शाब्दिक
Litigant : वादकारी / मुकदमा करने वाला
Litigation : मुकदमेबाजी
Livelihood : जीविका
Livestock : पशुधन
Living expense : निर्वाह खर्च
Loan : कर्ज़
Loanee : कर्ज़दार
Loaner : लेनदार
Local body : स्थानीय निकाय
Local purchase : स्थानीय खरीद / क्रय
Local stock : स्थानीय स्टॉक
Location : स्थिति / अवस्थिति
Lockout : तालाबंदी
Locus standi : अधिस्थिति / लोकस स्टैंडी / अधिकारिता
Locution : मुहावरा / विशिष्ट शैली
Lodge *(n)* : वासा / मकान
Lodge *(v)* : ठहराना / सौंपना / (मुकदमा) दायर करना / (शिकायत) दर्ज करना
Lodging : वासगृह / आवास / किराए का स्थान
Lodging allowance : आवास भत्ता
Logo : नामशैली / शब्द चिह्न
Longanimity : सहिष्णुता / सहनशीलता
Longivity : दीर्घायु
Look out : ताक
Loop : फंदा / पाश

Loss in transit : मार्ग में हानि

Lounge : विश्रांतिका / लांज

Lower age limit : निम्न आयु सीमा

Lower court : निचला न्यायालय

Lower primary school : निम्न प्राथमिक विद्यालय

Lowest rate : न्यूनतम दर / निम्नतम दर

Low grade : निम्न श्रेणी

Loyal : निष्ठावान / राजनिष्ठ

Lumpsum : एक राशि

Lumsum : एक राशि / एकमुश्त

Lunch : मध्याह्न भोजन / लंच

Lurch (n) : झोंका / भटका

Lurch (v) : झोका खाना

Lure : प्रलोभन

Luster : चमक

Lynch : बेकायदा मार डालना

M

Macabre : डरावना / विकराल

Machine gun : मशीन गन / यंत्र तोप

Machinist : यांत्रिक / मशीन चालक

Macron : दीर्घ स्वर चिह्न

Magna charta : महाधिकार-पत्र

Mail bag : डाक थैला

Mailing list : डाक सूची

Mail transfer : डाक अंतरण

Main body : मुख्य भाग

Main office : मुख्य कार्यालय

Maintenance : अनुरक्षण / रखना / भरण-पोषण

Maintenance allowance : भरण-पोषण अनुदान

Maintenance grant : अनुरक्षण अनुदान

Major : मेजर (पद) / वयस्क

Major head : मुख्य शीर्ष

Majority : बहुमत / वयस्कता / बालिगपन

Major works : बड़े निर्माण कार्य

Maladjustment : कुसमायोजन

Maladministration : कुप्रशासन

Malafide : दुर्भावपूर्ण

Malafides : दुर्भाव / बदनीयती

Malbehaviour : अनुचित व्यवहार

Malice : दुर्भाव / विद्वेष

Malnutrition : कुपोषण

Malpractice : अनाचार

Maltreatment : दुर्व्यवहार

Management : प्रबंध

Manager : प्रबंधक

Managing committee : प्रबंध समिति

Mandate : अधिदेश

Mandatory : आज्ञा / अनिवार्य / अधिदेशात्मक

Mandays : श्रम दिन

Manhours : श्रम घंटे

Manipulate : चलाना / जोड़-तोड़ करना

Manoeuvre : दांवपेंच / युक्ति चालन

Manpower : जनशक्ति

Manpower assessment : जनशक्ति निर्धारण

Manpower deployment : जनशक्ति परियोजन
Manpower studies : जनशक्ति अध्ययन
Manpower utilisation : जनशक्ति उपयोग
Manual labour : शारीरिक श्रम
Manual skill : हस्त कौशल
Manual work : हाथ का काम
Manufacture : विनिर्माण / औद्योगिक निर्माण / व्यापारिक निर्माण
Manuscript : पांडुलिपि / हस्तलेख
Map mounter : नक्शा मढ़ाईकार
Margin : हाशिया / गुंजाइश / उपांत
Marginal : सीमांत / उपांतिक
Marginal adjustment : उपांतिक समायोजन
Marginal note : हाशिया टिप्पणी
Marine survey report : समुद्री सर्वेक्षण रिपोर्ट
Marital status : वैवाहिक स्थिति
Mark : चिह्न
Marked : चिह्नित / उल्लेखनीय
Marketing : पणन / विपणन
Market value : बाजार मूल्य
Marking & sorting : निशान / चिह्न लगाना और छांटना
Mark sheet : अंकसूची
Martyr : हुतात्मा / शहीद
Mascot : शुभंकर
Mason : राज मिस्त्री
Masonry : चिनाई / राजगीरी
Mass communication : जन संचारण / संप्रेषण
Mass distribution : व्यापक वितरण
Mass production : बड़े पैमाने पर उत्पादन
Mast : मस्तूल
Mast leskari : मस्तूल लश्करी
Master : अध्यापक / स्वामी / मास्टर
Master key : सर्व कुंजी / मास्टर चाबी
Master piece : अत्युत्तम कृति / श्रेष्ठ कृति
Master plan : मास्टर प्लान / महायोजना
Master room : प्रधान कक्ष / मास्टर रूम
Matching grant : समतुल्य अनुदान
Materials : सामग्री / सामान
Materials Management : सामग्री प्रबंध
Maternity : प्रसूति / जचगी
Maternity home : प्रसूति गृह
Maternity leave : प्रसूति अवकाश
Mature *(n)* : परिपक्व / प्रौढ़
Mature *(v)* : पूर्ण होना / परिपक्व होना
Maturity : परिपक्वता / प्रौढ़ता / पूर्णता
Maximum average pay : अधिकतम औसत वेतन
Means : साधन / उपाय
Measure : माप
Measurement : माप
Measures : उपाय / कार्यवाही
Mechanical : यांत्रिक
Mechanical engineering : यांत्रिक इंजीनियरी
Media : माध्यम
Mediation : मध्यगत / मध्यस्थता

Mediator : मध्यम / मध्यस्थ

Medical : चिकित्सा

Medical and paramedical section : चिकित्सा और पराचिकित्सा अनुभाग

Medical benefit : चिकित्सा सुविधा

Medical bill : चिकित्सा बिल

Medical certificate : चिकित्सा प्रमाण-पत्र

Medical certificate of fitness: स्वस्थता का प्रमाण-पत्र

Medical certificate of sickness : बीमारी का प्रमाण-पत्र

Medical examination : स्वास्थ्य परीक्षा

Medical leave : चिकित्सा अवकाश / छुट्टी

Medical practice : चिकित्सा कर्म / डॉक्टरी पेशा

Medical record card : चिकित्सा अभिलेख-पत्र / कार्ड

Medical report : चिकित्सा रिपोर्ट

Medicine : दवा / औषधि / आयुर्विज्ञान

Medico-legal : चिकित्सा-विधिक

Medium : माध्यम

Meeting : बैठक / सभा / मिलना / मीटिंग

Meeting in camera : (बंद कमरे में) गुप्त बैठक / बंद बैठक

Member : सदस्य

Membership : सदस्यता

Memo : ज्ञापन / मेमो

Memo of demands : मांग-पत्र

Memorandum : ज्ञापन

Memorial : स्मारक / अभ्यावेदन

Memorialist : अभ्यावेदक

Mental skill : मानसिक कौशल

Menu : मेनू / भोज्य तालिका

Mercy petition : दया-याचिका

Merger : विलय

Merit : गुण

Meritorious service : सराहनीय सेवा

Merits and demerits : गुण-दोष / गुणावगुण

Message : संदेश

Messenger : संदेशवाहक / हरकारा

Metalled road : पक्की सड़क

Methodology : कार्य प्रणाली / प्रणाली विज्ञान

Metropolitan area : महानगर क्षेत्र

Mid wifery : प्रसूति विद्या

Migrant : प्रवासी

Migration : प्रवास

Migration certificate : प्रवास प्रमाण-पत्र

Mileage : मील दूरी

Mileage allowance : मील भत्ता

Militia : मिलिशिया / नागरिक सेना

Millennium : सहस्राब्दि

Millwright : मिलराइट

Ministerial staff : लिपिकवर्गीय कर्मचारी

Ministry : मंत्रालय

Minor : अवयस्क / नाबालिग

Minor head : लघुशीर्ष / गौण शीर्ष

Minority : अल्पसंख्यक

Minority representation : अल्प-संख्यक प्रतिनिधित्व

Minor work : छोटे निर्माण कार्य

Mint : टकसाल

Minutes : कार्यवृत्त / टिप्पण

Minutes book : कार्यवृत्त पुस्तक

Misappropriation : दुर्विनियोग

Misbehaviour : दुर्व्यवहार

Miscellaneous : फुटकर / विविध

Mischief : शरारत / उत्पात

Misconduct : कदाचार

Mismanagement : कुप्रबंध

Misrepresentation : अन्यथा-कथन

Mission : मिशन / प्रेषण / जीवन लक्ष्य / शिष्टमंडल

Missionary : धर्म प्रचारक / मिशनरी

Misuse : दुरुपयोग

Mixed : मिला-जुला / मिश्रित

Mob : भीड़ / असंयत भीड़

Mobile : चलता-फिरता / चल

Mobilisation : गतिशीलता

Modality : रीति

Model : आदर्श / प्रतिरूप

Modification : आशोधन / रूपांतर

Modus operandi : कार्य प्रणाली

Momentum : संवेग / गतिमात्रा

Monetary grant : आर्थिक अनुदान

Monetary limit : आर्थिक सीमा

Money : धन / मुद्रा

Money bill : धन विधेयक

Money wage : नक़द मजदूरी

Monitor *(n)* : मॉनीटर / अनुवीक्षक

Monitor *(v)* : अनुवीक्षण

Monogamy : एक विवाह प्रथा

Monopoly : एकाधिकार

Monotony : एकरसता

Monthly arrear statement : बचे हुए काम का मासिक विवरण

Monthly progress report : मासिक प्रगति रिपोर्ट

Monthly tour diary : मासिक दौरा डायरी

Month to month : महीने के महीने

Monument : स्मारक

Moral : नैतिक

Morale : मनोबल / हौसला

Moratorium : अधिस्थगन

Morgue : मुर्दाघर

Mortality : मृत्यु

Mortality rate : मृत्यु दर

Mortgage : बंधक

Mortgage lease : बंधक पट्टा

Mortuary : मुर्दाघर

Most immediate : अतितात्कालिक

Most secret : अति गुप्त / अतिगोपनीय

Most urgent : अति तुरंत / परम आवश्यक

Motherland : मातृभूमि

Mother tongue : मातृभाषा

Motion : प्रस्ताव / गति / गतिक्षमता

Motion of confidence : विश्वास-प्रस्ताव

Motivation : अभिप्रेरणा

Motive : उद्देश्य / अभिप्रेरणा / प्रेरणा

Motivity : प्रेरकता

Motto : आदर्श वाक्य

Mould : सांचा / ढांचा

Mourn : शोक

Movables : चल संपत्ति

Move : चेष्टा कार्रवाई / युक्ति

Movement : गतिविधि / गति

Moving : गतिमान

Muddle : गड़बड़ी / अव्यवस्था

Mule : खच्चर
Multipurpose : बहुप्रयोजन / बहुमुखी / बहुधंधी
Munitious : युद्ध सामग्री
Muster : हाजिरी / वानगी / एकत्र
Mutineer : विद्रोही
Mutiny : विद्रोह / सैन्य द्रोह
Mutton : भेड़ का मांस
Mystery : रहस्य / भेद
Mystic : रहस्यवादी
Mystify : घबरा देना
Myth : पौराणिक

N

Name card : नाम कार्ड
Name plate : नाम पट्ट
Narrator : वाचक / वर्णनकर्ता
National anthem : राष्ट्र गान
National debt : राष्ट्रीय ऋण
National economy : राष्ट्रीय अर्थव्यवस्था
National emblem : राष्ट्रीय संप्रतीक
National flag : राष्ट्रीय ध्वज
National fund : राष्ट्रीय निधि
National highway : राष्ट्रीय राजमार्ग
National honour : राष्ट्रीय सम्मान
National income : राष्ट्रीय आय
National language : राष्ट्रभाषा
Native language : देशीय भाषा
Natural boundry : प्राकृतिक सीमा
Natural death : स्वाभाविक मृत्यु
Naval force : नौ-बल
Navigation : नौ-परिवहन / नौ-चालन
Neglect of duty : कर्तव्य की उपेक्षा
Negligence : उपेक्षा / ग़फ़लत / प्रमाद
Negotiability : परक्राम्यता
Negotiabile instrument : परक्रामण लेख
Negotiated contract : बातचीत से तय किया गया ठेका
Negotiation : (समझौते की) बातचीत / परक्रामण
Neighbouring state : पड़ोसी राज्य
Nepotism : भाई-भतीजावाद / कुनबा-परस्ती
Net : जाल / शुद्ध / निवल
Neutral : तटस्थ
New measures : नए उपाय
News bulletin : समाचार बुलेटिन
News reel : न्यूज़ रील / समाचार दर्शन
Night duty : रात्रि / रात की ड्यूटी
Night shift : रातपारी / रात की पारी
No confidence : अविश्वास
No delay call : अविलंब काल
No demand certificate : बेबाकी प्रमाण-पत्र
No interest account : बिना ब्याज खाता
No objection certificate : अनापत्ति प्रमाण-पत्र
No parking : गाड़ी / वाहन खड़ा करना मना है
No profit no loss : न लाभ न हानि

Nomenclature : नाम पद्धति

Nominal cost : नाममात्र की लागत

Nominal inspection : नाममात्र का निरीक्षण

Nominal value : नाममात्र मूल्य

Nominate *(v)* : नामित करना / नाम निर्देशन

Nominated : नामित

Nomination paper : नामन-पत्र / नामजदगी-पत्र

Nominee : नामिती / नामित व्यक्ति

Non acceptance : अस्वीकृति

Non advertised : अविज्ञापित

Non age : अवयस्कता

Non appearance : ग़ैर हाज़िरी / पेश न होना

Non-availability certificate : अनुपलब्धता प्रमाण-पत्र

Non bailable : अज़मानतीय / ग़ैर ज़मानती

Non bailable offence : अज़मानतीय / ग़ैर ज़मानती अपराध

Non cognizable offence : असंज्ञेय अपराध

Non commercial : अव्यापारिक

Non compliance : अपालन

Non confidential : अगोपनीय

Non consent : असम्मति

Non-continuous service : विच्छिन्न सेवा

Non delivery : अवितरण

Non earning : अनर्जक

Non entitled : गैर हकदार

Non essential : गैर जरूरी

Non judicial : न्यायिकतर

Non-ministerial : अलिपिक वर्गीय / अनुसचिवीय

Non observance : अपालन

Non official : ग़ैर सरकारी / अशासकीय

Non party : गैर दलीय

Non payment : गैर अदायगी / भुगतान न करना

Non pensionable : ग़ैर पेंशनी

Non plan : योजनातर / योजना भिन्न

Non-practising allowance : प्रैक्टिसबंदी भत्ता

Non-recurring expenditure : अनावर्त व्यय / अनावर्ती व्यय

Non-recurring grant : अनावर्ती अनुदान

Non selection post : अप्रवरण पद

Non standard : अमानक / मानक के अनुसार नहीं

Non statutory : असांविधिक / गैर कानूनी

Non technical post : अप्राविधिक पद / अतकनीकी पद

Non traditional : गैर परंपरागत / अपरंपरागत

Non voted : अदत्तमत

Non working day : अवकाश / छुट्टी का दिन

Non working dependent : अनर्जक आश्रित

Norm : मानक / मानदंड / प्रतिमान

Normal : प्रसामान्य (नियम के अनुसार)/ सामान्य (usual)

Normal tax : सामान्य कर

Not exceeding : अनधिक

Note : टिप्पणी
Noted : नोट किया गया / कर लिया गया
Note of dissent : असहमति नोट / लेख
Notes cover : टिप्पणी आवरण
Note sheet : टिप्पणी-पत्र
Notice : सूचना / नोटिस
Notice of discharge : कार्य मुक्ति सूचना
Notice of motion : प्रस्ताव सूचना
Notification : अधिसूचना
Notified area : अधिसूचित क्षेत्र / नोटीफाइड एरिया
Notified commodity : अधिसूचित वस्तु

Noting and drafting : टिप्पणी और मसौदा लेखन
Not negotiable : अपरक्राम्य
Notorious : कुख्यात
Not sufficient : अपर्याप्त
Novice : नौसिखिया
Nucleus : नाभिक केंद्रक
Nuclear : नाभिक
Nuclear weapon : अणु अस्त्र
Nucleolar : अणुनाभिकीय
Null : नगण्य / अमान्य / वातिल
Null and void : वातिल और शून्य
Number : संख्या
Numbering : संख्यांकन / संख्या डालना

O

Oath : शपथ
Oath of allegiance : निष्ठा-शपथ
Oath of office : पद-शपथ
Oath of secrecy : गोपनीयता शपथ
Oath taking ceremony : शपथ ग्रहण समारोह
Obedience : आज्ञापालन
Obituary : निधन सूचना / मृत्यु संवाद
Object *(n)* / *(v)* : वस्तु / आपत्ति उठाना
Objection : आपत्ति
Obligation : बाध्यता / दायित्व / आभार / बंधन
Obligatory : अनिवार्य
Obscene : अश्लील

Observance : अनुपालन
Observation : प्रेक्षण / लेख टिप्पणी / स्मृति
Observer : प्रेक्षक
Obstruction : बाधा / रुकावट
Obvious : स्पष्ट
Occasional : यदा-कदा / अनियत / प्रासंगिक
Occupancy : अधिभोग / दखल
Occupation : व्यवसाय / धंधा
Occupy : स्थान घेरना
Occurrence : घटना
Octroi duty : चुंगी
Off duty : काम के बाद / काम पर न होना

Offence : अपराध / दोष / अपमान / तिरस्कार / दुर्व्यवहार / नाराज़गी / खीज

Offend *(v)* : अपराध करना / तोड़ना / अपमान करना

Offensive : हमलावर / आक्रमणात्मक / अप्रिय

Offer / offering : अर्पण / भेंट / प्रस्ताव

Office bearer : पदाधिकारी

Office hours : कार्यालय समय / काल

Office manual : कार्यालय नियमावली / मैनुअल

Office memorandum : कार्यालय ज्ञापन

Office note : कार्यालय टिप्पणी

Office order : कार्यालयादेश

Official : पदधारी / शासकीय / सरकारी

Official business : सरकारी काम

Official correspondence : सरकारी पत्र–व्यवहार

Official duty : सरकारी कर्तव्य

Official gallery : सरकारी दीर्घा

Official language : राजभाषा

Official report : सरकारी रिपोर्ट

Official version : सरकारी कथन / आधिकारिक कथन

Officiating : स्थानापन्न

Officiating allowance : स्थानापन्न भत्ता

Officiating appointment : स्थानापन्न नियुक्ति

Officiating pay : स्थानापन्न वेतन

Officiating post : स्थानापन्न पद

Old age pension : वृद्धावस्था पेंशन

Omission : लोप / चूक

On demand : मांगने पर

On deputation : प्रतिनियुक्ति पर

On duty : काम पर / ड्यूटी पर

One man commission : एक सदस्यीय आयोग

One sided : एक पक्षीय

One way traffic : एकतरफा यातायात

On India Government service : भारत सरकार के सेवार्थ

On merits : गुणावगुण के आधार पर

On probation : परिवीक्षाधीन / परखाधीन

On special duty : विशेष ड्यूटी / कर्तव्य पर

Open delivery : खुला परिदान / खुली सुपुर्दगी

Open fire : गोली चलाना

Open session : खुला अधिवेशन

Operation : प्रचालन / संक्रिया / फौजी काररवाई / संग्राम / योजना

Operational expenses : प्रचालन व्यय

Opinion : राय / मत

Opportune moment : उपयुक्त समय

Opportunity : अवसर

Opportunism : अवसरवाद

Opportunistic : अवसरवादी

Oppose : विरोध करना

Opposing : विरोधी

Opposite : सम्मुख / विरुद्ध / विपरीत

Opposition : विरोध / विरोधी पक्ष

Optimum utilization : इष्टतम उपयोग / अनुकूलतम उपयोग / आदर्श उपयोग

Option : विकल्प

Optometer : दृष्टिमापी

Optophone : आलोक भाषा

Opulence : धन-संपत्ति

Oral : मौखिक

Oral admission : मौखिक अभिस्वीकृति

Oral consultation : मौखिक परामर्श

Order cheque : आदेश चैक / मांग चैक

Order of merit : गुणानुक्रम

Order of precedence : पूर्वता क्रम

Order of priority : अग्रता क्रम

Order of seniority : वरिष्ठता क्रम

Ordinance : अध्यादेश

Organisation : संगठन / व्यवस्था / आयोजन

Oriental : प्राच्य

Orientation : अभिविन्यास

Oriented : उन्मुख

Original : मूल प्रति / मौलिक / प्रारंभिक

Original copy : मूल प्रति

Original cost : मूल लागत

Original expenditure : मूल व्यय

Orphanage : अनाथालय

Ostensible : दृश्यमान

Outbreak : प्रकोप / विद्रोह / आरंभ

Outfit (n) : परिधान / इकाई

Outfit (v) : सज्जित करना

Outgoing files : जाने वाली पंजियां

Outlay : प्रारूप / खाका / परिव्यय

Outlet : निकास

Outlook : दृष्टिकोण

Outlying areas : वहिर्वर्ती क्षेत्र

Out of date : पुराना / गतावधिक

Out of order : खराब / चालू नहीं / बिगड़ी दशा में / अव्यवस्थित / अनियमित

Out of stock : स्टाक में नहीं

Out of turn : बिना बारी

Outpost : सीमा चौकी

Outstanding : बकाया / उत्कृष्ट

Out balance : पिछला बकाया

Out station : शहर से बाहर / बाह्य स्थान

Outward register : जावक रजिस्टर

Ovation : अभिनंदन / स्वागत

Over age : अधिक आयु

Overall : समस्त / समग्र / कुल

Overall charge : समग्र प्रभार

Over charge : अधिप्रभार

Over crowding : भीड़-भाड़ / अतिभीड़

Over deficit : समग्र घाटा

Over due : अतिशोध्य / पुराना / खड़ा

Over due payment : खड़ा भुगतान

Over estimate : अधि-आकलन / अधिप्राक्कलन अत्यनुमान

Over estimate (v) : अधिक आंकना

Over hauling : पूरी मरम्मत / जीर्णोद्धार

Overhead charge : उपरि प्रभार / ऊपरी खर्च

Overhead expenses : उपरि व्यय

Over lapping : परस्पर व्याप्ति / अति व्याप्ति

Over leaf : दूसरे पृष्ठ पर / (पृष्ठ की) दूसरी ओर

Over payment : अधिक भुगतान
Override : कुचलना / पद दलित करना / दमन करना / अवहेलना करना
Over riding : अधिभावी / अध्यारोही
Over rule : उलटना / विरुद्ध व्यवस्था देना / अस्वीकृत कर देना
Overseas pay : समुद्र पार वेतन

Oversight : दृष्टि चूक
Overtime : अतिरिक्त समय
Overwriting : अधिलेखन / लिखे पर लिखना
Owner's risk : मालिक का जोख़िम
Owning authority : स्वामी प्राधिकारी / मालिक प्राधिकारी

P

Pace : कदम / गति / कदम चाल
Package : एकमुश्त / पैकेज / संवेष्टन / पार्सल
Package deal : पैकेज सौदा
Package programme : पैकेज कार्यक्रम
Package proposal : पैकेज प्रस्ताव
Pack thread : सुतली
Pact : समझौता / संधि
Pad : गद्दी
Paginate : पृष्ठों पर नंबर डालना
Pamphlet : पुस्तिका / पैंफलेट
Panel : पैनल / नामिका
Panic : आतंक
Paper particulars : काग़ज़ी ब्यौरा
Paradox : विरोधाभास
Paramedical : परा‍चिकित्सा
Paramount : सर्वोपरि / सर्वोच्च / परम
Pardon (n) : क्षमा
Pardon (v) : क्षमा करना
Parental : पैतृक
Par-excellence : श्रेष्ठ / उत्कृष्ट

Parity of exchange : विनिमय क्षमता
Parity price : समता कीमत
Parliamentary committee : संसदीय समिति / कमेटी
Parole : पैरोल / प्रतिज्ञा / सप्रतिबंध या प्रतिज्ञा पर करामुक्ति
Part : भाग, अंश
Part delivery : अंश सुपुर्दगी
Part file : खंड फाइल / संचिका
Partial : पक्षपात पूर्ण
Participant : सहभागी / भाग लेने वाला
Partition : विभाजन / बंटवारा / पार्टिशन
Partner : भागीदार / साझेदार
Parts : पुर्जे
Part time : अंशकालिक
Party : पक्ष / पक्षकार / पार्टी
Parvalue : सम-मूल्य
Pass (n) : पास / पारण / निःशुल्क प्रवेश / यात्रा-पत्र
Pass (v) : पास करना / गुज़रना / पार जाना

Passage : मार्ग / गलियारा / किराया / अंश / उद्धरण / यात्रा

Pass book : पास बुक

Passport : पारपत्र / पासपोर्ट

Patent and design : पेटेंट तथा डिज़ाइन / एकस्व और अभिकल्प

Patriot : देशभक्त

Patronage : संरक्षण

Paucity : कमी / अभाव

Pay : वेतन

Payable : देय / भुगतानी

Pay bill : वेतन बिल

Pay day : वेतन दिवस

Payee : पानेवाला / आदाता

Payment : भुगतान / संदाय / अदायगी / देना

Pay order : अदायगी आदेश

Pay roll : वेतन पत्रक

Pay scale : वेतनमान

Pay slip : वेतन पर्ची

Peace : शांति / संधि

Peace breaker : शांति भंजक

Peace conference : शांति सम्मेलन

Peace force : शांति सेना

Peace maker : संधिकर्ता / सुलहकार

Peace negotiation : शांतिवार्त्ता

Peace offering : धन्यवाद-यज्ञ / शांतिदान / शांति उपहार

Pecuniary : धन-संबंधी

Penal : दांडिक / शास्तिक

Penal code : दंड संहिता

Penalise : दंडित करना

Penal rent : दंड स्वरूप किराया

Penalty : जुर्माना

Pending : अनिर्णीत / रुका हुआ / लंबित / तक

Pending decision : विनिश्चय सापेक्ष / निर्णय होने तक

Pendown strike : कलम बंद हड़ताल

Penetrate : बेधना / छेदना / पैठना / घुसना

Pension : पेंशन / निवृत्ति वेतन

Pent house : सायबान

Pent roof : ढालू छत

Penultimate : उपांतिम

Penury : ग़रीबी

Peradventure : संयोग / संदेह / अनिश्चय

Perambulate : का चक्कर लगाना

Percentage : प्रतिशतता

Percept : ज्ञान / बोध / प्रत्यक्ष वस्तु

Percussion : आघात / समाघात / टक्कर

Perforating machine : छिद्रक मशीन

Perforce : ज़बरदस्ती

Perform : पालन करना / निष्पादित करना

Performance efficiency : निष्पादन दक्षता

Performance index : निष्पादन सूचक

Performance rating : निष्पादन दर

Performance register : निष्पादन रजिस्टर

Performance report : कार्य संपादन रिपोर्ट

Period : अवधि / कालावधि

Periodical *(N)* **:** पत्र / सामयिकी / पत्रिका

191

Periodical *(A)* : आवधिक / समय समय पर
Periodical inspection : आवधिक निरीक्षण / समय-समय पर निरीक्षण
Periodical report : आवधिक रिपोर्ट
Periodical return : आवधिक विवरणी
Perishable : विनाशवान / विनाशशील
Perjury : शपथ भंग / शपथ पर मिथ्या साक्ष्य
Permanency : स्थायी
Permanent appointment : स्थायी नियुक्ति
Permanent lessee : स्थायी पट्टेदार
Permissible : अनुमेय / अनुज्ञेय
Permonth : प्रतिमास / माहवार
Perpetual : शाश्वत
Personal : वैयक्तिक
Personal assets : निजी सामान
Personal pay : वैयक्तिक वेतन
Personate : प्रतिरूपण करना
Personation : प्रतिरूपण
Personnel : कार्मिक
Perspective : संदर्श / परिप्रेक्ष्य
Persuade : समझाना-बुझाना / सहायता करना
Pertaining to : संबंधित / के संबंध में
Perusal : अवलोकन / देखना
Petition : याचिका / अर्ज़ी
Petitioner : याचिकादाता / प्रार्थी
Photostat machine : फोटोस्टेट मशीन
Physical checking : प्रत्यक्ष निरीक्षण
Physical education : व्यायाम शिक्षा
Physical fitness certificate : शारीरिक स्वस्थता प्रमाण-पत्र
Physical handicapped : विकलांग
Physical verification : प्रत्यक्ष सत्यापन
Physiology : शरीर-क्रिया विज्ञान
Physique : शारीरिक गठन
Piece : टुकड़ा / खंड / कलाकृति / रचना / सिक्का / (कपड़े का) थान / बंदूक
Piece meal : खंडशः / थोड़ा-थोड़ा करके
Piece rate : उजरती दर
Piece wages : उजरत मजदूरी
Piece worker : उजरती कारीगर
Pilot : चालक / पोत चालक / विमान चालक / मार्गदर्शी
Pilot programme : आरंभिक कार्यक्रम / आगामी कार्यक्रम
Pilot project : आगामी परियोजना
Pin cushion : पिन कुशन / पिन गद्दी
Pioneer : अग्रणी
Plaintiff : वादी
Plan : योजना
Planned : योजनाबद्ध
Planning and procurement : योजना एवं प्रापण
Planning and statistics : योजना और सांख्यिकी
Planning machinery : योजना तंत्र
Plan outlay : योजना प्रारूप
Plan and estimates : योजना एवं आकलन

Plant : संयंत्र / पौधा
Plastic prosthetics : प्लास्टिक कृत्रिमांग (कृत्रिम अंग)
Player : वादक / खिलाड़ी / एक औज़ार
Plea : तर्क / दलील
Plead : अभिवचन करना / पैरवी करना
Pleasure : खुशी / प्रसाद
Plebiscite : जनमत संग्रह
Pledge : गिरवी रखना / प्रतिज्ञा करना
Pledget : फाहा
Plenary : पूर्ण / परिपूर्ण
Plenary session : पूर्ण अधिवेशन
Plenipotentiary : पूर्ण अधिकारी
Plenum : पूर्ण बैठक / सभा
Poaching guard : शिकार-चोरी गार्ड
Point : मुद्दा / विषय बिंदु
Point of order : व्यवस्था का प्रश्न
Policy : पालिसी (बीमा) / नीति
Political activity : राजनीतिक सक्रियता / राजनीतिक क्रियाकलाप
Poll / Polling : मतदान
Pollution : प्रदूषण
Polygamy : बहुविवाह प्रथा
Portable : सुवाह्य
Portfolio : फाइल / पत्राधान
Portfolio (of minister) : संविभाग
Positive : निश्चित / सकारात्मक
Possess : कब्जा करना
Possession : कब्ज़ा
Post : पद / डाक / केंद्र / चौकी
Post audit : उत्तर-लेखा परीक्षा
Post dated : उत्तर तारीखी
Post facto sanction : कार्योत्तर मंजूरी
Post graduate : स्नातकोत्तर
Posthumous : मरणोपरांत
Posting : तैनाती / पद स्थापना
Postwar : युद्धोत्तर
Postmortem examination : मरणोत्तर परीक्षा
Postpone : मुल्तवी करना / स्थगित करना
Postponement : मुल्तवी / स्थगन
Post script (p.s.) : पुनश्च / पश्च लेख
Potential : विभव / संभाव्य / कार्यक्षम
Poultry : कुक्कुट (मुर्गी) पालन
Pounce : झपट्टा / झपटना / पीटना / मुकियाना
Power : शक्ति / बिजली / अधिकार
Power crisis : बिजली संकट
Power of attorney : मुख़्तारनामा
Powder : चूर्ण / पाउडर
Practice : पद्धति / कर्म / पेशा / अभ्यास
Practice of virtue : सद्गुणों का आचरण / साधनर
Practice : कार्यांवित करना / अभ्यास करना / का व्यवसाय करना
Practitioner : व्यवसायी / कर्ता
Pragmatic : तथ्यात्मक
Preamble : प्रस्तावना / पूर्वोपाय
Preaudit : पूर्व लेखा परीक्षा
Precaution : पूर्वाधान / एहतियात
Precedence : पूर्व उदाहरण
Preceding : पूर्ववर्ती
Preclude : रोक देना
Preconception : मूर्वधारणा / पूर्व संकल्पना
Predecessor : पूर्वज / पूर्वाधिकारी
Predetermined cost : पूर्व निर्धारित लागत

Predominent : प्रबल / प्रभावी / प्रधान

Pre-emption : अग्रक्रय / हक़्शुफा

Preface : प्रस्तावना

Prefer *(v)* : तरजीह देना / अधिमान देना

Preferable : वरीय

Preference : तरजीह / अधिमान

Preference share : अधिमान शेयर

Prefix : आरंभ में जोड़ना / पूर्व योजना

Pre-investment : निवेशपूर्व

Prejudice : प्रतिकूल प्रभाव / पूर्वाग्रह / पूर्व धारणा

Preliminary : प्रास्ताविक / प्रारंभिक / प्राथमिक

Premature : समयपूर्व / अकाल

Premises : परिसर / अहाता

Premium : बीमा-किस्त / प्रीमियम / अधिदेय

Preoccupation : पूर्वव्यस्तता / व्यस्तता

Preparation : तैयारी

Preparation leave : तैयारी के लिए छुट्टी

Preparatory to retirement : सेवा निवृत्तिपूर्व / रिटायर होने से पहले

Prepartition claims : विभाजन से पहले के दावे

Preplanned : पूर्व योजित / पूर्व नियोजित

Prepone : पूर्व नियतन

Pre receipted bill : रसीद सहित बिल

Prerogative : परमाधिकार

Prescribed : विहित / निर्धारित

Presence : उपस्थिति / हाज़िरी

Presentation : प्रस्तुतीकरण

Preservation : परिरक्षण

Preside : अध्यक्षता करना / सभापतित्व करना

Press : मुद्रणालय / प्रेस / समाचार-पत्र

Press censorship : प्रेस सेंसरी / प्रेस नियंत्रण

Press communique : प्रेस विज्ञप्ति

Press conference : पत्रकार सम्मेलन

Press copy : प्रेस (को दी जाने वाली) प्रति

Press gallery : प्रेस दीर्घा / पत्रकार गैलरी

Press handout : प्रेस पत्रक

Press man : प्रेस मैन / पत्रकार / मुद्रण कर्मचारी

Press material : प्रकाशन सामग्री

Press mark : पुस्तक संख्या

Press note : प्रेस नोट

Press release : प्रेस प्रकाशनी / प्रकाशनार्थ विज्ञप्ति

Pressing : अत्यावश्यक / ज़ोरदार / दुराग्रही

Pressure : दबाव / प्रभाव / क्लेश / कष्ट

Pressure of work : व्यस्तता / कार्यभार

Pressure cooker : दाब कुकर

Pressurised : दाबानुकूलित

Pretext : बहाना

Prevail : अभिभावी होना / सफल / प्रबल होना

Prevalence : प्रचलन / प्रचार

Prevent : रोकना / रुकावट
Preview : पूर्वदर्शन
Pre-war : युद्ध पूर्व
Price tag : मूल्य पर्ची
Prima-donna : प्रधान गायिका
Prima-facie : ऊपर से (देखने पर) प्रत्यक्षतः
Prime cost : मूल लागत
Primacy : प्रमुखता / अधिपत्य
Primary : मूलभूत / प्राथमिक
Primer : प्रवेशिका
Printer : मुद्रक
Printing and stationery : मुद्रण तथा लेखन सामग्री
Prior indication : पूर्व संकेत
Priority : प्राथमिकता / अग्रता
Priority buyer : प्राथमिकता प्राप्त क्रेता / खरीदार
Priority grading : प्राथमिकता की कोटियां / का वर्गीकरण
Priority indent : प्राथमिकता मांग-पत्र / इंडेंट
Priority indication : प्राथमिकता संकेत
Priority marking : प्राथमिकता अंकन
Prison : कारागार
Prisoner : क़ैदी / बंदी
Privacy : एकांत / गुप्त / दुराव / छिपाव / गोपनीयता
Private : निजी / ग़ैर सरकारी / प्राइवेट
Private gallery : निजी गैलरी / दीर्घा
Private member : ग़ैर सरकारी सदस्य
Private practice : प्राइवेट प्रैक्टिस
Private sector : निजी क्षेत्र
Privilege : विशेषाधिकार
Privilege committee : विशेषाधिकार समिति
Prize : पुरस्कार / इनाम
Probability : संभाव्यता / प्राथिकता / संभावना
Probable savings : संभाव्य बचत
Probation : परिवीक्षा / परख / आज़माइश
Probationary : परिवीक्षाधीन
Probationer : पारीक्षणिक / परिवीक्षार्थी
Probe : छानबीन / परीक्षण / तहकीकात
Procedural rules : क्रियाविधि नियमावली
Procedure : कार्यवाही
Proceeds : आगम / प्राप्ति
Process : प्रक्रम / प्रक्रिया / संसाधन
Processing : प्रक्रमण / संसाधन
Procession : जुलूस / शोभा यात्रा
Proclaim : उद्घोषणा
Procurement : वसूली / प्रापण
Produce : उपज / प्रस्तुत करना / पेश करना
Product : उत्पाद / औद्योगिक / उपज
Production : उत्पादन / पैदावार / प्रस्तुतीकरण
Production campaign : उत्पादन अभियान
Production cost : उत्पादन लागत
Production gaps : उत्पादन अंतराल
Production expenditure expenses : उत्पादन व्यय

Production labour : उत्पादन श्रम

Professional : व्यावसायिक / वृत्तिक

Proficiency : प्रवीणता

Proficiency certificate : प्रवीणता प्रमाण-पत्र

Profit : लाभ

Proforma : प्रपत्र / निदर्शन पत्र / फार्म

Programme : कार्यक्रम

Programme coordination : कार्यक्रम समन्वय

Programme indent : कार्यबद्ध इंडेंट / कार्यक्रम बद्ध मांग-पत्र

Programme schedule : कार्यक्रम अनुसूची

Progress : प्रगति

Progress chaser : प्रगति अनुवीक्षक

Progress man : प्रगति वीक्षक

Progress report : प्रगति रिपोर्ट / विवरण

Progressive : प्रगतिशील

Prohibit : मना करना / निषेध करना

Prohibition : निषेध / नशा बंदी

Prohibitory : निषेधात्मक आदेश

Project : परियोजना

Projection : प्रक्षेप / प्रक्षेपण

Projectionist : प्रक्षेपक

Prolonged illness : दीर्घीकृत / लंबी बीमारी

Prolong leave : छुट्टी बढ़ाना

Prominent : प्रमुख

Promise : वचन

Promissory note : वचन-पत्र

Promotion : प्रोन्नति / पदोन्नति / वर्धन

Promotion post : प्रोन्नति पद

Prompt : तुरंत / तत्काल / शीघ्र

Promulgation : प्रख्यापन

Pronounce : सुनाना / सुनाया जाना

Pronouncement : प्रख्यापन

Proof : प्रमाण / प्रूफ़

Propagate : प्रचार करना

Propagation : प्रचार

Proper channel : उचित माध्यम / मार्ग

Property : संपत्ति

Proportion : अनुपात

Proportional representation: आनुपातिक प्रतिनिधित्व

Proportionate : अनुपाती

Proposal : प्रस्ताव

Propose *(v)* : प्रस्ताव करना / प्रस्थापना

Proposer : प्रस्तावक / प्रस्थापक

Proposition : प्रस्ताव / प्रस्थापन

Propound : प्रतिपादित करना

Proprietory : सांपत्तिक / मालिकाना

Propriety : औचित्य

Pro rata : यथानुपात

Pros and cons : पक्ष-विपक्ष / आगा पीछा

Proscribe : अभिनिषिद्ध करना

Prospectively : भविष्यलक्षी प्रभाव से

Prospectus : विवरण सूची

Protection : संरक्षण

Protest : विरोध / प्रतिवाद

Protocol : नयाचार / प्रोटोकोल

Prototype : आदि प्ररूप

Prove : सिद्ध करना

Provide : प्रबंध करना / प्रावधान करना

Provided : बशर्ते / परंतु
Provident fund : भविष्य निधि
Provision : उपबंध / शर्त / व्यवस्था / रसद
Provisional : अनंतिम / अस्थायी / अंत: कालीन
Provocation : प्रकोपन / उकसाना
Proximate : निकटतम / समीपस्थ
Proximo : आगामी माह की
Proxy : प्रतिपत्र / परोक्षी
Public : जनता / पब्लिक / सार्वजनिक
Publication : प्रकाशन
Public body : सार्वजनिक निकाय
Public fund : सार्वजनिक निधि
Public good : लोकहित / जनहित
Public health : लोक स्वास्थ्य
Public holiday : सार्वजनिक अवकाश
Publicity : प्रचार
Public notice : सार्वजनिक सूचना
Public notification : सार्वजनिक अधिसूचना
Public nuisance : लोक न्यूसेंस / कंटक, उपद्रव

Public property : लोक संपत्ति
Public safety : लोक सुरक्षा / जन सुरक्षा
Public school : पब्लिक स्कूल
Public sector : सार्वजनिक क्षेत्र / पब्लिक सैक्टर
Public servant : लोक सेवक
Publish (*v*) : प्रकाशित करना
Punching (*V*) : बेधन करना
Punching machine (*N*) : बेधनी / पंचित्र
Punctual : समयनिष्ठ
Punish : दंड देना
Punitive : दंडात्मक
Purchase : क्रय / खरीद
Purchase (*V*) : खरीदना
Purport : अभिप्राय
Pursue : पीछे लग जाना
Pursuit : कामकाज
Purview : क्षेत्र / कार्य क्षेत्र
Put in abeyance : प्रास्थगित करना
Put up : प्रस्तुत करना / पेश करना
Putsch : क्रांति / विद्रोह

Q

Quack : नीम हकीम
Quaere : प्रश्न
Quake : कांपना / भूकंप
Qualification : योग्यता / अर्हता
Qualified : योग्य
Qualifier : विशेषक

Qualifying examination : अर्हक परीक्षा
Qualifying factor : अर्हक कारक
Qualifying level : अर्हक स्तर
Qualifying mark : अर्हक अंक
Qualifying output : अर्हक उत्पाद

Qualifying service : अर्हक सेवा
Qualitative : गुणात्मक
Qualitative technique : गुणात्मक तकनीक
Quality : गुण / विशेषता / गुणवत्ता
Quality certificate : गुणता पत्र / गुणता प्रमाण-पत्र
Quality control : कोटि नियंत्रण / गुणता नियंत्रण
Quantity : मात्रा / परिमाण / राशि
Quantum : क्वांटम / प्रमात्रा / मात्रा
Quarantine leave : संगरोध छुट्टी
Quarry man : खदानकार
Quarterly : त्रैमासिक
Quash : अभिखंडित करना
Quasi : वत् / कल्प
Quasi permanency : स्थायिवत् / स्थायीवत्
Query : प्रश्न
Quest : तलाश / खोज
Question : प्रश्न
Questionable : शंकास्पद / संदिग्ध
Question hour : प्रश्न काल / प्रश्न-अवधि
Questionnaire : प्रश्नावली / प्रश्नमाला
Quorum : कोरम / गणपूर्ति
Quota : कोटा / अभ्यंश / नियतांश
Quotation : उद्धरण / अवतरण
Quote *(V)* : उद्धृत करना / दर बताना / कोट करना

R

Race : प्रजाति / दौड़ / होड़ / जाति
Radius : घेरा / अर्धव्यास / त्रिज्या
Raid *(N)* : छापा / धावा
Raid *(V)* : छापा मारना / धावा बोलना
Random : यादृच्छिक / सांयोगिक / अनियमित
Random observation : यादृच्छिक प्रेक्षण
Range : परास (दूरी) / चांदमारी (रक्षा)/ रेंज (जंगल)
Rank : पद / ओहदा / श्रेणी / पंक्ति
Rare : दुर्लभ / विरल
Rash : उतावली / अंधाधुंध
Rate : दर / पौर कर
Rate card : दर पत्र / रेटकार्ड
Rate contract : दर संविदा / रेट का ठेका
Rate list : दर सूची
Rated capacity : निर्धारित क्षमता
Rate of interest : ब्याज दर
Rate of payer : पौर करदाता
Rates : महसूल
Rate structure : दर-संरचना
Ratification : अनुसमर्थन
Ratio : अनुपात
Ration : रसद / राशन / भोजन सामग्री
Rational : युक्तिसंगत
Raw material : कच्चा माल
Reactivation : पुनः सक्रियण / सक्रियकरण
Reading : पठन / वाचन / व्यवस्था

Readjust : पुनः समायोजित करना

Readymade : बनी बनाई

Ready reckoner : रेडी रेकनर / तत्काल परिकलक / तत्कालगणक

Real : वास्तविक / यथार्थ / असली

Real earning : वास्तविक कमाई / अर्जन

Real investimate : वास्तविक निवेश

Realise : अनुभव करना / वसूल करना / उगाहना

Real purchasing power : वास्तविक क्रय शक्ति

Reappointment : पुनर्नियुक्ति

Reappropriation : पुनर्विनियोजन

Reappropriation budget : विनियोगांतर बजट

Reason / reasoning : तर्क / कारण

Reasonable : उचित / युक्तियुक्त

Reassesment : पुनर्निधारण

Rebate : कटौती / छूट / बट्टा

Rebel / rebellious : विद्रोही

Rebellion : विद्रोह

Rebound : उछलना / टकराकर लौटना

Rebuff : दो टूक जवाब / झिड़की / अस्वीकृति / निरोध

Rebuild : पुनर्निर्माण

Rebukable : निंदनीय

Rebut : खंडन करना

Recall : वापस बुलाना / याद करना / याद दिलाना / वापस मांगना

Recant : मुकरना/मुकर जाना/वापस लेना

Recapture : दुबारा बंदी करना / पुनः प्राप्त करना / पुनः अधिकार में करना

Recast : दुबारा ढालना / सुधारना / नया रूप देना

Recede : (पीछे) हटना / लौटना

Receipt : प्राप्ति / आय / पावती / रसीद

Receipts and disbursement: आय और संवितरण

Receive : प्राप्त करना

Recent : हाल का / नया / अभिनव

Reception : स्वागत / स्वागत-सत्कार / स्वागत-समारोह

Reception room : स्वागत कक्ष

Receptive : ग्रहणशील / ग्राही

Recess : अवकाश / विश्रांति

Recession : सुस्ती

Recipient : पाने वाला / आदाता

Reciprocate : परस्पर आदान-प्रदान करना

Reckless : बेतहाशा / अंधाधुंध

Recklessness : दुस्साहस

Reckon : गिनना / गणना करना

Reclaim : (भूमि) पुनरुद्धार / वापस मांगना / फिर से प्राप्त करना

Recognise : मान्यता देना / मानना

Recognised : मान्यता प्राप्त / अभिज्ञात

Recognition : मान्यता / पहचान / अभिज्ञान

Recollect : स्मरण करना

Recommend : सिफारिश करना

Recommendatory certificate: सिफारिशी प्रमाण-पत्र

Reconcile : समाधान करना / मेल मिलाप करना

Reconciliation : समाधान / समन्वय / पवित्रीकरण

Recondition : मरम्मत करना / नया कर देना

Reconsideration : पुनर्विचार

Reconstitution : पुनर्गठन

Reconstruction : पुनर्निर्माण

Record : अभिलेख / रिकार्ड / कीर्तिमान

Record of service : सेवानिवृत्त / सेवा रिकार्ड

Record production : रिकार्ड उत्पादन

Record room : अभिलेख कक्ष

Recoup : प्रतिपूर्ति करना

Recourse : आश्रय / उपचार

Recover : वसूल करना / बरामद करना/ स्वस्थ होना

Recovery : वसूली

Recovery of dues : देय की वसूली

Recovery of loss : नुकसान की वसूली

Recruit : रंगरूट / भरती करना

Recruitment : भरती

Rectification : परिशोधन

Recurring account : आवर्ती खाता

Recurring charge : आवर्ती प्रभार

Recurring grant : आवर्ती अनुदान

Redeem : छुड़ाना / मोचन करना

Redemption : मोचन / प्रतिदान / छुड़ाना

Redemption of debt : ऋण का प्रतिदान

Red hot priority demand : अति अग्रता मांग

Redirect : पुनः प्रेषित करना / अनुप्रेषित करना

Redouble : बढ़ना

Redress : ठीक कर देना

Reduce : घटना / कम हो जाना

Reduction : घटाव / कमी / घटती / ह्रास / छूट / बट्टा / कटौती

Redundant : अनावश्यक / व्यतिरिक्त

Re-employment : पुनर्नियुक्ति / पुनर्नियोजन

Re-entry : पुनः प्रवेश

Re-examine : पुनः परीक्षा लेना

Refer : (विचारार्थ) भेजना / हवाला देना / उल्लेख करना / निर्देश करना

Referee : रेफरी / निर्देशी / मध्यस्थ / (अभि) निर्णायक

Reference : संदर्भ / निर्देश / हवाला

Reference book : संदर्भ ग्रंथ

Reference register : हवाला / संदर्भ रजिस्टर

Referendum : जनमत संग्रह

Refine : परिष्कार करना

Reflect : प्रतिबिंबित करना

Reform (N) **:** सुधार

Reform (V) **:** सुधारना

Refrain : विरत रहना / न करना

Refresher course : पुनश्चर्या

Refreshment : जलपान / अल्पाहार

Refuge : शरण / आश्रय

Refund : (धन) वापसी

Refund of deposit : जमा की वसूली

Refund order : धन वापसी का आदेश

Refusal : इनकार

Refutation : खंडन

Refute : खंडन करना

Regain : पुनः प्राप्त करना

Region : प्रदेश / क्षेत्र

Regional imbalance : प्रादेशिक / क्षेत्रीय असंतुलन

Register (V) : रजिस्टर करना / पंजीकृत करना

Registered acknowledge-ment : रजिस्टरी रसीदी डाक

Registered and insured articles : रजिस्टरी और बीमा की गई वस्तुएं

Registration : पंजीकरण / रजिस्ट्रीकरण

Regret : खेद

Regular : नियमित

Regular cadre : नियमित संवर्ग / काडर

Regular income : नियमित आय

Rehabilitation : पुनर्वास

Rehearsal : पूर्वाभ्यास

Reimbursement : प्रतिपूर्ति

Reinstate : पुनः स्थापित करना / बहाल करना

Reiterate : दोहराना / फिर कहना

Reject : अस्वीकारना / रद्द करना

Rejected bid : अस्वीकृत बोली

Rejected goods : अस्वीकृत माल

Rejection memo : अस्वीकृत पत्र

Rejoinder : प्रत्युत्तर

Relative : संबंधी / नातेदार / सापेक्ष / सापेक्षिक

Relative valuation : सापेक्ष मूल्यांकन

Relax : शिथिल करना / ढील देना / छूट देना

Relaxation : छूट / रियायत / ढील / श्रांति

Release : मुक्ति / रिहाई / छुटकारा / छूट / विमोचन / (धन) दे देना

Relevant : संगत / सुसंगत

Reliable : विश्वसनीय / पक्का

Reliance : भरोसा / विश्वसनीयता

Relief : राहत / सहायता / बदल / अनुतोष

Relieve : भारमुक्त करना / नौकरी से छुट्टी देना अथवा पाना / छुट्टी मिलना

Relinquishment : त्याग / छोड़ना

Relinquishment of charge : कार्यभार-त्याग

Reluctance : अनिच्छा

Remains : अवशेष

Remand : प्रतिपेषण

Remark : विचार / अभ्युक्ति

Remedial : उपचारी

Remedy : उपाय / उपचार

Reminder : स्मरण-पत्र / अनुस्मारक

Remission : परिहार / माफ़ी / छूट

Remission of revenue : राजस्व की छूट / माफी

Remittance : प्रेषण / भेजना

Remote : दूरवर्ती / सुदूर / परोक्ष

Removal : निष्कासन / हटाया जाना

Remuneration : पारिश्रमिक / मेहनताना

Render : देना / समर्पित करना

Renewal : नवीकरण

Rent : किराया / भाड़ा / लगान

Reorganisation : पुनः संगठन / पुनर्गठन

Reorientation : पुनराभिविन्यास

Repatriate : देश-प्रत्यावर्तन / देश को लौटाना / देश वापस भेजना

Repay : चुकाना

Repayable : प्रतिदेय / शोध्य

Repayment of loans : ऋणों का भुगतान

Repeal : निरसन / निरस्त करना

Repeat order : पुनरादेश

Replace : प्रतिस्थापित करना

Replenish : पुन: पूर्ति करना

Report : प्रतिवेदन / विवरण / रिपोर्ट

Repository : निधान / संग्रह

Represent : प्रतिनिधित्व करना

Representation : प्रतिनिधित्व / अभ्यावेदन / अभिवेदन

Reprimand : भर्त्सना / फटकार / धिग्दंड

Reprisal : प्रतिशोध

Reproduce : समुद्धत करना / प्रतिलिपि या प्रतिकृति तैयार करना

Reprove : भर्त्सना / निंदा

Republic : गणराज्य / गणतंत्र

Repudiate : परित्यक्त करना / निकाल देना

Repugnant : प्रतिकूल / विरुद्ध

Reputation : प्रसिद्धि / ख्याति

Requisite : अपेक्षित गुण / आवश्यक गुण / आवश्यक / अपेक्षित

Requisites : अपेक्षित वस्तुएं / आवश्यक वस्तुएं

Requisition : मांग / अधिग्रहण

Resale notice : पुन: विक्रय की सूचना

Rescind : विखंडन करना

Rescue : उद्धार करना / बचाना

Research : अनुसंधान / गवेषणा

Reservation : आरक्षण

Reserve : रिजर्व / आरक्षित

Reserve price : आरक्षित कीमत

Reserve stock : आरक्षित माल / स्टाक

Resettlement : पुन: स्थापन / पुनर्व्यवस्थापन

Reshuffle : फेरबदल

Residence : निवास / आवास

Residual : अवशिष्ट

Residuary : अवशिष्ट

Residuary power : अवशिष्ट अधिकार / शक्ति

Residue : अवशेष

Resign : त्याग-पत्र देना / राजीनामा देना (मराठी)

Resist : प्रतिरोध करना

Resolution : संकल्प

Resort : आश्रय / आश्रय लेना

Resources : साधन

Respectfully : सादर

Respectively : क्रमानुसार / क्रमश:

Respondent : प्रत्यार्थी / प्रतिवादी

Response : प्रत्युत्तर / उत्तर / अनुक्रिया

Responsibility : ज़िम्मेदारी / उत्तरदायित्व

Rest house : विश्रामगृह

Restitution : प्रत्यानयन / प्रत्यावस्थान

Restoration : पुन: स्थापन / फिर से चालू करना

Restore : पुन: स्थापन करना

Restraint : अवरोध / नियंत्रण

Restricted : प्रतिबंधित / सीमित

Restricted leave : प्रतिबंधित अवकाश / छुट्टी

Restriction : प्रतिबंधित / रोक

Resume : सारवृत्त / पुन: आरंभ करना

Resummon : पुन: आरंभ करना

Resumption : पुनरारंभ

Retail price : फुटकर / खुदरा क़ीमत

Retain : प्रतिधारित करना / रखे रहना / रोक रखना

Retaliation : प्रतिकार करना / बदला

Retention price : प्रतिधारण कीमत

Retire : सेवा निवृत्ति लेना / निवृत्त होना

Retirement benefit : सेवा निवृत्ति लाभ

Retiring age : सेवा निवृत्ति आयु

Retiring room : विश्राम कक्ष

Retrenchment : छटनी

Retrial : पुनः विचारण

Retrospective : भूत लक्षी / पूर्वव्यापी

Return : वापसी / उत्तर / वापस करना / लौटाना / निर्वाचित करना

Return journey : वापसी यात्रा

Return of post : वापसी डाक

Returns : विवरणी / नियत विवरण

Revalidation : पुनर्वैधीकरण

Revaluation : पुनर्मूल्यन

Revenue : राजस्व

Revenue expenditure : राजस्व खर्च

Revenue stamp : रसीदी टिकट

Reverse : उत्क्रम / प्रतिलोभ / उलटा

Reversion : प्रत्यावर्तन

Reverted : प्रत्यावर्तित / लौटना / फिरना

Review : समीक्षा / पुनर्विलोकन

Revised budget : प्रतिशोधित बजट

Revised estimate : प्रतिशोधित आकलन / प्राक्कलन

Revised tender : प्रतिशोधित निविदा/ टेंडर

Revision : पुनरीक्षण / दोहराना / परिशोधन

Revision of pay scale : वेतनमान का पुनरीक्षण

Revival : पुनरुज्जीवन / पुनः प्रवर्तन

Revocation : प्रतिसंहरण करना

Revolution : क्रांति / प्रतिक्रमण

Reward : पारितोषक / पुरस्कार / प्रतिफल

Rigger : सज्जक / रिगर

Right : अधिकार / दाहिना

Rigorous : कठोर

Riot : बलवा / दंगा

Risk purchase : जोख़िम-खरीद

Rival : प्रतिद्वंद्वी / विरोधी

Roadman : सड़क कर्मी

Road ways : सड़क मार्ग

Role : भूमिका

Roll : नामावली / पंजी

Roster : रोस्टर / नामावली

Roster copying : रोस्टर नकल उतारना

Rotation : चक्रानुक्रम / बारी-बारी से

Rough : कच्चा

Rounding off : पूर्णांकित करना

Routine : नेमी / दस्तूरी (तेलुगु)

Routine note : नेमी नोट / दस्तूरी नोट

Routine test : नेमी परीक्षण

Royalty : रायल्टी / आय / लाभ में अंश भाग

Rude : अशिष्ट / अभद्र

Rule : नियम

Ruler : शासक

Rules and regulation : नियम-विनियम

Rules of business : कार्य संचालन नियमावली

Ruling : विनिर्णय
Rumour : अफवाह
Running commentary : आंखों देखा हाल / चल वृत्तांत
Running contract : चालू संविदा
Running repairs : चालू मरम्मत
Running summary of facts : तथ्यों का क्रमिक सार
Rural : ग्राम / ग्रामीण
Rush : दौड़ / झपट / धावा / चढ़ाई / बड़ी मांग / तुरत प्रति / वेगपूर्वक / आगे बढ़ना / घुस पड़ना / पार कर डालना
Rust : ज़ंग / मोर्चा
Rustic : देहाती / ग्राम्य / कच्चा / अनगढ़
Rustler : पशुचोर
Ruthless : बेरहम / निष्ठुर

S

Sabotage : तोड़-फोड़ / बिगाड़ना
Saboteur : तोड़-फोड़ करने वाला
Sack : बोरा / लूटपाट / निकाल देना
Safe : सुरक्षित / निरापद / भय रहित
Safe conduct : सुरक्षित रूप से ले जाना
Safeguard : रक्षात्मक / सुरक्षात्मक
Safety : संरक्षा / सुरक्षा / क्षेम
Safety lamp : निरापद दीप
Sagacity : दूरदर्शिता
Salary : वेतन
Sale : विक्रय / बिक्री
Sale account : विक्रय खाता
Sale deed : बैनामा
Sale letter : विक्रय-पत्र
Sale proceeds : विक्रयागम
Sale promotion : बिक्रीवर्धन
Sale tax : विक्रय कर / बिक्री कर
Sale value : विक्रय मूल्य
Salient : प्रमुख / मुख्य
Salvage : उबारना / कबाड़
Sample : नमूना
Sample checking : नमूना जांच
Sample survey : नमूना सर्वेक्षण
Sanction : मंज़ूरी / स्वीकृति
Sanctioned budget : संस्वीकृत बजट
Sanctioned projects : संस्वीकृत परियोजनाएं
Sanctioning authority : मंज़ूरीदाता प्राधिकारी
Sanctioning order : मंज़ूरी आदेश
Sanctity : पवित्रता
Sane : स्वस्थ चित्त
Sanitaruim / Sanatorium : आरोग्य घर
Sanitary : सफाई का / स्वास्थ्य का
Sanitation : सफ़ाई / स्वच्छता / स्वास्थ्य रक्षा
Satisfaction : संतोष / संतुष्टि
Saving : बचत
Saving-gram : बचततार
Savings account : बचत खाता
Savings bank : बचत बैंक

Scale : माप / मापक्रम / पैमाना / अनुमान
Scale of pay or pay scale : वेतनमान
Scarcity : कमी / न्यूनता
Schedule : अनुसूची
Scheduled bank : अनुसूचित बैंक
Scheduled caste : अनुसूचित जाति
Scheduled tribe : अनुसूचित जन जाति
Scheduled of demands : मांग-अनुसूची
Scheduled of supply : पूर्ति-अनुसूची
Scheme : योजना
Scholarship : छात्रवृत्ति / विद्वत्ता
Scope : विषय / कार्य क्षेत्र / परिधि / विस्तार
Scorer : गणक
Scrap value : रद्दी का मूल्य
Screening : छानबीन
Screwer : पेंचकसिया
Script : आलेख / पांडुलिपि
Scrutiny : संवीक्षा / छानबीन
Seal *(N)* : मुद्रा / मुहर
Seal *(V)* : मुहर लगाना
Sealed : मुहरबंद / मुद्रांकित
Sealed pattern : मुहरबंद प्रतिरूप
Sealed tender : मुहरबंद निविदा / टेंडर
Seal of office : पद मुद्रा / कार्यालय की मुहर
Search *(N)* : तलाशी
Search *(V)* : तलाश करना
Seccession : पार्थक्य / पृथक होना
Secondary : गौण / माध्यमिक
Secrecy : गोपनीयता
Secret : गुप्त / गुप्त बात
Secret ballot : गुप्त मतदान
Secret cover : गुप्त लिफाफा / आवरण
Secret inquiry : गुप्त जांच / पूछताछ
Secret letter : गुप्त पत्र
Section : अनुभाग (अधिनियम की) धारा
Section diary : अनुभाग डायरी
Sector : सेक्टर / क्षेत्र
Security : प्रतिभूति / सुरक्षा
Security bond : प्रतिभूति बंध-पत्र
Security deposit : प्रतिभूति जमा / ज़मानत जमा
Security instruction : सुरक्षा अनुदेश
Security measures : सुरक्षा उपाय
Sedition : राजद्रोह
Segregate : पृथक करना / अलग करना
Seizure : अधिग्रहण
Selection : चयन / प्रवरण
Selection grade : प्रवरण कोटि / सेलेक्शन ग्रेड
Selection post : प्रवरण पद / सेलेक्शन पद
Self acquired : स्वर्जित
Self contained : स्वतः पूर्ण
Self defence : आत्म रक्षा
Self explanatory : स्वतः स्पष्ट
Self interest : स्वार्थ / निजी लाभ
Self reliance / Self sufficiency: आत्मनिर्भरता
Seller : विक्रेता

Selling agent : बिक्री एजेंट / अभिकर्ता

Semi finished goods : अधबना माल

Seminar : विचार गोष्ठी / संगोष्ठी

Semi skilled labour : अर्ध कुशल श्रमिक

Sender : प्रेषक

Senior : वरिष्ठ

Senior administrator grade : वरिष्ठ प्रशासन ग्रेड

Senior most : वरिष्ठतम

Senior scale : वरिष्ठतम वेतनमान

Senior time scale : वरिष्ठतम काल मान

Sensitive : संवेदनशील

Sentence : दंडादेश

Sequence : अनुक्रम

Serial list : क्रम सूची

Serial number : क्रमांक / क्रम संख्या

Series : आवलि / श्रेणी / श्रृंखला / ताला / सिलसिला

Serious : गंभीर

Servant : सेवक

Service : सेवा / नौकरी / व्यवस्था

Service book : सेवा पंजी / सेवा पुस्तिका

Service roll : सेवा वृत्त

Service sheet : सेवा पत्र

Session : सत्र / अधिवेशन

Set aside : अपास्त करना

Setter : निवेशक

Settlement : बंदोबस्त / निपटारा / समझौता / व्यवस्थापन

Set up (N) : व्यवस्था / ढांचा

Set up (V) : स्थापित करना

Severally : पृथक-पृथक

Severance: पृथक्करण / संबंध-विच्छेद / विभाजन

Sewage : बाहित मल

Share : अंश / शेयर / भाग

Share capital : शेयर पूंजी

Shareholder : शेयर धारी

Shift : पारी

Shifting : स्थानांतरण

Shift system : पारी प्रणाली

Shipping : जहाज़रानी

Shipyard : पोत प्रांगण

Shortage : कमी

Shortfall : कमी

Short notice : अल्प सूचना

Short term : अल्पावधि

Show cause notice : कारण बताओ नोटिस / कारण निर्देशन नोटिस

Sick unit : रुग्ण एकांश / बेकार एकक

Sign : चिह्न / संकेत / हस्ताक्षर करना

Signal : संकेत / सिग्नल

Signal and telecommunication : संकेत और दूर संचार

Signature : हस्ताक्षर

Significant : महत्त्वपूर्ण / सार्थक

Signify : व्यक्त करना / प्रकट करना

Silver jubilee : रजत जयंती

Similar : सदृश / वैसे ही / समरूप

Simultaneous : समक्षणिक / एक साथ / एक ही समय पर

Sincere : निष्कपट / सद्भावी / निष्ठावान

Sine die : अनिश्चित काल के लिए

Sine qua non : अनिवार्य शर्त

Sinking fund : निक्षेप निधि

Sir : श्रीमान् / महोदय

Site : स्थल / घटना-स्थल / स्थान

Site plan : स्थल नक्शा

Sitting member : वर्तमान सदस्य / आसीन सदस्य

Sketch : रेखाचित्र

Skilled labourer : कुशल श्रमिक

Slackness : शिथिलता / ढिलाई

Slander : अपमान वचन

Sleeping partner : निष्क्रिय भागीदार

Slip : पर्ची / फिसल जाना

Slum : गंदी बस्ती

Small saving fund : अल्प बचत निधि

Small scale industry : लघु उद्योग

Smuggle : चोरी से लाना-ले जाना / तस्करी करना

Smuggling : तस्करी व्यापार / तस्करी

Social security : सामाजिक सुरक्षा

Social welfare : समाज कल्याण

Socialistic pattern (of society): (समाज का) समाजवादी रूप

Social work : समाज कार्य

Society : समाज / सोसाइटी / उच्च वर्ग / संगति / संघ / सभा / संस्था

Sociological : समाजवैज्ञानिक

Sock : मोज़ा / जुर्राब

Socket : साकेट

Sole agent : एकमात्र एजेंट / अभिकर्ता

Solemn : सत्यनिष्ठ / गंभीर

Solicit : याचना करना / प्रार्थना करना

Solitary : एकांत

Solution : समाधान

Solve : हल करना / समाधान करना

Solvent : (ऋण) शोधनक्षम / संपन्न

Sorting : छंटाई

Sorting appliance : छंटाई उपयंत्र

Source : स्रोत / उद्गम

Souvenir : सुवनियर / निशानी / स्मारिका

Sovereign : अधिराष्ट्र / प्रभु / सर्वसत्ताधारी / प्रभुसत्ता संपन्न

Space : अंतरिक्ष

Spacing : अंतर छोड़ना

Spare : अतिरिक्त

Speaker : वक्ता / (लोकसभा का) अध्यक्ष

Special : विशेष

Special allowance : विशेष भत्ता

Special cash witness : विशेष रोकड़ साक्षी

Special grant : विशेष अनुदान

Specialisation : विशेषज्ञता

Special pay : विशेष वेतन

Specification : विनिर्देश

Specimen signature : नमूना हस्ताक्षर

Speculation : अनुमान / अटकल / सट्टा

Speech : भाषण

Speed breaker : गतिरोधक

Sphere : गोला / क्षेत्र

Sphericity : गोलाई

Sphero meter : गोलाई मापी

Spokesman : प्रवक्ता

Sponsor (N) : प्रायोजक

Sponsor (V) : प्रायोजित करना

Sports : खेल-कूद

Spot (N) : चित्ती / धब्बा / दाग / दोष

Spot (V) : का अनुमान लगा लेना / पता लगा लेना

Spouse : विवाहिती / पति या पत्नी

Spy : जासूस

Squad : स्क्वॉड / दस्ता

Stability : स्थिरता

Staff : कर्मचारी वर्ग / स्टाफ

Stage : रंगमंच / अवस्था / प्रक्रम

Stagnation : गतिरोध / गतिहीनता

Stamp : टिकट / स्टांप / मुहर / मुद्रांक

Stamp duty : स्टांप शुल्क

Stamping : मुहर लगाना

Stamp paper : स्टांप काग़ज़ / पत्र

Stamp vendor : स्टांप विक्रेता / टिकट विक्रेता

Standard : मानक / स्तर

Standard heads : मानक शीर्ष

Standerdization : मानकीकरण

Standing : स्थायी / प्रतिष्ठा

Standing order : स्थायी आदेश

Stapling machine : तार सिलाई मशीन / स्टैपलिंग मशीन

Starred (question) : तारांकित (प्रश्न)

Starting salary : प्रारंभिक वेतन

State : राज्य / स्थिति / दशा

State banquet : राज भोज

State guest : राजकीय अतिथि

Statement : वक्तव्य / विवरण

Statement of account : लेखा-विवरण

Statesman : राजमर्मज्ञ / राजनेता

Static : स्थिर

Station : स्टेशन / केंद्र

Stationary : स्थिर / अचल

Stationery : लेखन सामग्री

Statistical : सांख्यिकीय

Statistical analysis : सांख्यिकीय विश्लेषण

Statistical bulletin : सांख्यिकीय बुलेटिन

Statistics : सांख्यिकी

Status : स्थिति / हैसियत / प्रतिष्ठा / मर्यादा

Status quo : यथापूर्व स्थिति

Statute : कानून / संविधि

Statutory : कानूनी / सांविधिक

Staunch (Stanch) : पक्का / कट्टर

Stay : रोक

Stay order : रोकने का आदेश

Steady : स्थिर / संतुलित

Steering Committee : विषय निर्वाचन समिति

Stencil : स्टेंसिल

Stenographer : आशुलिपिक

Stenography : आशुलिपि

Stereo maker : स्टीरियो निर्माता

Stereo typed : रूढ़ / रूढ़िबद्ध

Sterilization : विसंक्रमण / वंध्याकरण/ नसबंदी

Stern : कठोर

Stigma : लांछन / कलंक / धब्बा

Stimulate : उत्तेजित करना

Stipend : वृत्तिकाग्राही / वैतनिक

Stipulate : अनुबंध करना

Stipulation : अनुबंध

Stock : सामान / माल / स्टाक / शेषमाल

Stock taking : माल की पड़ताल / स्टाक मिलान

Stop : विराम

Stop gap arrangement : काम चलाऊ व्यवस्था

Stop watch : विराम घड़ी

Storage : संचयन / गोदाम में रखना

Store : स्टोर / गोदाम

Straightened folder : सीधा फोल्डर

Strain : तनाव

Stranded : फंसा हुआ

Stranger : अपरिचित / अजनबी

Strap : फीता / पट्टी

Strata : स्तर

Strategic Factor : निर्णायक कारक/ महत्त्वपूर्ण कारक

Strategy : रणनीति / कार्य नीति

Streamline : सुप्रवाही बनाना / सरल व कारगर बना देना

Strength : शक्ति

Strenuous : श्रम साध्य

Stress : ज़ोर देना

Stretcher : स्ट्रेचर

Stricture : निंदा

Strike : हड़ताल / आघात करना / आक्रमण करना / चोट करना

Stringer : फुटकर संवाददाता

Strip : पट्टी

Strive : प्रयास करना

Strong room : कोष कक्ष

Structural : संरचनात्मक

Structure : संरचना

Struggle : संघर्ष

Stubborn : ज़िद्दी

Studio : स्टूडियो

Studious : अध्ययनशील / परिश्रमी

Study : अध्ययन

Study leave : अध्ययनार्थ अवकाश

Stuff : सामग्री

Style : शैली

Stylographic pen : स्टेंसिल कलम

Sub : नायब / उप / छोटा

Subject : विषय

Subjective : आत्मनिष्ठ / व्यक्तिपरक

Sub lease : उप पट्टा / शिकमी पट्टा

Subletting : दर किरायेदारी / उप भाड़ा

Submission : निवेदन / अधीनता स्वीकार करना

Submissive : विनीत / विनय

Subordinate : अधीनस्थ / अधीन

Subordinate office : अधीनस्थ कार्यालय

Subordinate services : अधीनस्थ सेवाएं

Subordinate staff : अधीन कर्मचारी वर्ग / अधीनस्थ स्टाफ

Sub paragraph : उप पैराग्राफ़

Sub section : उपधारा

Subsequent : बाद का / उत्तरवर्ती / अनुवर्ती

Subsidiary : गौण / सहायक / समनुषंगी

Subsidiary bodies : गौण संस्थाएं/ सहायक संस्थाएं

Subsidiary industry : उपांग उद्योग

Subsidiary register : सहायक रजिस्टर

Subsidy : सहायिकी / इमदाद

Subsistence allowance : निर्वाह भत्ता

Substantive : मौलिक / मूल

Substantive pay : मूल पद वेतन

Substantive post : मूलपद
Substitute : एवज़ी
Suburb : उपनगर
Subversive activities : ध्वंसात्मक गतिविधियां
Succeeding : अनुवर्ती / उत्तरवर्ती
Succession : उत्तराधिकार
Sue : मुकदमा चलाना / दायर करना
Suffer : सहना / पीड़ित होना
Sufficient : पर्याप्त
Suffix : अंत में जोड़ना / अनुयोजन
Suggestion : सुझाव
Suicide : आत्महत्या
Suit : दावा / मुकदमा / वाद
Suitability : उपयुक्तता / औचित्य / अनुकूलता
Suited : उपयुक्त
Sum : राशि / रक़म / योग जल / जोड़
Summarily : सरसरी तौर पर / संक्षेप में
Summary trial : संक्षिप्त विचारण
Summing up : उपसंहार
Summit : शिखर
Summon : सम्मन / आह्वान करना / बुलाना
Sumptuary allowance : सत्कार भत्ता
Sum up : संक्षेप / सारांश
Sundry : फुटकर / विविध
Superannuation : अधिवर्षिता
Superficial : ऊपरी / सतही
Super impose : अध्यारोपण करना
Superior : प्रवर / उच्च / वरिष्ठ / श्रेष्ठ / उत्तम
Superintendence : अधीक्षण
Supernumerary : अधिसंख्या
Super scription : उपरिलेख
Supersede : अतिक्रमण करना
Super structure : ऊपरी ढांचा / अधिरचना
Super tax : अधि कर
Supervision : पर्यवेक्षण
Supplement : अनुपूरक / जोड़ बंध
Supplementary budget : अनुपूरक बजट
Supplementary cost : अनुपूरक लागत
Supplementary demand : अनुपूरक मांग
Supplementary grant : अनुपूरक अनुदान
Supplementary question : अनुपूरक प्रश्न
Supply : पूर्ति / प्रदाय
Support : समर्थन / आलंब लगाना
Suppress : दमन करना / दबाना
Suppression : दमन
Supreme : सर्वोच्च
Surcharge : अधिभार
Surety : ज़मानत / प्रतिभूति / ज़ामिन
Surety bond : ज़मानत बंध-पत्र
Surname : कुल नाम
Surplus : अधिशेष
Surplus budget : बचत का बजट
Surplus report : अधिशेष रिपोर्ट
Surplus stores : अधिशेष भंडार
Surprise check : आकस्मिक जांच
Surprise visit : आकस्मिक निरीक्षण
Surrender : समर्पण
Surrenders : अभ्यर्पित राशियां
Surroundings : परिवेश

Surtax : अंतिकर
Survey report : सर्वेक्षण रिपोर्ट
Survival : उत्तरजीवित
Suspect : संदिग्ध व्यक्ति
Suspend : निलंबित करना
Suspense : असमंजस / उचंत
Suspension : निलंबन
Suspicion : संदेह / संशय
Sustain : सही मानना / संभालना
Sustained : लगातार
Swear : शपथ लेना
Swimming pool : तरण ताल
Swivel bridge : घुमाऊ पुल
Swollen : सूजा हुआ
Swollen head : घमंडी

Swoop : झपटना
Sword : तलवार
Syllabus : पाठ्य विवरण
Symbol : प्रतीक
Symmetry : सममिति / समरूपता
Symposium : परिसंवाद
Symptom : लक्षण
Synchronise : साथ-साथ होना / घटना
Synopsis : रूपरेखा / विषय संक्षेप / सार / संक्षेप
Synthesis : संश्लेषण
System : निकाय / तंत्र / प्रणाली
Syndicate : अभिषद्
Systematic : व्यवस्थापित

T

Tab : घुंडी / तसमा / पटरी / टंगनी
Table : मेज़ / सारणी / तालिका
Tableau : सजीव चित्र / झांकी
Tabular : सारणीबद्ध
Tabulated statement : सारणीबद्ध विवरण
Tabulated appliance : सारणीबद्ध उपयंत्र
Tabulation : सारणीयन / सारणीकरण
Tabulator : सारणी यंत्र
Tackle : सुलझाना / निपटना / निपटाना
Tact : युक्ति / चातुर्य
Tactful : व्यवहार कुशल
Tactless : अव्यावहारिक / अचतुर
Tag : टैग / नत्थी करना

Talented : प्रतिभा संपन्न / प्रतिभाशाली
Tally (N) : गिनती / संख्या
Tally (V) : मिलान करना
Tally card : मिलान कार्ड
Tampering : हेर-फेर करना / गड़बड़ करना
Tangible : मूर्त
Tangible asset : मूर्त परिसंपत्ति
Tanner : चर्मशोधक
Tape : टेप / फीता
Tapping : जुटाना / बढ़ाना / फोन का टेप करना
Tardiness : शिथिलता / आलस्य
Target : लक्ष्य / निशाना / चांद (चांदमारी का)

Tariff : दर सूची / टैरिफ़
Tarnish : धूमिल करना / मलिन करना
Task : काम / कार्य
Task force : कार्य दल
Tattoo : रात का बिगुल
Tax : कर
Taxation : कर लगाना
Teacher : शिक्षक / अध्यापक
Team : दल / टोली
Team work : सामूहिक कार्य
Teapoy : तिपाई
Technic : तकनीक / प्रविधि / शिल्पविधि
Technical : तकनीकी / प्रविधिक
Technical advice : तकनीकी सलाह
Technical data : तकनीकी आधार-
सामग्री
Technical qualification :
तकनीकी योग्यता / अर्हता
Technical term : पारिभाषिक शब्द /
तकनीकी शब्द
Technical training : तकनीकी
प्रशिक्षण
Technician : तकनीकविद् / प्रविधिज्ञ /
तकनीशियन
Technocracy : प्रविधि तंत्र
Technocrat : प्रविधि तंत्री / टैक्नोक्रैट
Techno-economic study :
तकनीकी आर्थिक अध्ययन
Technological : प्रौद्योगिक / शिल्प
वैज्ञानिक
Telegram : तार
Telegraphy : तार-संचार / टेलीग्राफ़ी
Television : दूरदर्शन / टेलीविज़न
Teller : गणक
Temper : मिज़ाज / स्वभाव

Temperament : मिज़ाज / स्वभाव /
प्रकृति
Temperamental : तुनक मिज़ाज
Tempo : गति / टैंपो
Temporal : कालिक
Temporary : अस्थायी
Temporary appointment :
अस्थायी नियुक्ति
Temporary commission :
अस्थायी कमीशन / आयोग
Temptation : प्रलोभन
Tenable : मान्य / तर्कसंगत
Tenacity : दृढ़ता
Tenancy : किरायेदारी
Tenant : किरायेदार / असामी / अधिभोक्ता
Tendency : रुझान
Tender : टेंडर / निविदा
Tender box : निविदा पेटी
Tender money : निविदा / टेंडर की
रकम
Tender notice : निविदा सूचना
Tender samples : निविदा के नमूने
Tenderer : टेंडरदाता / निविदाकार
Tensile test : तनाव परीक्षण
Tension : तनाव
Tentative : अनंतिम
Tenure : अवधि / कार्यकाल
Tenure of office : कार्यालयावधि
Tenure of post : पदावधि
Tenure of work : ठेका-अवधि
Tenure post : सावधिक पद
Term : अवधि / मियाद / शब्द
Terminable : समाप्य / समापनीय
Terminal (report etc) : आवधिक
Terminal charges : सीमा चुंगी

Termination (of service) : पद-च्युत
Termination notice : पद-च्युत की सूचना
Terminology : शब्दावली
Terminus : अंतिम स्थल / टर्मिनस
Term loan : मियादी / आवधिक कर्ज़
Term of office : पदावधि
Terms : निबंधन / शर्तें
Terms of delivery : (माल) देने की शर्तें / परिदान की शर्तें
Terms of reference : विचारार्थ विषय्
Terms of service : सेवा / नौकरी की शर्तें
Terms of trade : आयात-निर्यात स्थिति
Territory : राज्य क्षेत्र
Terrorist : आतंकवादी
Test : परीक्षण / परख / जांच
Testament : वसीयत
Test certificate : परीक्षण प्रमाण-पत्र
Test charge : परीक्षण खर्च
Test check : जांच परीक्षण
Tester : परीक्षक
Testimony : साक्ष्य
Testing report : परीक्षण / जांच रिपोर्ट
Text (of letter) : कलेवर / मजमून
Text book : पाठ्य पुस्तक
Thankless : कृतघ्न
Thankless job : धन्यवादहीन कार्य
Theatre : रंगशाला / कार्यक्षेत्र / घटनास्थल
Theme : विषयवस्तु
Therapy : चिकित्सा-विज्ञान
Thoughtful : विचारशील
Threat : धमकी / आशंका / खतरा
Thrift : मितव्यय
Thumb impression : अंगूठे का निशान
Thumping majority : भारी बहुमत
Ticket : टिकट
Tie : बांधन / टाई / गांठ
Time barred : कालातीत
Time bound : समयबद्ध
Time deposit (i.e. fixed deposit) : मियादी जमा / आवधिक जमा
Time limit : समय सीमा
Time recording machine : समय लेखनी मशीन
Time scale : समय मान
Time schedule : समय अनुसूची
Time stamp : समय मोहर
Time study equipment : समय अध्ययन उपस्कर
Time table : समय सारणी
Timing : समय / समय निर्धारण
Tip : संकेत / बख्शीश
Title : शीर्षक / पदवी / हक
Tolerant : सहिष्णु / सहनशील
Tool : औज़ार
Topic : प्रकरण / विषय / प्रसंग
Topmost : सर्वोच्च
Top priority : परम अग्रता
Top secret : परम गुप्त
Torture : यंत्रणा / यातना
Total : योग / जोड़ / कुल
Touchy : अतिभावुक
Tough : कठोर / कड़ा

Tour : दौरा
Tour programme : दौरा-कार्यक्रम
Tour report : दौरा रिपोर्ट
Trace : लेश / सुराग
Tragedy : दुःखद घटना
Trail : लकीर / पद चिह्न
Training : प्रशिक्षण
Training centre : प्रशिक्षण केंद्र
Training period : प्रशिक्षण काल
Traitor : देशद्रोही / गद्दार
Transaction : संचालन / सौदा / लेनदेन
Transcribing machine : प्रतिलेखन मशीन
Transcription : प्रतिलेखन / अनुलेखन / लिप्यंतरण
Transfer : बदली / अंतरण / स्थानांतरण/ हस्तांतरण
Transfer memorandum : स्थानांतरण आदेश
Transformation : रूपांतरण
Transhipment : यानांतरण
Transit : संक्रमण / पारगमन / पारवहन
Transit duty : संक्रमण शुल्क
Transitional : संक्रमणकालीन
Transit pass : पारगमन पास
Transliteration : लिप्यंतरण
Transmission : प्रसारण
Transmitter : ट्रांसमीटर / प्रेषक / संचारी / प्रसारी
Transport : परिवहन
Transportation : परिवहन
Trap : फंदा / पाश / फंसाना
Travel : यात्रा
Travelling allowance (TA) : यात्रा भत्ता
Treachery : विश्वासघात
Treason : राजद्रोह
Treasure / Treasury : खज़ाना
Treasury bench : सत्ता पक्ष (संसद में)
Treasury deposit receipt (TDR) : ख़ज़ाना जमा रसीद
Treaty : संधि
Trek : दुर्गम यात्रा
Trend : प्रवृत्ति / झुकाव
Trespass : अतिचार / अतिचार करना
Trial : जांच / परख
Trial and error method : प्रयत्न-त्रुटि विधि
Tribe : जनजाति
Tribunal : अधिकरण
Tribute : असम्मान / श्रद्धांजलि
Tripartite : त्रिपक्षीय
Triplicate : तेहरा / तीसरी प्रति
Trolly : ट्राली
Troop : टोली / सैन्य दल
Truce : युद्ध विराम संधि
Troupe : मंडली
Trust : न्यास / विश्वास / ट्रस्ट
Truster : न्यासी
Trust money : न्यास धन
Tug of war : रस्साकशी
Tunnel : सुरंग
Turn down : अस्वीकार करना
Turn out : उत्पाद / उपस्थिति
Turn over : कुल बिक्री
Tutelage : संरक्षण
Typing : टाइपिंग
Typographical error : मुद्रण भूल / टंकण भूल

U

Ulterior : गूढ़ / गुप्त / परतर

Ultimate : अंतिम / चरण

Ultimate consignee : अंतिम परेषिती

Ultimate objective : अंतिम उद्देश्य

Ultimatum : अंतिम चेतावनी

Ultimo : गतमास

Umpire : अंपायर / पंच / निर्णेता

Unaided : असहायता प्राप्त

Unanimous : एकमत / सर्व सम्मत

Unauthorised : अप्राधिकृत

Unavoidable : अनिवार्य / अपरिहार्य

Unbecoming : अशोभन / अशोभनीय

Uncashed : बिना भुनाया

Uncertain : अनिश्चित

Unclaimed : बेदावा

Uncompromising : मताग्रही

Unconditional : बिना शर्त

Unconstitutional : असांविधानिक/ असंवैधनिक

Uncovered demand : अपूरित मांग

Under consideration : विचाराधीन

Under consumption : अल्पोपभोग

Under developed : अल्पविकसित

Under estimate : अव-आकलन / अव-प्राक्कलन

Under examination : परीक्षाधीन

Underground : भूमिगत

Underhand : चालाक

Underlined : रेखांकित

Under reference : प्रसंगाधीन

Undersigned : अधोहस्ताक्षरी

Under utilization : न्यून उपयोग

Under valuation : अल्प मूल्यांकन

Undesirable : अवांछनीय

Undignified : अशोभनीय / अभद्र

Undisbursed loan : असंवितरित कर्ज़

Undisputed : निर्विवाद

Undoubtedly : निस्संदेह

Undue : अनुचित / असम्यक्

Undue influence : अनुचित प्रभाव

Unearth : पता लगाना

Uneconomical : अलाभकर

Unemployment : बेरोज़गारी

Uneven : असमतल

Unexpected : अप्रत्याशित

Unexpired : असमाप्त

Unfavourable : प्रतिकूल / अननुकूल

Unforseen : अदृष्ट / अनपेक्षित

Unicameral : एक सदनी

Unicameral legislature : एक सदनी-विधान मंडल

Unification : एकीकरण

Uniform : एकरूप / वर्दी

Unilateral : एक पक्षीय

Uninterrupted service : अविच्छिन्न सेवा / अविरत सेवा

Union : संघ

Union territory : संघ राज्य-क्षेत्र

Unit : एकक / एकांश / मात्रक / इकाई

Unitary : एकात्मक / ऐकिक

Unlawful : विधि विरुद्ध / गैर कानूनी

Unofficial : अशासनिक / गैर सरकारी

Unparliamentary : असंसदीय

Unprecedented : अभूतपूर्व

Unproductive : अनुत्पादक / अनुत्पादी

Unquestionable : प्रश्नातीत / असंदिग्ध

Unreasonable : अयुक्तियुक्त / अनुचित

Unregistered firm : अपंजीकृत फ़र्म

Unsafe : असुरक्षित

Unsatisfactory : असंतोषजनक

Unsecured : अप्रतिभूत / प्रतिभूति रहित

Unserviceable : बेकार / अनुपयोज्य

Unskilled : अकुशल

Unsound mind : विकृत चित्त

Unstable : अस्थिर

Unstarred : अतारांकित

Unstinted support : पूर्ण समर्थन

Untenable : असमर्थनीय

Unwarranted : अनधिकृत / अकारण

Unworthy : अयोग्य

Upgrade : अन्नयन

Uplift : उत्थान

Uppermost : सर्वोच्च

Upright : खड़ा

Urban : शहरी / नगरीय

Urgent : तुरंत / अविलंब / अत्यावश्यक

Usage : प्रयोग / चलन / प्रचलन / प्रथा

Useful : उपयोगी

Useless : बेकार / व्यर्थ / अनुपयोगी

Usual : असामान्य

Usurp : हड़पना

Utility : उपयोगिता

Utopia : आदर्श राज्य / रामराज्य

Uttermost : चूड़ांत / आत्यंतिक / परम

V

Vacancy : रिक्ति / रिक्तता

Vacate : खाली करना

Vacation : अवकाश / विश्रामावकाश

Vaccinate : टीका लगाना

Vague : अस्पष्ट

Valid : विधिमान्य

Validity : विधिमान्यता

Valuable : मूल्यवान / बहुमूल्य

Variable : परिवर्तनशील

Variant : विभिन्न / प्रकारांतर

Variety : विविधता / क़िस्म / प्रकार

Vegetarian : शाकाहारी / निरामिष

Vehicle : वाहन

Vender : विक्रेता

Vengeance : प्रतिशोध

Venture : साहस / उद्यम

Venue : स्थल / स्थान

Veracity : सत्यवादिता / सत्यशीलता / सत्यपरकता

Verbatim : शब्दशः

Verification : सत्यापन
Vernacular : स्थानीय भाषा / जनभाषा
Versus : बनाम / विरुद्ध
Vessel : जलयान
Veteran : धुरंधर / दीर्घानुभवी
Veterinary : पशु चिकित्सा
Veto : विशेषाधिकार / वीटो
Vetting : विधीक्षण / पुनरीक्षण
Viability : जीवन क्षमता / व्यवहार्यता
Via media : मध्य मार्ग
Vice : उप
Vicious atmosphere : दूषित वातावरण
Victimise : तंग करना
Victory : विजय
View : दृश्य
Vigilance : सतर्कता / चौकसी
Vigorous : ज़ोरदार
Vindictive : प्रतिशोधी
Violate : अतिक्रमण करना
Violence : हिंसा
Virtue : सद्गुण
Visa : वीज़ा / प्रवेश-पत्र
Visibility : दृश्यता
Vision : दृष्टि
Visit : आगमन / निरीक्षण / मुलाकात / भेंट (मिलना)
Visitor : आगंतुक / परिदर्शक
Visitor book : आगंतुक पंजी
Visitor gallery : दर्शक वीथि
Visual : दृश्य / दृष्टि
Visualise : दृष्टिगत करना / अनुमान लगाना
Vital : महत्त्वपूर्ण / जीवनाधार
Vitality : जीवन शक्ति
Vital part : मर्म स्थल
Vital service : अत्यावश्यक सेवा
Vital statistics : जीवन संबंधी आंकड़े / जन्म-मृत्यु सांख्यिकी
Viva voce : मौखिक परीक्षा
Vivid : सुस्पष्ट
Viz : अर्थात / नामत:
Vocabulary : शब्दावली / शब्द-भंडार
Vocal : मुखर
Vocalist : गायक
Vocation : व्यवसाय
Void : शून्य
Volume : आयतन / मात्रा / परिमाण / जिल्द / खंड
Voluminous : विशाल / विशालकाय
Voluntary: स्वैच्छिक
Voluntary settlement : स्वैच्छिक निपटारा
Volunteer : स्वयंसेवक
Vote : मत / वोट
Vote of censure : निंदा प्रस्ताव / परनिंदा प्रस्ताव
Vote of no confidence : अविश्वास प्रस्ताव
Vote of thanks : धन्यवाद प्रस्ताव
Voucher : वाउचर
Vow : व्रत / प्रतिज्ञा
Voyage : समुद्र यात्रा
Vulnerable : सुभेदय
Vulnerary : घाव भरने वाला
Vulture : गीध / गिद्ध
Vying : होड़ / प्रतिस्पर्धा

W

Wage : मज़दूरी

Wage administration : मज़दूरी प्रशासन

Wage differential : मज़दूरी अंतर

Wage freeze : मज़दूरी कीलन

Wage payment : मज़दूरी भुगतान

Wage regulation : मज़दूरी नियमन

Waiting list : प्रतीक्षा सूची

Waiting room : प्रतीक्षागृह / कक्ष

Waive : अधित्याग करना / छूट देना

Waiving : छूट

War : युद्ध

Warfare : युद्ध / संग्राम

Warhorse : जंगी घोड़ा

Warlike : सामरिक / युद्ध प्रिय

War lord : युद्ध नेता

Ward : वार्ड

Warehouse : मालगोदाम

Warn : चेतावनी

Warrant : वारंट / अधिपत्र

War risk insurance : युद्ध जोख़िम बीमा

War time surplus : युद्धकालीन अधिशेष

Wastage : छीजन / बरबादी

Waste land : बंजर भूमि

Waste paper basket : रद्दी की टोकरी

Watch (N) : घड़ी / पहरा

Watch (V) : देखना (सुरक्षा)

Watch and guard : पहरा और निगरानी

Watch dog : प्रहरी / निगरानी करने वाला

Water carrier : जल वाहक

Waterage : जल परिवहन शुल्क

Water bound : पानी से घिरा हुआ / जलबद्ध

Water course : जल मार्ग

Water front : तटीय नगर भाग

Water gas : भाप अंगार गैस

Watering : छिड़काव

Water joint : जल रोधी

Water line : जल रेखा

Water pool : जल कुंड

Water tank : जल टंकी

Water tower : जल बुर्ज

Water tube : जल नलिका

Waybill : मार्ग पत्रक

Ways : तरीके

Ways and means : अर्थोपाय

Wealth : धन

Wear and tear : टूट-फूट

Weather : मौसम

Weathering : उपक्षय

Weekly arrear statement : बचे हुए कामों का साप्ताहिक विवरण

Weekly off reserve : साप्ताहिक छुट्टी रिज़र्व

Weighing machine : तोलने वाली मशीन

Weighment charges : तोल खर्च / प्रभार

Weight : भार / तोल / बल / महत्त्व / बाट

Welfare : कल्याण / कल्याणकारी

Well versed : सुप्रवीण

Wharfage : घाट-भाड़ा

Whereabouts : ठौर-ठिकाना / अता-पता

Whip : सचेतक / कोड़ा

White washing : सफेदी करना

Whole time : पूर्णकालिक

Wind up : समापन

Wing : पक्ष / पंख / स्कंध

Winner : विजेता

Wipeout : मिटा देना

Wireless : बेतार

Withhold : रोक देना

Withstand : सहन करना

Work charged : कार्य प्रभारित

Working : कार्य संचालन / कार्यकारी

Working committee : कार्य समिति

Working days : कार्य दिवस / काम के दिन

Working knowledge : कार्य साधक ज्ञान

Working result : कार्य परिणाम

Works : निर्माण

Work study : कार्य अध्ययन

Worth : योग्यता / मूल्य

Worthless : बेकार

Worthy : गुण संपन्न / योग्य

Wounded : घायल

Writ : लेख / परमादेश

Write off : बट्टेखाते डालना

Wrongful : दोषपूर्ण / संदेह

Wrongly : गलत तरीके से

Wreck : पोतभंग / भग्न पोत

Y

Yard stick : मानदंड

Year : वर्ष

Year book : अब्दकोश

Yearly : वार्षिक

Year to year : वर्षानुवर्ष / साल-ब-साल

Yes man : हां में हां मिलाने वाला

Yester : कल का / पूर्व / पिछला

Yield : उत्पन्न करना / से लाभ होना / झुक जाना / हार मानना

Yoke : जुआ / हुकूमत / पराधीनता

Yokemate : सहयोगी / सहचर / साथी

Z

Zenith : चरम सीमा

Zero hour : शून्य काल

Zonal : क्षेत्रीय

Zone : जोन / अंचल / मंडल

219

ACCOUNTS & FINANCE
लेखा एवं वित्त

लेखा एवं वित्त
Accounts & Finance

A

Above par : अधिमूल्य पर

Absentee statement : अनुपस्थिति विवरण

Abstract of account : लेखा सार

Abstract of book : सार पुस्तिका

Abstract of estimate : प्राक्कलन सार

Account : लेखा / खाता / गणन

Accountable : उत्तरदायी

Accountant : लेखापाल

Accounting unit : लेखा इकाई / एकक

Accounts objection : लेखा आपत्ति

Accounts office : लेखा कार्यालय

Accounts officer : लेखा अधिकारी

Accounts procedure : लेखा विधि

Acquittance roll : निस्तार पत्र / भुगतान चिट्ठा

Additional capital : अतिरिक्त पूंजी

Adhock : तदर्थ

Administrative surcharge : प्रशासनिक अधिभार

Admissible : ग्राह्य / स्वीकार्य

Admitted Debt. : स्वीकृत ऋण

Admitted provisionally : अनंतिम रूप से समायोजित

Ad-valoram : यथा मूल्य / मूल्यानुसार

Adjustable advance : समायोज्य पेशगी

Advance, emergent, petty : आपाती खुदरा पेशगी

Advance irrecoverable : नावसूल पेशगी

Aggrogate value : समग्र मूल्य

Agency charges : एजेंसी प्रभार

Agreeable proposal : स्वीकार्य प्रस्ताव

Agreement : करार

Ahead : आगे

Allotment : आबंटन

Allow : अनुमति

Allowed time : अनुमत समय

Allowance, overtime : भत्ता, समयोपरि

Allowance, sumptury : सत्कार भत्ता

Allowance travelling : यात्रा भत्ता

Amount claimed : दावे की राशि

Annual account : वार्षिक लेखा

Annual financial statement : वार्षिक वित्तीय विवरण

Annual function : वार्षिक समारोह

Annual rental valuation : वार्षिक भाड़ा निर्धारण

Annual review : वार्षिक समीक्षा

Annuity dues : वार्षिक देय

Annuity fund : वार्षिक निधि

Anticipated : प्रत्याशित

Anticipated expenditure : प्रत्याशित व्यय

Anticipated loss : प्रत्याशित हानि

Anticipated purchase : प्रत्याशित खरीद

Apportionment : अनुभाजन

Appropriation : विनियोग

Approval : अनुमोदन

Approximate : अनुरूप / निकट पहुंचना

Appurtenant : संबद्ध / अनुषांगिक

Appraise : कूतना

Audit : लेखा परीक्षा / अंकेक्षण

Audit objection : लेखा परीक्षा आपत्तियां

Auditor : लेखा परीक्षक

Auditor General : महालेखा परीक्षक

Authentic : प्रामाणिक

Authenticity : प्रामाणिकता

Authority : अधिकार / प्राधिकारी / प्राधिकरण

Authorisation book : प्राधिकरण पुस्तिका

Average due date : औसत नियत तारीख / तिथि

Award : पंचाट / अधिनिर्णय

B

Bad debts accounts : अशोध्य ऋण लेखा

Bad debts reserve : अशोध्य ऋण आरक्षित निधि

Balance : बकाया-शेष, संतुलन

Balance, closing : इतिशेष

Balance opening : अथशेष

Balance sheet : तुलन-पत्र / बैलेंसशीट

Balancing : बकाया निकालना / बाकी निकालना

Bank : बैंक

Bankable : बैंक ग्राह्य

Bank account : बैंक खाता / बैंक लेखा

Banking transaction : बैंकिंग लेन-देन / बैंक व्यवहार

Bank rate : बैंक दर

Bank reconciliation : बैंक समाधान

Bank return : बैंक विवरणी

Bank deposit account : बैंक जमा खाता

Basis of estimate : प्राक्कलन आधार

Batch costing : खेप लागत निकालना

Bearer : वाहक

Bearer bond : वाहक बांड / वाहक बंध-पत्र

Bid : बोली / बोली लगाना

Bidder : बोली लगाने वाला

Bidding sheet : बोली पत्रक

Bilateral : द्विपक्षीय

Bilateral agreement : द्विपक्षीय करार / समझौता

Bilateral balancing : द्विपक्षीय संतुलन / जमा बाकी

Bill : बिल / हुंडी / विपत्र

Bill, disputed : विवादग्रस्त बिल

Bill, renewal of : बिल नवीनीकरण

Bill, tenure of : बिल की मियाद

Bill, security : जमानती बिल

Bill of indemnity : क्षतिपूर्ति बिल

Bill payable : देय बिल

Bills, realised : वसूली बिल / हुंडी

Blank bill : कोरा बिल / अनाम बिल

Blank cheque : कोरा चैक / बिना राशि का चैक

Block : खंड

Blocked account : निरुद्ध लेखा

Blocked capital : निरुद्ध पूंजी

Bonafied : यथार्थ / प्रामाणिक / वास्तविक

Bonafied payment : वास्तविक / प्रामाणिक / यथार्थ भुगतान / अदायगी

Bond : बांड / बंध-पत्र

Bond, security : जमानती बांड / प्रतिभूति बंध-पत्र / जमानत नामा

Bond, Indemnity : क्षतिपूर्ति बांड/ बंध-पत्र

Bonus : बोनस / अधिलाभांश / इनाम

Bonus certificate : बोनस प्रमाण-पत्र

Book (*v*) : दर्ज करना / बुक करना / बही-खाता

Book adjustment : खाता समायोजन

Book debt : खाता ऋण

Book deposit : जमा खाता

Book keeping : बुक कीपिंग / बही खाता

Book of original entry : प्रारंभिक इंदराज बही

Book of transfer : तबादला बही / अंतरण पुस्तक

Book rate : खाता दर

Book transfer : खाता तबादला / अंतरण

Book value : खाता मूल्य / अंकित मूल्य

Breach of contract : ठेका भंग / संविदा भंग

Breach of trust : विश्वास भंग / अमानत में खयानत

Break in service : सेवा भंग

Bring forward : आगे लाना

Broken account : भग्न लेखा / खाता

Brought forward : अग्रानीत / पीछे से लाया गया

Budget : बजट

Budget balanced : संतुलित बजट

Budget deficit : घाटे का बजट

Budget estimate : बजट का प्राक्कलन

Budget grant : बजट अनुदान

Budget provision : बजट व्यवस्था

Budget reappropriation : पुनर्विनियोजन बजट

Budget revised : संशोधित बजट

Budget surplus : बचत का बजट

Budget supplementary : पूरक बजट

Budgetary control : बजट नियंत्रण

Budgetary power : बजटीय शक्तियां

C

Call book : काल बुक / मांग बही

Callings over : इंदराज मिलाना / प्रविष्टि मिलान

Call in pay : विशेष कार्य वेतन

Call money : बोली जमा

Call notice : मांग नोटिस / मांग सूचना

Call pay : हाज़िरी वेतन / उपस्थिति वेतन

Capital authorised : प्राधिकृत पूंजी

Capital paid up : चुकता पूंजी

Capital working : कार्यकर पूंजी

Capital budget : पूंजी बजट

Capital cost : पूंजी लागत

Capital liability : पूंजी देयता

Capital movement : पूंजी संचलन

Card index : सूचक कार्ड

Carriage and cartage account: गाड़ी भाड़ा लेखा

Cariage bill : वाहन बिल / ढुलाई बिल

Carried forward : अग्रानीत

Carry back : पीछे डालना / पश्चातयन

Cash : रोकड़ / नकदी / भुगतान

Cash account : रोकड़ / नकदी लेखा

Cash against document : प्रलेख पर अदायगी

Cash balance : रोकड़ बाकी / शेष

Cash check sheet : रोकड़ जांच-पत्र

Cash in transit : मार्गस्थ रोकड़

Cash on delivery : सुपुर्दगी पर अदायगी

Cash order : नकदी / रोकड़ आदेश

Cash remitance : नकदी / रोकड़ प्रेषण

Caution money : अबंधान राशि

Ceiling price : अधिसीमा मूल्य

Charge, contingent : आकस्मिक प्रभार / व्यय

Charge, free of : निःशुल्क

Chargeable period : प्रभार अवधि

Charges, depriciation : मूल्य ह्रास प्रभार

Charges, indirect : अप्रत्यक्ष प्रभार

Charges, overhead : ऊपरी खर्च / व्यय प्रभार

Competent authority : सक्षम प्राधिकारी

Comparative cost : तुलनात्मक लागत

Comparative rate : प्रतियोगी दर

Conciliation : समाधान

Concur : सहमति देना

Consolidated fund : संचित / समेकित निधि

Contingenent bill : आकस्मिक व्यय (बिल)

Contra adjustment account : प्रति समायोजन लेखा

Contractual obligation : संविदागत दायित्व / ठेकागत दायित्व

Conversion cost : रूपांतरण लागत

Cost price : लागत कीमत

Counter sign : प्रति हस्ताक्षर करना

Credit : क्रेडिट / जमा / उधार / साख / जमा खाता

Credit (Verb) : जमा करना / जमा खाते लिखना

Credit account : उधार खाता

Credit advice : जमा सूचना

Credit note : जमापत्र / क्रेडिट नोट / साख-पत्र

Current account : चालू खाता

Current wage : प्रचलित मजदूरी

D

Daily book : दैनिक पुस्तिका

Daily cash book : दैनिक रोकड़ बही

Daily charge register : दैनिक प्रभार रजिस्टर

Daily operation cost : दैनिक परिचालन लागत

Daily note : दैनिक टिप्पणी / नोट

Data : आंकड़ा / आधार सामग्री / डेटा

Dead account : निष्क्रिय खाता / लेखा

Dead freight : निष्फल भाड़ा / निरर्थक भाड़ा

Dead loss : पूर्ण हानि / कुल नुकसान

Dead stock : निष्क्रिय माल / अप्रयुक्त माल

Death cum retirement gratuity : मृत्यु – निवृत्ति उपदान

Debenture : डिबैंचर / ऋण-पत्र

Debit : नाम खाता / डेबिट / नामे डालना/ डेबिट करना / नामे खाते लिखना

Debit, suspended : निलंबित नामे/ डेबिट

Debit account : नामे लेखा

Debit advice : नामे की सूचना / नामे संज्ञापन

Debit balance : नामे शेष / डेबिट शेष

Debit capital : ऋण पूंजी

Debit entry : नामे इंदराज

Declaration form : घोषणा-पत्र

Declared value : घोषित मूल्य

Deed, sale : विक्रय विलेख / बैनामा

Deferred expenditure : अस्थगित व्यय

Deferred payment : अस्थगित भुगतान

Deficit budget : घाटे का बजट

Deficit financing : घाटे की वित्त व्यवस्था / वित्त प्रबंध

Demand for grants : अनुदान की मांग

Demurrage charges : विलंब शुल्क

Depreciate : मूल्य ह्रास करना

Depreciated cost : मूल्य ह्रास लागत

Depreciation fund : मूल्य ह्रास निधि

Despatch : प्रेषण

Despatch advice : प्रेषण सूचना

Despatch clerk : प्रेषक / प्रेषण लिपिक

Despatch section : प्रेषण अनुभाग

Detailed budget estimate : ब्यौरेवार / विस्तृत बजट प्राक्कलन

Direct charges : प्रत्यक्ष प्रभार

Direct estimates : प्रत्यक्ष प्राक्कलन

Direct revenue : प्रत्यक्ष राजस्व

Direct sale : प्रत्यक्ष विक्रय
Direct wages : प्रत्यक्ष मज़दूरी
Disburse : संचितरण / वितरण / चुकाना
Disbursement : अदायगी / भुगतान / परिव्यय
Disbursement charges : अदायगी प्रभार
Disbursement of pay : वेतन वितरण / भुगतान
Discount : बट्टा / छूट / कटौती
Draft : ड्राफ्ट / प्रारूप / मसौदा
Draft *(Verb)* : ड्राफ्ट बनाना / प्रारूप बनाना / मसौदा तैयार करना
Drawing schedule : आहरण अनुसूची
Due authority : यथोचित प्राधिकारी
Duty : कार्य / सेवा / शुल्क
Duty free : नि:शुल्क

E

Earn / Earning : उपार्जन
Earning gross : सकल अर्जन
Earnest money : बयाने की रकम
Earning net : निवल / शुद्ध अर्जन
Earning staff : अर्जक / अर्जन कर्मचारी
Earning statement : अर्जन का विवरण
Economic value : आर्थिक मूल्य
Economy : अर्थ व्यवस्था / अर्थ नीति / मितव्यय / किफायत
Economy measure : मितव्ययता के उपाय
Eligibility certificate : पात्रता प्रमाण-पत्र
Embezzlement : गबन
Emolument : परिलब्धि
Employee's contribution : कर्मचारी अंशदान
Empower *(V)* : शक्ति प्रदान करना
Encash : नकद वसूल करना / भुनाना
Endorse *(V)* : पृष्ठांकन / पुष्टि करना
Endorsement : पृष्ठांकन
Endorser : पृष्ठांकक
Establishment : स्थापना / संस्थापन / प्रतिष्ठान / संगठन / व्यवस्था
Estimate : प्राक्कलन / अनुमान
Estimate *(Verb)* : अनुमान लगाना
Estimate cost : अनुमानित लागत
Estimates, budget : बजट अनुमान / प्राक्कलन
Estimates, revised : परिशोधित प्राक्कलन / अनुमान
Evaluation : मूल्यांकन
Ex cadre post : संवर्ग बाह्य पद
Exceptional grant : असाधारण अनुदान
Excess cash balance : अतिरिक्त नक़द / रोकड़ शेष
Excess charge : अतिरिक्त प्रभार
Excess grant : अतिरिक्त अनुदान
Excess payment : अतिरिक्त भुगतान

Execution of contract : ठेका / संविदा निष्पादन

Exemption from payment : अदायगी से छूट

Exgratia payment : अनुग्रही भुगतान

Ex-officio : पदेन

Expand : फैलाना

Expanse : विस्तार

Expension : प्रसारण / विस्तारण

Exparte : एक पक्षीय

Expedient : उचित / समयोचित

Expedite : शीघ्र निबटाना / संपादित करना

Expense : व्यय

Expenditure : व्यय

Expenditure anticipated : प्रत्याशित व्यय

Expenditure capital : पूंजीगत व्यय

Expenditure non recurring : अनावर्ती व्यय

Expenditure recurring : आवर्ती व्यय

Ex-post facto : कार्योत्तर

Extraordinary pension : असाधारण पेंशन

Extra payment : अधिक अदायगी / अतिरिक्त अदायगी / भुगतान

F

Face : आकृति / अग्रभाग

Face value : अंकित मूल्य

Facilitate : सरल / आगे बढ़ना / मदद देना

Facimile : प्रतिकृति

Fair days pay : उचित वेतन

Fair wages : उचित मज़दूरी

Fall into arrear : बकाया पड़ना

False claim : झूठा दावा

Final settlement : समापक भुगतान

Final write off : अंतिम रूप से बट्टे खाते डालना

Financial certificate : वित्तीय प्रमाण-पत्र

Financial commitment : वित्तीय वचनबद्धता

Financial concurrence : वित्तीय सहमति

Financial control : वित्तीय नियंत्रण

Financial Estimate : वित्तीय प्राक्कलन

Financial liability : वित्तीय देयता

Financial memorandum : वित्तीय ज्ञापन

Financial measure : वित्तीय कार्यवाही

Financial mechanism : वित्तीय यंत्रणा / रचना

Financial meet : वित्तीय गोष्ठी

Financial proceedings : वित्तीय कार्यवाही

Financial transaction : वित्तीय संव्यवहार / लेनदेन

Fixation of pay : वेतन निर्धारण

Fixed charges : नियत प्रभार

Fixed instalment method : नियत किस्त प्रणाली

Fixed rate : नियत दर

Fixed recurring charges : नियत आवर्ती प्रभार

Flat rate : समान दर

Forfeited service : समपहृत सेवा

Formal sanction : औपचारिक मंजूरी

Freight deposit account : भाड़ा जमा लेखा

Full tariff rate : पूर्ण टैरिफ दर

Fund : निधि

Fund, alloted : आबंटित निधि

Fund, capital reserve : पूंजी आरक्षित निधि

Fund revenue resore : राजस्व अतिरिक्त निधि

Fundamental : मूलभूत

Funding : निधीयन

Funding system : निधीयन प्रणाली

G

General : सामान्य

General average deposit : सामान्य औसत जमा

General conditions of contract: ठेके की सामान्य शर्तें

General reserve fund : सामान्य आरक्षित निधि

General revenue : सामान्य राजस्व

General tariff value : सामान्य टैरिफ मूल्य

Goods : माल

Goods in transit : मार्गस्थ माल

Goods in transit account : मार्गस्थ माल लेखा

Goods local traffic : स्थानिक यातायात का माल

Govt. security : सरकारी प्रतिभूति

Grant fixed : नियत अनुदान

Grant non-recurring : अनावर्ती अनुदान

Grant-in aid : सहायता अनुदान

Gross amount : सकल राशि

Gross asset : सकल परिसंपत्ति

Gross earning : सकल अर्जन

Gross receipts : सकल प्राप्तियां

Group : समूह / वर्ग

Group (Verb) : दल बनाना

Group photo : सामूहिक फोटो

Group wage system : सामूहिक मजदूरी प्रणाली

Guiding price : निर्देशक मूल्य

Guarantee : प्रत्याभू / प्रतिभू / जामिनदार / जमानत / गारंटी

Guidance : मार्गदर्शन

H

Hand bill : परचा
Hand book : पुस्तिका
Handing over : भार सौंपना
Handing over certificate : भार सौंपने का प्रमाण-पत्र
Handling : चढ़ाई-उतराई (माल की)
Handling charges : चढ़ाई-उतराई प्रभार
Hand over : कार्यभार सौंपना
Hard and fast rules : पक्के नियम
Hard cash : नकदी
Haulage : कर्षण / ढुलाई
Haulage charges : कर्षण / ढुलाई प्रभार
Head : शीर्ष
Head (of account) : लेखा शीर्ष
Head of income : आय शीर्ष
Head note : शीर्ष टिप्पणी
Head, sub : उपशीर्ष
Highest bid : सबसे अधिक / ऊंची बोली (नीलामी के समय)
Hire charges : भाड़ा प्रभार
Hold over : रोक रखना / उठा रखना / स्थगित करना
Honorarium : मानदेय
Hourly wage vate : घंटेवार मज़दूरी दर
Hours of employment : नियोजित काल
Household effects : घरेलू सामान

I

Identical : अभिन्न / समरूप
Identical scale of pay : समरूप वेतनमान
Identification card : पहचान-पत्र
Ignorant : अनजान
Illustrate : स्पष्ट / सचित्र
Illustrious : प्रख्यात
Image : साख / छवि
Imbalance : असंतुलन
Immovable property : अचल संपत्ति
Impartial : निष्पक्ष
Implied authority : निहित प्राधिकार
Imprest : अग्रदाय
Imprest account : अग्रदाय लेखा / खाता
Imprest money : अग्रदाय धन
Imputed income : आरोपित आय
Inadmissible : अस्वीकार्य / अग्राह्य
In anticipation : प्रत्याशा में
Incidental charges : प्रासंगिक प्रभार
Incorrect allocation : गलत नियतन / विनिधान / बंटवारा
Incorrect allowance : गलत भत्ता
Incumbent : पदधारी

Indemnification : क्षतिपूर्ण
Indemnify : क्षतिपूर्ति करना
Indent : मांग-पत्र
Indebted : क़र्ज़दार / ऋणग्रस्त / ऋणी
Inflated rate of pay : वेतन की स्फीति दर
Infringement : अतिलंघन
Infringement charges : अतिलंघन प्रभार
Initial pay : प्रारंभिक वेतन
In operation : अमल में
Inoperative : खाली / निष्क्रिय
Interim : अंतरिम
Interim relief : अंतरिम सहायता
Invalidate : अमान्य करना
Inventory : माल सूची / वस्तु सूची
Investment cost : निवेश लागत
Irrecoverable : नावसूली योग्य
Issue bank : निर्गमन बैंक
Issue price : निर्गम मूल्य
Issue voucher : निर्गम वाउचर
Item : मद
Itinerary : मार्ग / यात्राक्रम / मार्ग विवरण

J

Job : नौकरी / कार्य / काम
Job analysis : कार्य विश्लेषण
Job complementary : पूरक कार्य
Job, cancelled : रद्द कर दिया गया नौकरी का
Job, soft : हलका काम
Job costing : कार्य की लागत लगाना
Job grading : कार्य वर्गीकरण / श्रेणीकरण
Job work : उजरती कार्य
Joining date : कार्य / पद ग्रहण की तारीख
Joining report : कार्य / पद ग्रहण करने की रिपोर्ट
Joining time : कार्य / पद ग्रहण का समय
Joint bank account : संयुक्त बैंक खाता
Joint concurrence : संयुक्त सहमति
Joint fund : संयुक्त निधि
Joint liability : संयुक्त दायित्व
Joint security : संयुक्त रक्षा / प्रतिभूति
Joint statement : संयुक्त वक्तव्य / बयान / विवरण
Justification : औचित्य
Just wages : उचित मज़दूरी

K

Keep : देख-रेख
Keeper : रक्षक
Keeping : अनुरक्षण
Kit : किट / सामान
Kit and bedding : बोरिया बिस्तर
Knit : बांधना
Knot : गांठ / समुद्री मील

L

Labour : मज़दूर
Labour daily paid : दिहाड़ी मज़दूर / श्रमिक
Labour dispute : श्रम विवाद
Labour parttime : अंशकालिक श्रमिक
Labour famine : श्रमिक अभाव
Labour union : श्रमिक संघ
Labour welfare fund : श्रम कल्याण निधि
Lace : फीता
Lacuna : अंतराल / कमी
Ladder : सीढ़ी
Laid paper : रेखित काग़ज़
Lamp : दीपक / बत्ती / लैंप
Land : भूमि
Land and building account : भूमि भवन लेखा
Lapse : व्यपगत होना
Lapse deposit : व्यपगत जमा
Last pay : अंतिम वेतन
Last pay certificate : अंतिम वेतन-पत्र
Last purchase price : अंतिम क्रय मूल्य
Latent capital : अंतिम पूंजी
Law charges : कानून खर्च / विधि प्रभार
Lease out : पट्टे पर देना
Leave : अवकाश / छुट्टी
Leave account : छुट्टी खाता / लेखा
Leave allowance : छुट्टी भत्ता
Leave communted : रूपांतरित छुट्टी
Leave earned : अर्जित छुट्टी
Leave privilege : विशेषाधिकार युक्त छुट्टी
Leave preparatory to : छुट्टी
Leave retirement : निवृत्तिपूर्व छुट्टी
Leave salary : छुट्टी का वेतन
Ledger : लेजर / खाता
Ledger balance : खाता बकाया / शेष
Ledger account : खाता लेखा
Ledger card : कार्ड खाता
Ledger folio : खाता का पृष्ठ / पन्ना
Length of service : सेवा अवधि
Letter of allowance : भत्ते का पत्र
Letter of allotment : आबंटन-पत्र
Letter of authority : प्राधिकार-पत्र
Letter of credit : साख / ऋण-पत्र
Letter of guarantee : गारंटी-पत्र
Letter of indemnity : क्षतिपूर्ति-पत्र
Levy : लेवी / उद्ग्रहण / उगाही
Liability : देयता / देनदारी
Liability, contingent : आकस्मिक देयता / देनदारी
Liability deposit : देयता जमा
Liability fixed : नियत देयता
Lien : पुनर्ग्रहणाधिकार / लियन / ग्रहणाधिकार
Limited liability : सीमित देयता
Liquidated account : परिसमाप्त लेखा

Liquidated damages : निर्णीत हर्जाना

Loan : ऋण

Loan account : ऋण खाता

Loan balance : ऋण शेष

Loan continued : ऋण जारी

Loan credited to revenue : राजस्व देय ऋण

Loan dead : डूबा ऋण

Loan discharged : चुकता ऋण

Loan ledger : ऋण खाता

Local tax : स्थानीय कर

Local train : स्थानीय रेलगाड़ी

Log book : लॉग बुक / कार्यपंजी

Long term credit : दीर्घकालिक ऋण

Loss : हानि

Loss gross : सकल हानि

Loss in transit : मार्गस्थ हानि

Lost bill : गुमशुदा बिल

Lost property : गुमशुदा सामान

Lower tender : न्यूनतर निविदा / टेंडर

Lump sum : एकमुश्त

Lump sum appropriation : एकमुश्त विनियोग

M

Macadam : रोड़ी / गिट्टी

Main head : प्रमुख शीर्ष

Maintenance : अनुरक्षण

Maintenance allowance : अनुरक्षण भत्ता

Maintenance charges : अनुरक्षण प्रभार

Maintenance, cost of : अनुरक्षण लागत

Maintenance, daily : दैनिक अनुरक्षण

Maintenance grant : अनुरक्षण अनुदान

Maintenance staff : अनुरक्षण कर्मचारीगण

Man-day : दिहाड़ी / श्रम दिन

Margin : गुंजाइश / हाशिया

Market price : बाजार कीमत / मूल्य

Master agreement : मूल करार

Maximum average pay : अधिकतम औसत वेतन

Minimum charges : न्यूनतम प्रभार

Minimum taxable limit : न्यूनतम कर योग्य सीमा

Minister : मंत्री

Ministerial establishment : लिपिक वर्गीय स्थापना

Minor head : गौण शीर्ष / लघु शीर्ष

Misappropriation : दुर्विनियोग

Mobilisation of capital : पूंजी संग्रहण

Monetary grant : आर्थिक अनुदान

Monetary limit : आर्थिक सीमा

Money allotment : धन आबंटन

Multiple cost : बहुविध लागत

N

Naration : वृत्तांत / विवरण

Negligence : लापरवाही / उपेक्षा

Net : शुद्ध / वास्तविक

Net income : शुद्ध आय / निवल आय

Net proceeds : शुद्ध लब्धि / निवल वसूली / प्राप्ति

Net revenue : निवल / शुद्ध राजस्व

Net revenue account : निवल / शुद्ध लेखा

Non continuous service : विच्छिन्न सेवा

Non payment : गैर अदायगी

Non Pensionable service : गैर पेंशनी सेवा

Non permissible : बिना अनुमति योग्य

Non standard : अमानक

Non transferable : अस्थानांतरणीय / अहस्तांतरणीय

No objection certificate : अनापत्ति प्रमाण-पत्र

Non official : गैर सरकारी

Non profit : लाभ निरपेक्ष

Note : टिप्पणी

Note of dissent : विमति टिप्पणी

Not guaranted : गारंटी विहीन / गारंटी नहीं

Notice of demand : मांग नोटिस

Notice of discharge : कार्य मुक्ति सूचना / नोटिस

Notice of liability : देयता सूचना

O

Observance : अनुपालन

Observance of rules : नियम पालन

Occasion : अवसर / सुयोग

Occupant : अधिभोक्ता

Occupied : अधिकृत

Odd : विषम

Off east : परित्यक्त

Off day : खाली दिन

Off duty : काम के बाद / काम पर न होना

Offend : अपराध / अपमान

Offer : प्रस्ताव

Off hand : तुरंत / तत्काल

Office : कार्यालय

Office expenditure account : कार्यालय खर्च लेखा

Office of payment : भुगतान कार्यालय

Officer : अधिकारी

Official : सरकारी / राजकीय / औपचारिक / कार्यालयी

Official bond : कार्यालयी बांड

Official language : राजभाषा

Officiate : किसी पद पर काम करना

Officiating allowance : स्थानापन्न भत्ता

Officiating pay : स्थानापन्न वेतन

Officiating period : स्थानापन्न काल / अवधि

Officiating service : स्थानापन्न सेवा

Officious : दस्तदाज / अनौपचारिक

Off print : अनुपलब्ध (पुस्तक / पत्रिका)

Off take : कुल खरीद

Off time : अवकाश

Omission : विलोपन / चूक / छूट

On behalf of : की ओर से / कृते

On charge : जिम्मे पर

On demand : मांगने पर

On deputation : प्रतिनियुक्ति पर

On medical grounds : बीमारी के कारण

On presentation : परिवीक्षाधीन

Operating : परिचालन

Operating capital : परिचालन पूंजी

Operating charges : परिचालन प्रभार

Operating cost : परिचालन लागत

Operating department : परिचालन विभाग

Ordinary annual contribution: साधारण वार्षिक अंशदान

Original contract : मूल ठेका / संविदा

Out of turn : बिना पारी के

Out of turn allotment : बिना पारी के आबंटन

Out of turn increment : बिना पारी के वेतन वृद्धि

Out of turn promotion : बिना पारी के पदोन्नति

Outstanding earning : अप्राप्त आय / अर्जन

Over all charge : अतिभार

Over estimate : अति प्राक्कलन

Overhead charge : ऊपरी खर्च

Over payment : अतिभुगतान / अधिक अदायगी

Over power : अभिभूत

Over produce : अधिक उत्पादन

Over rule : निकाल देना / अस्वीकृत कर देना

Over take : बराबर आ पहुंचना / पकड़ना

Over task : पर अधिक भार डालना

Over tax : पर अधिक कर लगाना / पर अधिक भार डालना

Over time : अधि समय / अधिकाल

P

Pack : गठरी / डिब्बे में बंद करना

Package : पैकेज / पार्सल / संवेष्ट

Pad : पैड / गद्दी

Padlock : ताला

Page : पृष्ठ

Paid : भुगतान किया गया / प्रदत्त

Paid on charge : प्रभार पर (पूर्व) प्रदत्त

Paid on capital : प्रदत्त पूंजी / चुकता पूंजी

Parity price : समान कीमत / मूल्य

Partial acceptance : आंशिक स्वीकृति

Partiality : पक्षपात

Partially : अंशतः

Participant : भाग लेने वाला / साझेदार

Partner : साथी / जोड़ीदार / साझेदार

Part payment : आंशिक भुगतान

Party : पार्टी / पक्ष / दल

Pass : पास / उत्तीर्ण करना

Passage : पारगमन

Pay : वेतन

Payable : भुगतान योग्य

Pay and passage : वेतन और मार्ग व्यय

Pay book : वेतन / भुगतान बही

Pay fixation : वेतन निर्धारण

Pay off : चुकता करना

Pay order : अदायगी / भुगतान आदेश

Pay, presumptive : संभावित / अनुमानित वेतन

Pay roll : वेतन चिट्ठा

Pay, substantive : मूल पद वेतन

Pay, timescale : समय मान वेतन

Payment, balance : शेष अदायगी

Payment, extra : अतिरिक्त अदायगी / भुगतान

Payment, over : अधिक अदायगी / भुगतान

Payment of wage Act : मज़दूर संदाय अधिनियम

Payment terms : भुगतान की शर्तें

Payment to worked lines : चालित लाइन के लिए अदायगी

Pecuniary : आर्थिक / धन संबंधी

Pecuniary liability : धन देयता

Penal damages : दंड रूप हर्जाना / क्षतिपूर्ति

Penal reduction : दंड रूप हर्जाना / क्षतिपूर्ति

Pension : पेंशन

Pensionable : पेंशन योग्य

Per annum : प्रति वार्षिक

Permanent adjustment : स्थायी समायोजन

Permanent appropriation : स्थायी विनियोजन

Petty cash expenditure : खुदरा रोकड़ खर्च

Piece rate : उजरती दर / खुदरा दर

Porter : पल्लेदार / कुली

Porterage : भारिकी / भारिक की मज़दूरी

Post facto sanction : कार्योत्तर मंजूरी

Power, financial : वित्तीय शक्ति

Power of appropriation : विनियोजन शक्ति

Power of appointment : नियोजन शक्ति

Precondition : पूर्व शर्त

Pre determind cost : पूर्व निर्धारित लागत

Preliminary estimate : प्रारंभिक प्राक्कलन / अनुमान

Preliminary expenses : प्रारंभिक व्यय / खर्च

Premature increment : समय पूर्व वेतन-वृद्धि

Preparatory to retirement : निवृत्ति पूर्व

Pre-receipted bill : रसीद सहित बिल

Primacy : प्रमुखता

Primafacie : प्रत्यक्षतः

Primal : प्रमुख

Prime : प्रथम

Prime cost : मूल लागत

Prior claim : पूर्व दावा

Probation period : परिवीक्षा अवधि / काल

Profit and loss account : लाभ-हानि लेखा

Proportionate amount : आनुपातिक रकम

Proposed estimate : प्रस्तावित प्राक्कलन

Provident fund : भविष्य निधि

Public account : सार्वजनिक लेखा / लोक लेखा / सरकारी लेखा

Purchase : खरीद

Purchase ledger : खरीद खाता / क्रय खाता

Purchase returns : खरीद विवरणी / क्रय विवरणी

Q

Qualifying pay : अर्हक वेतन

Quality bonus : गुणानुसार बोनस

Quantity bonus : मात्रानुसार बोनस

Quarantine leave : संगरोध छुट्टी

Quarterly statement : तिमाही विवरण / त्रैमासिक विवरण

Quasi permanent : स्थायीवत

Quasi substantive : मूलवत

Quotation : दर प्रस्ताव / कोटेशन

Quota : कोटा / नियतांश

Quatable : उद्धरणीय

Quote : उद्धरण देना / उद्धृत करना

R

Rack : रैक

Radiance : चमक

Radio : रेडियो

Rail : रेल / पटरी

Railway audit : रेल लेखा परीक्षा

Railway audit report : रेल लेखा परीक्षा रिपोर्ट

Railway passage order : रेल यात्रा आदेश

Railway risk : रेल जोखिम

Random check : यादृच्छिक जांच / बेतरतीब जांच

Rate card : दर कार्ड

Rate, concessional : रियायती कार्ड

Rate, contract : दर संविदा / ठेका

Receipt : रसीद / प्राप्ति

Receipts : प्राप्तियां

Receipts and disbursement : प्राप्ति तथा संवितरण

Receipt voucher (R) : प्राप्ति वाउचर

Reconstruction : पुनर्निर्माण

Reconstruction of capital : पूंजी का पुनर्निर्माण

Recoverable : वसूली योग्य

Recurring charges : आवर्ती प्रभार

Recurring grant : आवर्ती अनुदान

Redemption charges : प्रतिदान प्रभार

Reference book : संदर्भ पुस्तक / ग्रंथ

Refundable : लौटाने योग्य / वापस करने योग्य

Refund of deposit : निक्षेप की वापसी

Refund order : धन वापसी आदेश

Regular : नियमित

Regular establishment : नियमित स्थापना / व्यवस्था

Reimburse : प्रतिपूर्ति करना

Reinstate : बहाल करना / पुन: स्थापित करना

Relaxation : ढील / रियायत

Remain in force : लागू रहना / प्रवृत्त रहना

Receipt actual : वास्तविक प्राप्ति

Recovery of dues : बकाया की वसूली / देय की वसूली

Remission : माफी / छूट

Remittance : प्रेषण

Remittance advice : प्रेषण सूचना

Remunerate : पारिश्रमिक देना / मेहनताना देना

Rent : किराया / भाड़ा

Rent assessed : आकलित भाड़ा / किराया

Repay : चुकाना / लौटाना

Rest house : रेस्ट हाउस / आरामघर

Restore : वापस / लौटाना

Restrain : रोकना

Restrict : सीमित / प्रतिबंध / रोक लगाना

Result : परिणाम

Resume : पुन: आरंभ करना / पुन: ग्रहण करना

Return : विवरणी

Return of allotment : आबंटन विवरणी

Returns, inward (R) : भीतरी / आंतरिक विवरणियां

Returns, outward (R) : बाहरी / बाह्य विवरणियां

Return of income : आय विवरणी

Revaluation : पुनर्मूल्यांकन

Revenue : राजस्व

Revenue expenditure : राजस्व व्यय

Review : पुनरीक्षण / पुनरीक्षण करना

Revised : संशोधित / परिशोधित

Revised estimate (R) : संशोधित प्राक्कलन

Rough account (R) : कच्चा लेखा

Rough Draft : कच्चा प्रारूप

R & D (Receipt and delivery): प्राप्ति तथा सुपुर्दगी

Receipt and payment
—Account (R) : प्राप्ति और भुगतान
    लेखा

Running account : चालू खाता
Running agreement : चालू करार
Running cost : परिचालन लागत

S

Sabotage : तोड़-फोड़ / ध्वंसन
Safe : सकुशल / निरापद
Safeguard : रक्षक / बचाव
Sailing : जलयात्रा
Sake, for the / sake of : के लिए
Salaried : वेतन भोगी / वैतनिक
Salary : वेतन
Sales account : बिक्री / विक्रय लेखा
Sales deed : बैनामा / विक्रय विलेख
Sales document : बिक्रीनामा /
    विक्रय-पत्र
Sales on credit : उधार बिक्री
Sales book : बिक्री बही
Sales ladger : बिक्री खाता
Salient : प्रमुख
Schedule : सूची / अनुसूची / सारणी /
    तालिका
Schedule adjustment : समायोजन
    अनुसूची
Scheduled : अनुसूचित
Scheduled cast : अनुसूचित जाति
Scheduled rate : अनुसूचित दर
Scheduled tribe : अनुसूचित
    जनजाति
Schedule of demands : मांग
    अनुसूची
Security : जमानत

Security, cash : नकद जमानत
Security bond : जमानती प्रतिभूति /
    बाण्ड
Security deposit : जमानत जमा
Security deposit account :
    जमानत जमा लेखा
Self : आत्म / व्यक्तिगत / स्वत:
Self addressed : अपना पता
Self adjusting : स्वसमंजक
Self appointed : स्वयं नियुक्ति
Self display : आत्म प्रदर्शन
Self government : स्वशासन / स्वराज
Self humiliation : आत्म अवमानना
Self Imposed : स्वगृहीत
Self improvement : आत्म सुधार
Self interest : स्वार्थ
Sele : बेचना
Selling out : विश्वासघात
Selling price : विक्रय मूल्य
Semi : अर्ध / अल्प
Semi annual : अर्ध वार्षिक
Semi circular : अर्ध वृत्ताकार
Seminar : सेमिनार / परिसंवाद /
    अध्ययन गोष्ठी
Semi official : अर्ध सरकारी
Senior : वरिष्ठ / प्रवर
Seniority : वरिष्ठता / प्रवरता

Senior most : वरिष्ठतम / प्रवरतम

Sentry : संतरी

Sequel : शेष / परिणाम

Serial : क्रमिक धारावाहिक

Series : श्रृंखला

Serious : गंभीर

Servant : नौकर / सेवक

Servant of state : राज कर्मचारी

Serve *(verb)* **:** सेवा करना

Service : सेवा / सहायता

Service area : प्रसार सीमा

Service, civil : लोक सेवा

Service, public : सरकारी सेवा

Service charge : सेवा प्रभार / खर्च

Settle : बस जाना / स्थिर जाना

Settled : आवासी व्यवस्थित

Settlement : व्यवस्था / बंदोबस्त

Shabby : टूटा-फूटा / विपन्न

Specification : विनिर्दिष्ट / विशिष्ट

Statement : विवरण / वक्तव्य

Statement of account : लेखा विवरण

State provident fund : राज्य भविष्य निधि

Stock, opening : आरंभिक स्टाक / माल

Stock balance : स्टॉक शेष

Stock book : स्टॉक बही

Stock purchase register : स्टॉक खरीद रजिस्टर

Stock valuation : स्टॉक मूल्यांकन / माल मूल्यांकन

Stock verification : स्टॉक / माल सत्यापन

Stock taking : माल सूची की तैयारी

Stock yard : बाड़ा

Stolen property : चोरी का माल

Stone : पत्थर

Store : भंडार / सामान

Store account : भंडार लेखा

Sub : उप

Sub account : उप लेखा

Sub contract : उप ठेका / उप संविदा

Sub head : उपशीर्ष

Subscribe : अभिदान करना / समर्थन करना

Subsidiary : गौण / सहायक

Substantive : मूल / असली

Subsidy : आर्थिक सहायता

Substance : पदार्थ / सार

Substantial : महत्त्वपूर्ण / सारगर्भित

Succession : अनुक्रमण / क्रमशः / उत्तराधिकार

Sue : मुकदमा चलाना

Suggestion : सुझाव / प्रस्ताव

Suitable : उपयुक्त

Sum : योगफल

Summarily : संक्षेप में

Summary : सार / सारांश / संक्षिप्त

Summit : चोटी / पराकाष्ठा / शीर्ष सम्मेलन

Summon : बुलाना

Superannuate : सेवा निवृत्त

Superb : भव्य / महान / श्रेष्ठ

Super cargo : जहाज़ी माल

Superfine : अत्युत्तम

Superintendent : अधीक्षक

Supplementary : अनुसूचक

Supplementary budget : अनुसूचक बजट

Suplementary demand : अनुसूचक मांग
Supplementary estimate : अनुसूचक प्राक्कलन
Supplementary grant : अनुसूचक अनुदान
Surcharge : अधिभार
Surety : जामिन / प्रतिभू
Surpass : से बढ़कर / श्रेष्ठ होना
Surplus : अधिशेष / बचत
Survey : सर्वेक्षण
Suspect : संदिग्ध समझना
Suspend : निलंबित करना
Suspense account : उचंत लेखा
Suspension : निलंबन
Sustain : संभालना
Sweep : झाड़ू देना / लगाना
Switch : स्विच
Sycophancy : चापलूसी
Synchronize : समकालिक
Syndicate : अभिषद / सिंडिकेट
System : निकाय

T

Table : मेज़ / पट्ट / सारणी / तालिका
Tabular : सारणीबद्ध
Tabulation : सारणीयन
Tact : व्यवहार कौशल
Tag : लेबुल / लटकन
Take down : उतार
Take over : अधिकार में लेना
Talent : क्षमता / योग्यता / प्रवीणता / प्रतिभा
Tally book : मिलान बही
Tally card : मिलान कार्ड
Tally rold : मिलान पत्रक
Tally sheet : मिलान शीट / पत्रक
Target date : लक्ष्य तिथि
Tariff : शुल्क दर / टैरिफ / दर सूची
Tariff value : दर सूची मूल्य
Tax : कर
Tax, advalorem : यथा-मूल्य कर
Taxable income : कर योग्य आय / आमदनी
Tax collection : कर वसूली
Tax return : कर विवरणी
Temporary : अस्थायी / अंतरिम
Tender : निविदा / टेंडर
Tender *(Verb)* : निविदा देना
Tender rate : निविदा दर
Tent : तंबू
Tenure : कार्यकाल
Term : अवधि / मियाद / शर्त
Terminate : समाप्त करना / होना
Terms of contract : ठेके की शर्तें
Terms of service : सेवा की शर्तें
Terminology : पारिभाषिक शब्दावली
Terminus : अंतिम स्टेशन / लक्ष्य
Terminus aquo : आरंभ बिंदु
Terracotta : पक्की मिट्टी
Teritorial : क्षेत्रीय
Testification : साक्ष्य देना / साक्ष्य दान
Testify : साक्ष्य देना
Testimony : साक्ष्य गवाही

Thrift : मितव्ययिता / किफायत

Tiffin : दोपहर का जलपान / टिफिन

Time barred : कालातीत

Time bound : समय के भीतर

Time keeper : समय पाल

Time limit : निश्चित अवधि

Timer : समयपाल

Time scale : समय मान

Tinted : रंगा हुआ

Total loss : कुल हानि

Tracing slip : खोज पर्ची

Traffic accounts : यातायात लेखा

Traffic book : यातायात पुस्तिका / बही

Traffic earning : यातायात अर्जन

Transaction : लेनदेन / व्यवहार / सौदा

Transfer : स्थानांतरण / तबादला

Transferable : स्थानांतरणीय / अंतरणीय

Transferable account : स्थानांतरणीय लेखा

Transferable, non : अनंतरणीय

Travelling inspector of station accounts (TIA) : स्टेशन के खातों का यात्रा निरीक्षक

Treasury : खज़ाना / निधि

Treasury receipt : खज़ाना रसीद

Treasurer : खजांची / कोषाध्यक्ष

Tripartite : त्रिपक्षीय

Triplicate : तेहरा, त्रिगुणा

Trounce : बुरी तरह से पीटना / हरा देना

Trust : विश्वास / धरोहर / न्यास

Tubular : नलिकाकार

Tubule : नलिका

Twine : सुतली / डोरा

Twist : ऐंठना / गूथना

Typographer : मुद्रक

U

Ultimate : अंतिम

Ultimo : गत मास

Unauthorised : अप्राधिकृत

Uncalled : बिन बुलाया

Uncalled for : अनावश्यक

Uncap : खोलना

Uncared for : उपेक्षित

Unclaimed : अनदायी

Unclaimed overcharge : अनदायी अतिप्रभार

Unclean : मैला

Unclench : खुलना / खोलना

Unclerical : अयाजकीय

Uncomfortable : बेआराम / असुविधा

Uncommercial : अव्यापारिक

Unconditional : बिना शर्त

Under assessment : अवनिर्धारण

Under charge : अव प्रभार

Under consideration : विचाराधीन

Under estimate : अव प्राक्कलन

Under financial regulation : वित्त विनियम के अधीन

Under review : पुनरीक्षाधीन

Under value : अवमूल्यन / अधिमूल्यन
Undue : अनुचित
Unduly : अनुचित रूप से
Unearned : अनर्जित / अनुपार्जित
Unearth : खोदकर निकालना / पता लगाना
Unequal : असमान
Unequivocal : सुसष्ट / साफ साफ
Unit : इकाई / एकक / यूनिट
Unpaid wages : अदत्त मज़दूरी
Upto date : अद्यतन
Unexecuted : अकार्यांवित
Unexmplified : अद्वितीय
Unfaithful : बेईमान / विश्वासघाती
Unfamiliar : अनभिज्ञ

V

Vacancy : रिक्ति
Vacancy leave : अवकाश रिक्ति
Valid : वैद्य / विधिमान्य
Valuation : मूल्यांकन
Value in account : लेखा मूल्य
Verification : सत्यापन
Verification sheet : सत्यापन पत्रक
Voucher : वाउचर
Voucher issue : निर्गम वाउचर

W

Wage : वेतन / मज़दूरी
Wage account : वेतन लेखा / खाता
Wage book : मज़दूरी बही
Wage earner : वेतन भोगी
Wagon : माल डिब्बा / वैगन
Wait : प्रतीक्षा करना
Waive : छोड़ देना.... हटाना / टालना
Wall clock : दीवार घड़ी
Warning : चेतावनी
Warrant : वारंट / अधिपत्र / परवाना
Waste : बेकार / अकृष्ट
Waste land : पड़ती भूमि
Waste paper : रद्दी
Waste product : अपशिष्ट उत्पाद
Watch case : घड़ीदार
Watchman : चौकीदार
Watch word : आदर्श वाक्य
Water joint : जलरोधी
Waving of recovery : वसूली की माफ़ी
Weighted average : भारित औसत
Whole number : पूर्णांक
Whole time service : पूर्णकालिक सेवा

Wind up : समेटना / बंद कर देना

Withdrawl form : आहरण फार्म

Without prejudice : पूर्वाग्रह रहित

With retrospect effect : पूर्व व्याप्ति सहित

Working account : आवधिक व्यापार लेखा

Work load : कार्यभार

Works expense : निर्माण कार्य व्यय

Write off : बट्टे खाते डालना

Wrong up : प्रशंसात्मक विवरण

Wrong headed : हठधर्मी

Wrought : गढ़ा

Wrought iron : पिटवां लोहा

Y

Yardstick : मानदंड

Year book : वर्ष पुस्तक

Year ending : समाप्त हो रहे वर्ष का

Year, financial : वित्त वर्ष

Yearly : प्रतिवर्ष

Yield : उत्पन्न करना / फसल देना

Z

Zeal : उत्साह / जोश

Zero : शून्य, सिफ़र

Zonal : मंडलीय / क्षेत्रीय

Zone : मंडल / क्षेत्र

Zonal contract : मंडलीय ठेका

Zonal meet : मंडलीय बैठक

Zonal tender : मंडलीय निविदा

LEGAL

विधि

Legal

विधि

A

Abandonment (Section 317, IPC) : परित्याग

Abandonment of child (Section 317 IPC) : शिशु का परित्याग

Abduction : अपहरण

Abet (Section 107 IPC and Section 3(1) Central Clauses Act) : दुष्प्रेरण करना

Abrogate : निराकृत करना

Abscond (Section 8 illustration (h), Indian Evedence Act) : फरार हो जाना

Absence : गैर हाजिरी, अनुपस्थिति

Absolute : आत्यंतिक, स्पष्ट

Absolute deafness : पूर्ण बधिरता

Absolute majority : स्पष्ट / पूर्ण बहुमत

Absolutely : पूर्ण रूप से / आत्यंतिकतः

Absolutely Debarred and fore closed : पूर्ण रूप से विसर्जित एवं पुरोबंधित

Absolutely restraining the transfer (Sec. 10 TF Act.) : जो अंतरिती को आत्यंतिकतः अवरुद्ध करती है

Absolutely Vested : पूर्ण रूप से निहित

Absorbed : आमेलित

Abstain : प्रविरत रहना

Abstract : संक्षिप्ति

Abuse : दुरुपयोग करना

Abuse of process of court : न्यायालय की आदेशिका का दुरुपयोग

Accept (Sec. 2(b) Indian Contract Act) : प्रतिगृहीत करना / स्वीकार करना

Accept the Plea : अभिवाक् स्वीकार करना

Acceptance must absolutc (Section 7 Indian Contract Act) : प्रतिग्रहण आत्यंतिक होना चाहिए

Acceptance of promise (Section 3, Indian Contract Act) : वचन का प्रतिग्रहण

Accepted as correct (Sect. 9(b) Compenies (Profits) Surtax Act.) : ठीक मानकर प्रतिगृहीत करना

Accepter (Section 7, Negotiable Industrial Act) : प्रतिगृहीता

Acceptor for honour (Sec. 7, Negotiable Instrument Industrial Act) : आदरणार्थ प्रतिगृहीता

Acceptor of a bill of exchange: विनिमय-पत्र की प्रतिग्रहीता

Access : पहुँच

Access to records or documents : अभिलेखों या दस्तावेज़ों / प्रलेखों तक पहुंच

Accessible : पहुंच में / सुगम

Accessible place : सुगम स्थान

Accession : अनुवृद्धि / राज्यारोहण / पदारोहण

Accessory : उपसाधन

Accident (Sectin 80 IPC) : दुर्घटना / घटना

Accidental : आकस्मिक

Accidental omission : आकस्मिक लोप

Accidental slip : आकस्मिक भूल

Accidentally : घटनावश

Accommodation : वास सुविधा / जगह / सौकर्य

Accommodation, as an : सौकर्य के लिए

Accommodation bill : सौकर्य पत्र

Accommodation, housing : गृहवास सुविधा

Accommodation note or bill : सौकर्य पत्र या विपत्र

Accomplice : सह अपराधी

Accomplished, be : पूरा होना

Accomplishment of purpose : प्रयोजन पूरा होना

Accordance with, in : के अनुसार

According to : के अनुसार

According to law (306 Cr.P.C.): विधि के अनुसार

Accordingly : तदनुसार

Account : लेखा / हिसाब / खाता / वृत्तांत / गणना

Account, banking : बैंक में खाता / हिसाब

Account for : लेखा-जोखा देना / कारण बताना

Account for the proceeds : आगमों का लेखा-जोखा देना

Account leave out of : गणना में से छोड़ना

Account of the credit : पावनों का लेखा

Account of on his : उसके लेखे

Account, open : खुला खाता

Account, shall not be taken into : नहीं गिना जाएगा

Account take into : विचार करना, ध्यान देना, गिनना / हिसाब में लेना

Accountancy : लेखा कर्म

Accounting period : लेखा कालावधि

Accounting year : लेखा वर्ष

Accounts, closed & balanced : बंद और संतुलित लेखा

Accounts stated : विवरणित लेखा

Accoutremend : साज-सज्जा

Accredited : प्रत्यायित

Accretion : अनुवृद्धि

Accrue : प्रोद्भूत होना

Accruing of the cause of action: वाद हेतुक का प्रोद्भूत होना

Accumulate : संचित / संचय करना / संचित होना

Accumulated profit : संचित लाभ

Accuracy : शुद्धता / यथार्थता
Accuracy of the copy : प्रति की शुद्धता
Accuracy, verify the : शुद्धता को सत्यापित करना
Accusation : अभियोग
Accusation prefer : अभियोग लगाना
Accuse : अभियोग लगाना
Accused : अभियुक्त
Accused person : अभियुक्त व्यक्ति
Acknowledge : अभिस्वीकार करना
Acknowledgement : अभिस्वीकृति
Acknowledgment of debt : ऋण की अभिस्वीकृति
Acquaint : अवगत कराना
Acquainted : अवगत / परिचित
Acquiesce : उपमत होना
Acquiescence : उपमति
Acquire : अर्जन करना
Acquiring property, person : जो व्यक्ति संपत्ति अर्जित करता है
Acquisition : अर्जन
Acquit : दोष मुक्त
Acquittal : दोष मुक्ति
Acquittance : निस्तारण-पत्र
Acromion : असंकूट
Act : अधिनियम / कार्य / कार्य करना
Act in good faith : सद्भावपूर्वक कार्य करना
Act in his behalf : उसकी ओर से कार्य करना
Act of bad faith : असद्भावपूर्ण कार्य
Act of firm : फर्म का कार्य
Act of God : देवकृत
Act of insolvancy : दिवालियापन का कार्य
Act of legislature : विधान मंडल का अधिनियम
Act parliament : संसद का अधिनियम
Act of parties : पक्षधरों का कार्य
Act purporting to be done : कार्य जो किया गया तात्पर्यित है
Act traitorously : गद्दारीयुक्त कार्य करना
Acting : कार्य करता हुआ/ कार्य करने वाला
Acting in pursuance of his duties, person : अपने कर्तव्यों के अनुसरण में कार्य करने वाला व्यक्ति
Acting in the ordinary course of business, person : कारोबार के मामूली अनुक्रम में कार्य करने वाला व्यक्ति
Acting indicially : न्ययिक्तः कार्य करते हुए
Acting on behalf of....: की ओर से करने वाला
Acting partner : कार्यकारी भागीदार
Acting together : एक साथ कार्य करते हुए
Acting with in the scope of the authority : प्राधिकार की परिधि के भीतर कार्य करते हुए
Action : कार्यवाही / अनुयोग / क्रिया / काम / संघर्ष
Actionable : अनुयोज्य
Actionable claim : अनुयोज्य दावा
Actionable wrong : अनुयोज्य दोष/ वादयोग्य दोष

Active concealment : सक्रिय / छिपाया जाना

Active service : सक्रिय / सैनिक सेवा

Activities : क्रियाकलाप

Actual : वस्तुतः

Actual command : वास्तविक समादेश

Actual cost : वास्तविक खर्च

Actual damage or loss : वास्तविक नुकसान या हानि

Actual existing interest : वास्तविक विद्यमान हित

Actual occupancy : वास्तविक अधिभोग

Actual possession : वास्तविक कब्जा

Actual sale : वास्तविक विक्रय

Actual seizure : वास्तविक अभिग्रहण

Actually : वास्तविक रूप से

Actually and voluntarily reside: वास्तविक रूप से और स्वेच्छा से निवास करना

Actually due and payable : वस्तुतः शोध्य व देय

Actually received : वस्तुतः प्राप्त

Actuarial circulation : बीमांकिक गणना

Actuary : बीमांकिक

Acuity : तीक्ष्णता

Ad-hock : तदर्थ

Ad litem, guardian : वादार्थ संरक्षक

Ad-valorem : मूल्यानुसार

Adapt : अनुकूलित करना / अनुकूल बनाना

Adapt to the circumstances : परिस्थितियों के अनुकूल बनाना

Adaptable : अनुकूलनीय

Adaptation : अनुकूलीकरण

Adaptation order : अनुकूलीकरण आदेश

Adapted, best : उपयुक्ततम

Add to the rules : नियमों में परिवर्तन करना

Adding to the standing orders: स्थायी आदेशों में परिवर्तन

Addition to, in : के अतिरिक्त

Additional court fee : अतिरिक्त न्यायालय फीस

Additional district magistrate: अपर जिला मजिस्ट्रेट

Additional evidence : अतिरिक्त साक्ष्य

Additional fact : अतिरिक्त तथ्य

Additional issue : अतिरिक्त विवाधक

Additional qualification : अतिरिक्त अर्हता

Additional session judge : अपर सेशन न्यायाधीश

Additional written statement : अतिरिक्त लिखित कथन

Address : पता / संबोधित करना / अभिभाषण

Address the court : न्यायालय को संबोधित करना

Address and message : अभिभाषण और संदेश

Address corrected upto date : अद्यतन शुद्धकृत पते

Adduce evidence : साक्ष्य पेश करना/ साक्ष्य देना

Adequacy : यथायोग्यता / पर्याप्तता

Adequate : यथायोग्य / पर्याप्त

Adequate compensation : यथायोग्य / पर्याप्त प्रतिकर

Adequate consideration : यथायोग्य / पर्याप्त प्रतिफल

Adequate publicity : यथायोग्य / पर्याप्त प्रचार

Adequate relief : यथायोग्य अनुतोष

Adhesive stamp : आसंजक स्टांप

Adjacent : पार्श्वस्थ

Adjoining land : लगी हुई भूमि

Adjourn : स्थगित / स्थगन करना

Adjournment : स्थगन

Adjournment of hearing : सुनवाई का स्थगन

Adjournment or stoppage of sale : विक्रय का स्थगन या रोका जाना

Adjudge : न्याय निर्णीत करना

Adjudicate : न्यायनिर्णीत करना

Adjudication : न्यायनिर्णयन

Adjust : समायोजन करना

Adjust of suits : वादों का समायोजन करना

Administer justice according to law : न्याय का प्रशासन विधि के अनुसार करना

Administer oath or affirmation: शपथ दिलाना या प्रतिज्ञान करना

Administer poison : विष देना

Administer to any party interrogatories : किसी पक्षकार से परिप्रश्नों के उत्तर मांगना

Administration : प्रशासन

Administration bond : प्रशासन-पत्र

Administration of justice : न्याय प्रशासन

Administration of medical benefit : चिकित्सा प्रसुविधा का प्रशासन

Administration suit : प्रशासन वाद

Administrator general's Act 1913 : महाप्रशासक अधिनियम 1913

Admissiblity : ग्राह्यता

Admit : ग्रहण करना

Admit as a minor : अप्राप्त वय के तौर पर सम्मिलित करना

Admit as advocate : अधिवक्ता के रूप में स्वीकृत करना

Admit by pleadings : अभिवचनों द्वारा स्वीकार कर लेना / स्वीकार करना

Admit to bail : ज़मानत ले लेना / मंजूर करना

Adultery (Section 497, IPC) : जारकर्म / जारता की दशा में रहना

Advance : अधिदाय / उधार / अग्रिम धन देना

Advance, future : भविष्यवर्ती उधार

Advance money : अग्रिम कर

Advance study : उच्च अध्ययन

Advancement : उन्नति / अभिवर्धन/ अग्रसर करना

Advancement in life : जीवन में उन्नति करना

Adverse : प्रतिकूल

Adverse claimant : प्रतिकूल दावेदार

Adverse party : प्रतिपक्षी

Adverse to the title : हक़ के प्रतिकूल

Advice (Sec. 21(1)(a) Children Act) : उपदेश

Advise : सलाह देना

Advisory committee : सलाहकार समिति

Advocate on record : अभिलेख अधिवक्ता

Aerodrome : विमान क्षेत्र / विमान निलयम

Affairs (Sec. 44(d), I.P. Act* : कामकाज / कार्यकलाप / वाते / मामले

Affairs, maritime : समुद्रीय कामकाज / कार्यकलाप

Affect : प्रभाव डालना

Affect, shall be demed to : प्रभाव डालने वाली समझी जाएगी

Affecting lives offence : जीवन के लिए संकटकारी अपराध

Affidavit : शपथपत्र / एफिडेविट

Affiliated : संबद्ध

Affirm : प्रतिज्ञात / प्रतिज्ञान करना / अभिपुष्ट करना

Affray : दंगा

Afloat : जल पर

Aforesaid : पूर्वोक्त / उपर्युक्त

After care programme : पश्चात्वर्ती देखरेख का कार्यक्रम

After presentment for sight : दर्शनार्थ उपस्थापन के पश्चात

After sight : दर्शनोपरांत

After the close of the investigation : अन्वेषण समाप्त होने के पश्चात

After the disability has ceased (Sec. 6(1) Limitation Act) : निर्योग्यता का अंत होने के पश्चात

Against the company : कम्पनी से प्रतिकर

Age of majority : प्राप्त वय

Agency : अभिकरण क्षेत्र / अभिकरण

Agency, business of : अभिकरण का कारोबार

Agenda : कार्यसूची

Agent : अभिकर्ता (एजेंट)

Aggravate : गुरुतर बनाना

Aggravated, injury has been : क्षति गुरुतर हो गई

Aggravation : अपवृद्धि

Aggregate : योग / संकलित

Aggregate subject matter : संकलित विषय-वस्तु

Agnats : गोत्रज

Agree *(verb)* : क़रार / सहमत करना

Agree to subscribe capital : पूंजी लगाने का करार करना

Agreed period : करार पाई गई कालावधि

Agreed upon, as may be : जैसी करार पाई जाए

Agreement by way of wager : पदयम् के तौर पर करार

Agreement contingent on impossible event : असंभव घटना पर समाश्रित करार

Agreement, express : अभिव्यक्त करार

Agreement implied : विवक्षित करार

Agreement in restraint of legal proceedings : विधिक कार्यवाहियों का अवरोधक करार

---

*I.P. Act = Indian partnership Act.

Agreement in restraint of marriage : विवाह का अवरोधक करार

Agreement in restraint of trade (Sec 27 IC Act*) : व्यापार का अवरोधक करार

Agreement of indeminity : क्षतिपूर्ति का करार

Agreement of lease : पट्टे के लिए करार

Agreement void for uncertainty: अनिश्चितता के कारण शून्य करार

Agreement without consideration : प्रतिफल के बिना करार

Agreculturist's loans Act 1884: कृषक उधार अधिनियम, 1884

Aid, steps in : सहायक कदम

Aiding, escape : निकल भागने में सहायता देना

Air corporation Act 1953 : वायु निगम अधिनियम, 1953

Air Force Act 1950 : वायु सेना अधिनियम, 1950

Alien : अन्यदेशीय

Alienation : अन्य संक्रमण / हस्तांतरण

Alimony (Sec 25 Hindu marriage act) : निर्वाह व्यय / निर्वाहिका

Allegation : अभिकथन

Allegation of fact : तथ्य का अभिकथन

Allegiance : राजनिष्ठा

Allocation : आबंटन

Allow an appeal : अपील मंजूर करना

Allow for : गुंजाइश करना/ गणना में लेना

Allowance : भत्ता

Allowed to pass : निकल जाने दिया गया

Allowing for the basic rate : जिसमें मूल दर की गुंजाइश रखी गई है

Alphabetical order : वर्णक्रम

Alter and add to the rules : नियमों में परिवर्तन और परिवर्धन करना

Alternate : अनुकल्प / अनुकल्पी

Ambiguous : संदिग्धार्थी

Ambiguous instrument : संदिग्धार्थी लिखित

Amelioration : बेहतरी

Amendment : संशोधन

Amenities : सुख सुविधाएं

Amicable : सौहार्दपूर्ण

Amicus curise : न्यायमित्र

Amplifying : प्रवर्धन

Analogous post : सदृश पद

Ancestor, descended from a common (Sec. 3(c) Hindu marriage act) : एक ही पूर्वज से अवजनित

Ancestral : पैतृक (पित्रार्जित)

Ancillary services : अनुषंगी सेवाएं

Anniversary : आब्दिकी

Anual general meeting (AGM): वार्षिक साधारण अधिवेशन

Annulment : बातिलीकरण / निराकरण

Another party : अन्य पक्षकार

Answer the charge : आरोप का उत्तर

---

* Indian contract Act

251

Apparent authority : दृश्यमान प्राधिकार

Appeal : अपील / दुहाई

Appeal lies : अपील होती है / हो सकती है

Appeal prefer : अपील प्रस्तुत करना

Appeal present : अपील उपस्थित करना

Appear : हाज़िर होना / उपसंजात होना

Appear by pleader : वकील के द्वारा उपस्थित होना

Appear in person : स्वयं उपसंजात/ हाजिर होना

Appearing in evidence : साक्ष्य में प्रकट होने वाला

Appellant : अपीलांट / अपीलार्थी

Appellate court : अपील न्यायालय

Appellate court house : अपील न्यायालय सदन

Appellate court for inferior jurisdiction : अवर अधिकारिता वाला अपील न्यायालय

Appellate or revisional court : अपील या पुनरीक्षण न्यायालय

Appellate tribunal : अपील अधिकरण

Appendix : परिशिष्ट

Appliance : सावित्र

Application : आवेदन / उप योजन / लागू होना

Application for restitution : प्रत्यास्थापन के लिए आवेदन

Application for review : पुनर्विलोकनार्थ आवेदन

Application made by motion : प्रस्ताव द्वारा किया गया आवेदन

Applied geology : अनुप्रायोगिक भू-विज्ञान

Applied research : अनुप्रयुक्त गवेषणा

Apportionable : प्रभाजनीय

Appraisal : आंकना

Apprehend : पकड़ना / आशंका करना

Apprehension : आशंका

Apprentice : प्रशिक्षु / अप्रेंटिस

Apprentice ship : प्रशिक्षुता

Approach, co-operative : सहयोगी/भावना से संसर्ग

Approbation : अनुमोदन

Appropriate : समुचित / विनियोजित करना

Appropriation : विनियोग

Approval : अनुमोदन

Approval on : अनुमोदनार्थ

Approving, order : अनुमोदित करने वाला आदेश

Approximately : लगभग

Appurtenant : अनुलग्न

Arable land : कृष्ण भूमि

Arbitrage : अंतरपणन

Arbitrary : मनमाना

Arbitrary power : मनमानी करने वाली शक्ति / अधिकार

Arbitration : माध्यस्थम्

Arbitration award : माध्यस्थम्पंचाट

Argument : तर्क / बहस

Argumentative matter : तार्किक बातें

Arise : उठना / उद्भूत होना / पैदा होना
Arises, dispute : विवाद उठता है
Arises if a question : यदि कोई प्रश्न उठे / उठता है
Arising on a guarantee : प्रत्याभूति से उद्भूत
Arising on a enactment : अधिनियमित से उद्भूत
Arising out of any proceeding: किन्हीं कार्यवाहियों से उद्भूत
Arraignment : दोषारोपण
Arrest : गिरफ्तार करना
Arrived at, no settlement is : कोई परिनिर्धारण नहीं होता
Arrived at by agreement, settlement : करार द्वारा किया गया परिनिर्धारण
Article : अनुच्छेद / वस्तु
Articles in finished form : परिरूपित वस्तुएं / परिसाधित वस्तुएं
Articles of Association : संगम-अनुच्छेद
Articles of partnership : भागीदारी के अनुच्छेद
Articles of war : युद्ध की नियमावली
Artificial : कृत्रिम
As arrearo of laud revenue : भू-राजस्व के बकाया के तौर पर
As evidence of the age : आयु के साक्ष्य के रूप में
As evidenced : यथा साक्षियत
As expeditiusly as possible : यथा संभव शीघ्रता के साथ
As for as practicable : यथासाध्य
As follows : निम्नलिखित रूप से
As from the appointed day : नियत दिन से ही
As from the date : (उस) तारीख से ही
As here in after directed : जैसा इसमें इसके पश्चात निर्दिष्ट है
As here in after provided : जैसा इसमें इसके पश्चात उपबंधित है
As if enacted in this Act : मानो (वे) इस अधिनियम में अधिनियमित हों
As inforce for the time being : तत्समय यथा प्रवृत्त / यथा तत्समय प्रवृत्त
As is mentioned in : ... में यथा वर्णित
As may be agreed upon : जैसा करार पाए
As may be fixed in this behalf: जो इस निमित्त नियत किया जाए
As may be prescribed : जैसा विहित किया जाए
As may be recognised : जिन्हें मान्यता दी जाए
As much expedition as may be: यथाशक्य शीघ्र
As nearly as circumstances admit : उन परिस्थितियों में यथासाध्य निकटतम
As nearly as may be : यथाशक्य निकटतम
As nearly as possible eqiuvalant : यथासंभव बराबर
As next here in after mentioned : जैसा कि इसमें इसके ठीक पश्चात वर्णित है

As often as may be : कितनी ही बार / जितनी भी बार करना है

As part of the transaction : संव्यवहार के भाग रूप

As to the amount of such sum: ऐसी रकम के विषय में

Ascendant, lineal : पारंपरिक पूर्व पुरुष

Ascending degree : उपरली डिग्री

Ascertainable : अभिनिश्चेय

Ascertained by taxation : विनिर्धारण द्वारा अभिनिश्चित

Ascertained goods : अभिनिश्चित माल

Assailant : हमलावर

Assault : हमला / हमला करना

Assacy : परखना

Assembly : जमाव

Assembling : समंजन / समवेत होना

Assess : निर्धारित करना

Assessee : निर्धारिती

Assessment : निर्धारण

Assessor : असेसर / (कर) निर्धारक

Assets : आस्तियां

Assign : सौंपना / समानुदेशित करना

Assignee : समानुदेशिती

Assignment : समानुदेशन

Associate : साथी / सहयुक्त

Associate planner : सहयोजनाकार

Association : संगम

Assume superintendence : अधीक्षण संभालना

Assuming to act in the exercise of option : विकल्प का प्रयोग करने की धारणा से कार्य करते हुए

Assumption : ग्रहण

At his cost : स्वयं अपने खर्चे पर

At sight : दर्शन पर

At the expense of : की हानि करके

At will, partnership : इच्छाधीन भागीदारी

Atomic energy Act 1962 : परमाणु ऊर्जा अधिनियम 1962

Attached : संलग्न / बद्ध / कुर्क की गई

Attaching ereditor : कुर्की कराने वाला लेनदार

Attaching officer : कुर्की कराने वाला अधिकारी

Attachment : कुर्की (ज़ब्ती)

Attempt to ravish : वलात्संग का प्रयत्न

Attendence, witness in : हाज़िर साक्षी

Attest : अनुप्रमाणित करना

Attorney : अटर्नी / न्यायवादी / प्रतिनिधि

Attorney, power of : मुख्तारनामा

Auction : नीलाम

Audit : संपरीक्षा

Authenticate : अधिप्रमाणीकृत

Author of the trust (section 3 - Indian trust act) : न्यासकर्ता

Authority : प्राधिकार

Authority appointing : नियुक्ति प्राधिकारी

Authority cadre : काडर प्राधिकारी

Authority, in writing : लिखित प्राधिकारी

Authorised to dispose of transferable property : अंतरणीय संपत्ति के व्ययन के लिए प्राधिकृत

Autonomous (Sec. 4(B) Representation of the people Act 1951) : स्वायत्त / स्वशासी

Auxiliory : सहायक

Avail of leave : छुट्टी का उपयोग करना

Avoiding service of process : आदेशिका की तामील होने से (अपने को) बचाए रखना

Award : अधिनिर्णीत करना

Award compensation : अधिनिर्णीत करना

Award cost : खर्च दिलवाना

Award, make : पंचाट करना

Aware : सावधान

Away : अनुपस्थित

Awe : धाक

B

Backward classes : पिछड़े वर्ग

Bad and doubtful debts : डूबा और शंकास्पद ऋण

Bad character : दुश्चरित्र

Bad faith {Sec. 51 (3) CPC} : असद्भाव

Bad faith, act of : असद्भावपूर्ण कार्य

Bad security : बुरी प्रतिभूति

Bail : जमानत

Bail, become : जमानतदार बनना

Bail bond : जमानतनामा / जमानत-पत्र

Bailable : ज़मानतीय

Bailee {Sec.170 Indian Contract Act} : उप निहिती का विशिष्ट धारणाधिकार

Baliff : बेलिफ़ / आसेधक / कारिंदा

Bailment : उपनिधान

Bailment of pledges : गिरवी रूपी उपनिधान

Bailment, termination of : उपनिधान का पर्यवसान

Baitor : उपनिधान

Ballot box : मत पेटी

Bar : वारण / वर्जन / शलाका

Bar council : विधिज्ञ परिषद

Bar of jurisdiction : अधिकारिता का वर्जन

Bar to the suit : वाद के लिए वारक / वाद का वर्जन

Bare denial : कोरा प्रत्याख्यान

Barred by any law : विधि द्वारा वर्जित

Barred by article : अनुच्छेद द्वारा वर्जित

Barrier : रोध

Barrister : बैरिस्टर / विधिवक्ता

Barter : वस्तु-विनिमय करना

Bas relief : निम्न उद्भूति

Begotten : जनित / उत्पन्न

Being in command : समादेशन करते हुए

Being sunk : गलाए जा रहे

Belligerent rights : युद्ध मानाधिकार

Benamidar : बेनामीदार

Bench : न्यायपीठ (बेंच)
Benefit : फायदा / प्रसुविधा
Benefit assured by rules : फ़ायदा जिसका आश्वासन नियमों द्वारा किया गया है
Benefit of doubt : संदेह लाभ
Bequeath : वसीयत करना
Best judgement assessment : सर्वोत्तम विवेकबुद्धि के अनुसार निर्धारण
Best rent : सर्वोत्तम भारक
Bicameral legislature : द्विसदनीय विधान मंडल
Bid : बोली लगाना
Bidder : बोली लगाने वाला
Bidding : बोली
Bill of exchange : विनिमय-पत्र
Bill of lading : वहन-पत्र / बिल्टी / लदान-पत्र
Bill of sale : विक्रयाधिकार-पत्र
Billet : बिलेट
Bills in sets : जो विनिमय पत्र संवर्ग में है
Binding : आबद्ध कर
Blank, endorsement in : निरंक पृष्ठांकन
Blend property : संपत्ति को मिला लेना
Blending : सम्मिश्रण
Block of gold : सोने की ईंट
Block of mineral : खनिज खंड
Blood feud : कुल बैर
Blood relationship : रक्त नातेदारी
Blue print : ब्लू प्रिंट / अंतिम रूपरेखा
Body corporate : निगमित निकाय
Body, in a : निकाय के रूप में
Body of the code : संहिता का निकाय
Bonafide : सद्भावपूर्वक
Bonafide error : सद्भावपूर्वक गलती
Bond {Sec. 2(5) Indian stamp Act} : बंध-पत्र
Bond for appearence : उप संजाति के लिए बंध-पत्र
Bond personal : मुचलका
Books or documents of reference : निर्देश पुस्तकें या दस्तावेज
Border : सीमा
Borne on the establishment : स्थापन द्वारा धारित / स्थापन में के
Borne on the muster rolls : मस्टर रोल में दर्ज
Borne on the roll, who has been : जिसका नाम रोल पर रहा है
Bound by law : विधि द्वारा आबद्ध
Bound to prove : साबित करने के लिए आबद्ध
Breach : भंग / टूट
Breach of agreement : करार का भंग
Breach of conditions of discharge : उन्मोचन की शर्तों का भंग
Breach of duty : कर्तव्य भंग
Breach of law : विधि का भंग
Breach of promise : वचन भंग
Breach of regulation : विनिमय का भंग
Breach of rule : नियम का भंग
Breach of terms : निबंधनों का भंग
Breach of partnership articles: भागीदारी के अनुच्छेदों का भंग
Breach of the peace : परिशांति भंग

Breach of trust : न्यास (ट्रस्ट) भंग

Breach of warrenty : वारंटी का भंग

Break for nursing : पोषणार्थ विराम

Break into any house : किसी गृह में अनधिकृत प्रवेश

Break out of barrack : बैरकों से अनधिकृत रूप से निकल जाना

Breaking bulk : माल में से निकाल लेना

Break up : तोड़ना

Broker : दलाल

Brother by full blood : पूर्ण रक्त का / सगा भाई

Brother by half blood : अर्ध रक्त का भाई

Burden of proof : सबूत का भार

By law : विधि द्वारा / विधि अनुसार

By law capable : विधि अनुसार समर्थ

By or on behalf of : द्वारा या उसकी ओर से

By reason only : केवल इसीलिए

By registered post acknowl-edgment due : रसीदी रजिस्ट्री डाक द्वारा

By subjecting : अध्यधीन करके

By suppression : दबाकर

By the action of : की क्रिया से

By the variance : फेरफार के कारण

By this act, is to be prescribed: इस अधिनियम के अनुसार विहित किया जाना है

By virtue of : के आधार पर

By word or action : वचन या कर्म द्वारा

By election : उपनिर्वाचन

By product : उपोत्पाद

C

Call evidence : साक्ष्य पेश करना / कराना

Call for the record : अभिलेख मंगाना

Call in : वापस निकालना

Call on duty : कर्तव्य के सिलसिले में आना / ड्यूटी पर आना

Call out for service : सेवा के लिए आहूत करना

Cancel the charge : आरोप को रद्द करना

Candidate : उम्मीदवार

Candied : कंदित

Capable by law : विधि अनुसार समर्थ

Capable of being perceived : बोधगम्य

Capital gain tax : पूंजी अभिलाभ कर

Capital issue methods : पूंजी पुरोधरण पद्धतियां

Capital offence : मृत्यु से दंडनीय अपराध

Capital punishment : मृत्यु दंड

Captor : प्रग्रहीता
Case : दशा / मामला (केस)
Case, a decided : निर्णय
Case law : निर्णयज विधि
Cast away : संत्यक्त करना
Casting vote : निर्णायक मत
Casual work man : आकस्मिक कर्मकार
Cattle trespass Act 1871 : पशु अतिचार अधिनियम, 1871
Cause : मामला / हेतुक / कारण / कारित करना
Cause death : मृत्युकारित करना
Cause of action : वाद हेतुक
Cause of collision : टक्कर का मामला
Cause of towage : अनुकर्षण का मामला
Cause, showing : हेतुक दर्शित करना
Cause written notice to be served : लिखित सूचना की तामील कराना
Causuing the loss : हानि कारित करने वाला
Causing the mortgage to be merged : बंधक का विलयन कारित करना
Caveat : केवियट / चेतावनी / वारणी / निषेध / आपत्ति सूचना (सम्बंधित पार्टी द्वारा कुछ अधिकारियों को चेतावनी / नोटिस देना कि जब तक विपक्ष द्वारा प्रस्तुत तर्क सुन न लिए जाएं तब तक वह अधिकारी कुछ कार्यवाही न करे)
Caveator : केवियटकर्ता
Ceasefire : युद्ध विराम
Cease on marriage, shall : विवाह होने पर समाप्त हो जाएगा
Cease to be enforceable : प्रवर्तनीय न रहना
Cease to be a partner : भागीदार न रहना
Cease to exercise jurisdiction: अधिकारिता प्रयोग करने से परिवितर हो जाना
Cease to exist : अस्तित्वहीन होना
Cease to have effect : प्रभावहीन हो जाना
Cease to hold office : पद पर न रहना
Cease to reside : निवास करना / छोड़ देना
Cease to stand in those relationship : उन संबंधों में अवस्थित होने से परिविरत हो जाना
Ceased : समाप्त / परिविरत
Ceased, after the disability has: निर्योग्यता का अंत होने के पश्चात
Ceilling : अधिकतम सीमा
Censure : परनिंदा / परनिंदा करना
Census : गणना
Central Act : केंद्रीय अधिनियम
Cepi corpus {Cepi-corpus et est co custodia} : वह सशरीर पकड़ लिया गया है और मेरी अभिरक्षा में है
Ceremonials : औपचारिकताएं
Certain cases : कतिपय दशाएं
Certain classes of persons : व्यक्तियों के कतिपय वर्ग
Certainty, with reasonable : युक्तियुक्त निश्चय के साथ

Certificate : प्रमाण-पत्र
Certificate of appeal : अपील करने के लिए प्रमाण-पत्र
Certificate of competency : सक्षमता प्रमाण-पत्र
Certificate as to fitness : औचित्य के बारे में प्रमाण-पत्र / योग्यता के बारे में प्रमाण-पत्र
Certificate of fitness : आरोग्यता प्रमाण-पत्र
Certificate of non satisfaction of decree : डिक्री की तुष्टि न होने का प्रमाण-पत्र
Certificate of sale : विक्रय का प्रमाण-पत्र
Certificate of sickness : बीमारी का प्रमाण-पत्र
Certificate of the nature reffered to in...: ..निर्दिष्ट प्रकार का प्रमाण-पत्र
Certificate, provisional : अनंतिम / आर्जी प्रमाण-पत्र
Certified copy : प्रमाणित प्रतिलिपि
Certified extract : प्रमाणित उद्धरण
Certified purchaser : प्रमाणित क्रेता
Cessation : बंद होना / समाप्ति
Cessation of membership : सदस्यता की समाप्ति
Cessation of motion : गतिहीनता / गतिहीन होना
Cession : अध्यर्पण
Charged' affairs : कार्यदूत
Charged' for firearms : अग्न्यायुद्धों के लिए भरण
Charged' for service : सेवार्थ प्रभार
Charged' for imperfect : अपूर्ण आरोप
Charged' in the alternative : अनुकल्पत: आरोप लगाना
Charged' of tax : कर का प्रभारण
Charged' with liability : दायित्व से भारित करना
Charged' with notice : सूचना आरोपित करना
Charged' with two or more heads : द्विशीर्षी या बहुशीर्षी आरोप
Chargeable : प्रभार्य
Charged rate : प्रभारित दर
Charged with : भार रखते हुए / से आरोपित
Charge with liability : दायित्व से भारित
Charging order : भारण आदेश
Charted High Court : चार्टरित उच्च न्यायालय
Chaste : सतीवृता
Cheating by persontion : प्रतिरूपण द्वारा छल
Cheque is realised : चेक भुन गया है
Children (Pledging of labour) Act 1933 : बालक (श्रम गिरवीकरण) अधिनियम 1933
Citation : प्रोद्धरण
Civil or revenue court : सिविल या राजस्व न्यायालय
Claim : दावा / दावा करना
Claim adversely : प्रतिकूलत: दावा करना
Claim of privilage : विशेषाधिकार का दावा

Claim of prefer : दावा करना

Claim to pre-emption : शुफ़ा का दावा / पूर्व क्रय का दावा

Claim upon instrument : लिखित पर आधारित दावा

Claimant : दावेदार

Claimed in common : सामान्यत: दावा किया

Claiming under him : उससे व्युत्पन्न अधिकार के अधीन दावा करने वाला

Clandestinely : छुपे तौर से

Clause : खंड

Clear away standing crop : खड़ी फसल को काटना और भूमि को साफ़ करना

Clear days : पूर्ण दिन

Clear specification of the relief : अनुतोष का स्पष्ट विनिर्देश

Clearence : निकासी

Clerk of the Court : न्यायालय का प्राधीक्षक

Client : मुवक्किल / कक्षीकार

Code : संहिता

Codify : संहिताबद्ध करना

Coercion : प्रपीड़न

Cognate {Sec 3(1)(e) Hindu succession Act : बंधु / सजातीय

Cognate expression : सजातीय पद

Cognizable : संज्ञेय

Cognizable offence : संज्ञेय अपराध

Cognizance : संज्ञान

Cognizance of court of session: सेशन न्यायालय का संज्ञान

Cohabitation : सहवास

Collaterl : सांपार्श्विक

Collateral heirs : सांपार्श्विक वारिस

Collateral security : सांपार्श्विक प्रतिभूति

Collateral transaction : सांपार्श्विक संव्यवहार

Collation : समाकलन

Collection of the rent : भारक का संग्रहण

Collection of revenue : राजस्व का संग्रहण

Collusion : दूर संधि / दूरभिसंधि

Colour of office : पदाभास

Colour of trust : न्यासाभास

Colourable imitation : मिलती-जुलती नकल

Combination, acting in : मिलकर कार्य करते हुए

Combination of injuries : क्षतियों का समुच्चय

Combined, benefits not to be : प्रसुविधाओं का समुच्चय न किया जाना

Combined punishments : दंडों को मिला देना

Come into force : प्रवृत्त होना

Come in to operation : प्रवर्तन में आना

Comfortable condition : सुखद दशा / स्थिति

Command : समादेश / कमांड

Command, being in : समादेशन करते हुए

Commercial concern of repute: ख्याति प्राप्त वाणिज्यिक समुत्थान

Commercial intelligence : वाणिज्यिक आसूचना

Commission : आयोग / कमीशन

Commission agent : कमीशन अभिकर्ता

Commision to examine witnesses : साक्षियों की परीक्षा करने के लिए कमीशन

Commit to charge : भार साधन में सुपुर्द करना

Commit to custody : अभिरक्षा के लिए सुपुर्द करना

Commit to jail : जेल सुपुर्द करना

Competent court : सक्षम अधिकारिता

Competent jursidiction court of : सक्षम अधिकारिता वाला न्यायालय / सक्षम अधिकारितायुक्त न्यायालय

Complainant : परिवादी

Complaint : शिकायत / परिवाद

Complaint, make : परिवाद करना

Complementary part : पूरक भाग

Compliance : अनुपालन

Comply with the order : आदेश का अनुपालन करना

Component : संघटक

Composing the court, judges : न्यायालय में पीठासीन न्यायाधीश

Composite unit : संयुक्त एकक

Composition deed : प्रशमन विलेख

Composition of an offence : अपराध का शमन

Comprise : में समाविष्ट होना

Compromise of suit : बाद में समझौता

Compulsorily retired : अनिवार्यतः निवृत्त कर दिया जाना

Compulsory deposit : अनिवार्य निक्षेप / जमा

Compulsory labour : अनिवार्य श्रम

Compulsory notification of vacancis : रिक्तियों की अनिवार्य अधिसूचना

Computation : संगणना

Concealment, active : सक्रिय छिपाया जाना

Concealment, fraud by : छिपाव द्वारा कपट

Concealment of material fact: तात्विक तथ्य छिपाना

Conceived : गर्भाहित

Concentrate : संकेंद्रित करना

Concentration of industries : उद्योगों का संकेंद्रण

Concern, industrial : औद्योगिक ससुत्थान

Concert, acting in : संबंधित मति से

Concession : रियायत

Concession rate : रियायती दर

Concilliation, board of : सुलह बोर्ड

Concise : संक्षिप्त

Concise statement : संक्षिप्त कथन

Conclusion : समाप्ति

Conclusive proof : निश्चायक रूप से अवधारित

Conclusively determined : निश्चायक रूप से अवधारित

Concubinage : उपपत्नीत्व

Concubine : उपपत्नी / उपपत्नी के रूप में रखना
Concurrence : सहमति
Concurrent finding : एक ही निष्कर्ष
Concurrently : साथ-साथ
Condemned criminal : सिद्धदोष अपराधी
Condensing : संघनन
Condition susequent : उत्तर भाव्य शर्त
Condition and contracts of sale: विक्रय की शर्त और संविदाएं
Condition of the bailment : उपनिधान की शर्त
Conditional : सशर्त
Conditional attachment : सशर्त कुर्की
Conditional discharge : सशर्त उन्मोचन
Conditonal order : सशर्त आदेश
Conditonal sale : सशर्त विक्रय
Conditioning house : अनुकूलन गृह
Conditions : परिस्थितियां
Conditions governing : शासित करने वाली शर्तें
Condition of labour : श्रम परिस्थितियां
Condition of service : सेवा की शर्तें
Condition of work : काम की परिस्थितियां
Condone : माफ़ करना / उपमार्षित करना
Condusive : साधक
Conduct : आचरण / संचालन
Conduct of business in the court : न्यायालय में कारोबार का संचालन
Conduct unbecoming the character of an officer : ऐसा आचरण जो आफिसर के लिए अशोभनीय है
Conducting a prosecution : अभियोजन संचालित करने वाला
Conducting examination, made of : परीक्षा के संचालन की रीति
Confer : प्रदत्त / प्रदान करना
Conference : सम्मेलन
Conferred by charter : चार्टर द्वारा प्रदत्त
Confess : की संस्वीकृति करना / दोष स्वीकारना
Confession : संस्वीकृति
Confidence, active : सक्रिय विश्वास
Confidential capacity : गोपनीयता की हैसियत
Confidential communication : गोपनीय संसूचना
Confinement : परिरोध
Confinement wrongful : सदोष परिरोध
Confirm : पुष्टि करना
Confirmation, court of : पुष्टिकरण का न्यायालय
Confiscate : अधिहरण / अधिहृत करना
Conformity : अनुरूपता
Conformity with, in : के अनुरूपतः
Conjugal rights : दांपत्य अधिकार

Conjugal restoration of : दांपत्य अधिकार के प्रत्यास्थापन
Connivance : मौनाकुलूलता
Consecutive : क्रमवर्ती / क्रम में
Consent : लिखित सम्मति
Consequence : परिणाम
Consequent failure of justice : परिणामस्वरूप न्याय की निष्फलता
Conservation : संरक्षण
Consider the finding : निष्कर्ष के संबंध में विचार करना
consigned : प्रेषित / भेजा / सौंपा गया
Conigner : परेषिती / (माल) भेजने वाला
Consolidation of appeals : अपीलों का समेकन
Conspectus : दिग्दर्शन
Conspicuous : सहज दृश्य
Conspiracy : षड्यंत्र
Constructive : आन्वयिक
Constructive possession : आन्वयिक कब्जा
Constructive trust : आन्वयिक न्यास
Construe : अर्थ लगाना
Consul : कौंसल (सरकार द्वारा सरकार व देशवासियों के हितों के सेवार्थ विदेश में किसी निश्चित स्थान पर नियुक्त किया गया अधिकारी)
Consul de carriere : वृत्तिक कौंसल
Consuming centre : उपभोग केंद्र
Contemplated : अनुध्यात
Contemplation of death, in : मृत्यु को आसन्न मान कर
Contemporaneous agreement: समकालीन करार
Contempt : अवमान
Contesting the petition : अर्ज़ी का विरोध करना
Contingency : अनिश्चित घटना / आकस्मिकता
Contingent contract : समाश्रित संविदा
Contingent interest : समाश्रित हित
Contingent liability : समाश्रित दायित्व
Continuance of the contract : संविदा का जारी रहना
Contraband : विनिबद्ध
Contract of guarantee : प्रत्याभूति की संविदा
Contradict : खंडन करना
Contrary : प्रतिकूल / तत्प्रतिकूल
Contrary to law : विधि के प्रतिकूल
Contravention : उल्लंघन
Contributing institution : अभिदात्री संस्था
Contribution certificate : अभिदाय प्रमाण-पत्र
Controversy : संविवादा
Controversy as to right : अधिकार के बारे में संविवाद
Controversy matter in : विवादग्रस्त विषय
Contumacious disregard : धृष्टतापूर्ण अवहेलना
Contumacy : धृष्टता
Convene : संयोजित करना / बुलाना
Convenience : सुविधा
Convenient : सुविधापूर्ण

Convenient transaction of business : कारोबार का सुविधापूर्ण संव्यवहार
Convention : अभिसमय / सभा / सम्मेलन
Conversation : बातचीत
Conversion : संपरिवर्तन
Conversion in endorsement in black into endorsement in full : निरंक पृष्ठांकन का पूर्ण पृष्ठांकन से संपरिवर्तन
Convey : प्रवहण करना / हस्तांतरित करना
Conveyance : हस्तांतरण / सवारी
Conveyance allowance : प्रवहण / सवारी भत्ता
Convict : दोष सिद्ध / दोष सिद्ध करना
Convict, life : आजीवन सिद्ध दोष
Conviction : दोष सिद्धि
Co-operative society : सहकारी सोसाइटी
Co-opt : सहयोजित करना
Co-ordinated view : समन्वित दृष्टिकोण
Co-owner : सहस्वामी
Coparcenary : सहदायिकी
Coparcener : सहदायिक
Co plantiff : सहवादी
Copy right : कापीराइट / प्रतिलिप्यधिकार
Corporate : निगमित
Corresponding : तत्सम / समरूपी / तत्संबंधी
Corresponding jurisdiction : समरूपी अधिकारिता
Corresponding law : तत्समान विधि
Corresponding provision : तत्स्थानी उपबंध
Corroborate : संपुष्ट करना
Corroborative evidence : संपोषक साक्ष्य
Corrosive substance : संक्षारक पदार्थ
Corrupt : भ्रष्ट
Corrupt inducement : भ्रष्ट उत्प्रेरण
Co-sharer : सह-अंशधारी
Cost accounts : लागत लेखा
Cost of living index number : निर्वाह व्यय सूचकांक
Costs, at his own : स्वयं अपने खर्च पर
Costs of realization : वसूली के खर्चे
Costs of proceedings : कार्यवाहियों के खर्चे
Counceller : परामर्शदाता
Counter claim : प्रतीदावा
Counterfeit : कूट कृत / कूटकरण करना
Counterfoil : प्रतिपर्ण
Countermand : प्रत्यादिष्ट करना
Counter part : प्रतिरूप / प्रतिलिपि / प्रतिलेख / प्रतिपक्ष
Counter signature : प्रतिहस्ताक्षर
Court, appealate : अपील न्यायालय
Court, criminal : दंड न्यायालय
Court, division : खंड न्याालय
Court fee : न्यायालय फीस / शुल्क
Court fee chargeanble : प्रभार्य न्यायालय फीस
Court, High : उच्च न्यायालय

Court, inferior : अवर न्यायालय

Court, lower : निचला न्यायालय

Court martial : सेना न्यायालय

Court equal jurisdiction : समान अधिकारिता वाला न्यायालय

Court final appeallate juris diction : अंतिम अपीली अधिकारिता वाला न्यायालय

Court of first instance : प्रथम बार का न्यायालय

Court of inquiry : जांच न्यायालय

Court of judicial commissioner: न्यायिक आयुक्त का न्यायालय

Court justice / law : न्यायालय

Court of ordinary criminal jurisdiction : प्रारंभिक अधिकारिता का न्यायालय

Court of reference : निर्देश न्यायालय

Court revision : पुनरीक्षण न्यायालय

Court of session : सेशन न्यायालय

Court of small causes : लघुवादी का न्यायालय

Court of special judge : विशेष न्यायाधीश का न्यायालय

Court of superior jurisdiction: वरिष्ठ अधिकारिता वाला न्यायालय

Court of wards : प्रतिपाल्य अधिकरण

Court, open : खुला न्यायालय

Court revenue : राजस्व न्यायालय

Court, subordinate : अधीनस्थ न्यायालय

Court, supreme : उच्चतम न्यायालय

Court which passes a decree : डिक्री पारित करने वाला न्यायालय

Covenant : प्रसंविदा

Creation of interest : हित का सृजन

Credibility : विश्वसनीयता

Credit : प्रत्यय, साख / उधार / पावना

Credit, letter of : प्रत्यय-पत्र /साख-पत्र

Credit of those funds, balance at the : उन निधियों में जमा अतिशेष

Credit on : उधार पर

Creditor : लेनदार

Criminal : अपराधी

Criminal Act : अपराधिक कार्य

Criminal appeal : दांडिक अपील

Criminal breach of contract : संविदा का आपराधिक भंग

Criminal breach of trust : आपराधिक न्यास भंग

Criminal prosecution : दांडिक अभियोजन / आपराधिक अभियोजन

Criminal session : दांडिक सत्र

Criminal trespass : आपराधिक अतिचार

Criminal trial : दांडिक विचारण

Criminate : अपराध में फंसाना

Cross claim : प्रति दावा

Cross decree : प्रति डिक्री

Cross examination : प्रति परीक्षा

Cross examine (*verb*) **:** प्रति परीक्षा करना

Cross objection : प्रत्याक्षेप

Cross suit : प्रतिवाद

Culpable homicide : आपराधिक मानव वध

Culpable homicide not amounting to murder : हत्या की कोटि में न आने वाला आपराधिक मानव वध

Comulative punishment : आकलित दंड

Current coin : चालू सिक्का

Custody : अभिरक्षा

Custody of records, having : अभिलेखों को अभिरक्षा में रखने वाला

Customary course of business: कारोबार का रूढ़िक अनुक्रम

Customary law : रूढ़िजन्याविधि

Customs nomenclature : सीमा शुल्क नाम

Customs tariff : सीमा शुल्क सूची

D

Damages : नुकसान

Damages, consequential : पारिणामिक नुकसानी

Damages for breach of contract : संविदा भंग के लिए नुकसानी

Damages for nonacceptance : अप्रतिग्रहण के लिए नुकसानी

Damages for non delivery : अपरिदान के लिए नुकसानी

Damages, liquidated : परनिर्धारित नुकसानी

Damages, mitigated : न्यूनीकृत नुकसानी

Damages, nominal : नाममात्र नुकसानी

Days of grace : अनुग्रह दिवस

Deal in : व्यवहार करना

Deal with : व्यवहार करना

Dealer : व्यवहारी

Debar *(Verb)* : विवर्जित करना

Deceased : मृत

Deceived : प्रवंचना / प्रवंचित करना

Deception : प्रवंचना

Decision : विनिश्चय

Declarant : घोषणा करने वाला

Declaration, dying : मृत्युकालिक कथन

Declaration of fidelity and secrecy : विश्वस्तता और गोपनीयता की घोषणा

Declaratory : घोषणात्मक

Declaratory decree : घोषणात्मक डिक्री

Declaratory suit : घोषणात्मक वाद

Decoration : अलंकरण

Decortication : छिलाई

Decree : डिक्री, डिक्री करना

Decree for rendition of account: लेखे दिए जाने की डिक्री

Decree holder : डिक्रीदार

Decree in appeal : अपील में की डिक्री

Decree mullity : अकृतता की डिक्री

Decree of the first court : प्रथम न्यायालय की डिक्री

Deduct : कटौती करना

Deed : विलेख

Deed relating to the affairs of the family : कुटुंब की बातों से संबंधित विलेख

Deemed to affect, be : प्रभाव डालने वाला समझा जाना

Decmed to have had notice, a person shall be : यह समझा जाएगा कि उसकी सूचना उस व्यक्ति की थी

Deemed to mean, shall be : से अभिप्रेत समझा जाए

Defacto : वस्तुत: / वास्तविक

Defamation : मानहानि

Defamatory : मानहानिकारक

Default : व्यतिक्रम

Default, effect of : व्यतिक्रम का प्रभाव

Default in the payment of fine: जुर्माना देने में व्यतिक्रम

Default of, in : के अभाव में

Default of payment : संदाय में व्यतिक्रम

Default of the lease : पट्टेदार का व्यतिक्रम

Defaulter : व्यतिक्रमी

Defeat : विफल होना / कर देना / करना

Defect : त्रुटि / नुक्स

Defect of jurisdiction : अधिकारिता की त्रुटि

Defect of title : हक की त्रुटि

Defect rendering them unmerchantable : उन्हें अवाणिज्यिक बना देने वाली त्रुटि

Defective : त्रुटियुक्त

Defence : प्रतिरक्षा / प्रतिवाद

Defence of India Act 1962 : भारत रक्षा अधिनियम 1962

Defence of India rule, 1962 : भारत रक्षा नियम 1962

Defence on the merits : गुणागुण विषयक बातों पर प्रतिरक्षा / गुणागुण के आधार पर प्रतिरक्षा

Defence, right of private : प्राइवेट प्रतिरक्षा का अधिकार

Defence to a suit : वाद में प्रतिरक्षा / प्रतिवाद

Defend the action : अनुयोग में प्रतिरक्षा करना

Defendant : प्रतिवादी / मुद्दालेह

Defender : प्रतिरक्षक

Defer *(verb)* : आस्थगित करना

Defiance : तिरस्कार / उद्धत अवज्ञा

Deficiency : कमी / ऊनता

Deficit court fee : न्यायालय फीस में कमी

Defile : अपवित्र करना

Define : परिनिश्चित करना

Definition : परिभाषा / परिनिश्चय

Definitive judgement : अंतिम निर्णय

Deformity : अंगविकार

Defraud : धोखा देना / कपट / वंचित करना

Defraud creditors : लेनदारों को कपट वंचित करना

Defray expenses : व्यय चुकाना

Degree either ascending or desending, constitutes : डिग्री गठित करती है, चाहे उपरली चाहे निचली

Dejure : विधित:

Dejure guardian : विधित: संरक्षक

Delay the plaintiff : वादी को विलंबित करना

Delayed wages : विलंबित मज़दूरी

Delaying or discouraging service : सेवा का किया जाना विलंबित करना या निरुत्साहित करना

Delaying the execution : निष्पादन में विलंब करना

Del eredere agent : प्रख्यात अभिकर्ता

Delegate : प्रत्यायोजित करना

Delegate, when agent cannot : अभिकर्ता कब प्रत्यायोजन नहीं कर सकता

Delegation : प्रत्यायोजन / प्रतिनिधि मंडल / शिष्ट मंडल

Deleterious : हानिकारक

Deliberate : निमर्शित

Deliberation : विचार–विमर्श

Delimitation : परिसीमन

Delirious : विपर्यस्त चित्त / भ्रांतचित्त

Deliver judgement : निर्णय देना

Deliver up : समर्पित करना

Demeanour : भाव भंगी / तौर तरीका

Demobilisation : सैन्य वियोजन

Demolish : भंजित करना

Denied : प्रत्याख्यात / मना किया

Denovo : नए सिरे से

Deploy : अभिनियोजित करना

Deponent : अभिसाक्षी

Depotation : विवासन

Depose : अभिसाक्ष्य देना

Deposit : निक्षेप करना / निक्षिप्त करना

Deposit of title deeds : हक़-विलेखों का निक्षेप

Deposited by mortgagor, right to money : बंधककर्ता द्वारा निक्षिप्त धन पर अधिकार

Depositing refuse : कचरा डालना

Depravity : दुराचारिता

Depreciation : गिरावट / अवक्षय / अवक्षयण

Depreciation in the value {order XXI, Rule 2, Illustration, CPC}: मूल्य में अवक्षयण

Depredation (Sec 126 IPC) : लूटपाट

Deprivation : वंचित किया जाना

Deprivation of citizenship : नागरिकता से वंचित किया जाना

Depute : प्रतिनियुक्त करना

Derivative mortgagec : व्युत्पन्नी बंधक दार

Derivatives : व्युत्पन्न शब्द

Drive : व्युत्पन्न करना

Derive interest : का हित व्युत्पन्न होना

Derive profit : लाभ व्युत्पन्न करना

Derived title : व्युत्पन्न हक

Deriving benefit : फायदा व्युत्पन्न होना / फायदा प्राप्त होना / फायदा प्राप्त करना

Derogate : अल्पीकृत करना

Derogation : अल्पीकरण

Derogation of, in : का अल्पीकरण करने वाला / के अल्पीकरण में

Desert : अभित्यजन करना / अभित्याग करना

Deserter : अभित्याजक

Destitute : निराश्रित

Destitute circumstances : हीन परिस्थितियां / दीन अवस्था

Destroy evidence : साक्ष्य को नष्ट करना

Detain : निरुद्ध करना / विरोध में रखना
Detained in prison : कारागार / जेल में विरुद्ध
Detection : पता चलाना
Deter : भयोपरत
Detergent : अपमार्जक
Deterioration : क्षय
Determinable : पर्यवसेय / अवधार्य
Determination : अवधारण / पर्यवसान
Determination of lease : पट्टे का पर्यवसान
Determination of suit : वाद का अवधारण
Determination, points for : अवधार्य प्रश्न
Detriment : अपाय / अहित
Device (Sec. 475 IPC) : अभिलक्ष्णा / युक्ति
Devise : वसीयत द्वारा देना
Devisee : वसीयतदार
Devolution of interest : हित का न्यागमन
Devolution of joint liablities : संयुक्त दायित्वों का न्यागमन
Devolution of joint rights : संयुक्त अधिकारों का न्यागमन
Devolve : न्यागत होना
Diagram : आरेख
Diary police : पुलिस डायरी
Diary of proceedings in investigation : अन्वेषण में कार्यवाहियों की डायरी
Dictation, from his : उसके बोलने के अनुसार
Die (Sec. 233. IPC) : डाई / ठप्पा
Difference, matters in : मतग्रस्त विषय
Differ in opinion : में मतभेद होना
Difference of procedure : प्रक्रिया में अंतर
Different : भिन्न-भिन्न
Dignitary : उच्च पदस्थ
Dignitary, higher : उच्चतर पदस्थ
Dilligence : तत्परता
Dilligently : तत्परता पूर्वक
Diminution of profit : लाभ में कमी
Diplomatic agent : राजनयिक अभिकर्ता
Diplomatic flight clearence : राजनयिक उड़ान निर्वाधन
Diplomatic immunities : राजनयिक उन्मुक्तियां
Diplomatic privileges : राजनयिक विशेषाधिकार
Direct : प्रत्यक्ष / सीधा / निदेश देना / निर्दिष्ट करना
Direct consequence : प्रत्यक्ष परिमाण
Direct election : प्रत्यक्ष निर्वाचन
Direct or indirect : प्रत्यक्ष या अप्रत्यक्ष
Direct recrutment : सीधी भर्ती
Directly employed : सीधे नियोजित
Disability : नि:शक्तता
Disablement partial : आंशिक नि:शक्तता
Disablement, permanent : स्थायी नि:शक्तता

Disablement, temporary : अस्थायी नि:शक्तता
Disablement, total : पूर्ण नि:शक्तता
Disadvantage : अलाभ / अपहित
Disaffection : अप्रीत
Disagreement : असहमति
Disburse : संवितरित करना
Discharge : उन्मोचन / चुकाना / सेवोन्मुक्त करना
Discharge a debt : ऋण चुकाना
Discharge a decree : डिक्री का उन्मोचन
Discharge duty : कर्तव्य का निर्वहन
Discharge of encumbrance : विल्लंगन का उन्मोचन
Discharge of prinicipal debtor: मूल ऋणी का उन्मोचन
Discharge of public function : लोक कृत्यों का निर्वहन
Discharge of the accused : अभियुक्त का उन्मोचन
Discharge the profectile : प्रक्षेप्य चलाना
Discharge the liability : दायित्व का निवर्हन
Discharge the person summoned : समनित व्यक्ति को उन्मोचित करना
Discharged from a vessel, goods : जलयान से उतारा गया माल
Discharged from liability : दायित्व से उन्मोचित
Discharged from obligation : बाध्यता से उन्मोचित
Disciplinary court : अनुशासन न्यायालय
Disciplinary offence : अनुशासनिक अपराध
Disclaim : अनु अंगीकरण
Disclose, bound to : प्रकट करने को आबद्ध
Disclose or discover : जाहिर या प्रकट करना
Discontinue : बंद कर देना / रोक देना
Discount : बट्टा / छूट
Discounting bills of exchange: विनिमय-पत्रों का मितीकाटे पर भुगतान करना
Discovery : प्रकटीकरण / पता चलाना
Discovery by interrogatories: परिप्रश्नों द्वारा प्रकटीकरण
Discovery of documents : दस्तावेजों का प्रकटीकरण
Discovery of new and important matter : नई और महत्त्वपूर्ण बात का पता चलना
Discrepancy : फर्क
Discretion : विवेकाधिकार
Discretion, in his : स्वविवेकाधिकार
Discretion of the court : न्यायालय का विवेक
Discretionary fund : वैवेकिक निधि
Discretionary power : वैवेकिक शक्ति
Disfavour : अननुग्रह
Disfigure : विद्रूप करना / विद्रूपित करना
Disfigurement, facial : चेहरे की विद्रूपिता
Disgraceful : कलंकास्पद / अपकीर्तिकर

Disguise : वेश बदलने की वस्तु
Dishonest misappropriation : बेईमानी से दुर्विनियोग
Dishonest removal : बेईमानी से हटा ले जाना
Dishonestly breaking upon : बेईमानी से तोड़कर खोलना
Dishonestly receiving stolen property : चुराई हुई संपत्ति को बेईमानी से प्राप्त करना
Dishonour by non acceptance: असंदाय द्वारा अनादर
Dishonoured bill of exchange: अनाहत विनिमय-पत्र
Dis-inclimation : अनिच्छा
Dismissal : खारिजी / खारिज किया जाना
Dismissal with disgrace : सकलंक पदच्युति
Disobedience to order : आदेश की अवज्ञा
Disobey : अवज्ञा करना
Disorderly manner, in a : विच्छृंखलता से
Disown : अनंगीकरण
Dispense with : अभिमुक्त करना
Dispensed with or excused, unless : जब तक कि अभिमुक्ति या माफी न दे दी गई हो
Displeasure : अप्रसाद
Disposal : निपटाया जाना / व्यवन
Disposal by confiscation : अधिहरण द्वारा व्यवन
Disposal by delivery : परिदान द्वारा व्यवन
Disposal by destruction : विनाश द्वारा व्यवन
Disposal of the case : मामले का निपटाना
Dispose of an appeal : अपील निपटाना
Disposing power : व्ययन शक्ति
Disposition : स्वभाव / प्रवृत्ति
Disposition for value : मूल्यार्थ व्ययन
Disposition, general : साधारण प्रवृत्ति / स्वभाव
Disposition of property : संपत्ति का व्ययन
Disposition, prior : पूर्विक व्ययन
Disposition, ulterior : परतर व्ययन
Dispossess : बेकब्जा करना
Dispossession : बेकब्जा होना / किया जाना
Dispute : विवाद
Disqualified : निरहित
Disrating : रैंक में अवनत करना
Dissemination : फैलाना
Dissent : विसम्मत होना
Dissentient : भिन्न राय रखने वाला
Dissolution : विघटन
Dissolutin of marriage : विवाह का विघटन
Dissolution of partnership : भागीदारी का विघटन
Dissolving the injunction, order: आदेश को विघटित करने वाला आदेश
Dissuade from giving his vote: अपना मत न देने के लिए मनाना
Distinct : सुभिन्न
Distinct claim : सुभिन्न दावा

Distinct ground : सुभिन्न आधार

Distinct interest : सुभिन्न हित

Distinct offence : सुभिन्न अपराध

Distinguished : विशिष्ट / सुभिन्न

Distinguished service : विशिष्ट सेवा

Distraint : करस्थम्

Distress : कष्ट

Distress mental or bodily : मानसिक या शारीरिक कष्ट

District court : जिला न्यायालय

District judge : जिला न्यायाधीश

District magistrate : जिला मजिस्ट्रेट

Disturb the public tranquility: लोक प्रशांति विक्षुब्ध करना

Divert : मोड़ना

Divest : निर्निहित करना

Dividend : लाभांश

Divisional judge : खंड न्यायाधीश

Divorce : विवाह विच्छेद / तलाक

Dock warrant : डॉक वारंट

Document : दस्तावेज़

Document of title : हक़ का दस्तावेज़

Document of purporting to be a report : दस्तावेज़ जो रिपोर्ट होनी तात्पर्यित है

Documentary evidence : दस्तावेज़ी साक्ष्य

Documentation centre : दस्तावेज़ी केंद्र

Domestic company : देशी कंपनी

Domestic servant : घरेलू नौकर

Domicile : अधिवास

Dominant heritage : अधिष्ठायी स्थल / संपत्ति

Dominion : अधिक्षेत्र

Donation : संदान / दान

Draft : प्रारूप / ड्राफ्ट

Draft amendment : प्रारूप संशोधन

Draft byelaws : उपविधि / का प्रारूप

Draft scheme : स्कीम का प्रारूप

Drawee : ऊपरवाला

Drawer in case of need : जिकरीवाल

Drug and cosmetics Act 1940: औषधि और प्रसाधन अधिनियम, 1940

Due : शोध्य / देय / सम्यक्

Due admonition : सम्यक् भर्त्सना

Due and reasonable diligence: सम्यक् और युक्ति युक्त तत्परता

Due care : सम्यक् देखरेख

Due course : सम्यक् अनुक्रम

Due course of law : विधि का सम्यक् / अनुक्रम

Due from the employer : नियोजक द्वारा शोध्य

Due observance : सम्यक् अनुपालन

Due performance of the decree: डिक्री का सम्यक् पालन

Due proclamation : सम्यक् उद्घोषणा

Duly account for : सम्यक् रूप से लेखा देना / सम्यक् रूप से हिसाब देना

Duly authenticated : सम्यक् रूप से अधिप्रमाणीकृत

Duly called upon although : सम्यक् रूप से अपेक्षा की जाने पर भी

Duly convicted : सम्यक् रूप से दोष सिद्ध किया गया

Duly executed : सम्यक् रूप से निष्पादित

Dumb witness : मूक साक्षी
Duplicate : दूसरी प्रति
Duplicate in : द्विप्रतिक / दो प्रतियों में
Duration of leases : पट्टे की कालावधि
During the marriage : विवाहित स्थिति के दौरान में
During the usual hours of business : कारोबार के प्रायिक घंटों के दौरान
Duty schedule : कर्त्तव्य सूची
Duty specially enjoined by law: विधि द्वारा विशेष रूप से व्यादिष्ट कर्त्तव्य
Dwelling house : निवास गृह
Dye : रंचक
Dyeing : रंगाई
Dying declaration : मृत्युकालिक कथन
Dyke : तटबंध

E

Earlier assessment year : पूर्ववर्ती निर्धाचरण वर्ष
Earlier transferee : पूर्वतर अंतरिती
Earnest (money) : अग्रिम धन / साई / बयाना
Easement {Sec. 4, Indian Easement Act} : सुखाचार
ECAFE[1] **:** (इकाफ़े) एशिया तथा सुदूर पूर्व का आर्थिक आयोग
Efface : मिटाना
Effect : परिणाम / प्रभाव
Effect with immediate : जो तुरंत प्रभावशील होगा
Efficacious relief : प्रभावकारी अनुतोष
Eject : बेदखल / बाहर कर देना
Elapse : बीत जाना
Electoral college : निर्वाचक गण
Electoral constituency : निर्वाचन क्षेत्र
Electoral registration officer : निर्वाचक रजिस्ट्रीकरण अधिकारी
Eligible : पात्र
Eluded : पीछा किए जाने से बच निकलना है
Emasculation {Sec.320 IPC} : पुंस्त्वहरण
Embarrass the trial of the suit, joinder of the plaintiffs may {order 1. rule 2 CPC} : वादियों के संयोजन से बाद के विचारण में उलझन हो
Embezzlement : ग़बन
Emblem : संप्रतीक

1. Economic Commission for Asia and Far East

Embodied : सन्निविष्ट / निकायकृत
Emergency, proclaimation of : आपात की उद्घोषणा
Emergency provision : आपात उपबंध
Emigrant : उत्प्रवासी
Emoluments : उपलब्धियां
Empanel : पैनलित करना
Employer's contribution : नियोजक अभिदाय
Employers liability Act 1938 : नियोजक दायित्व अधिनियम 1938
Empower : सशक्त बनाना
Enacted : अधिनियमित
Enactment : अधिनियमिति
Encadrement : संवर्गीकरण / काडर बनाना / काडर में सम्मिलित किया जाना
Encashment : भुनाना
Entertainment allowance : सत्कार भत्ता
Enticement : फुसलाना
Entitled as of right : साधिकार हकदार
Entitled to avoid : शून्यकरण का हक़दार
Entitled to compensation against : से प्रतिकार पाने का हक़दार
Entitled to retain : प्रतिधारित रखने का हक़दार
Entrust : न्यास्त करना / सौंपना
Entrusted to his care {Sec. 56 (2)(d) Navy Act} : देखरेख के लिए उसे न्यास्त / रक्षार्थ उसे सौंपा गया
Entry made upon a charge (Sec 403, Explanation, Cr. P.C.} : आरोप में की गई प्रविष्टि
Enumerated : प्रगणित
Ensure for the benefit of : के फ़ायदे के लिए प्रवृत्त होना
Epigraph : पुरालेख
Equal jurisdiction, court of {Sec. 526 (1)(ii), Cr.P.C.} : समान अधिकारिता वाला न्यायालय
Equal shares : समान अंश
Equality before law : कानून / विधि के समक्ष समता
Equality of votes, in the event of : मत बराबर होने की दशा में
Equally divided in opinion : राय / मत में बराबर बंटे हुए
Equally efficacious relief : समानतः प्रभावकारी अनुतोष
Equipment : उपस्कर
Equity : साम्या
Equity shareholder : साधारण शेयर / अंश / धारक
Equity to do : साम्या बरतना
Erasure : उद्धर्षण
Eract : परिनिर्माण करना / बनाना
Erroneous : ग़लत
Escaped convict : निकल भागा सिद्ध दोष
Escaping Assessment : निर्धारण से छूट गया
Escheat : राजगामित्व / रोज़गामी संपत्ति
Escort : अनुरक्षक
Essense : मर्म / अत्यावश्यक शर्त
Essense of the contract : संविदा का मर्म
Essential term : मर्मभूत निर्बंधन

Essential to the agreement : क़रार के लिए अत्यावश्यक

Essentially intermittent : आवश्यक रूप से अंतरायिक

Establish title : हक़ स्थापित करना

Estate for the life : जीवन पर्यंत के लिए संपदा

Estimate : प्राक्कलन

Estimated value : प्राक्कलित मूल्य

Estimation has been excessive: जितना प्राक्कलन होना चाहिए था उससे अधिक हुआ

Estoppel : विबंध

Europen common market : यूरोपीय साझा बाज़ार

Evacuation : निष्क्रमण

Evacuee : निष्क्रांत

Evade : बचना / अपवंचन करना

Evade the payment : संदाय का अपवंचन करना

Evalution : मूल्यांकन

Evasive denial : वाग्छल पूर्ण प्रत्याख्यान

Eventual adjustment : अंतिम समायोजन

Eventual remedy : पारिणामिक समायोजन

Evidence : साक्ष्य

Evidence, documentary : दस्तावेज़ी साक्ष्य

Evidence of highly technical nature {Sec. 269 (4), CPC} : अति गहन शास्त्रीय प्रकृति का साक्ष्य / अत्यंत तकनीकी / प्रकृति का साक्ष्य

Evidence primary : प्राथमिक साक्ष्य

Evidence oral : मौखिक साक्ष्य

Evidence secondary : द्वितीयक साक्ष्य

Evidenced by published works: प्रकाशित कृतियों द्वारा साक्ष्यित

Evident advantage : सुव्यक्त भलाई

Evidentiary fact : साक्ष्यिक तथ्य

Evil : बुराई

Ex-criminal tribes : भूतपूर्व अपराध जीवी जनजातियां

Ex-gratia : अनुग्रह पूर्वक

Ex-officio : पदेन

Ex-parte : एक पक्षीय रूप से

Exact : यथावत् / निश्चित

Exact nature : यथावत् प्रकृति

Exact period : यथावत् कालावधि

Examination : परीक्षा

Examination cross : प्रति परीक्षा

Examination in chief : मुख्य परीक्षा

Ex-cavation : उत्खनन

Exceed : अधिक होना

Except after consultation with commission : आयोग से परामर्श लिए बिना

Except for special reasons : विशेष कारणों के सिवाय

Except in the case of the chairman : अध्यक्ष के अलावा

Except with the consent of : की सम्मति के बिना

Except with the previous permission of central government : केंद्रीय सरकार की पूर्व सूचना के बिना

Excepted : अपवादित

Exceptional : असाधारण

Exceptional circumstances : असाधारण परिस्थितियां

Exceptional depravity : असाधारण दुराचारिता

Exceptional hardship : असाधारण कष्ट

Excess amount : अतिरिक्त रकम

Excess grant : अतिरिक्त अनुदान

Excess of agent's authority : अभिकर्ता के प्राधिकार के परे किया गया कार्य

Excess of his powers : अपनी शक्तियों के बाहर

Excess shall be disregarded : आधिक्य हिसाब में नहीं लिया जाएगा

Excess shall be refunded : आधिक्य प्रतिदत्त कर दिया जाएगा

Excessive distress : अत्यधिक करस्थम्

Excessive relief : अत्यधिक अवमुक्ति

Exchangeable value : विनिमेय मूल्य

Excise law : उत्पाद शुल्क विधियां

Excision : अपच्छेद

Excite : प्रदीप्त करना

Exclude : अपवर्जित करना

Exclusively : केवल / अनन्यत:

Excommunication from any caste or community : जाति या समुदाय से बाहर करना

Excusable : माफ़ी / क्षमा योग्य

Excused the promiser is : वचनदाता की माफी हो जाती है

Executant : निष्पादी

Execute : निष्पादित करना

Executed with in the juris diction of the court : न्यायालय की अधिकारिता के भीतर निष्पादित

Execution : निष्पादन / फांसी

Execution of sentence : दंडादेश का निष्पादन

Executor of will : बिल (वसियत) का निष्पादक

Examplary manner : अनुकरणीय रीति

Exempted : छूट-प्राप्त

Exempted employee : छूट-प्राप्त कर्मचारी

Exercisable : प्रयोक्तव्य

Exercise executive govt. : कार्यपालक शासन करना

Exercise of due diligence : सम्यक् तत्परता बरतना

Exercise of functions : कृत्यों का प्रयोग

Exercise of power : शक्ति का प्रयोग (करना)

Exertion : परिश्रम

Exhaust : नि:शेष करना

Exigency : अभ्यावश्यकता

Existance of public right : लोक अधिकार का अस्तित्व

Exonerate : माफ़ी देना / विमुक्त करना

Expectancy of succession of technical education : तकनीकी शिक्षा का विस्तार और समन्वय

Expectancy of succession by survivorship : उत्तरजीविता द्वारा उत्तराधिकार की प्रत्याशा

Expectation : प्रत्याशा
Expectation of death : मृत्यु की प्रत्याशा
Expectation of mankind ordinary : मामूली मानवीय प्रत्याशा
Expedient :
—for the end of justice : न्याय के उद्देश्यों की पूर्ति के लिए समीचीन
Expel : निष्कासित करना
Expelled partner : निष्कासित भागीदार
Expenditure of capital nature: पूंजी प्रकृति का व्यय
Expenses entailled on him : व्यय जो उस पर उठाना पड़े
Experience in operating equipment : उपस्कर के प्रचालन का अनुभव
Experiment : प्रयोग
Expiration : अवसान / समाप्ति
Expiration of sentence : दंडादेश का अवसान
Expiry : अवसान
Explanatory of conduct : आचरण को स्पष्ट करने वाला
Explanatory of facts : तथ्यों को स्पष्ट करने वाला
Explanatory of the nature of transaction : संव्यवहार की प्रकृति को स्पष्ट करने वाला
Exploitation : विदोहन / शोषण
Explosion : विस्फोट
Export credit guarantee : निर्यात उधार गारंटी
Export promotion : निर्यात प्रोन्नति
Expose of serious risk : गंभीर जोख़िम के लिए उच्छन्न होना / गंभीर हानि की आशंका में डालना
Express agreement : अभिव्यक्त करार
Express condition : अभिव्यक्त शर्त
Express consent : अभिव्यक्त सम्मति
Express contract : अभिव्यक्त संविदा
Express intimation : अभिव्यक्त प्रज्ञापना
Express leave : अभिव्यक्त इजाज़त
Express or implied authority: अभिव्यक्त या विवक्षित प्राधिकार
Express permission : अभिव्यक्त अनुज्ञा
Express provision : अभिव्यक्त उपबंध
Express terms : अभिव्यक्त निबंधन
Expression : अभिव्यक्ति
Expression, local : स्थानीय शब्द-प्रयोग
Expressly repealed : अभिव्यक्त रूप से निरसित
Expropriation : स्वत्वहरण
Expulsion : निष्कासन / बाहर निकल आना
Extend : बढ़ाना
Extension : विस्तार
Extinction : निर्वाचन
Extoration : उद्दीपन
Extradiction : प्रत्यर्पण
Extra ordinary original civil jurisdiction : ग़ैर मामूली आरंभिक सिविल अधिकारिता

Extra-ordinary risk : ग़ैर मामूली जोखिम

Extra-territorial offence : राज्यक्षेत्रातीत अपराध

Extravagant : अतिमय

Extra old age : अतिवार्धक्य

Extremely difficult : अत्यंत कठिन

Extrinsic words : बाहरी शब्द

F

Fabricate : गढ़ना

Fabricating false evidence : मिथ्या साक्ष्य गढ़ना

Face of it, on the {Sec. 33(4), Indian Registration Act} : सकृतदर्शने / प्रत्यक्षतः

Face value : अंकित मूल्य

Facsimile : अनुलिपि

Fact forming part of the same transaction : एक ही संव्यवहार का भाग होने वाला तथ्य

Fact in issue : विवाद्यक तथ्य

Fact judicially noticable : न्यायिक रूप से आवेक्षणीय तथ्य

Fact of minority {Order XXXII, rule 5(2), C.P.C.} : अप्राप्तवयता का तथ्य / अवव्यस्कता का तथ्य

Fact of public nature : लोक प्रकृति का तथ्य

Fact, question of : तथ्य का प्रश्न

Fact, relevant : सुसम्मत तथ्य

Factor : बात

Factors affecting : प्रभाव डालने वाली बातें

Facts admitted : स्वीकृत तथ्य

Fail to comply : अनुपालन में असफल रहना

Fail to produce : पेश करने में असफल रहना

Failure in duty : कर्तव्यपालन में असफलता

Failure of constitutional machinery : सांविधानिक तंत्र का विफल हो जाना

Failure justice : न्याय की निष्फलता

Failure on the part of : की असफलता

Failure of prior interest : पूर्विक हित की निष्फलता

Failure to give surety : प्रतिभूति देने में असफल रहना / चूक करना

Failure to submit returns : विवरणियां भेजने में असफल

Fair trial : ऋजु विचारण

Faith, in bad : असद्भाव से / असद्भावपूर्वक

Faith in good : सद्भाव से / सद्भाव पूर्वक

Fall of the hammer : घनपात

Fall short of : से कम होना / से कम पड़ना

False accusation : मिथ्या अभियोग

—answer on : अन्योवेशित किए जाने के

—enrolment : समय मिथ्या उत्तर

False certificate of fitness : योग्यता / आरोग्यता का मिथ्या प्रमाण-पत्र
False charge : मिथ्या आरोप
False evidence : मिथ्या साक्ष्य / झूठी गवाही
False instrument : खोटा उपकरण
False light : भ्रामक प्रकाश
False personate : मिथ्या प्रतिरूपण करना
Falsification : मिथ्याकरण
Falsification of account : लेखा का मिथ्याकरण
Falsifying official documents : शासकीय दस्तावेजों का मिथ्याकरण
Family affairs : कौटुंबिक बातें
Family business : कौटुंबिक कारोबार
Family pedigree : कुटुंब वंशावली
Farming stock : कृषि-धन
Fatal : प्राणांतक
Feasible : साध्य
Fee (s) : शुल्क / फीस
Feeling of enmity : शत्रुता की भावना
Fence : बाड़ / पट्टेबाजी
Ferocious : हिंस्त्र
Ferro-alloy : लौह मिश्र-धातु
Ferro printer : फैरो मुद्रक
Ferro typist : फैरो टाइपकर्ता
Ferro or non ferrous castings: ढली हुई लौह या अलौह वस्तुएं
Fictitious person : कल्पित व्यक्ति
Fictitious stamp : बनावटी स्टांप
Fidelity : विश्वस्तता
Fidelity guarantee bonds : विश्वस्तता प्रत्याभूति बंध-पत्र
Fiduciary : वैश्वासिक
Fiduciary capacity / character: वैश्वासिक हैसितय
Fiduciary relation : वैश्वासिक संबंध
Field appointment : क्षेत्र नियुक्ति
Field punishment : क्षेत्र दंड / फील्ड दंड
Field work : क्षेत्र कार्य / फील्ड कार्य
Figure head : चित्र शीर्ष / अंक शीर्ष
Final decree forclosure : पुरोबंध के लिए अंतिम डिक्री
Final decree for sale : विक्रय के लिए अंतिम डिक्री
Final decree in an administration suit : प्रशासनवाद में अंतिम डिक्री
Final disposal : अंतिम निपटारा
Final judgement : अंतिम निर्णय
Final order : अंतिम आदेश
Finally decided : अंतिम रूप से विनिश्चित
Finally exempt : अंतिम रूप से छूट-प्राप्त
Financial bearing : वित्तीय अनुषंग
Financial implication : वित्तीय विवक्षाएं
Financial position : वित्तीय स्थिति
Financial statement : वित्तीय विवरण
Financial year : वित्तीय वर्ष
Finder of goods : पड़ा हुआ माल पाने वाला
Finding arrived at : पहुंचा निष्कर्ष
Finding given : दिया गया निष्कर्ष
Finding in the affirmative : सकारात्मक निष्कर्ष

Finding in the negative : नकारात्मक निष्कर्ष

Finding made : किया गया निष्कर्ष

Fine art : ललित कला

Fines, collective : सामूहिक जुर्माने

Fines, recovery of : जुर्मानों की वसूली

Finger impression : अंगुलि चिह्न

Finger print : अंगुलि छाप

Finish : परिरूपित करना / परिसाधित करना

Finished form, articles in a : परिसांधित वस्तुएं

Finishing : परिरूपण / परिसाधन

Fire arm : अग्न्यायुध

Fire arm inimation : नकली अग्न्यायुध

Fire policy of insurance : अग्नि बीमा पालिसी

Fire proof : अग्निसह / फायर प्रूफ

First aid facilities : प्राथमिक उपचार सुविधाएं

First charge : प्रथम भार

First class : प्रथम वर्ग

First detected : पहले पहल पता चला

First entertained : प्रथम बार मन में धारण किया

First information report (FIR): प्रथम सूचना रपट

First instance : प्रथम बार / प्रथमत:

First offender : प्रथम बार अपराधी

First schedule : प्रथम अनुसूची

Fishery : मीन क्षेत्र / उद्योग

Fishing : मछली पकड़ना

Fissionable material {Sec. 2(1)(B)(i) Arms Act} : विखंडनीय सामग्री

Fit : ठीक / योग्य / उचित

Fitcase for appeal : अपील के लिए उचित / योग्य मामला

Fit for use : उपयोग के लिए ठीक

Fitness : योग्यता / अरोग्यता

Fitness, certificate of : अरोग्यता का प्रमाण-पत्र

Fitness of lumatic accused : अरोग्यता का प्रमाण-पत्र

Fitness for trial susequent : पागल अभियुक्त का आगे चलकर विचारण से उपयुक्त होना / हो जाना

Fitness of the surety : प्रतिभू की योग्यता

Fitted, best : सर्वाधिक उपयुक्त

Fitting : फिटिंग

Fixation of ceilling : अधिकतम सीमा नियत करना

Fixation of rates of wages : मज़दूरी दर नियतन

Fixed assets : स्थिर आस्तियां / परिसंपत्तियां

Fixture : फिक्सचर / जुड़ी हुई वस्तु

Flag of truce : अवहार ध्वज

Flame : ज्वाला

Flashing point : प्रज्वलन तापांक

Floated : चालू किया गया

Fluctuation : उतार-चढ़ाव

Fly from justice : न्याय से भागना

Fodder stack : चारे का ढेर

Foetal death : भ्रूण मृत्यु

Follow the event, costs shall not : खर्च परिणाम के अनुसार नहीं दिए जाएंगे

Follow the order : आदेश का अनुसरण करना

Following, day : अगला दिन

Food concession : खाद्य संबंधी रियायत

Footing, separate and independent : आधार, पृथक और स्वतंत्र

For a certain sum : किसी राशि के बदले

For a continuous period : निरंतर कालावधि भर

For amplifying : प्रवर्धन के लिए

For any reason : किसी कारण से

For archaeological purposes : पुरातत्वीय प्रयोजनार्थ

For consideration : सप्रतिफल / विचारार्थ

For each year of completed service : संपूरित सेवा के हर एक वर्ष के लिए

For preserving the peace : परिशांति की परिरक्षा के लिए

For the end of justice : न्याय के उद्देश्यों की पूर्ति के लिए

For the life, estate : जीवन पर्यंत के लिए संपदा

For time being : तत्समय

For value : मूल्यार्थ / मूल्य देकर

For value transferee : मूल्यार्थ अंतरिती

For bear : प्रविरत रहना

Forbearance : प्रविरत रहना

Forbidden by the law : विधि द्वारा निषिद्ध

Force of law : विधि का बल

Force of decree : डिक्री का बल

Forced labour : बलात् श्रम

Forcibly and wrongfully dispossesed : बलात् और सदोष रूप से बे-कब्जा किया गया

Forcibly resisted : बलात् प्रतिरोध करना

Fore close : पुरोबंधित करना

Fore closure suit : पुरोबंध वाद

Foregoing provision : पूर्वगामी उपबंध

Foreign bills : विदेशी विनिमय-पत्र

(FERA) Foreign Exchange Regulation Act 1947 : विदेशी मुद्रा विनियम अधिनियम 1947

Foremen of the jury : जूरी का अग्रणी

Forensic : न्याय संबंधी / अदालती

Forfeit : समपहृत करना / समपहरण करना

Forfeit, shall : सरकार को समपहृत

Forfeiture : समपहरण

Forge : कूट रचना करना

Forged document : कूट रचित / जाली दस्तावेज़

Forgery {Sec. 463, IPC} : जालसाजी / कूटरचना

Form of document, reduced to: दस्तावेज के रूप में लेखबद्ध

Form of procedure : प्रक्रिया का रूप

Form of security : प्रतिभूति का रूप

Form of the charge : आरोप का प्ररूप

Formal character {Sec, 510, Cr.P.C.} : औपचारिक प्रकार

Formal charge : यथारीति आरोप

Formal defect : प्ररूपिक त्रुटि

Formal document : प्ररूपिक / जब्ते का दस्तावेज़

Formal expression : प्ररूपिक अभिव्यक्ति

Formal inquiry {Sec. 474 (2), Cr.C.P.} : प्ररूपी जांच

Formal proof : प्ररूपिक / यथारीति सबूत

Formality : प्ररूपिता

Former court : पूर्ववर्ती न्यायालय

Former suit : पूर्ववर्ती वाद

Formula : सूत्र

Found to be lunatic, who is : जिसके पागल होने का निष्कर्ष है

Foundling : अपबिद्ध शिशु / अपविद्ध

Fracture of bone : अस्थि भंग

Frame : विरचना

Frame issue : विवाद्यकों की विरचना करना

Frame of suit : वाद की विरचना

Franchise : मताधिकार

Fraud : कपट

Fraud by concealment : छिपाव द्वारा कपट

Fraudulent : कपटपूर्ण

Fraudulent claim : कपटपूर्ण दावा

Fraudulent enrolment : कपटपूर्ण अभ्यावेशन

Fraudulent intention : कपटपूर्ण आशय

Fraudulently represent : कपटपूर्ण प्रतिनिधित्व करना

Free access : अबाध पहुंच

Free consent : स्वतंत्र सम्मति

Free from any defect {Sec 14, Indian Contract Act} : किसी त्रुटि से मुक्त / किसी भी नुक्स से रहित

Free ingress : अबाध प्रवेश

Free issue : बिना मूल्य वितरण

Freedom movement : स्वातंत्र्य आंदोलन

Freedom of press : प्रेस-स्वातंत्र्य

Freedom of speech : वाक्-स्वातंत्र्य

Freedom of trade, commerce or intercourse : व्यापार, वाणिज्य या समागम की स्वतंत्रता

Freeship : फीस माफ़ी

Freight : ढुलाई / माल भाड़ा

Frequent : बराबर आना

Fresh application : नया आवेदन

Fresh assessment : नए सिरे से निर्धारण

Fresh declaration : नई घोषणा

Fresh evidence : नया साक्ष्य

Fresh security : नई प्रतिभूति

Fresh suit : नया वाद

Friction tube : घर्षण नली

Frivolous : तुच्छ

From his dictation : स्वयं बोलकर

From his own knowledge : स्वयं अपने ज्ञान से

From time to time : समय-समय पर

Fuelling : ईंधन डालना

Fulfilment : पूर्ति

Full agreement value : पूर्ण संकलित मूल्य

Full and fair balance-sheet : पूर्ण और स्पष्ट तुलन-पत्र

Full and true account : पूरा और सही वृत्तांत

Full and true disclosure : पूरा और सत्य प्रकटन

Full endorsement, in : पूर्ण पृष्ठांकन

Full force and effect, in : पूर्णतया प्रवृत्त और प्रभावशील

Full understanding of the circumstances : परिस्थितियों को पूर्णत: समझना

Fundamental and supplementary rules : मौलिक और अनुरूपक नियम

Fundamental rights : मौलिक अधिकार

Funeral and testamentary expenses : अंत्येष्टि और वसीयती व्यय

Furnish fresh security : नई प्रतिभूति दिलवाना

Further contingences : उत्तरभावी आकस्मिकताएं

Further cross examination : अतिरिक्त प्रति परीक्षा

Further evidence : अतिरिक्त साक्ष्य

Further hearing of the suit : वाद की अगली सुनवाई

Further inquiry : अतिरिक्त जांच

Further litigation : अतिरिक्त मुकदमेबाजी

Further progress of the suit : वाद की आगे की प्रगति

Further sentence : अतिरिक्त दंडादेश

Further substantive sentence : अतिरिक्त मुख्य दंडादेश

Further to amend : अतिरिक्त संशोधन करने के लिए

Furtherance of, act in : अग्रसर करने में कार्य करना

Furtherance of its object : अपने उद्देश्य को अग्रसर करना

Furtherance of succession : उत्तराधिकार को अग्रसर करना

Future advance : भविष्यत् उधार

Future and contingent liabilities : भावी और समाश्रित दायित्व

Future liability : भावी दायित्व

Future maintenance : भावी भरण पोषण

Future time : आगामी समय

Future trading : वायदा व्यापार

Future transactions : भावी संव्यवहार

G

Gain : अभिलाभ

Gain and advantage of temporal nature : ऐहिक रूप का फायदा उठाना / ऐहिक प्रकार का फायदा उठाना

Gainer by breach of trust : जिसे न्यास / विश्वास भंग से अभिलाभ हुआ है

Gainfully occupied person : अभिलाभ पूर्वक लगा हुआ व्यक्ति

Gain acquired : अर्जित किए गए अभिलाभ

Gain capital : पूंजी में अभिलाभ

Gaol : जेल

Gaoler : जेलर

Gazette {Sec. 3(39) General clauses Act} : राजपत्र

General clauses : साधारण खंड

General clauses Act 1897 : साधारण खंड अधिनियम 1897

General convenience : साधारण सुविधा

General custom or right : साधारण रूढ़ि या अधिकार

General disposition : साधारण प्रवृत्ति

General exception : साधारण अपवाद

General indefinite expression {Sec. 299(d), Cr.P.C} : साधारण अनिश्चितार्थ अभिव्यक्ति

General insurance : विविध बीमा

General intent : साधारण आशय

General liability : साधारण दायित्व

General meeting : साधारण अधिवेशन

General officer {Sec. 102(2) Army Act} : जनरल आफिसर (सेना)

General power : साधारण शक्ति

General power of attorney : आम मुख़्तारनामा

General power of transfer : अंतरण की साधारण शक्ति

General practice : साधारण चलन

General property in goods : माल में / की साधारण संपत्ति

General provision : साधारण उपबंध

General public : जन साधारण

General rules : साधारण नियम

General sales tax law : साधारण विक्रय कर विधि

General search {Sec. 96(1), Cr.P.C.} : आम तलाशी

General statement : आम विवरण / वक्तव्य

General welfare fund : साधारण कल्याण निधि

Generally offered : साधारणतः प्रस्थापित

Genuine : असली

Genuine evidence : असली साक्ष्य / गवाही

Gesture : अंग विक्षेप

Give declaration, refuse to : घोषणा देने से इनकार करना

Give effect : प्रभावी करना

Give evidence on oath : शपथ पर साक्ष्य देना

Give in adoption : दत्तक देना

Give intelligence to the enemy: शत्रु की आसूचना देना

Good : पर्याप्त / समुचित / ठीक

Good cause : अच्छा हेतुक

Good, common : सर्वसामान्य की भलाई

Good credit : अच्छा प्रत्यय

Good faith : सद्भाव

Good order : सुव्यवस्था

Good service : सुसेवा / उचित तामील

Good title : अच्छा हक
Good will : सदिच्छा / गुडविल
Goods, delivery of : 'माल का परिदान
Goods, existing : वर्तमान माल
Goods, future : भावी माल
Goods, identified : परिलक्षित / पहचाना हुआ माल
Goods ordered : आदिष्ट माल
Goods rejected : प्रतिक्षेपित माल / अस्वीकृत माल
Goods unascertained : अनभिनिश्चित माल
Government : सरकार / शासन
Government advocate : सरकारी अधिवक्ता
Government notification : सरकारी अधिसूचना
Government promissory note: सरकारी वचनपत्र / प्रोमिसरी नोट
Government revenue : सरकारी राजस्व
Government security : सरकारी प्रतिभूति
Government solicitor : सरकारी सॉलिसिटर
Government treasury : सरकारी खज़ाना
Grace, days of : अनुग्रह दिवस
Grade : श्रेणी
Grade inferior : अवर श्रेणी
Grant : अनुदान
Grant exemption : पट्टा अनुदान
Grant of lease : पट्टा अनुदान
Grant pardon : क्षमा प्रदान करना
Grantee : प्राप्तिकर्ता
Granting relief : अवसुक्ति अनुदत्त करना
Grants in aid : सहायता अनुदान
Gratification : परितोषण
Gratification by corrupt or illegal means : भ्रष्ट या अवैध साधनों द्वारा परितोषण
Gratification estimable in money : परितोषण जो धन में आंके जाने योग्य है
Gratifecation, pecuniary : धन संबंधी परितोषण
Gratiuitous {Sec. 40 T.P. Act}: आनुग्राहिक
Gratiuitous bail-ment : आनुग्राहिक उपनिधान
Gratiuitous transferee : आनुग्राहिक अंतरिती
Gratuity : उपदान
Grave and sudden provocation: गंभीर और अचानक प्रकोपन
Grave reason : गंभीर कारण
Gravel : बजरी
Great regularity : अधिकतर नियमितता
Greatest common advantage : सर्वाधिक सामान्य फ़ायदा
Grievous hurt : घोर अपहति
Grievous infirmity : घोर अंगशैथिल्य
Gross act of drunkness : घोर मत्तता
Gross external incomings : सकल बाहरी आमद

Gross misconduct : घोर अवचार

Gross neglect : घोर उपेक्षा

Gross negligency : घोर उपेक्षा

Gross sum : घोर राशि

Ground : आधार

Ground of appeal : अपील का आधार

Ground of attack : आक्रमण का आधार

Ground of claim : दावे का आधार

Ground of deuce : प्रतिरक्षा का आधार

Ground of objection : आक्षेप का आधार

Ground of refusal : इनकार के लिए आधार

Ground signal : भूमि सिग्नल

Ground water exploration : भूमिगत जल खोज

Guarantee : प्रत्याभूति / गारंटी

Guarantee continuing : चलत प्रत्याभूति

Guarantee contract of : प्रत्याभूति की संविदा

Guardian ad litem : वादार्थ संरक्षक

Guardian de facto : वस्तुतः संरक्षक

Guardian , testamentary : वसीयती संरक्षक

Guided by judicial principles: न्यायिक सिद्धांतों द्वारा मार्गदर्शित

Guilt : दोषिता

Guilt intention : दूषित आशय

Guilty knowledge : दूषित ज्ञान

Guilty of delay : विलंब का दोषी

Guilty of drunkness : मत्तता का दोषी

Guilty of fraud : कपट का दोषी

H

Habeas corpus {Sec. 491 Cr.P.C.} : बंदी प्रत्यक्षीकरण

Habitual offender : आभ्यासिक अपराधी

Habitual robber : आभ्यासिक लुटेरा

Habitual neglegent : आभ्यासिक उपेक्षावान

Half blood : अर्धरक्त

Half blood brother / sister : अर्धरक्त भाई / बहन

Hand of the judge, under the {Sec. order XXI, rule 7 CPC}: जिस पर न्यायाधीश के हस्ताक्षर हों

Hand, under my : मेरे हस्ताक्षर सहित

Hanged by the neck causing to be : गर्दन से लटकवाकर

Hanks : अट्टियां / लच्छियां / गुंडियां

Happen : घटित होना

Harbour : संश्रय देना / बंदरगाह
Hard labour : कठोर श्रम
Has been lost with all hands : सब जनों के साथ नष्ट हो गया है
Has been written off : अपलिखित कर दिया गया है
Has renounced the world by entering any religious order: किसी धार्मिक पंथ के अनुसार प्रवज्या ग्रहण कर चुका है
Hatch covering : हैच छादन
Have a retrospective effect from a date : (उसका) प्रभाव किसी (ऐसी) तारीख से भूतलक्षी होना
Have vacated their offices as such : उस हैसियत में के अपने पद रिक्त कर दिए हैं
Haulage road : कर्षण मार्ग
Having authority to arrest : गिरफ्तार करने के लिए प्राधिकृत
Having bearing upon : से संबद्ध
Having proficiency : प्रवीणता प्राप्त
Having reason to believe : विश्वास करने का कारण रखते हुए
Having the effect : प्रभाव रखने वाला
Having the force of law : विधि का बल रखने वाला
Head : शीर्ष
Heard, desires, to be : चाहता है कि, उसे सुना जाए
Head in person, to be : स्वयं सुना जाए
Hearing : सुनवाई / श्रवण शक्ति
Hearing of the case : मामलों की सुनाई / सुनवाई
Hearsay : अनुश्रुति
Hearsay evidence : अनुश्रुत साक्ष्य
Heir : वारिस
Heir apparent : प्रत्यक्ष वारिस
Heir in possession : सकब्जा वारिस
Held : धारित धृत
Held, court martial : अधिविष्ट सेना न्यायालय
Hereby : एतद्द्वारा
Here-in-after : इसमें इसके पश्चात
Here in before : इसमें इससे पूर्व
here to annexed : एतट्ठपावद्ध
Here to fore : एतत्पर्वू / इससे पूर्व
Here in under : इसके अधीन / इसके नीचे
Heritage / dominent : अधिष्ठायी स्थल / संपत्ति
Heritage servient {Sec. 4 Indian Easement Act} : अनुसेवी स्थल
High court : उच्च न्यायालय
High court of judicature : उच्च न्यायालय
High seas : खुला समुद्र
High standard of public taste: लोक रुचि के उच्च स्तर
Higher bid : सबसे ऊंची बोली
Higher bidder : सबसे ऊंची बोली लगाने वाला
Higher court : उच्चतर न्यायालय
Higher dignitaries : उच्चतर पदस्थ
Higher learning : उच्चतर विद्या
Higher powers : उच्चतर शक्तियां
Highest character : अत्यंत ऊंचा शील

Highest class : अत्यंत उच्चतम वर्ग
Highest court of criminal appeal: दांडिक अपील का सर्वोच्च न्यायालय
Highest rank : उच्चतम रैंक / ओहदा / पंक्ति
Highest improbable : अति अनधिसंभाव्य
Highest probable : अति अधिसम्भाव्य
Hindu law : हिंदू विधि
Hindu Minority and Guardianship Act 1956 : हिंदू अप्राप्तव्यता और संरक्षकता अधिनियम 1956
Hindu Succession Act 1956 : हिंदू उत्तराधिकार अधिनियम, 1956
Hindu undivided family : हिंदू अविभक्त कुटुंब
Hire purchase agreement : अवक्रय करार / भाड़ा क्रय करार
Hired labourer : भाड़े का श्रमिक
Hoarding and profiteering : जमाखोरी और मुनाफाखोरी
Hordings : विज्ञापन पट्ट
Hold {Sec. 5(1)(d) Indian Dock Laboures Act} : धारण करना / पेटा
Hold a seat : स्थान धारण करना
Hold any property : संपत्ति धारण करना
Hold correspondence : वार्ताचार / पत्राचार करना
Hold office : पद धारण करना
Hold office during the pleasure of the authority : प्राधिकारी के प्रसाद पर्यंत पद धारण करना
Hold out {Sec 28(1) Indian partership Act} : व्यपदेशन करना / प्रकट करना
Hold to bail : ज़मानत लेना
Holding a trial : विचारण करना
Holding over : अतिधारण
Homestead : वासभूमि / वासस्थान
Homicide : मानव वध
Honorary degree : सम्मानिक / मानद उपाधि
Hostile witness : पक्षद्रोही साक्षी
Hostilities : संघर्ष
Hotech pot : अविभक्त संपत्ति
Hours of business : कारोबार के घंटे
Hours of polling : मतदान का समय
Hours of work : काम के घंटे
House breaker : गृहभेदक
Household effects : गृहस्थी का सामान
House of the people : लोक सभा
House trespass : गृह अतिचार
House tresspass, lurking : प्रच्छन्न गृह अतिचार
House, upper : राज सभा
Housing facilities : आवास सुविधाएं
Human conduct : मानवीय आचरण
Human consumption : मानवीय उपभोग
Hundi : हुंडी
Husband : पति
Hydrographic survey : जल राशि सर्वेक्षण
Hypothecation {Sec. 3(c), TP Act} : बंधक

I

Identification : पहचान / शिनाख़्त
Identification parade : शिनाख़्त की कारवाई
Identified goods : परिलक्षित माल
Identify : पहचानना
Identity : अनन्यता / पहचान
Identity card : अभिज्ञान / पहचान-पत्र
Identity of handwriting : हस्तलेख की अनन्यता
Identity of property : संपत्ति की अनन्यता
Idiot : जड़ / बुद्धू
If and when : यदि और जब
If and whenever : यदि और जब कभी
If necessary : यदि आवश्यक हो
If possible : यदि संभव हो
If required : यदि अपेक्षित हो
Illegal conditions : अवैध शर्तें
Illegal omission : अवैध लोप
Illegal payment : अवैध संदाय
Illegal practice : अवैध आचरण
Illegal purpose : अवैध प्रयोजन
Illegal traffic in articles : वस्तुओं का अवैध दुर्व्यापार
Illegality or otherwise of the strike : हड़ताल का अवैध होना या अवैध न होना
Illegible : जो पढ़ा न जा सके / दुर्वाच्य
Illegitimate : अधर्मज
Illicit {Sec. 366. IPC} : अवैध / आयुक्त
Illicit cohabitation : अयुक्त सहवास
Illicit distillation : अवैध आसवन
Illicit trade : अवैध व्यापार
Illiteracy : निरक्षरता
Illiterate voter : निरक्षर मतदाता
Illtreatment : बुरा बर्ताव
Illuminating : प्रदीपक
Illustrate : दृष्टांत देना
Ill will : वैमनस्य
Image : प्रतिमा / छवि
Imitate : अनुकृति करना
Imitation fire arm : नकली अग्न्यायुद्ध
Immaterial : तत्त्वहीन
Immaterial allegation : तत्त्वहीन अभिकथन
Immaterial averment : तत्त्वहीन प्रकथन
Immaterial issue : तत्त्वहीन विवाधक
Immature understanding child of : अपरिपक्व समझ का शिशु
Immaturity : अपरिपक्वता
Immediate : आसन्न / तुरंत / अव्यवहित / साक्षात्
Immediate danger : आसन्न संकट
Immediate delivery : तुरंत परिदान
Immediate employer : अव्यवहित नियोजक

Immediate measures : तुरंत उपाय

Immediate payment : तुरंत संदाय

Immediate possession : अव्यवहित कब्जा

Immediate presence of in the : की साक्षात् उपस्थिति में

Immediate prevention : तुरंत निवारण

Immediately after : तुरंत पश्चात

Immediately before : अव्यवहित पहले

Immediately below, court : ठीक नीचे का न्यायालय

Immediately on passing : पारित होते ही

Immemorial usage : स्मरणीय / स्मरणातीत प्रथा

Immigration : आप्रवासन

Imminent : आसन्न

Imminent danger : आसन्न खतरा

Immoral : दुराचारिक

Immoral character : व्यभिचारिणी अभियोक्त्री

Immorat contract : अनैतिक संविदा

Immovable property : स्थावर संपत्ति

Immunity : उन्मुक्ति

Improve : ह्रास करना

Impartial : निष्पक्ष

Impartial inquiry : निष्पक्ष जांच

Impartial trial : पक्षपात रहित विचारण

Impassable : अगम्य

Impeach {also Sec. 153, exception Indian evidence Act}: अधिक्षेप करना / महाभियोग चलाना

Impade : अड़चन डालना

Impade any person : किसी व्यक्ति के समक्ष अड़चन डालना

Imperative : अनिवार्य

Imperfect or erroneous charges : अपूर्ण या ग़लत आरोप

Implement : उपकरण

Implement of husbandry : खेती का उपकरण

Implementation {Sec 21 (k) unit trust of India Act} : कार्यान्वयन

Implied : विवक्षित

Import : आयात

Importance : महत्त्व

Importing : अद्योतक / वाचक

Impose {Sec. 29 court fees Act}: अधिरोपित करना

Impose fine : जुर्माना अधिरोपित करना

Impound : परिबद्ध करना

Impracticable : असाध्य

Impressed : छापित / छपा हुआ

Improper : अनुचित

Improper admission of evidence : साक्ष्य का अनुचित ग्रहण

Improper employment : अनुचित नियोजन

Improper rejection of evidence: साक्ष्य का अनुचित अग्रहण

Impropriety : अनौचित्य

Improve : अभिवृद्धि करना / सुधार करना

Improvement of stocks : पशु सुधार

Improvident : अदूरदर्शी

Improvident sale : अदूरदर्शी विक्रय

Imprudence {Sec 91 (d) Army Act} : प्रज्ञाहीनता

Imput : अभ्यारोपित करना

In a body : सब मिलकर / एक निकाय के रूप में

In a raw state : कच्ची

In a summary way : संक्षेपत:

In accordance with law : विधि के अनुसार

In accordance with prescribed channels : विहित प्रणाली के अनुसार

In accordance with the requirements : अपेक्षाओं के अनुसार

In action : संघर्ष में

In all respects : सब बातों में

In an exemplary manner : अनुकरणीय रीति में / से

In any case instituated otherwise than on a police report : पुलिस रिपोर्ट पर से अन्यथा संस्थित किसी मामले में

In any case or instance : किसी भी दशा या अवस्था में

In breach of contract : संविदा भंगकारी

In breach of his official duties: अपने पदीय कर्तव्यों के भंग में

In camera : बंद कमरे में

In certain cases : कतिपय दशाओं में

In certain respects : कतिपय विषयों में

Incharge, officer : भारसाधक / प्रभारी, अधिकारी

In common, tenants : सामाजिक अभिधारी

In conformity with : के अनुरूप / के अनुरूपत:

In conjunction with : के साथ-साथ

In contemplation of death : मृत्यु को आसन्न मान कर

In course of : के दौरान

In default of agreement : क़रार के अभाव में

In derogation of : का अल्पीकरण करने वाला

In derogation of interest, right: अधिकार में हित का अल्पीकरण करना है

In detail : विस्तार पूर्वक

In direct furtherance : को प्रत्यक्षत: अग्रसर करने में

In discharge of his duties : अपने कर्तव्यों के निर्वहन में

In due course : सम्यक् अनुक्रम

In due course of law : विधि के सम्यक्

In duplicate : दो प्रतियों में

In evasion of : का अपवंचन करके

In excess of the award : पंचाट से अधिक

In forma pauperis : अकिंचन के रूप में

In lieu of {Sec. 90, Cr.C.P.} : के बदले में / के बजाए

In loco parentis : माता-पिता के स्थान पर

In obedience to summons : समन के आज्ञानुवर्तन में

In open court : खुले न्यायालय में

In order that : इसलिए कि

In pari delicto : समदोषी
In pari materia : सम विषयक
In pay : वेतन पाने वाला
In personem : व्यक्तिबंधी
In possession : कब्ज़े में / सकब्ज़ा
In prosecution of common object : सामान्य उद्देश्य के अग्रसर करने में
In pursuance of : के अनुसरण में
In rom : सर्वबंधी
In restraint of : का अवरोधी / का अवरोधक
In restraint of legal proceedings, agreement : विधिक कार्यवाहियों का अवरोधक करार
In restraint of marriages, agreement : विवाहक का अवरोधक करार
In restraint of trade, agreement : व्यापार का अवरोधक करार
In substitution for : के स्थान पर / में
In subversion of : का ध्वंसक / के ध्वंसात्मक रूप में
In suit : वादांतर्गत
In terms of money : धन के रूप में
In terms of sufficiently precise: पर्याप्त रूप से प्रमित शब्दों में
In the absence of a contract to the contrary : तत्प्रतिकूल संविदा न हो तो तत्प्रतिकूल संविदा के अभाव में
In the alternative : अनुकल्पतः
In the course of the suit : वाद के दौरान
In the event of equality of votes: मत बराबर होने की दशा में
In the exercise of : का प्रयोग करते हुए
In the first instance : प्रथमतः
In the judgement of : के निर्णय / विचार में
In the light of : को ध्यान में रखते हुए
In the matter of : के विषय में
In the possession or power : कब्जे में या शक्त्यधीन
In the presense and hearing of: की उपस्थिति और श्रवणगोचरता में
In unmanufactured state : अवनिर्मित दशा में
In virtue of : के आधार पर
In writing : लिखित रूप में
In admissible evidence : अग्राह्य साक्ष्य
In advertent slip : अनवधानता से हुई भूल
In alienable : अन्य असंक्राम्य
In am till deeds : इनाम हक विलेख
In appealable : अन अपीलनीय
Inchoate stamped instrument: स्टांपित अधूरी लिखित
Incidence of taxation : कर का भार
Incident : प्रसंगति / अनुषंग
Incite {Sec. 2(b) T.P. Act} : उद्दीप्त करना
Income escaping assessment : निर्धारण से छूट गई आय
Incometax area : आयकर क्षेत्र
Incometax chargeable : प्रभार्य आय-कर

Incompetent : अक्षम

Inconsistant therewith : तदसंगत

Inconsistant with the previous pleadings : पूर्वतन अभिवचनों से असंगत

Incorporated : निगमित

Incorporation of territory, citizen by : राज्य क्षेत्र में मिल जाने से नागरिकता

Incriminate : अपराध में फंसना

Incumbrance : विल्लंगम्

Incur : उपगत करना

Incurable form of leprocy : असाध्य कुष्ट

Indebtedness : ऋणिता

Indefeasible : अजेय

Indefinite : अनिश्चित

Indemnity : परित्राण / क्षतिपूर्ति

Independent evidence : स्वतंत्र साक्ष्य

Index : अनुक्रमणिका

Index number cost of living : निर्वाह व्यय सूचकांक

Indian evidence Act 1872 : भारतीय साक्ष्य अधिनियम

Indian emigration Act 1910 : भारतीय उत्प्रवास अधिनियम

Indian penal code : भारतीय दंड संहिता

Indian pilgrim ship rules : भारतीय तीर्थ यात्रा पोत नियम

Indian standard time : भारतीय मानक समय

Indian students overseas : विदेशस्थ भारतीय विद्यार्थी

Indigenous system of medicine: स्वदेशी चिकित्सा पद्धति

Indigent circumstances : निर्धनावस्था

Individual business : व्यष्टिक कारोबार

Individual civil right : व्यक्तिगत सिविल अधिकार

Individual return : एकल विवरणी

Indology : भारतीय विद्या

Inducement : उत्प्रेरणा

Indulgence : अनुग्रह

Industrial management pool : औद्योगिक प्रबंध पूल

Industrial planner : औद्योगिक योजनाकार

Inequitable : असाम्यिक

Inevitable : अनिवार्य

Infectious : संक्रामक

Infer : अनुमान करना

Inference, draw : अनुमान लगाना

Inferior : अवर / निम्नतर

Infirm : शिथिलांग

Infirm person : अशक्त व्यक्ति

Infirmity : अंग शैथिल्य

Infirmity mental : मानसिक दौर्बल्य

Inflammable : ज्वलनशील

Inflict punishment : दंड देना

Inform : सूचित करना

Informal : अनौपचारिक

Infraction : व्यतिक्रम / व्यतिक्रमण

Infringement : अतिलंघन

Infringement of copy right : प्रतिलिप्यधिकार का अतिलंघन

Ingredient : अंग / संघटक

Ingress : प्रवेश

Inherent power : अंतर्निहित

Initial : आरंभिक
Initial investiment : प्रारंभिक विनिधान
Initial depreciation : प्रारंभिक अवक्षयण
Initial or ultimate salary : आरंभिक या अंतिम वेतन
Initation of proccedings : कार्यवाहियां शुरू करना
Initiative, on his own : स्वप्रेरणा पर
Injuction : व्यादेश
Injuction, interim : अंतरिम व्यादेश
Injuction mandatory : आज्ञापक व्यादेश
Injuction perpetual : शाश्वत व्यादेश
Injustice : अन्याय
Inland instrument : अंतर्देशीय लिखित
Inland waterways : अंतर्देशीय जलमार्ग
Inoperative : अप्रवर्तनशील
Inquest : मृत्यु समीक्षा
Inquire : जांच करना
Inquiry, local : स्थानीय जांच
Inquiry on oath : शपथ पर जांच
Inquiry preparatory to commitment : सुपुर्दगी के लिए की जाने वाली जांच
Insanitary working condition: काम करने की अस्वास्थ्यकर परिस्थितियां
Inscribed note : अंतर्लिखित नोट
Inscription : उत्कीर्ण लेख
Insecticide : कीटनाशी
Insert in : में अंत: स्थापित करना
Insolvency jurisdiction : दिवाला विषय अधिकारिता
Insolvent : दिवालिया
Insolvent debtor : दिवालिया ऋणी
Insolvent circumstances : दिवाले की परिस्थितियां
Inspection : निरीक्षण
Inspection charge : निरीक्षण प्रभार
Instigation : संस्थित किया जाना
Institutional training : संस्थागत प्रशिक्षण
Instrument : उपकरण
Instrument for shooting : शूटिंग का उपकरण
Instrument for stabbing : बेधन का उपकरण
Instrument of gift : दान की लिखत
Instrument of mortgage : बंधक-पत्र
Instrument of transfer : अंतरण-लिखत
Instrument of transfer of effects : चीज़बस्त के अंतरण की लिखत
Instrumentality : माध्यम
In subordinate language : द्योतक भाषा
In subordination : अनधीनता
Insurable by its nature : अपनी प्रकृति से बीमा योग्य
Insurrection : विप्लव
Intact : अविकल
Intangible : अमूर्त
Integrity : अखंडता
Intelligence : बुद्धिमत्ता / गुप्त वार्ता
Intelligence bureau : खुफ़िया ब्यूरो
Intended : आशयित
Intended bailee : आशयित उपनिहिती

Intended emigrant : आशयित उत्प्रवासी

Intended leave : आशयित छुट्टी

Intensive : सघन

Intent, ouminal : आपराधिक आशय

Intent to deceive : प्रवंचना करने का आशय

Interalia : अन्य बातों के साथ

Intercorporate dividend : अंतर्विगमीय लाभांश

Intervaluation period : अंतर्मूल्यांकन कालावधि

Intermediate encumbrance : मध्यवर्ती विल्लंगम

Intermediate fact : मध्यांतरिक तथ्य

Intermediate mortage : मध्यवर्ती बंधक

Intermediate : मध्यक

Intermittent periods : आंतरयिक कालावधि

Internal trade : अंतर्देशीय व्यापार

International law : अंतरराष्ट्रीय विधि

Interpose : अंतः क्षेप करना

Interpret : भाषांतर करना

Interrogatories : परिप्रश्न

Interrogatories administer to any party : किसी पक्षकार से परिप्रश्नों के उत्तर मांगना

Interrogatories, deliver : परि प्रश्न परिदत्त करना

Interruption : विघ्न डालना

Intervention : मध्यक्षेप

Intimate {Sec. 43 Sale of goods Act} : सूचना देना / घनिष्ठ

Intimate acquaintance : घनिष्ठ परिचय

Intimidation : अभित्रास

Intimidation, criminal : आपराधिक अभित्रास

Intoxication : माधक

Introduce : पुर:स्थापना करना / पुर:स्थापित करना / प्रविष्ट करना

Introduced as a partner : भागीदार के तौर पर प्रविष्ट किया गया

Introduction : प्रवेश / प्रस्तावना / परिचय कराना / पुन: स्थापना

Intrude upon the privacy : एकांतता का अतिक्रमण करना

Inundation : बाढ़

Invalidity : अविधिमान्यता

Investment : विनिधान

Involuntary : अस्वैच्छिक

Irreconcillable : अनमेल

Irregular proceedings : अनियमित कार्यवाहियां

Irrelevant : विसंगत

Irresistble force : अप्रतिरोध्य बल

Irrespective of : .... की दृष्टि में लाए बिना

Irrespective of the value : मूल्य को दृष्टि में लाए बिना

Irrevocable : अप्रतिसंहरणीय

Isolated : एकांत

Issue : अंक / संतति / विवाद्यक / निकालना / जारी करना / पुरोधृत करना

Issue of cheque : चैक काटना

Item : मद

Its own motion : स्वयं अपनी प्रेरणा से / स्वप्रेरणा से

J

Jail {Schedule V, form 13, Cr.P.C.} : जेल

Join : संयोजित करना

Joinder : संयोजन

Joinder of cause of action : वाद हेतुकों का संयोजन

Joinder of charges : आरोपों का संयोजन

Joinder of parties : पक्षकारों का संयोजन

Joined improperly : अनुचित तौर पर संयोजन

Joint and several : संयुक्त और पृथक

Joint and several promissory note : संयुक्त और पृथक दायित्व वाला वचन-पत्र

Joint committee : संयुक्त समिति

Joint contractors : संयुक्त संविदाकर्ता

Joint direction : संयुक्त निदेशन

Joint parties : संयुक्त पक्षकार

Joint possession : संयुक्त कब्जा

Joint promisor : संयुक्त वचनदाता

Joint receipt : संयुक्त रसीद

Joint sitting : संयुक्त बैठक

Joint stock company : संयुक्त स्टॉक कंपनी

Joint tenants : संयुक्त अभिधारी

Jointly concerned : संयुक्त तौर पर

Jointly designate : संयुक्त तौर पर अभिहित करना

Jointly owe : संयुक्तत: दावेदार

Judge {Sec. 19, I.P.C.} : न्यायाधीश / जज

Judge, assistant session : सहायक सेशन न्यायाधीश

Judgement debtor : निर्णीत ऋणी

Judgement in terms of award: पंचाट के अनुसार निर्णय

Judge composing court of appeal : पीठासीन न्यायाधीश

Judicature, High court of : उच्च न्यायालय

Judicial : न्यायिक

Judicial and official acts : न्यायिक और पदीय कार्य

Judicial duty : न्यायिक कर्तव्य

Judicial officer : न्यायिक अधिकारी

Judicial notice : न्यायिक अवेक्षा

Judicial post : न्यायिक पद

Judicial principles : न्यायिक सिद्धांत

Judicial proceedings : न्यायिक कार्यवाहियां

Judicial process : न्यायिक आदेशिका

Judical record : न्यायिक अभिलेख

Judicial separation : न्यायिक अलगाव / प्रथक्करण

Junior : कनिष्ठ

Junior commissioned officer : कनिष्ठ आयुक्त अधिकारी

Jurisdiction : अधिकारिता

Jurisdiction appeallate : अपीली अधिकारिता

Jurisdiction appeallate civil : अपीली सिविल अधिकारिता

Jurisdiction appeallate criminal: अपीली दांडिक अधिकारिता

Jurisdiction barred : अधिकारिता वर्जित

Jurisdiction equal : समान अधिकारिता

Jurisdiction inferior : अवर अधिकारिता

Jurisdiction insolvency : दिवाला विषयक अधिकारिता

Jurisdiction ordinary : मामूली अधिकारिता

Jurisdiction original : आरंभिक अधिकारिता

Jurisdiction pecuniary : धन संबंधी अधिकारिता

Jurisdiction superior : वरिष्ठ अधिकारिता

Jurisdiction to adjudicate : न्यायनिर्णयन की अधिकारिता

Juror : जूरी सदस्य

Juror common : सामान्य जूरी सदस्य

Juror special : विशेष जूरी सदस्य

Jury : जूरी

Jury man : जूरी सदस्य

Jury may retire : जूरी एकांत में जा सकेगी

Just cause : न्याय संगत हेतुक

Just decision : न्याय संगत विनिश्चय

Just excuse : न्याय संगत प्रतिहेतु

Just ground : न्याय संगत आधार

Justice : न्याय / न्यायमूर्ति / न्याय संगत होना

Justice according law : न्याय का प्रशासन विधि के अनुसार करना / विधि के अनुसार न्याय करना

Justic, administration of : न्याय प्रशासन

Justice of the peace : जस्टिस ऑफ दि पीस (अधिकारिता में शांति बनाए रखने के लिए मजिस्ट्रेट की नियुक्ति)

Justify : न्यायोचित ठहराना

Jute : पटसन

Juvenile offender : किशोर अपराधी

K

Keeping, safe : सुरक्षा रखना

Keeping, the jury together : जूरी को इकट्ठा रखना

Keeping the peace : परिशांति कायम रखना

Kidnapping : अपहरण / व्यपहरण

Kidnapping from lawful guardianship : विविधपूर्ण संरक्षता में से व्यवहरण

Kim {Sec. 17(2) Guardian and wards Act} : रक्त संबंध, कुल / संरक्षक

Kin nearness of : रक्त संबंध की निकटता

Kind {Sec. 108 Army Act} : किस्म / प्रकार

Kinsman : कुल्य

Knock down : बोली खत्म होना

Knowingly : जानते हुए

Knowingly and willfully : जानते हुए और जानबूझ कर

Knowledge : ज्ञान / ज्ञानधारी

Known as institution : नामक संस्था

L

Labour appeallate tribunal : श्रम अपील अधिकरण

Labour court : श्रम न्यायालय

Labour dispute : श्रम विवाद

Labour, hard : कठोर श्रम

Labour turnover : श्रम आवर्त

Labour welfare : श्रम कल्याण

Labour welfare fund : श्रम कल्याण निधि

Laches : अतिविलंब, गफलत

Lacuna : कमी / रिक्त स्थान / रिक्ति

Laid down : अधिकथित

Laid on the table of parliament, shall be : संसद के पटल पर रखे जाएंगे

Land acquisition Act 1894 : भूमि अर्जन अधिनियम 1894

Land forces : भूमिबल

Land mark : भूमिचिह्न

Land reclamation : भूमि उद्धार

Land revenue : भू-राजस्व

Land under his charge {Sec. 78(2) Cr.P.C.} : उसके अधीन भूमि / भूमि पर अधिकार

Landed property : भू-संपत्ति

Landed proprietor / lord : भू-स्वामी

Landed holder : भू-धारक

Language, insubordinate {Sec. 40(c), Army Act} : अधीनता द्योतक भाषा

Language, insulting : अपमानजनक भाषा

Lapse (of time) : बीत जाना

Last preceding {Sec. 20 TP Act} : अंतिम पूर्ववर्ती / ठीक पूर्ववर्ती

Last survivor : अंतिम उत्तरजीवी

Late coming : विलंब से आना

Later Act : पश्चातवर्ती अधिनियम

Later created right : पश्चात सृष्ट अधिकार

Latest date : सबसे पश्चात की तारीख

Latest previous year : सबसे अंत का पूर्व वर्ष

Law and order : विधि और व्यवस्था

Law for the limitation of suits: वादों की परिसीमा विषयक सीमा

Law for the time being in force: तत्समय प्रवृत्त विधि

Law, having the force of : विधि का बल रखने वाली
Law of evidence : साक्ष्य की विधि
Law of insolvency : दिवालिया विधि
Law of limitation : परिसीमा विधि
Law relating to criminal procedure : दंड प्रक्रिया संबंधी विधि
Lawful acts : विधिपूर्ण कार्य
Lawful adventure : विधि पूर्ण प्रोद्यम्
Lawful authority : विधि पूर्ण प्राधिकार
Lawful charge, having : विधि पूर्ण भारसाधक
Lawful consideration : विधिपूर्ण प्रतिफल
Lawful custody : विधिपूर्ण अभिरक्षा
Lawful debt : विधिपूर्ण ऋण
Lawful excuse : विधिपूर्ण प्रति हेतु / कारण
Lawful guardian : विधिपूर्ण संरक्षक
Lawful profession : विधिपूर्ण वृत्ति
Lawful sentence : विधिपूर्ण दंडादेश
Lawfully obtains possession : विधिपूर्वक कब्ज़ा अभिप्राप्त करना
Lay off : कामबंदी
Lay out : अभिंयास
Leader : नेता / अग्रलेख
Leader writer : अग्रलेख लेखक
Leading counsel : मुख्य काउंसिल
Leading question : सूचक प्रश्न
Learning, higher : उच्चतर विद्या
Lease {Sec. 105, TP Act} : पट्टा
Lease hold (Sec. 72, TP Act} : पट्टाघृति
Leasehold house : अ्रपट्टाघृत गृह
Leave : इजाज़त / अवकाश
Leave granted or applied for : अनुदत्त या आवेदित छुट्टी
Leave of the court : न्यायालय की इजाज़त
Leave with wage : मज़दूरी सहित छुट्टी
Lecturer : प्राध्यापक / भाषणकर्ता
Legacy : वसीयत / वसीयत संपदा
Legal act : वैध कार्य
Legal affairs : विधिक मामले
Legal character : विधिक हैसियत
Legal condition : वैध शर्त
Legal consequences : विधिक परिणाम
Legal curator : वैध रक्षक
Legal custody : विधिक अभिरक्षा
Legal disability : विधिक निर्योग्यता
Legal fees : विधिक फीस
legal incidents : विधिक प्रसंगतियां
Legal liability : विधिक दायित्व
Legal manufacture : वैध विनिर्माण
Legal neccessity : वैध आवश्यकता
Legal practitioner : विधि व्यवसायी
Legal procedure : विधि प्रक्रिया
Legal process : विधि प्रक्रिया / वैध आदेशिका
Legal profssional adviser : विधिवृत्तिक सलाहकार
Legal remuneration : वैध पारिश्रमिक
Legal representation : विधिक प्रतिनिधित्व
Legal tender : वैध निविदा
Legality : वैधता

Legality of contract : संविदा की वैधता

Legalise : वैध बनाना

Legally acquired : वैध रूप से अर्जित

Legally bound : वैध रूप से आबद्ध

Legally bound to appear : उपसंजात होने के लिए / वैध रूप से आबद्ध

Legally compellable : वैध रूप से विवश किए जाने का दायी

Legally competent : विधि द्वारा सक्षम

Legally evicted : वैध रूप से बेदखल किया गया

Legatee : वसीयतदार

Legation : दूतावास

Legible : पढ़ा जाने योग्य

Legislation : विधान

Legislative : विधायी

Legislative capacity : विधायी हैसियत

Legislative measures : विधानीय अध्युपाय

Legislature : विधान मंडल

Legitimacy : धर्मजत्व / वैधता

Legitimate : विधिसम्मत / विधि

Lgitimate blood relationship : धर्मज रक्त नातेदारी

Lgitimate children : धर्मज संतान

Lgitimate origin : विधि सम्मत उद्गम

Lgitimate son : धर्मज पुत्र

Length of service : सेवा काल की लंबाई

Lessee {Sec. 105. TP Act} : पट्टेदार

Let on hire : भटक / भाड़े पर देना

Letter of acceptance : प्रतिग्रहण का पत्र

Letter of credit : प्रत्यय पत्र / क्रैडिट पत्र

Letters patent : लैटर्स पेटेंट

Level : समतालिका / तल / स्तर

Levelling : समतल करना

Leviable by weight : तोल माप या मूल्य के अनुसार उद्ग्रहणीय

Levied by attachment : कुर्की द्वारा उद्गृहीत

Levy : उद्ग्रहण / उद्गृहीत करना

Liable : दायी / दायित्व के अधीन

Liable to fine : जुर्माने से दंडनीय

Liable to pay : देने का दायी / जिम्मेवार

Liable to penalty : शासित से दंडनीय

Liable to punishment : दंडनीय

Liability : दायित्व

Liability, criminal : आपराधिक दायित्व

Liability, legal : विधिक दायित्व

Liability of ancestral property: पैतृक संपत्ति का दायित्व

Liability of search : तलाशी के लिए दायित्वाधीन होना

Liason : संपर्क

Lible : निंदा / अपमान लेख

Libellous character : अपमान प्रकृति

Libellous matter : अपमान सामग्री

Liberation : परिमोचन

Liberty : स्वतंत्रता

Liberty, at : स्वतंत्र

Licence : अनुज्ञप्ति

Licensed dealer : अनुज्ञप्त व्यौहारी

Licensing authority : अनुज्ञापन प्राधिकारी

Lie from, no appeal shall : की कोई भी अपील न होगी; की कोई अपील नहीं हो सकेगी

Lieu {Sec 47 Sale of Goods Act} : धारणाधिकार / लियन

Lieu there of, in : उसके बदले में

Life, estate for the : जीवनपर्यंत के लिए संपदा

Life insurance tribulal : जीवन बीमा अधिकरण

Life intrest : आजीवन हित

life saving means : प्राण रक्षक साधन

Light ship : दीप पोत

Light duty : हल्का कार्य / शुल्क

Like law : ऐसी ही विधि

Limine, in : आरंभ में ही

Limit : अवधि

Limit, time : समय की परिसीमा

Limited : सीमित / मर्यादित

limited liability : परिसीमित हित

Limited owner : परिसीमित स्वामी

Limited period : सीमित कालावधि

Limited time : परिसीमित समय

Line checking staff : लाइन जांच कर्मचारीवृंद

Line, female : नारी परंपरा

Leneal ascendant : पारंपरिक पूर्वपुरुष

Leneal descendant : पारंपरिक वंशज

Liquidated damages demand : परिनिर्धारित नुकसानी मांग

Liquidation : समापन / परिनिर्धारण / अपाकरण

Liquidation of debt : ऋण का समापन

Liquidation, place in : समापनाधीन करना

Liquidator : समापक

Liquidator, official : शासकीय समापक

Litigation : मुकदमेबाजी

Livelihood : जीविका

Live stock : पशुधन

Living index number : जीवन निर्वाह सूचकांक

Load : भार

Loanee company : उधारग्रहीता कंपनी

Local expression : स्थानिक अभिव्यक्ति / शब्द प्रयोग

Local inquiry : स्थानीय जांच

Local inspection : स्थानीय निरीक्षण

Local investigation : स्थानीय अन्वेषण

Local jurisdiction : स्थानीय अधिकारिता

Local law : स्थानीय विधि

Local police : स्थानीय पुलिस

Local usage : स्थानीय प्रथा

Locality : परिक्षेत्र / स्थल

Lock : जलबंध / ताला

Locker : लॉकर

Locking up jury : जूरी को बंद रखना

Locomotive : चलित

Lodge an account : लेखा दाखिल करना.

Lodged : दाखिल की

Lodgings : वासा

Lodgment schedule : जमा अनुसूची

Logging : लट्ठे बनाना

Long distance route : लंबी दूरी का मार्ग

Long term : दीर्घकालिक

Long term capital gains : दीर्घकालिक पूंजी अभिलाभ

Longer leave : दीर्घतर छुट्टी

Loss occasioned by neglect : उपेक्षा से हुई हानि / असावधानी से हुई हानि

Loss of live : जीवन हानि

Lost with all hands, has been : सब जनों के साथ नष्ट हो गया है

Lot : भाग्य / किस्मत / ढेर / भूखंड

Lot is knocked down : लॉट के लिए बोली का समाप्त होना

Lower appeallate court : निम्न श्रेणी लिपिक

Lower in rank : निम्नतर पंक्ति का

Lowest grade : निम्नतम श्रेणी

Loyalty : भक्ति

Lubricating of oil plant : स्नेह तेल प्लांट

Lump sum : एकमुश्त राशि

Lumatic : पागल

Lurking house tres pass {Sec. 444 IPC} : प्रच्छन्न ग्रह-अतिचार

Lust : काम तृष्णा

Lustrate : शुद्धीकरण करना

Lymph : काहिल / शिथिल

M

Machine : मशीन / यंत्र

Magisterial functions : मजिस्ट्रेट के कृत्य

Magistrate, Additional Chief Presidency : अपर मुख्य प्रेसिडेंसी मजिस्ट्रेट

Magistrate specially empower: मजिस्ट्रेट जिसे विशेषतः सशक्त किया गया हो

Magistrate sub divisional : उपखंड मजिस्ट्रेट

Mail guard : डाक रक्षक

Maim : विकलांग करना

Maintain suit : वाद लाना / चलाना

Maintain proper accounts : उचित लेखा रखना

Maintainable : पोषणीय / चलने योग्य

Maintaining good behaviour for : सदाचार बनाए रखने के लिए

Major : वयस्क

Major port {Sec 3(8) Indian Ports Act} : महापत्तन

Majority : बहुसंख्या / बहुमत / वयस्कता

Majority absolute : स्पष्ट बहुमत

Majority of votes : मतों की बहुसंख्या / बहुमत

Make apology : माफ़ी मांगना

Make award : पंचाट देना / अधिनिर्णय करना

Make compensation : प्रतिकार देना

Make composition : प्रशमन करना

Make contract : संविदा करना

Make defence : प्रतिरक्षा करना

Make good the contract : संविदा की पूर्ति करना

Make good the loss : हानि की पूर्ति करना

Make order : आदेश देना

Make over to : के हवाले करना

Make public : लोक विदित करना

Malafide : असद्भाव पूर्वक

Malice : विद्वेष / दुर्भाव

Malignantly : द्वेषपूर्वक

Malinger : कर्तव्य से बचने के लिए रोगी बन जाना

Maltreat : बुरा बर्ताव करना

Man of ordinary prudence : मामूली प्रभाव वाला मनुष्य

Manpower : जनशक्ति

Management : प्रबंध

Management of work : काम का प्रबंध

Mandamus : परमादेश / मैंडेमस

Mandatory injunction : आज्ञापक व्यादेश

Mansion : हवेली

Manufactory : विनिर्माणशाला

Manufacture : विनिर्माण / बनाना

Manuscript : हस्तलेख / पांडुलिपि

Marine engine : समुद्री इंजन

Marital intercourse : वैवाहिक संभोग

Marital Misbehaviour : वैवाहिक कदाचार

Maritime jurisdiction : समुद्री अधिकारिता

Mark of consideration : सम्मानपूर्ण बर्ताव

Mark of injury : क्षति चिह्न

Market price : बाज़ारी कीमत

Market value : बाज़ार मूल्य

Marketing : विपणन / क्रय-विक्रय

Marshalling : क्रमबंधन

Master : मास्टर

Master plan : मास्टर प्लान

Material : भौतिक / उपादान / सामग्री

Material circumstances : तात्त्विक परिस्थिति

Material defect : तात्त्विक त्रुटि

Material evidence : तात्त्विक साक्ष्य

Material fact : तात्त्विक तथ्य

Material ingredient : तात्त्विक अंग

Material irregularity : तात्त्विक अनियमितता

Meterial issue : विधि का विवाधक

Meterial issue of law : तात्त्विक विवाद्यक

Material object : भौतिक पदार्थ

Material paper : तात्त्विक कागज़

Material particulars : तात्त्विक विशिष्टियां

Material propositions : तात्त्विक प्रतिपादना / प्रतिपादन

Material proposition of fact or law : तथ्य या विधि की तात्त्विक प्रतिपादना

Material question : सारवान प्रश्न

Material to the case : मामले के लिए तात्त्विक

Materially increases : तात्त्विक वृद्धि होती है

Materially interfere : तत्त्वतः विघ्न डालना

Maternity Benefit Act 1961 : प्रसूति प्रसुविधा अधिनियम 1961

Maternity leave : प्रसूति अवकाश / छुट्टी

Matrimonial : विवाह विषयक

Matrimonial jurisdiction : विवाह विषयक अधिकारिता

Matter : बात / विषय / मामला / पदार्थ

Matter of difference : मतभेदग्रस्त विषय

Matter in dispute : विवादग्रस्त बात

Matter in issue : विवाद्य विषय

Matter in question : प्रश्नगत बात / विषय

Matter of fact : तथ्य की बात

Matter of general interest : साधारण हित का विषय

Matter of law : विधि की बात / विषय

Matter of policy : नीति विषयक मामला

Matter of public interest : लोकहित का विषय

Matter of public nature : लोक प्रकृति की बात

Maturity : परिपक्वता

Maturity of understanding : समझ का परिपक्व होना

Maxim : सूत्र

Maximum : अधिक से अधिक

Maximum term of punishment: दंड की अधिकतम अवधि

May be admitted to bail : की ज़मानत ले ली जाए

May be called : कहा जा सकेगा

May be cited : कहा जा सकेगा

May be commenced : प्रारंभ की जाए / किया जा सकेगा

May be covened : (बैठक) बुलाई जा सकेगी

May be disposed of : का निपटारा किया जा सकेगा

May be one independent of his will : ऐसी हो सकेगी जो उसकी इच्छा के अधीन न हो

May be prescribed : विहित किया जा सकेगा

May be recovered by an application : आवेदन पर वसूल किया जा सकेगा

May be sworn : शपथित किया जा सकेगा

May be summarily evicted : संक्षेपतः बेदखल किया जा सकेगा

May bind over any person : किसी भी व्यक्ति को बंधपत्रित कर सकेगा

May call for : मंगा सकेगा

May charge the amount : रकम को प्रभारित कर सकेगा

May consider proper : उचित समझे

May convict him there on : उसके आधार पर उसे दोषसिद्ध कर सकेगा

May direct : निदेश दे सकेगा

May enforce payment in part only : केवल भाग का संदाय प्रवर्तित करा सकेगा

May extend : का विस्तारण कर सकेगा

May fix : नियत कर सकेगा

May nevertheless be heard : ऐसा होने पर भी सुना जा सकेगा

May not afterwards be tried for : के लिए तत्पश्चात विचारित नहीं किया जा सकेगा

May order to furnish fresh security : यह आदेश दिया जा सकेगा कि वह नई प्रतिभूति दिलवाए

May prove for the balance {Sec 14(2), Workmen's Compensation Act} : अतिशेष को साबित कर सकेगा

May recall and re-examine any person already examined {Sec. 540 Cr.P.C.} : किसी व्यक्ति को, जिसकी पहले जांच की जा सकी हो, पुन: परीक्षा के लिए बुलाया जा सकेगा

May take steps : कार्यवाही कर सकेगा

Meaning and construction : अर्थ और अर्थान्वयन

Means, illegal : अवैध साधन

Means of living : जीविका के साधन

Means unlawful : विधिविरुद्ध साधन

Meantime, in the : अभ्यंतर काल में

Measure : परिमाण / उपाय

Measure of compensation : प्रतिकार का परिमाण

Measure, immediate : तुरंत उपाय

Measure, legislative : विधानीय अध्युपाय

Mechanical process : यांत्रिक प्रक्रिया

Mechanically propelled : यंत्र नोदित

Medal : पदक

Medical : चिकित्सीय

Medical appliance : चिकित्सीय साधन

Medical benefit : चिकित्सीय प्रसुविधा

Medical benefit council : चिकित्सीय प्रसुविधा परिषद

Medical care : चिकित्सीय देखरेख

Medical examination : स्वास्थ्य परीक्षा

Medical formulary : औषधि योग सूची

Medical licentiate : चिकित्सीय अनुज्ञप्ति धारक

Medical preparation : भेषजीय निर्मिति

Medical profession : चिकित्सा वृत्ति

Medical supervision : चिकित्सीय पर्यवेक्षण

Medical witness : चिकित्सीय साक्षी

Medicinal : औषधीय

Medium and long term credits : मध्यमकालिक और दीर्घकालिक प्रत्यय

Meeting : बैठक / अधिवेशन / सभा

Memorandum : ज्ञापन

Memorandum of appeal : अपील का ज्ञापन

Memorandum of appearance : उपसंजाति का ज्ञापन / हाज़िरी का ज्ञापन

Memorandum of cross-objection : प्रत्याक्षेप का ज्ञापन

Memorandum of settlement : समझौता का ज्ञापन

Mental capacity : मानसिक सामर्थ्य

Mental condition : मानसिक दशा

Mental defectiveness : मनोवैकल्य

Mental infirmity : मानसिक दौर्बल्य

Mental or bodily distress : मानसिक या शारीरिक कष्ट

Mercantile agent : वाणिज्यिक अभिकर्ता

Mercantile document of title to goods : माल पर हक की वाणिज्यिक दस्तावेज़

Merchandise : वाणिज्य

Merchant : वणिक्

Merchant vessel : वाणिज्यिक जलयान

Merchantable quality {Sec. 16(2), Sale of Goods Act} : वाणिज्यिक / विक्रेय क्वालिटी

Merely contingent or possible right {Sec. 60(1)(m), CPC} : केवल समाश्रित या सम्भव अधिकार

Merits : गुणागुण

Merits of application : आवेदन के गुणागुण

Merits of case : मामले के गुणागुण

Merits of claim : दावे के गुणागुण

Mesne mortgagee : मध्यवर्ती बंधकदार

Mesne profits : अंतः कालीन लाभ

Messenger, special : विशेष संदेशवाहक

Migration : प्रवास

Mileage : मील भत्ता

Military {Sec. 132 A(a), Cr.P.C.} : सेना / सैनिक

Military authority : सैनिक प्राधिकारी

Military custody : सैनिक अभिरक्षा

Military force : सैनिक बल

Military law : सेना संबंधी विधि

Military occupation : सैनिक दखल

Military operation : सैनिक संक्रिया

Military pecuniary reward : सैनिक धनीय इनाम

Military reward : सैनिक इनाम

Mineral output : खनिज उत्पाद

Miners : खनक

Mining : खनन

Mining operation : खनन संक्रिया

Minister of religion : धर्म-कर्म कराने वाला (मिनिस्टर)

Ministerial officer : लिपिक वर्गीय अधिकारी

Minor : अप्राप्तवय / अवयस्क

Minor offence {Sec. 238(1) Cr.P.C.} : छोटा अपराध

Minor plaintiff : अवयस्क / अप्राप्तवय वादी

Minority : अप्राप्तवयवता / अवयस्कता

Minor interest : अप्राप्तवय का हित

Minor's welfare : अप्राप्तवय का कल्याण

Mint : टकसाल

Minute book : कार्यवृत्त पुस्तक

Minutes : कार्यवृत्त

Misapplication : दुरुपयोजन

Misappropriation : दुर्विनियोग

Misappropriation criminal : आपराधिक दुर्विनियोग

Misbehaviour : कदाचार

Miscarriage : गर्भपात

Miscellaneous : प्रकीर्ण

Miscellaneous offence : प्रकीर्ण अपराध

Miscellaneous register : प्रकीर्ण रजिस्टर

Mischief {Sec. 425 IPC} : रिष्टि/ शरारत / अनिष्टकारी

Misconception : भ्रम

Misconception of fact : तथ्य का भ्रम

Misconduct : अवचार

Misdirection : अपनिदेश

Misjoinder : कुसंयोजन

Misjoinder of charges : आरोपों का कुसंयोजन

Mislead : मार्ग भ्रष्ट करना

Misrepresentation : दुर्व्यपदेशन

Mistake as to a law : विधि के बारे की भूल / विधि विषयक भूल

Mistake as to a matter of fact: तथ्य की बात के बारे की भूल / जो करार की मर्मभूत है, भूल

Mistake, clerical : लेखन भूल

Mistake in fact or law : विधि की या तथ्य की भूल

Mistake of fact : तथ्य की भूल

Mistake of law : विधि की भूल

Mistake, under a {Sec. 22, Indian Contract Act} : भूल में / भूल से

Mistress {Sec. 488(3) Cr.P.C.}: रखेली

Misunderstanding : भ्रांति / अन्यथा ग्रहण

Misunderstanding of law : विधि का अन्यथा ग्रहण / विधि विषयक भ्रांति

Misuse : दुरुपयोग

Mitigate / Mitigation : कमी करना

Mob {Sec. 106, illustration, IPC} : भीड़ / असंयत जनसमूह

Mode : ढंग / प्रकार / रीति

Model standing orders : आदर्श स्थायी आदेश

Modelling tools : प्रतिमा बनाने के औज़ार

Moderator : अनुसीमक

Modesty {Sec. 509 IPC} : लज्जा

Modesty out rage the : लज्जा भंग करना

Modification : उपांतरण

Modification and adaptations: उपांतर और अनुकूलन

Modify : उपांतरित करना

Moiety : आधा अंश / अर्धांश

Money : धन

Money consideration : धन के रूप में प्रतिफल

Money, head : मथौत

Money lender : साहूकार

Money market : धन बाज़ार

Money out on mortgage {Schedule 111 Annexure A. Court Fees Act} : बंधक में लगा धन / गिरवी रखा हुआ धन

Money over paid : अतिदत्त धन

Money, public : लोक धन
Money suit : धन का वाद
Money value : धन मूल्य
Monopoly : एकाधिकार
Month to month : मासानुमासी / माह-दर-माह
Monthly allowance : मासिक भत्ता
Monthly instalment : मासिक किस्त
Monthly rate : मासिक दर
Moored {Sec. 350 illustration (a) I.P.C.} : रस्सी से बंधी हुई
Moral turpitude : नैतिक अधमता
Moratorium {Schedule 53, Asian Development Bank Act}: अधिस्थगन (कर्ज़दार को भुगतान करने के लिए निश्चित कालावधि के स्थगन का अनुमोदन—एशियन विकास बैंक अधिनियम अनुसूची, धारा 53 भी देखिए)
Mortal wound : मृत्यु कारक घाव
Mortgage : बंधक करना
Mortgage, anomalous : विलक्षण बंधक
Mortgage by conditional sale: सशर्त विक्रय द्वारा बंधक
Mortgage by deposit of title deeds : हक विलेखों के निक्षेप द्वारा बंधक
Mortgage-debt : बंधक ऋण
Mortgage deed {Sec. 58(a) TP Act} : बंधक विलेख
Mortgage, instrument of : बंधक-पत्र
Mortgage intermediate : मध्यवर्ती बंधक
Mortgage money {Sec 58(a) TP Act} : बंधक धन
Mortgage security : बंधक प्रतिभूति
Mortgage simple {Sec. 58(a) TP Act} : सादा बंधक
Mortgage unufructuary : भोग बंधक
Mortgaged : बंधकित
Mortgaged lease : बंधकित पट्टा
Mortgaged property : बंधक संपत्ति
Mortgagee in possession : सकब्ज़ा बंधकदार
Mortgagee, mesne : मध्यवर्ती बंधकदार
Mortgagee prior : पूर्विक बंधकदार
Mortgagee subsequent : पाश्चिक बंधकदार
Mortgagee, successive : आनुक्रमिक बंधकदार
Mortgagor {Sec. 58(a) TP Act}: बंधक कर्ता
Mortgagor in possession : कब्ज़ा रखनेवाला बंधक कर्ता
Mortgagor usafructuary : भोग बंधक कर्ता
Mortis cansa, donations : आसन्न मरण दान
Motion : गति / प्रस्ताव / समावेदन
Motion of his own : स्वप्रेरणा से
Motive {Sec 161, IPC} : हेतु
Motive power : चालक शक्ति
Moulding sand : सांचा वालू
Move : हटाना / गतिमान होना
Moveable property : जंगम संपत्ति
Mukhtar : मुख्तार
Mulet {Sec.51 & 81 (1)(k) Navy Act} : अपकर्तन

Multifarious {Sec 17 Court Fees Act} : बाहुल्यपूर्ण

Multiple election : बहुपदीय निर्वाचन

Multiplicity : बाहुल्य

Multiplicity of proceedings : कार्यवाहियों का बाहुल्य

Municipal : नगरपालिका

Municipal body : नगरपालिका निकाय

Municipal commissioner : नगर पालिका आयुक्त

Municipal committee : नगर पालिका समिति

Murder {Sec. 300 IPC} : हत्या

Muster roll : मस्टर रोल

Mutatis mutandis {Sec 39 Indian Registration Act} : यथावश्यक परिवर्तन सहित

Mutilate : विकृत करना

Mutual {Sec. 111 (e) TP Act} : आपसी / परस्पर

Mulnally indebted {Sec. 50 illustration (b) Indian Contract Act} : परस्पर ऋणी

N

Narrative : वृत्तांत

National highway : राष्ट्रीय राजमार्ग

National industrial credit : राष्ट्रीय औद्योगिक ऋण

Native state : भारतीय राज्य

Natural calamity : प्राकृतिक विपत्ति

Natural decay, subject to : प्रकृत्या क्षयशील

Nature and extent : प्रकार और परिमाण

Nature and value of the suit : बाद की प्रकृति और मूल्य

Nature, evidence of highly technical : अतिगहन शास्त्रीय प्रकृति का साक्ष्य

Nature of act : कार्य की प्रकृति

Nature of agency : अभिकरण की प्रकृति

Nature of partnership : भागीदारी की प्रकृति

Nature of the proceeding : कार्यवाही की प्रकृति

Nature of the case : मामले की प्रकृति

Nature of the claim : दावे की प्रकृति

Nature of the information : सूचना की प्रकृति

Nature of the transaction : सव्यवहार की प्रकृति

Nature thereof, in the : ऐसी ही प्रकृति का

Naval detention quarters : नौसैनिक निरोध क्वार्टर्स

Naval force {Sec. 132 A, Cr.P.C.} : नौसेना

Naval Law : नौ-सेना संबंधी विधि

Naval operation : नौसैनिक संक्रिया

Naval tribunal : नौसैनिक अधिकरण

Navigable : नाव्य

Navigable channel : नाव्य जलसरणी

Navigable river : नाव्य नदी

Navigation : नौपरिवहन

Navigation under sails : पालों द्वारा नौ-चालैन

Navigational chart : नौपरिवहन संबंधी चार्ट

Navigator : नौपरिवाहक

Navy Act 1957 : नौसेना अधिनियम 1957

Nazir : नाज़िर (जुडीशियल न्यायालय में नियुक्त एक अधिकारी-पर्यवेक्षक)

Nearness of kin : रक्त संबंध की निकटता

Necessaries : आवश्यक वस्तुएं

Necessary expenses : आवश्यक व्यय

Necessary party : आवश्यक पक्षकार

Necessary steps : आवश्यक कदम

Necessity legal : वैध आवश्यकता

Needed for public purpose, is {Sec.17(1) Land Acquisition Act} : की लोक प्रयोजन के लिए आवश्यकता

Needlessly : अनावश्यक तौर पर

Negative {Sec. 62, Sale of Goods Act} : नकारात्मक / नकार करना / नकारना

Neglect : उपेक्षा करना

Negligence : उपेक्षा

Negligence, contributory : योगदायी उपेक्षा

Negligent driving : उपेक्षा पूर्वक गाड़ी चलाना

Negligent, habitually {Sec 14 illastration (n) Indian Evidence Act} : अभ्यासत: उपेक्षावान

Negotiable : परक्राम्य

Negotiate : परक्रामण करना

Negotiation : परक्रामण / बातचीत

Net : शुद्ध (नेट)

Net fixed assests : शुद्ध स्थिर आस्तियां

Net proceeds : शुद्ध आगम

Net profit : शुद्ध लाभ

Net result : अंतिम फल / परिणाम

Net sum : शुद्ध राशि

Net tonnage : शुद्ध टनधारिता

Neutral state : तटस्थ राज्य

New arrangement : नया ठहराव / प्रबंध

New contract : नई संविदा

New trial : नया विचारण

Newtrial upon and amended charge : संशोधित आरोप पर नया विचारण

News editor : समाचार संपादक

Newspaper : समाचार-पत्र

Next : तत्पश्चात / निकट / निकटतम / अगला/ आगामी / ठीक आगे / ठीक पश्चात

Next day afterwards : निकट आगामी दिन

Next following {Sec. 55 and 108, TP Act. 14(5) Industrial Finance Corporation Act} : ठीक नीचे लिखे / निकट आगामी / ठीक आगामी

Next friend : बाद-मित्र

Next friend of the minor : अप्राप्तवय का बाद-मित्र

Next general election : आगामी साधारण निर्वाचन

Next hearing : अगली सुनवाई

Next hereinafter mentioned {Sec. 319 Cr.P.C.} : ठीक आगे एतस्मिन्पश्चात वर्णित / इसमें इसके ठीक पश्चात वर्णित / उल्लिखित

Next in seniority : ज्येष्ठता में उससे ठीक नीचे

Next subordinate officer {Order XXVIII, rule 1(2) C.P.C.} : ठीक निचला अधीनस्थ आफिसर / ठीक निचला अधीनस्थ अधिकारी

Next succeeding : निकटतम उत्तरवर्ती / आगामी

Next Succeeding day {Sec. 30(a) Representation Act 1957 & Sec. 137(5) Army Act} : निकटतम उत्तरवर्ती / आगामी/ अगला दिन

Nil : शून्य / कुछ नहीं

No appeal shall lie from : की कोई भी अपील न होगी; की कोई अपील न हो सकेगी

Normial : नाम मात्र की / नामीय

Nominate : नाम निर्देशित करना / नाम निर्दिष्ट करना

Non-acceptance : अप्रतिग्रहण

Non-appearance : उपसंजात न होना/हाज़िर न होना/ग़ैर हाज़िरी

Non-attendence : गैर हाज़िरी

Non-bailable offence : ग़ैर ज़मानती अपराध

Non cognizable offence : असंज्ञेय अपराध

Non-commissioned officer : अनायुक्त आफिसर

Non-compliance : अननुपालन

Non-designated : अनभिहित

Non-existance : अनस्तित्व

Non-fulfilment : अपूर्ति / पालन न किया जाना

Non-gratuitous act : अनानुग्रहिक कार्य

Non-joinder : असंयोजन

Non-joinder of parties : पक्षकारों का असंयोजन

Non-judicial : न्यायिकेतर

Non- liability : अदायित्व

Non-observance : अननुपालन

Non-official : अशासकीय

Non-payment : असंदाय

Non-performance : अपालन

Non-performance of promise : वचन का अपालन

Non-production : पेश न करना

Non-recovery : वसूल न होना

Non-registration : अपंजीयन

Non-resident : अनिवासी

Non-resident company : अनिवासी कंपनी

Non-resident defendant : अनिवासी प्रतिवादी

Non-satisfaction : तुष्ट न होना

Non-service : (समन) तामील न होना

Non-statutory body : अकानूनी निकाय

Non-testamentary : अवसीयती

Non-transferable : अनंतरणीय

Normal term of office : प्रसामान्य पदावधि

Normal working hours : प्रसामान्य कार्य घंटे

Not appearing in public {Sec. 164(2) Representation of the People Act 1951} : जो लोक समक्ष नहीं आती / आता (लोक प्रतिनिधित्व अधिनियम 1951)

Not exceeding : अधिक न (होगा)

Not inconsistent : जो असंगत न हो

Not later than the next day but one following : एक दिन छोड़कर अगले दिन तक का न कि उसके पश्चात्

Not more than one : एक ही, एक से अधिक नहीं

Not negotiable : अपरक्राम्य / परक्राम्य नहीं

Not proved : साबित / प्रमाणित नहीं हुआ

Not serverable from the rest : जो शेष (भाग) से प्रथक न किया जा सकता हो

Not withstanding : होने पर भी

Notary public : नोटरी पब्लिक / लेख्य प्रामाणिक

Note : टिप्पणी / नोट

Note, accommodation : सौकर्य पत्र

Note at the foot : पाद-टिप्पणी

Note, inscribed : अंत-लिखित नोट

Nothing here in contained shall effect : इसमें अंतर्विष्ट कोई भी बात ......पर प्रभाव नहीं डालेगी

Notice : सूचना (नोटिस)

Notice, judicial : न्यायिक अवेक्षा

Notice of demand : मांग की सूचना

Notice of deposit : निक्षेप की सूचना

Notice of the matter : बात की सूचना

Notice of rejection : प्रतिक्षेप की सूचना / नामंजूरी की सूचना

Notice of revocation : प्रतिसंहरण की सूचना

Notice of the proclamation : उद्घोषणा की सूचना

Notice of the production : पेश करने की सूचना

Notice to quit : छोड़ देने की सूचना

Notice, transferee with : सूचना सहित अंतरिती

Notification : अधिसूचना

Notified by proclamation : उद्घोषणा द्वारा अधिसूचित

Notify : अधिसूचित करना

Noting : टिप्पण

Noting for non acceptance : अप्रतिग्रहण का टिप्पण करना

Notorious receiver : कुख्यात प्रापक

Novation : नवीयन (पुराने कर्जदार, ऋणदाता, ठेकेदार इत्यादि के स्थान पर नयों को प्रतिस्थापित करना)

Noxious : अपायकर / हानिकर

Noxious manufacture : अपायकर विनिर्माण

Noxious matter : अपायकर पदार्थ

Nuisance : न्यूसेंस (उपताप)

Nuisance, common : सामान्य न्यूसेंस

Nuisance public : लोक न्यूसेंस

Null and void : अकृत और शून्य

Nullity : अकृतता

Nurture : पोषण / पालन-पोषण

O

Oath {Sec 51 IPC and Sec. 3(37) General Clauses Act}: शपथ

Oath of allegance : राजनिष्ठा की शपथ

Oath of office : पद की शपथ

Oath on : शपथ पर

Obedience : आज्ञानुवर्तन / पालन

Obedience to summons, in : समन के आज्ञानुवर्तन में

Obey the summons {Sec.90(a), Cr.P.C.} : समन का पालन करना / समन का आज्ञानुवर्तन

Object / objection : पदार्थ / वस्तु / आक्षेप करना

Object, common : सामान्य उद्देश्य

Obligation : बाध्यता

Obligation under : बाध्यताधीन

Obligatory : बाध्यकर

Obliterate : मिटाना

Obscene object : अश्लील वस्तु

Observations : संप्रेक्षण

Observe : अनुपालन करना

Obsolete : अप्रचलित / गत प्रयोग

Obstruction : बाधा

Obtained by fraud : कपट द्वारा अभिप्राप्त

Obvious : स्पष्ट

Occasional : यदा-कदा होने वाले / कभी-कभी किए जाने वाले

Occasioned by negligence : उपेक्षा से हुई

Occasioned by ommission : लोप के कारण हुई

Occupancy, actual {Sec 55(1), Proviso, CPC} : वास्तविक अधिभोग

Occupation : उपजीविका / पेशा / दखल / अधिभोग

Occupation regular : नियमित उपजीविका

Occupational disease : उपजीविका जन्य रोग

Occupier : अधिभोगी

Of a highly technical nature, evidence : अतिगहन शास्त्रीय प्रकृति का साक्ष्य / अत्यंत तकनीकी प्रकृति का साक्ष्य

Of a political character : राजनीतिक प्रकृति का

Of and from the same, shall be discharged : उसके बारे में और उस से उन्मोचित कर दिया जाएगा

Of no effect : प्रभावहीन

Of his own motion : स्वप्रेरणा से

Of one opinion : एक राय के

Offence : अपराध

Offence involving moral turpitude {Sec.21A(i)(ii), Trade Union Act} : अपराध जिसमें नैतिक अधमता अंतर्वलित हो / अपराध जिसमें नैतिक अधमता अंतर्ग्रस्त हो

Offence may be lawfully compounded : अपराध का विधिपूर्वक समन किया जा सकता है

Offence of personation : प्रतिरूपण का अपराध

Offend against : का अतिवर्तन करना

Offender : अपराधी

Offensive : आक्रामक

Offer : प्रस्थापना / प्रस्ताव

Offer of bribe : रिश्वत की पेशकश/ प्रस्थापना

Offer to perform : पालन करने की प्रस्थापना

Offered for sale : विक्रय के लिए प्रस्थापित

Office : पद

Office bearer : पदाधिकारी

Office, head of : कार्यालय का प्रधान

Office hours : कार्यालय का समय

Office of profit : लाभ का पद

Official act : पदीय कार्य

Official assignee : शासकीय समनुदेशिती

Official body : शासकीय निकाय

Official book : राजकीय पुस्तक

Official capacity : पदीय हैसियत

Official duty : पदीय कर्तव्य

Official envelope : शासकीय लिफाफा

Official function : पदीय कृत्य

Official Language Act 1963 : राजभाषा अधिनियम 1963

Official liquidator : शासकीय समापक

Official member : शासकीय सदस्य

Official rank : शासकीय पद

Official record : शासकीय अभिलेख

Official receiver : शासकीय रिसीवर

Official signature : पदीय हस्ताक्षर

Official title : पदीय अभिदान

Official trustee : शासकीय न्यासी

Official subordinate : शासकीय रूप में अधीनस्थ

Officiating : कार्य करने वाला

Omission : लोप

Omission, accidental : आकस्मिक लोप

Omission, illegal : अवैध लोप

Omission to frame a charge : आरोप की विरचना का लोप

Omitted from the list, shall be : सूची में से छोड़ दिया जाएगा

On a contract, arising : संविदा से उद्भूत

On a conviction : दोषसिद्धि पर

On a guarantee, arising : प्रत्याभूति से उद्भूत

On a point of law : विधि के प्रश्न पर

On a trial : विचारण पर / विचारण में

On account of : के कारण

On account of payment : संदायों के कारण

On active service : सक्रिय सेवा पर

On an average : औसतन

On an enactment, arising : अधिनियमिति से उद्भूत

On approval : अनुमोदनार्थ, जाकड़

On behalf of : की ओर से

On board : फलक पर

On demand : मांग पर / मांग किए जाने पर

On duty : कर्तव्यारूढ़

On his account : उसके लेखे / उसके हिसाब में

On his trial : अपने विचारण में

On his own motion : स्वप्रेरणा से

On his risk : अपनी जोखिम पर

On its face : देखते ही

On payment : संदाय किए जाने पर

On presentment : उपस्थापन पर

On production of good conduct : सदाचरण की परिवीक्षा पर

On sale or return : विक्रय या वापसी के लिए

On the face of it : देखते ही

On the part of : की तरफ़ से, की ओर से

On the part of the lessor : पट्टाकर्ता की ओर से

On the spot : घटना स्थल पर

Onerous {Sec. 127 TP Act} : दुर्भर

Open account : खुला खाता / हिसाब

Open court : खुला न्यायालय

Open market, from : खुली प्रतियोगिता से

Open, mutual and current account : खुला, पारस्परिक तथा चालू खाता

Open the case : मामले का कथन आरंभ करना

Open violence : खुली हिंसा

Operate : प्रवर्तित होना

Operate as estoppel : विवंध के रूप में प्रवर्तित

Operation of fund of law, by : विधि की क्रिया द्वारा / विधि की संक्रिया

Operative : प्रवृत्त

Opinion : राय

Opinion of the majority : बहुसंख्या की राय

Opposed to : प्रतिकूल / विरुद्ध

Option of, at the : के विकल्प पर

Oral account : मौखिक वृत्तांत

Oral admission : मौखिक स्वीकृति

Oral agreement : मौखिक क़रार

Oral evidence : मौखिक साक्ष्य

Orally examine : मौखिक परीक्षा करना

Order, conditional : सशर्त आदेश

Order, consequential : पारिणामिक आदेश

Order contingent upon the decision : विनिश्चय पर समाश्रित आदेश

Order for maintenance : भरण-पोषण के लिए आदेश

Order for security : प्रतिभूति के लिए आदेश

Order, incidental : आनुषंगिक आदेश

Order is passed, before : आदेश (पारित) किए जाने के पूर्व

Order, issuing an : आदेश निकालना/ जारी करना

Order, making an : आदेश करना

Order of acquittal : दोषमुक्ति का आदेश

Order of commitment : सुपुर्दगी का आदेश

Order of discharge : उन्मोचन का आदेश

Order of dismissal : खारिज करने/ का आदेश

Order of forfeture : समपहरण का आदेश

Order of performance : पालन का क्रम

Order of postponement : स्थगन/ मुल्तवी का आदेश

Order release : छोड़े जाने के लिए आदेश

Order of remand : प्रतिप्रेषण / हवालात वापस भेजने का आदेश

Order of time, in : समय क्रमानुसार

Order of transfer : अंतरण का आदेश

Order, original : मूल आदेश

Order, payable to : आदेशानुसार संदेय

Order, religious : धार्मिक पंथ

Order, standing : स्थायी आदेश

Order to pay : संदाय करने का आदेश

Order to set the dismissal aside : खारिजी को अपास्त करने का आदेश

Ordered and decreed : आदिष्ट और डिक्रीत

Ordinance : अध्यादेश

Ordinary and additional powers : मामूली / साधारण और अपर / अतिरिक्त शक्तियां

Ordinary article of commerce: मामूली वाणिज्य वस्तु

Ordinary contingent bill : मामूली आकस्मिक बिल

Ordinary course of business : कारोबार का मामूली अनुक्रम

Ordinary course of dealing : व्यवहार का मामूली अनुक्रम

Ordinary course of managment: प्रबंध का मामूली अनुक्रम

Ordinary course of official duty: पदीय कर्तव्य का मामूली अनुक्रम

Ordinary custom : मामूली रूढ़ि / सीमा शुल्क

Ordinary diligence : मामूली तत्परता

Ordinary expectation of mankind : मामूली मानवीय प्रत्याशा

Ordinary jurisdiction : मामूली अधिकारिता

Ordinary original civil jurisdiction : मामूली आरंभिक सिविल अधिकारिता

Ordinary original criminal jurisdiction : मामूली आरंभिक दंड्य/ आपराधिक अधिकारिता

Ordinary powers : मामूली शक्तियां

Ordinary pursuits : मामूली कामकाज

Ordinary residence : मामूली आवास

Ordinary shares : मामूली शेयर

Ordinary tribunal : मामूली अधिकरण

Ore : अयस्क / 'ओर'
Organisation and method : संगठन और रीति
Origin, legitimate : आरंभ से ही वैध
Original assigner : मूल समनुदेशक
Original bond : मूल बंधपत्र
Original buyer : मूल क्रेता
Original capital : आरंभिक पूंजी
Original charge : मूल आरोप
Original claim : मूल दावा
Original contract : मूल संविदा
Original defendant : मूल प्रतिवादी
Original informant : मूलतः इत्तिला देने वाला
Original judgement : मूल निर्णय
Original jurisdiction : मूल अधिकारिता
Original mortgage : मूल बंधकदार
Original offence : मूल अपराध
Original order : मूल आदेश
Original plaintiff : मूल वादी
Original poll : मूल मतदान
Original security : मूल प्रतिभूति
Original seller : मूल विक्रेता
Original side : मूल शाखा
Original suit : मूल वाद
Original summons : मूल समन
Original text : मूल पाठ
Original trial : मूल विचारण / परीक्षण
Originally : मूलतः
Originally instituted : मूलतः संस्थित
Orstensible : दृश्यमान
Orstensible owner : दृश्यमान स्वामी
Ostensibly sold : दृश्यतः बेची गई
Ostracism, social : सामाजिक बहिष्कार
Otherwise affect : अन्यथा प्रभाव डालना
Otherwise than in a clerical capacity : लिपिकीय हैसियत से भिन्न हैसियत में
Other than on a police report: पुलिस रिपोर्ट पर से अन्यथा
Out building : बाह्य भवन
Outgoing President : पदावरोही राष्ट्रपति
Outgoings : निर्गम
Out house : उपगृह
Outlay : लागत
Outlet : निकास
Output : उत्पाद
Output bonus {Sec. 13(2) Apprentices Act} : उत्पादन बोनस
Outrage modesty : लज्जा भंग करना
Outraging the religious feelings : धार्मिक भावनाओं को आहत करना
Outside wedlock {Sec. 25(3) Hindu Marriage Act} : विवाह-बाह्य / (उससे) विवाह किए बिना
Outstanding : परादेय / बकाया / विद्यमान
Outstanding book debts : बही खाते के अनुसार परादेय ऋण
Outstanding claim : अप्राप्त दावा/ बकाया दावा
Outstanding for the long time being : तत्समय विद्यमान

Outstanding liability : बकाया दायित्व

Outstanding bank : अन्यत्रिक बैंक

Out work {Sec. 18(2) Minimum Wages Act} : बाह्य कर्म (न्यूनतम मज़दूरी अधिनियम की धारा 18(2))

Overawe {Sec. 121 A, IPC} : आतंकित करना

Over charge : अधिक प्रभार / अधिक भार लगाना / अधिक दाम मांगना / लेना

Over draft : ओवर ड्राफ्ट / अधिविकर्ष

Overdraw {Sec. 153, illustration (a); Indian Contract Act} : जमा खाते से अधिक का चैक निकालना / ओवरड्राफ्ट करना

Overdue : अतिशोध्य

Overdue bill of exchange : अतिशोध्य विनिमय-पत्र

Overhead expenses : उपरिव्यय

Overlook : अनवेक्षा करना

Over payment : अतिसंदाय

Over riding {Sec. 4, Hindu Adoption and Maintenance Act} : अध्यारोही (सभी दूसरों को दबाते रहना) (हिंदू दत्तक और भरण पोषण अधिनियम की धारा 4)

Over riding effect : अध्यारोही प्रभाव

Over rule {Sec 441, Cr.P.C. & Sec.III(5) Navy Act} : उलटना/ विरुद्ध व्यवस्था देना / नामंज़ूर करना

Overtime allowance : अतिकालिक भत्ता

Overvaluation : अतिमूल्यांकन

Own motion : स्वप्रेरणा

Own risk, on his : अपनी जोखिम पर

Own title : अपना हक़

Owner : स्वामी

Owner, absolute : आत्यंतिक स्वामी/ पूर्ण स्वामी

Owner ostensible : दृश्यमान स्वामी

Ownership : स्वामित्व

Owning : स्वामित्व रखने वाला

P

Paid : दिया गया / संदत्त

Paid in cash : नकद संदत्त / दिया गया

Paid out of fund, is : निधि में से दिया गया

Paid up capital : समादत्त पूंजी

Paid up value of shares : शेयरों का समादत्त मूल्य

Pamphlet : पुस्तिका

Par, at : सममूल्य पर

Paramount consideration : सर्वोपरि ध्यान

Paramour : जार / विवाहित स्त्री का ग़ैर-कानूनी प्रेमी / उपपति

Pardon : क्षमा

Parent company : मूल कंपनी

Parentage : जनकता / पिता-माता का नाम

Parental influence {Sec. 16, illustration (9) Indian Contract Act} : पैतृक प्रभाव / असर

Parol {Sec. 130 Explanation, IPC} : परोल। घोषित शर्तों को पूरा करने के लिए अपने विश्वास और प्रतिष्ठा पर कैदी का वचन (भारतीय दंड संहिता, स्पष्टीकरण, धारा 130)

Part delivery : आंशिक परिदान

Part of, forming : का भागरूप

Part of the lessor, act on the : पट्टाकर्ता की तरफ़ से कार्य

Part paid : कोई भाग दे दिया गया

Part payment : आंशिक संदाय

Part performance : आंशिक पालन

Part promised : भाग के देने का वचन दिया गया हो

Part with : विलग होना

Partial : आंशिक

Partial board : आंशिक आहार / भागतः भोजन

Partial disablement : आंशिक नि:शक्तता

Partial loss : आंशिक हानि

Partiality : पक्षपात

Particular class of persons : विशिष्ट वर्ग के लोग

Particular individual : विशिष्ट मनुष्य

Particular instance : विशिष्ट उदाहरण

Particular intent : विशिष्ट आशय

Particular lien : विशिष्ट धारणाधिकार

Particualr manner : विशिष्ट रीति

Particular occasion : विशिष्ट अवसर

Particular suit : विशिष्ट वाद

Particulars : विशिष्टियां

Particulars of dispute : विवाद की विशिष्टियां

Parties to the petition : अर्ज़ी के पक्षकार

Parting with interest : हित को अलग करना

Partly : अंशतः

Partly by word of mouth : अंशतः मौखिक

Partly in writing : अंशतः लिखित

Partner {Sec. 30(1) Indian Partnership Act} : भागीदार

Partnership : भागीदारी

Partnership accounts : भागीदारी का हिसाब / भागीदारी लेखे

Partnership assets : भागीदारी की आस्तियां

Partnership at will : इच्छाधीन भागीदारी

Partnership estate and effects: भागीदारी संपदा और चीजबस्त

Partnership firm : भागीदारी फर्म

Partnership property : भागीदारी की संपत्ति

Party : पक्षकार

Party in person : स्वयं पक्षकार

Party in possession : कब्जा रखने वाला पक्षकार

Party in a suit : वाद का पक्षकार

Pass : पारित करना / पास / संक्रात होना

Pass sentence : दंडादेश देना / पारित करना

Passage money : यात्रा व्यय

Passes interest : हित का संक्रमण कर देता है

Passes with the property : संपत्ति के साथ संक्रात होता है

Passing to the buyer : क्रेता को संक्रात होना

Patent : पेटेंट / प्रत्यक्ष / स्पष्ट / एक स्वकृत / निश्चित

Patent error : प्रत्यक्ष गलती

Patient : रोगी

Patronage : प्रतिश्रय

Pauper {order XXXVIII, rule 1, Explanation, CPC} : अकिंचन

Paw an {Sec. 378 (k) Illustration, IPC} : पणयम / प्यादा / गिरवी वस्तु / बंधक व्यक्ति (ऋण या किसी धर्म के लिए ज़मानत के तौर पर एक वस्तु किसी अन्य के पास देना, छोड़ना या जमा कर देना—भारतीय दंड संहिता, धारा 378 दृष्टांत (के) भी देखिए)

Pawnee {Sec. 172 Indian Contract Act} : पणयमदार (भारतीय संविदा अधिनियम, धारा 172)

Pay : वेतन / देना / संदाय करना

Pay duly : सम्यक् रूप से देना

Payable : देय

Payee : पाने वाला

Payment for honour : आदरणार्थ संदाय

Payment into court : न्यायालय में जमा करना

Payment through court : न्यायालय की मार्फ़त संदत्त कर दिया जाना

Peace : शांति

Pecuniary : धन संबंधी / धनीय

Pecuniary legatee : धनीय वसीयतदार

Pecuniary liability : धन संबंधी दायित्व

Pecuniary limitations : धन संबंधी परिसीमाएं

Pecuniary limits of the jurisdiction : अधिकारिता की धन संबंधी सीमाएं

Pecuniary reward : धनीय इनाम

Pecuniary transaction : धन-संबंधी संव्यवहार

Pedigree, family : कुटुंब वंशावली

Penal code : दंड संहिता

Penal deduction : शास्तिक कटौतियां

Penal law : दंड विधि

Penal sum : शास्तिक राशि

Penalty : शास्ति

Penalty stipulated for : अनुबद्ध शास्तिक

Pendency : लंबित रहना / होना

Penetration : प्रवेशन

Pension : पेंशन / अनुवृत्ति / निवृत्ति वेतन

Per annum : प्रतिवर्ष

Per capita : व्यक्तिवार

Percent : प्रतिशत

Per diem : प्रतिदिन

Per mensem : मासिक / प्रतिमास

Per stirpes : शाखावार

Perceived by senses, capable of being : इंद्रियों द्वारा बोधगम्य

Perform : निष्पादन करना / पालन करना

Performance, effect of accepting {Sec. 41, Indian Contract Act} : पालन प्रतिगृहीत करने का प्रभाव/(किसी के द्वारा) किए गए कार्य के प्रतिग्रहण का प्रभाव

Performance of conditions : शर्तों का पालन

Performance of function : कृत्यों का पालन

Performance of the promise : वचन का पालन

Period {Sec. 74 IPC & Sec. 2(j) Limitation Act} : कालावधि/काल

Period begins to run : कालावधि चलना आरंभ होता है

Period of credit : उधार की कालावधि

Period of limitation : परिसीमा काल

Periodical : कालिक / सामयिकी

Periodical instalment : कालिक किस्त

Perishable : विनश्वर

Perjury : शपथ-भंग / शपथ पर मिथ्या साक्ष्य

Permanent : स्थायी

Permanent welling : स्थायी निवास

Permanent settlement : स्थायी बंदोबस्त / व्यवस्था

Permanently injurious : स्थायी रूप से क्षतिपूर्ण / क्षतिकर

Permission : इजाज़त / अनुज्ञा

Permit to be represented : व्यपदेशन किया जाने वाला / दर्शित किया जाने वाला

Perpetual {Sec. 36 Specific Relief Act} : शाश्वत

Perpetual injunction : शाश्वत व्यादेश

Perpetually enjoined : शाश्वत काल के लिए व्यादिष्ट

Perpetuity : शाश्वत काल / शाश्वतता

Perpetuity transfer in : शाश्वतिक अंतरण

Perqinsite : परिलब्धि

Persisting in refusal : इनकार पर डटा रहना

Persistently : बार-बार

Person : शरीर / व्यक्ति

Person accountable : देनदार व्यक्ति

Person acquitted : दोषमुक्त किया गया व्यक्ति

Person aggrieved by law to appear : उप संजात (हाज़िर) होने के लिए विधि द्वारा प्राधिकृत व्यक्ति

Person claiming under him : उससे व्युत्पन्न अधिकार के अद्यधीन दावा करने वाला व्यक्ति

Person convicted : दोष सिद्ध किया गया व्यक्ति

Person dealing : व्यवहार करने वाला व्यक्ति

Person empowered : सशक्त किया गया व्यक्ति

Person having dealing with : ऐसा व्यक्ति जिसका----से व्यवहार है

Person in arms : उद्यतायुध व्यक्ति

Person in authority : प्राधिकारवान व्यक्ति

Person in charge of the property : संपत्ति का भारसाधक व्यक्ति

Person in duress : विवाध्यता के अधीन व्यक्ति

Person in lawful charge : विधिपूर्ण भारसाधक व्यक्ति

Person in occupation : अभियोगी व्यक्ति

Person in possession : कब्ज़ाधारी व्यक्ति

Person in question : संबद्ध व्यक्ति

Person interested to deny {Sec.34, Explanation, Specific Relief Act} : प्रत्याख्यान करने में हितबद्ध व्यक्ति खंडन करने / नकारने/ अस्वीकार करने में दिलचस्पी रखने वाला/ हितबद्ध व्यक्ति

Person, may appear in : स्वयं हाज़िर हो सकेगा

Person of a minor : अप्राप्रवय का शरीर / अवयस्क का शरीर

Person of ordinary prudence: मामूली प्रज्ञावाला व्यक्ति / मामूली विवेक/बुद्धिमानी का व्यक्ति

Person suing : वाद लाने वाला व्यक्ति/ मुकदमा दायर करने वाला व्यक्ति

Person under disability : निर्योग्यता के अधीन व्यक्ति

Person under obligation : बाध्यताधीन / आभारयुक्त / व्यक्ति

Personal : वैयक्तिक / शारीरिक / निजी

Personal acknowledgement : वैयक्तिक / निजी अभिस्वीकृति

Personal action : वैयक्तिक कार्य

Personal adornment : शारीरिक अलंकरण

Personal appearance : स्वयं अपनी हाज़िरी

Personal attendance : स्वयं अपनी हाज़िरी

Personal bond : मुचलका/ स्वीय बंध-पत्र

Personal character : वैयक्तिक शील

Personal correction : शारीरिक सज़ा

Personal decree : वैयक्तिक डिक्री

Personal direction and superintendence of judge : न्यायाधीश का वैयक्तिक निदेशन और अधीक्षण

Personal estate : वैयक्तिक संपदा

Personal ground : वैयक्तिक आधार

Personal injuries : वैयक्तिक क्षति (प्रतिकार बीमा अधिनियम 1963)

Personal knowledge : व्यक्तिगत ज्ञान

Personal Law {Sec. 372, Explanation II, IPC} : स्वीय विधि

Personal obedience : स्वीय आज्ञानुवर्तन / आज्ञानुपालन

Personal qualification : वैयक्तिक अर्हता

Personal quality : वैयक्तिक गुण

Personal recognisance : वैयक्तिक मुचलका

Personal security : वैयक्तिक प्रतिभूति

Personal service : वैयक्तिक सेवा

Personally liable : वैयक्तिक रूप से दायी

Personally or by pleader : स्वयं या प्लीडर द्वारा

Personally works for gain {Sec. 16 Proviso, CPC} : अभिलाभ के लिए स्वयं कार्य करता है

Persona, in : व्यक्ति संबंधी

Personate : प्रतिरूपण करना

Personation {Sec. 416, IPC} : प्रतिरूपण

Personation, cheating by : प्रतिरूपण द्वारा छल

Persons of Indian origin : भारतीय उद्भव के व्यक्ति

Persons to be attested {Sec. 16 and 17, Air Force Act} : अनुप्रमाणित किए जाने वाले व्यक्ति

Personnel {Sec. 32 Army Act}: कार्मिक

Persuade {Sec. 129(2)(a) Representation of the People Act 1951} : मनाना (लोक प्रतिनिधित्व अधिनियम 1951 की धारा 129 (2)(ए) भी देखिए) एक व्यक्ति को कुछ करने अथवा विश्वास करने के लिए राजी करना

Perusal : परिशीलन

Pervert : दुरुपयोग करना

Petition {Sec. 401(6) Cr.P.C.}: अर्ज़ी / याचिका

Petition, parties to the : अर्जी के पक्षकार

Petition writer : अर्जी लेखक

Petitioner {Sec. 2(a)(1), Limitation Act} : अर्ज़ीदार

Petty officer {Sec. 132 A(b), Cr.P.C. and Sec, 4(XXIII) (b), Air Force Act}: पैटी आफिसर

Physical : भौतिक

Physical comfort : शारीरिक सुख

Physical feature : भौतिक विशिष्टता

Physical or mental condition : शारीरिक या मानसिक दशा

Physical possession : भौतिक कब्ज़ा/वस्तुगत कब्ज़ा

Piece rate : मात्रानुपाती दर

Piece work : मात्रानुपाती काम

Pieces of counterfelt coin : कूटकृत सिक्के

Pillage {Sec. 65 Navy Act} : लूटपाट करना

Piracy {Sec.67 Navy Act} : जलदस्युता

Pirate {Sec.3(X) Army Act} : जलदस्यु (सेना अधिनियम, धारा 3(X) देखिए)

Pit head {Sec.58(e) Mines Act}: गर्तमुख

Place in liquidation : समापनाधीन करना

Place of suing : वाद लाने का स्थान

Plaint {order VIII, rule 1, CPC}: वादपत्र

Plantiff : वादी

Plantiff decree holder : वादी व डिक्रीदार

Planner : योजनाकार

Plate {Sec 30, Indian Contract Act & Sec. 473 & 485 IPC}: पट्टी
Plea {Sec. 255(2) Cr.P.C.} : अभिवाक
Plead guilty : दोष होने का अभिवचन करना
Pleasure of, at the : के प्रसादानुसार
Pleasure by mercantile agent {Sec. 178 Indian Contract Act}: वाणिज्यिक अभिकर्ता द्वारा गिरवी
Pledge {Sec. 176-178 Indian Contract Act} : गिरवीदार
Point for determination : अवधारण के लिए प्रश्न
Point of fact : तथ्य का प्रश्न
Point of foreign law : विदेशी विधि का प्रश्न
Point of law : विधि का प्रश्न
Point of substance : सार की बात
Point out : बताना
Points of dispute : विवाद के प्रश्न
Police : पुलिस / आरक्षी
Police diary : पुलिस डायरी
Police investigation : पुलिस अन्वेषण / तहकीकात
Policy broker : बीमा दलाल
Policy, matters of : नीति विषयक मामले
Policy of insurance : बीमा की पालिसी
Political agent : राजनीतिक अभिकर्ता
Poll {Sec. 56, Representation of the People Act 1951} : मतदान (पोल)
Polygamy : बहुपत्नीत्व
Port {Sec. 20 Cr.P.C.} : पत्तन / बंदरगाह
Port of disembarkment : उतरने का पत्तन
Port trust : पत्तन न्यास
Positive assertion : निश्चयात्मक प्राख्यान
Possession : कब्ज़ा
Possession, party in : कब्ज़ा रखने वाला पक्षकार
Possession reversioner in : सकब्ज़ा उत्तर भोगी
Possessor : कब्ज़ा रखने वाला
Possible right or interest : संभव अधिकार या हित
Posterior mortgage : पीछे वाला बंधक दार
Postpone {Sec. 344 Cr.P.C.} : स्थगित करना / मुल्तवी करना
Power of attorney {Sec. 102, TP Act} : मुख़्तारनामा
Power to exempt : छूट देने की शक्ति
Power to issue an order : आदेश निकालने की शक्ति
Power to remove difficulties : कठिनाइयां दूर करने की शक्ति
Power to set aside contract {Sec. 19(A) Indian Contract Act} : संविदा को अपास्त करने की शक्ति
Practicable {Sec. 131 Cr.P.C.}: साध्य
Practicable as far as : यथासाध्य
Practicable despatch : साध्य शीघ्रता

Practical training : व्यावहारिक प्रशिक्षण

Practice : पद्धति / परिपाटी / आचार / अभ्यास

Practice and procedure : पद्धति और प्रक्रिया

Practice of courts : न्यायालयों की पद्धति

Practice any profession or carry on any occupation, trade or business : कोई वृत्ति या कोई उपजीविका, व्यापार या कारोबार करना

Practice in the court : न्यायालय में विधि व्यवसाय करना

Pray in the alternative : अनुकल्पत: प्रार्थना करना

Precaution {Sec. 443 IPC} : पूर्वविधानी

Precedence {Sec.184 (2)(a) Navy Act} : अग्रता

Precedent interest : पूर्ववर्ती हित

Precept {Sec. 46 CPC} : आज्ञा-पत्र

Precincts {Sec 2(g) Employees P.F. Act} : प्रसीमाएं

Precipice : कगार

Precise : यथावत्

Precision : प्रमिति / प्रमितता / यथार्थता

Preclude : प्रवारण करना / प्रवारित करना

Predeceased : पूर्वमृत

Predecessor {Sec. 15(e) Specific Relief Act, Sec. 144 (4) Cr.P.C.}: पूर्ववर्ती / पूर्वाधिकारी

Pre-emption : शुफा अग्रक्य

Pre-emption suit : शुफा का वाद

Prefer appeal against an order: आदेश के विरुद्ध अपील करने की तरजीह देना

Preference : अधिमान

Preference right : अधिमानी अधिकारी

Pregnant uterus {Sec. 3(f) Maternity Benefit Act} : सगर्भ गर्भाशय

Prejudice : प्रतिकूल प्रभाव

Preliminary decree : प्रारंभिक डिक्री

Preliminary decree of partition: विभाजन के लिए प्रारंभिक डिक्री

Preliminary decree of redemption : मोचन के लिए प्रारंभिक डिक्री

Preliminary inquiry : प्रारंभिक जांच

Preliminary investigation : प्रारंभिक अन्वेषण

Preliminary list : प्रारंभिक सूची

Preliminary point : प्रारंभिक बात

Premature : समय पूर्व

Premeditation : पूर्व चिंतन

Premises : परिसर

Premium : प्रीमियम

Prescribe : विहित करना

Prescribed manner : विहित रीति

Prescribed period : विहित कालावधि

Prescription {First Schedule, Appendix A, Form No. 49(10), Cr.P.C.} : चिरभोग (विधि के द्वारा समय तथा उपभोग से हक का अर्जन अपराध अभियोजन सहित, प्रथम अनुसूची, परिशिष्ट ए फार्म, नं. 49(10) सीआर.पी.सी भी देखिए)

Prescriptive right : चिरभोगाधिकार
Presentation of plaint : वाद पत्र उपस्थित करना
Presentment for sight : दर्शनार्थ उपस्थापन
Present notice : वर्तमान सूचना
Present possession : तत्काल कब्ज़ा
Present sale : सांप्रतिक विक्रय
Preservation : परिरक्षण
Preserve order : व्यवस्था बनाए रखना
Preserve the peace : परिशांति की परिरक्षा
Presidency Small Cause Courts Act 1882 : प्रेसीडेंसी लघुवाद न्यायालय अधिनियम 1882
Presidential and vice Presidential election Act 1952 : राष्ट्रपति और उपराष्ट्रपति निर्वाचन अधिनियम 1952
Presiding officer : पीठासीन अधिकारी
Press communique {Sec. 3(3)(i) Official Language Act} : प्रेस विज्ञप्ति (राजभाषा अधिनियम, धारा 3(3) देखिए)
Presume : उपधारणा करना
Presumption : उपधारणा
Pretend : बहाना
Pretended bidding : अपदेशी बोली (माल-विक्रय अधिनियम, धारा 64 (6) देखिए)
Pretended consignor : अपदेशी परेषक
Pretension : अपदेश
Prevailing conditions : विद्यमान दशाएं
Prevalent : प्रचलित
Prevent : रोकना
Prevention of crime : अपराध का निवारण
Prevention of harm : अपहानि का निवारण
Preventive relief : निवारक अनुतोष
Previous acquittal : पूर्व दोष मुक्ति
Previous approval : पूर्व अनुमोदन
Previous conduct : पहले का आचरण
Previous conviction : पूर्व दोष सिद्धि
Previous occasion : पूर्व अवसर
Previous owner {Sec. 6, Explanation 2(d) Indian Partnership Act} : पूर्वतन स्वामी
Previous permission : पूर्वतन अनुज्ञा
Previous pleading : पूर्वतन अभिवचन
Previous publication : पूर्व प्रकाशन
Previous renunciation : पूर्वतन त्यजन
Previous revocation : पूर्वतन प्रतिसंहरण
Previous sale : पूर्वतन विक्रय
Previous sanction : पूर्वतन मंजूरी
Previous sentence : पूर्व दंडादेश
Previous stage : पूर्व प्रक्रम / अवस्था
Previous statement : पूर्वतन कथन
Previous year : पूर्व वर्ष

Previously : तत्पूर्व
Previously convicted : तत्पूर्व दोषसिद्ध
Previously created : पूर्वसृष्ट अधिकार
Prima facie : प्रथम दृष्ट्या
Prima facie evidence : प्रथम दृष्ट्या साक्ष्य
Prima facie proof : प्रथम दृष्ट्या सबूत
Primary evidence : प्राथमिक साक्ष्य
Principal civil court of original jurisdiction : प्रारंभिक अधिकारिता वाला प्रधान सिविल न्यायालय
Principal court : प्रधान न्यायालय
Principal debt : मूल-ऋण
Principal money : मूल-धन
Principal abetter, whether as: चाहे कर्ता चाहे दुष्प्रेरक के रूप में
Principal sum : मूल राशि
Principal's right to benefit : फायदे पर मालिक का अधिकार
Principles, business : कारोबार के सिद्धांत
Principles judicial {Sec. 20(1) Specific Relief Act} : न्यायिक सिद्धांत
Prior disposition : पूर्विक वयन
Prior Interest : पूर्विक हित
Prior mortgagee : पूर्विक बंधकदार
Priority industry : पूर्विक्ता / प्राथमिकता के उद्योग
Priority of incumbrancers : विल्लंगमदारों की पूर्विकता
Prisoner of war : युद्ध बंदी
Prisons Act 1894 : कारागार अधिनियम 1894
Privacy, intrude upon the : एकांतता का अतिक्रमण
Private alienation : प्राइवेट / वैयक्तिक अन्यर्सक्रामण
Private contract : प्राइवेट/ निजी संविदा
Private sector : गैर सरकारी क्षेत्र / सार्वजनिक क्षेत्र
Private trust : निजी न्यास
Privately agreed {Sec. 143, illustration (b) Indian Contract Act} : प्राइवेट तौर पर क़रार कर लिया गया
Privy to the offence : अपराध से संसर्गित
Prize court : प्राइज न्यायालय
Prize money : प्राइज धन
Probability : अधिसंभाव्यता
Probable amount : अधिसंभाव्य रकम
Probable consequence : अधिसंभाव्य परिणाम
Probate : संप्रमाण / प्रमाणित
Probate jurisdiction : प्रोबेट विषयक अधिकारिता
Probate of will : विल (वसीयत) का प्रोबेट (सम्प्रमाण)
Probation {Sec. 562 Cr.P.C. & Sec. 2(iv)(b) Children Act} : परिवीक्षा
Probation of good conduct : सदाचरण की परिवीक्षा

Procedure : प्रक्रिया

Procedure and practice of courts martial {Sec. 96(5), Navy Act} : सेना न्यायालयों की प्रक्रिया और पद्धति

Procedure to be adopted {Sec.29 (1)(b) Delhi Administration Act} : अपनाई जाने वाली प्रक्रिया

Proceed : अग्रसर होना / कार्यवाही करना

Proceed to hear, shall : सुनने के लिए अग्रसर होगा

Proceed to inquire, shall : जांच करने की कार्यवाही करेगा

Proceed to investigate : अन्वेषण/ जांच-पड़ताल के लिए अग्रसर होना

Proceed to make an : निर्धारण करने के लिए

Proceed assessment : अग्रसर होना

Proceeds : आगम / प्राप्ति / आय / लाभ

Proceeds of property : संपत्ति के आगम

Proceeds of sale : विक्रय के आगम

Proceeds of execution sale : निष्पादन-विक्रय के आगम

Process : प्रक्रिया

Process for multiplying copies {Sec. 127 (3)(a), Representation of the People Act 1951} : अनेकानेक प्रतियां बनाने की प्रक्रिया

Process of execution : निष्पादन के लिए आदेशिका

Process of law {Sec. 68 IPC} : विधि की प्रक्रिया

Process server {First Sechedule, Appendix B, Form No. 11.CPC} : आदेशिका तामीलकर्ता / पालन करने वाला

Processing : प्रसंस्करण

Processing of goods : माल का प्रसंस्करण

Proclaimed offender : उद्घोषित अपराधी

Proclamation by beat of drum {Order XXI rule 35 (2), CPC} : डोंडी पिटवाकर उद्घोषित करना / डंके की चोट पर ऐलान करना

Proclamation of sale : विक्रय की उद्घोषणा

Proctor of the University : विश्वविद्यालय का कुलानुशासक

Procuration : प्रापण / प्राप्ति / मुख्तारी/दलाली

Procure : प्राप्त करना

Producer : उत्पादक

Production : उत्पादन

Production of documents : दस्तावेज़ों को पेश करना

Profess : प्रव्यंजना करना

Profess to transfer : अंतरित करने की प्रव्यंजना करता है

Profession : वृत्ति / पेशा

Professional duty : वृत्तिक कर्तव्य

Professional employment : वृत्तिका नियोजन

Professional services : वृत्तिका सेवाएं

Professional treaties : वृत्तिक पुस्तक / संधिया

Profit : लाभ

Profit carried forward : अगनीत लाभ

Profit earned : उपार्जित हुआ लाभ

Profit sharing : लाभ भाटक

Profitable contract : लाभदायक संविदा

Profiteering : मुनाफ़ाखोरी

Profits escaping assessment : निर्धारण से छूट गए लाभ

Progress : प्रगति

Progressive expenditure : उत्तरोत्तर होने वाला व्यय

Prohibited : प्रतिषिद्ध

Prohibited ammunition : प्रतिषिद्ध गोला बारूद

Prohibited and restrained : प्रतिषिद्ध और अवरुद्ध

Prohibiting any interference : हस्तक्षेप करने का प्रतिषेध करने वाला

Prohibition {Order XXXIII rule 7 (2) CPC} : प्रतिषेध

Prohibitory order : प्रतिषेधात्मक आदेश

Project : परियोजना

Projectile : प्रक्षेप्य

Prolix : अतिविस्तृत

Promise breach of : वचन भंग

Promise of secrecy : गुप्त रखने का वचन

Promise to compensate : प्रतिकर देने का वचन

Promise to indemnity : क्षतिपूर्ति का वचन

Promise to pay debt : ऋण के संदाय का वचन

Promisee : वचनग्रहीता

Promises reciprocal : व्यतिकारी वचन

Promises sets of : वचनों का संवर्ग / वचन-संवर्ग

Promisor is excused by : के कारण वचनदाता को माफी हो जाती है

Promisor's failure : वचनदाता की असफलता

Promisors, joint : संयुक्त वचनदाता

Promissory note : वचन-पत्र

Promote : संप्रवर्तित करना / अभिवृद्धि करना

Promote the establishment of common service : सामान्य सेवा की स्थापना का संप्रवर्तन करना

Promoters of company : कंपनी के संप्रवर्तक

Promoting and developing : संप्रवर्तन तथा विकास

Promotion : प्रोन्नति / उन्नयन / अभिवृद्धि / संप्रवर्तन

Promotion of enmity : शत्रुता का संप्रवर्तन

Promulgation : प्रख्यापन

Pronounce {Sec. 33 CPC} : सुनाना

Pronounce judgment {Sec. 33 CPC} : निर्णय सुनाना

Proof {Sec. 51 IPC} : सबूत

Proof, conclusive : निश्चायक सबूत

Proof service : तामील का सबूत

Propelled : चालित / नौदित

Proper : समुचित

Proper accounts : उचित लेखा
Proper and usual enquiry {Sec. 213, illustration (b) Indian Contract Act} : उचित और सामान्य रूप की जांच/पूछताछ
Proper channel : उचित प्रणाली/माध्यम
Properly incurred : उचित रूप से उपगत
Property : संपत्ति
Property in suit : वादांतर्गत संपत्ति
Property in the goods : माल में संपत्ति
Property in trust having bequeathed : संपत्ति की वसीयत न्यास पर करके
Property, share in : संपत्ति में अंश
Property title in : संपत्ति में हक़
Property mark : संपत्ति चिह्न
Property passes when intended to pass : संपत्ति तब संक्रांत होती है जब उसका संक्रांत होना हो
Property specifically decreed: विनिदिष्ट रूप से डिक्रीत संपत्ति
Proportional : आनुपातिक / अनुपाती
Proportional representation : आनुपातिक प्रतिनिधित्व
Proportionate distribution : आनुपातिक वितरण
Proportionate share : आनुपातिक अंश
Proposed juror : प्रस्तावित जूरी सदस्य
Proposition : प्रतिपादना
Propound : प्रतिपादित करना
Proprietary : सांपत्तिक
Proprietary interest : सांपत्तिक हित
Proprietary rights : सांपत्तिक अधिकार
Proprietor, landed : भू-स्वामी
Propriety : औचित्य
Prorata {Sec. 12 General Clauses Act} : आनुपातिक
Prosecution : अभियोजन / इस्तग़ासा
Prosecution of common object {Sec.149 IPC} : सामान्य उद्देश्य को अग्रसर करना
Prosecution of the proceeding: कार्यवाही का अभियोजन / इस्तग़ासा
Prosecution, to conduct : अभियोजन संचालन करना
Prosecution witness {Sec. 204 (1A) Cr.P.C.} : अभियोजन का साक्षी
Prosecutor : अभियोजक / अभियोक्ता
Prosecutor, public : लोक अभियोक्ता / सरकारी वकील
Prosecutrix {Sec. 155(4), Indian Evidence Act} : अभियोक्त्री (विशेष कर दंड न्यायालय में मुकदमा दायर करने वाली (वकील) महिला)
Prospect, election in : भावी निर्वाचन
Prospecting stage : पूर्वेक्षण का प्रक्रम
Prospective candidate : भावी अभ्यर्थी
Prospects : संभाव्यता

Protect : संरक्षा करना
Protection of action taken in good faith : सद्भावपूर्वक की गई कार्यवाही के लिए परित्राण
Protest for better security {Sec. 100, Negotiable Instruments Act} : बेहतर प्रतिभूति के लिए प्रसाक्ष्य (परक्राम्य लिखित अधिनियम की धारा 100 को देखिए)
Protest for non-acceptance : अप्रतिग्रहण के लिए प्रसाक्ष्य
Protest for non-payment : असंदाय के लिए प्रसाक्ष्य
Protested : प्रसाक्ष्यित
Prothonotary {Sec. 128 (2)(i), CPC} : प्रोथोनोटरी (किसी न्यायालय में मुख्य लिपिक करने वाले अधिकारी को दिया जाने वाला पदनाम/उपाधि)
Provided : प्रबंध किया / उपबंधित / परंतु / बशर्ते कि
Provident Fund Act 1925 : भविष्य निधि अधिनियम 1925
Provincial expression : प्रांतीय शब्द प्रयोग / आंचलिक अभिव्यक्ति
Provision : उपबंध / व्यवस्था / रसद
Provisional : अनंतिम / आरज़ी
Provisional certificate : अनंतिम प्रमाण-पत्र
Provocation {Sec. 153 IPC} : प्रकोपन (उत्तेजक क्रोध, नाराज़गी अथवा चिड़चिड़ाहट का कार्य या कार्यवाही— भारतीय दंड संहिता की धारा 153 देखिए)
Proxy {Sec. 59, Representation of People Act 1951} : परोक्षी
Prudence : प्रज्ञा
Prudent : प्रज्ञावान
Public : लोक / जनता / सार्वजनिक / लोक विदित
Public charges : लोक प्रभार
Public charities : लोक पूर्त/दान/ ख़ैरात
Public decument : लोक दस्तावेज़
Public health : लोक स्वास्थ्य
Public highway : लोक राजमार्ग
Public interest : लोक हित
Public limited : पब्लिक लिमिटेड
Public matter : लोक विषय
Public money : लोक धन
Public peace : लोक-शांति
Public place : सार्वजनिक स्थान
Public policy : लोक नीति
Public property : लोक संपत्ति
Public prosecutor : लोक अभियोजक
Public revenue : लोक राजस्व
Public right : लोक अधिकार
Public sector : सार्वजनिक क्षेत्र
Public servant : लोक सेवक
Public issue : लोक रुचि
Public utility service : लोक उपयोगी सेवा
Public way : लोक मार्ग
Public Works Department (PWD) : लोक निर्माण विभाग
Publicly impeached : खुले आम अधिक्षेपित / लोकतः अधिक्षेपित
Publicly read, shall be : सार्वजनिक रूप से पढ़ी जाएगी
Punishable : दंडनीय
Punishments shall run concurrently : दंड साथ-साथ भोगे जाएंगे
Purchase money : क्रय धन

Purely temporary : बिल्कुल अस्थायी

Purport {Sec. 48 TP Act} : तात्पर्यित होना

Purporting : तात्पर्यित

Purporting to act in discharge of his official duties {Sec 200, proviso (aa) Cr.P.C.} : अपने पदीय कर्त्तव्यों के निर्वहन में कार्य करने का तात्पर्य रखने वाले

Purpose of sale : विक्रय का प्रयोजन

Purpose of justice : न्याय के प्रयोजन

Pursue (*verb*) : पीछा करना / जारी रखना / में लगे रहना / आगे बढ़ाना

Pursuit : पीछा / पीछा करना / कामकाज

Pursuit, has eluded : पीछा किए जाने से बच निकलना

Pursuits, ordinary : मामूली कामकाज

Purview : क्षेत्र / अभिप्राय / उद्देश्य

Put up for sale {Order XXI, rule 74(2) CPC} : विक्रय के लिए पुरोधृत

Q

Qualification : अर्हता / विशेषक

Qualified medical man : अर्हित चिकित्सक

Qualified medical practitioner: अर्हित चिकित्सा व्यवसायी

Qualifying date : अर्हता की तारीख

Quality : गुण

Quality, personal : वैयक्तिक गुण

Quantity : परिमाण

Quantum : मात्रा

Quarantine : करंतीन / संगरोधन

Quarry : खदान

Quash : अभिखंडित करना / मंसूख करना

Quashing the commitment {Sec. 215, Cr.P.C.} : सुपुर्दगी का अभिखंडन / सुपुर्दगी मंसूख करना

Quasi judicial : न्यायिक कल्प

Quasi martial : विवाह-सदृश

Question (*verb*) : आक्षेप करना

Question, in : प्रश्नगत / संबंधित

Question in dispute : विवादग्रस्त प्रश्न

Question in issue : विवाद्य प्रश्न

Question, matters in : प्रश्नगत विषय / बातें

Question of fact : तथ्य का प्रश्न

Question of law : विधि का प्रश्न

Question of mixed law and fact: विधि और तथ्य मिश्रित

Question of priority : पूर्विकता का प्रश्न

Question of policy : नीति का प्रश्न

Quick unborn child : सजीव अजात शिशु

Quick with child : स्पंदन गर्भा

Quick and peaceable possession : निर्बाध और शांतिपूर्ण कब्ज़ा

Quit : छोड़ देना

Quo warranto (writ of) : क्यो वारंटो / अधिकार पृच्छा

Quorum {Sec. 17 (3) Industrial Finance Corporation Act} : गणपूर्ति / कोरम

R

Raise defence : प्रतिवाद करना

Raise loans {Sec.23(1)(a)(i), Industrial Finance Corporation Act} : उधार लेना

Rash : उतावला

Rash driving : उतावलेपन से वाहन चलाना

Rate of exchange : विनिमय की दर

Ratification : अनुसमर्थन

Rational : युक्तिसंगत

Rational judgement : युक्तिसंगत न्याय / निर्णय

Rationalisation : सुव्यवस्थीकरण

Reach of the process of the court, out of {Sec. 65(a) Indian Evidence Act} : न्यायालय की आदेशिका की पहुंच से बाहर / न्यायालय की आदेशिका शक्ति से बाहर

Readmission of the appeal : अपील का पुनः ग्रहण किया जाना

Ready and willing : तैयार और रज़ामंद

Ready delivery contract : तुरंत परिदान संविदा

Ready for storing : भंडार में रखने योग्य

Ready money : नकद धन

Real ground : वास्तविक आधार

Real or exchangeable value : वास्तविक या विनिमेय मूल्य

Real owner : वास्तविक स्वामी

Real purchaser : वास्तविक क्रेता

Realization : वसूली

Realization of the minor's estate {Sec. 8(1) Hindu Minority and Guardianship Act}: अप्राप्तव्य / अवयस्क की संपदा की वसूली / आपन

Reappropriation : पुनर्विनियोग

Rearrest : फिर से गिरफ्तार करना

Reason of age, by : आयु के कारण

Reason to believe : विश्वास करने का कारण

Reason to suspect : संदेह करने का कारण

Reasonable : उचित / युक्तिमान / समुचित

Reasonable apprehension : युक्तियुक्त आशंका

Reasonable bail or other security: युक्तियुक्त ज़मानत या अन्य प्रतिभूति

Reasonable belief : युक्तियुक्त विश्वास

Reasonable care : युक्तियुक्त सावधानी

Reasonable care and diligence {First schedule, Appendix A, Form No.49(5) CPC} : युक्तियुक्त सावधानी और तत्परता

Reasonable cause to suspect {Sec. 98(1)(e), Cr.P.C.} : संदेह करने का युक्तियुक्त हेतुक

Reasonable charges {First Schedule, Appendix A, Form No. 39 CPC} : युक्तियुक्त प्रभार / उचित व्यय

Reasonable compensation : युक्तियुक्त प्रतिकर

Reasonable complaint : युक्तियुक्त परिवाद

Reasonable cost : युक्तियुक्त खर्च

Reasonable direction : युक्तियुक्त निदेश

Reasonable enquiry : युक्तियुक्त जांच

Reasonable excuse : युक्तियुक्त कारण

Reasonable facility : युक्तियुक्त सुविधा

Reasonable ground : युक्तियुक्त आधार

Reasonable hour : युक्तियुक्त समय

Reasonable manner : युक्तियुक्त प्रकार

Reasonable opportunity : युक्तियुक्त अवसर

Reasonable or probable cause {First Schedule, Appendix A, Form No. 31 CPC} : युक्तियुक्त या अधिसंभाव्य कारण

Reasonable place : युक्तियुक्त स्थान

Reasonable probability : युक्तियुक्त अधिसंभाव्यता

Reasonable remuneration : युक्तियुक्त पारिश्रमिक

Reasonable suspicion : युक्तियुक्त संदेह

Reasonably accurate description : युक्तियुक्त रूप से यथार्थ वर्णन

Reasonably practicable : युक्तियुक्त तौर पर साध्य

Reattachment {Order XXXVIII, Rule 11, CPC} : पुन: कुर्क करना

Rebate : रिबेट / छूट / बट्टा

Rebel {Sec. 3(X) Army Act} : बाग़ी

Rebut : खंडन करना

Rebut an inference : अनुमान का खंडन करना

Recall a case, may : मामला वापस मंगा सकेगा

Recall and re-examine, may : पुन: बुला सकेगा और पुन: परीक्षा कर सकेगा

Receipt of a complaint, on : परिवाद के प्राप्त होने पर

Receipt of a property : संपत्ति की प्राप्ति

Receipt and disbursement : प्राप्तियां और व्यय / अदायगी / भुगतान/ वितरण

Receivable in evidence : साक्ष्य में लिए जाने योग्य

Receive sentence : दंडादेश पाना

Receiver in the suit : वाद में रिसीवर

Receiver of stolen property : चुराई हुई संपत्ति का प्रापक

Receptacle {Sec. 481, IPC} : पात्र

Reciprocal promise : व्यतिकारी वचन

Reciprocating authority : व्यतिकारी प्राधिकारी

Recital : परिवर्णन

Reckon : गणना करना

Recognisance / recognizance : मुचलका

Recognizable : मान्य किए जाने योग्य

Recognized : मान्यता प्राप्त

Recollection : स्मरण

Recomputation : पुनः संगणना

Reconciliation : मेलमिलाप / पुनर्मिलाप

Reconstituted : पुनर्गठित

Reconvert : स्वधर्म में लौटा हुआ

Record : अभिलेख / अभिलिखित करना

Record, maintain : साक्ष्य का अभिलेख

Record of settlement or survey: भू-व्यवस्थापन या सर्वेक्षण संबंधी अभिलेख

Record of the suit : वाद का अभिलेख

Records of rights : अधिकार अभिलेख

Recount : पुनर्गणना

Recoup : प्रतिपूर्ति करना

Recover : प्रत्युद्धरण करना / वापस करा लेना

Recover forfeited bond {Schedule III(1)(18), Cr.P.C.} : बंध पत्र के समपहृत होने पर उसकी राशि वसूल करना

Recoverable : वसूल की जाने वाली/ वसूलीय

Recrimination : प्रत्यारोप

Rectification : परिशुद्धि

Rectification of instruments : लिखितों की परिशुद्धि

Rectification mistake : भूल-सुधार

Rector of the university : कुलाधिसचिव विश्वविद्यालय का

Recurring : आवर्ती

Recusancy, in the case of : अवज्ञा जारी रहने की दशा में

Recusant : इनकार करने वाला

Redeem (verb) : मोचन कराना / करना/कर लेना

Redeemable stock : मोचनीय स्टॉक

Redeliver : प्रतिपरिदान करना

Redemption {Sec. 16(c) CPC}: मोचन

Redress {order 1 rule 7, CPC}: प्रतितोष

Reduce : कमी करना / घटाना / अवनत करना

Re-entry {Sec. 65 A(e) T.P. Act} : पुनः प्रवेश

Refer to arbitration : मध्यस्थ के लिए निर्देशित करना

Reference : निर्देश

Refinance : पुनर्वित्तपूर्ति

Refinery : परिष्करणी / परिष्करणशाला

Reformatory : सुधारालय / सुधारात्मक

Refrain {171 A(b) I.P.C.} : विरत रहना

Refresh the memory : स्मृति को ताज़ा करना

Refund : प्रतिदाय / वापस करना

Refusal, ground of : इनकार के लिए आधार

Refuse to accept : प्रतिगृहीत करने से इनकार करना

Regard shall had to : का ध्यान में रखते हुए

Regiment : रेजीमेंट

Register of appeals : अपीलों का रजिस्टर

Register of civil suits : सिविल वादों का रजिस्टर

Registered instruments : रजिस्ट्रीकृत लिखित

Registered proprietor : रजिस्टर में दर्ज स्वत्वधारी

Registering officer : रजिस्ट्रीकर्ता आफिसर

Registrable documents : रजिस्ट्रीकरणीय दस्तावेज़

Regular : नियमित

Regular assessment : नियमित निर्धारण

Regular course of business : कारोबार का नियमित अनुक्रम

Regular occupation : नियमित उपजीविका

Regular suit : नियमित वाद

Regularisation of certain payments : कतिपय संदायों का नियमितीकरण

Regularity : नियमितता

Regularly : नियमित रूप से

Regularly kept in the course of business : करार के अनुक्रम में नियमित रूप से रखी हुई

Regularly performed : नियमित रूप से संपादित किया गया

Regularly stamped agreement: नियमित रूप से स्टांपित करार

Regulate : विनियमन करना

Rehabilitation : पुनर्वासन / पुनर्वास

Rehabilitation allowance : पुनर्वास मोक / भत्ता

Rehear the appeal : अपील को पुन: सुनना

Reimbursed, entitled to be : प्रतिपूर्ति पाने का हकदार

Reimbursed, shall be : प्रतिपूर्ति की जाएगी

Reinstating : पुन: स्थापित करना

Reinstating the property : संपत्ति का यथापूर्वकरण

Reject : खारिज करना / नामंजूर करना/ अग्रहण / अगृहीत करना

Reject the appeal : अपील प्रतिक्षेपित करना

Reject the rest : शेष को प्रतिक्षेपित/ नामंजूर करना

Rejected evidence : अगृहीत साक्ष्य

Rejected goods : अस्वीकृत / प्रतिक्षेपित माल

Rejoin {Sec. 39 Army Act} : काम पर वापस आना

Rejoinder : उत्तर / प्रत्युत्तर

Relating to / relation : संबंधी

Relation of partnership : भागीदारी संबंध

Relation of things : वस्तुओं का संबंध

Relationship, functional : कृत्यिक संबंध

Relax ***(verb)*** **:** शिथिल करना / आराम करना

Release : निर्मुक्ति / छोड़ देना

Release, press : प्रेस विज्ञप्ति

Released : छूटा / छोड़ा गया / निर्मुक्त

Released convict : छोड़ा गया सिद्धदोष

Releasing the property from attachment : संपत्ति को कुर्की से निर्मुक्त करने वाला

Relevancy (Sec. 3, Indian Evidence Act} : सुसंगति

Relevancy of decree : डिक्री की सुसंगति

Relevancy of facts : तथ्यों की सुसंगति

Relevancy of judgment : निर्णय की सुसंगति

Relevancy of statement : कथन/ बयान की सुसंगति

Relevant extract : सुसंगत उद्धरण

Relevant question : सुसंगत प्रश्न

Relevant evidance : सुसंगत साक्ष्य

Reliable evidence {Sec. 139 A(2) Cr.P.C.} : विश्वसनीय साक्ष्य

Relief : राहत / राहत रकम

Relief against for feiture : समपहरण से मुक्ति

Relief that may be claimed {Sec. 114 and 114 A, TP. Act} : अनुतोष जिसका (अर्ज़ीदार) दावा कर सकेगा (राष्ट्रपति और उपराष्ट्रपति निर्वाचन अधिनियम, धारा 16 को देखिए)

Religious observances : धार्मिक आचार

Religious order : धार्मिक पंथ

Religious persuasion : धार्मिक आस्था

Religious vows : धार्मिक व्रत

Relinquish : त्याग देना

Relinquishing office, on : पदमुक्त होने पर

Relinquishment of possession: कब्जे का त्याग

Rely {order VI, rule 12 CPC}: निर्भर करना

Remainder : अवशेष / शेष

Remainder-man : शेष भोगी

Remainder of the term of office : पदावधि का शेष भाग

Remaining : अवशिष्ट

Remand {105(2) C.P.C. Sec. 344(2) Explanation, Cr.R.P.C.}: प्रतिप्रेषण / प्रतिप्रेषित करना / हवालात वापस भेजना

Remarriage : एुनर्विवाह

Remedy : उपचार

Remedy for breach of warranty : वारंटी के भंग का उपचार

Remission : परिहार / छूट / माफ़ी

Remission of land revenue : भूमि राजस्व / लगान की माफ़ी

Remit : परिहार करना / छूट देना / भेजना

Remittance : विप्रेषण / प्रेषण

Remote {Sec. 73, Indian Contract Act} : दूरस्थ

Remoter issue : दूरतर संतति

Removal : निराकरण / हटाया जाना

Removal of disqualifications : निरर्हताओं को हटाना

Removal of doubts : शंकाओं का हटाना

Remunerated, be : पारिश्रमिक पाना

Render defective : त्रुटियुक्त बनाएगी

Render ineffective : प्रभावहीन बना देना

Render true accounts : सच्चा लेखा-जोखा देना

Render unmerchantable : अवाणिज्यिक बना देना

Renew : नवीकरण करना

Renewable : नवीकरणीय

Renewal : नवीकरण

Renewed contract : नवीकृत संविदा

Renouncing : त्यजन

Rent {Sec. 105 T.P. Act} : किराया/भाड़ा/भाटक

Rent due (order XXXIV, rule 9 C.P.C.} : देय किराया / लगान

Repair : मरम्मत करना

Reparation : हानिपूर्ति

Repatriation {Sec. 16(2)(a) Emigration Act} : संप्रत्यावर्तन / स्वदेश में वापसी

Repayment : प्रतिसंदाय

Repeal : निरसन

Repealed : निरसित

Repetition : पुनरावृत्ति

Repetition of breach : अंग की पुनरावृत्ति

Replacing : पुनः रोपण

Reply especially on the evidence: साक्ष्य का विशेषतः उत्तर देना

Reply to possible calls : संभावित बुलावों का अनुपालन करना

Report of decision : विनिश्चयों की रिपोर्ट

Report on the annual balance sheet and accounts : वार्षिक तुलन-पत्र और लेखाओं के बारे में रिपोर्ट

Report the fact : तथ्य की रिपोर्ट करना

Reported case law : संप्रकाशित निर्णयज विधि

Represent the estate : संपदा का प्रतिनिधित्व करना

Representation : अभ्यावेदन / प्रतिनिधित्व

Representative capacity : प्रतिनिधि की हैसियत

Representing one's case : अपना मामला अभ्यावेदित करना

Reprimand : थिग्दंड / फटकार

Repudiate : निराकृत करना

Repudiate the suit : वाद का निराकरण करना

Repudiation contract : संविदा का निराकरण

Repugnant : विरुद्ध / असंगत / प्रतिकूल

Repugnant in the subject or context {Sec. 2 CPC} : विषय या संदर्भ में विरुद्ध

Reputation : ख्याति

Required by such summons or requisition : ऐसे समन या अध्यपेक्षा द्वारा अपेक्षित

Required, you are : तुम से अपेक्षा की जाती है

Requisite : अपेक्षित / अपेक्षणीय

Requisite act : अपेक्षित कार्य

Requisite number : अपेक्षित संख्या
Requisition : अध्यपेक्षा / अपेक्षा
Resjudicata {Sec. 11 CPC} : रेसजूडीकेटा / पूर्व न्याय
Rescind : विखंडित करना
Rescind the contract : संविदा को विखंडित करना
Rescindable contract : विखंडनीय संविदा
Rescission : विखंडन
Rescission of contract : संविदा का विखंडन
Rescued {Sec.66 Cr.P.C.} : छुड़ा लिया गया
Resemble : के सदृश होना / हू ब हू
Reservation : आरक्षण
Reserve by way of answer : उत्तर के रूप में पेश करने के लिए आरक्षित रखना
Reserve force : रिजर्व बल
Reserve fund : आरक्षित निधि
Reserve the right of disposal {Sec. 23(2) Sale of goods Act}: व्ययन करने का अधिकार आरक्षित रखना
Reserved bidding price : आरक्षित बोली / आरक्षित कीमत
Reserves and surplus : आरक्षितियां और अधिशेष
Reside : निवास करना
Resident abroad : विदेश निवासी
Resident but not ordinarily resident : निवासी है, किंतु मामूली तौर पर निवासी नहीं है
Residual work : अवशिष्ट कार्य
Residual legatee : अवशिष्टीय वसीयतदार
Residue of the property : संपत्ति की अवशिष्टि
Resist {Sec. 141, Second IPC}: प्रतिरोध करना
Resistance : प्रतिरोध
Resistance to delivery of possession : कब्ज़ा परिदत्त किए जाने में प्रतिरोध / कब्जा दिए जाने में प्रतिरोध
Resort : समागम / अभिगम
Resort, place of public {Sec.2(1)(f)(iv) Emigration Act} : लोक समागम का स्थान / सार्वजनिक अभिगम का स्थान
Respectable inhabitant : प्रतिष्ठित निवासी
Respective : अपने-अपने / क्रमिक
Respective terms : क्रमिक अवधियां
Respectively : क्रमश:
Respondent : प्रत्यर्थी
Responsibility : उत्तरदायित्व
Rest of the term of office : पदावधि का अवशिष्ट भाग
Rest with the court alone, shall: केवल उस न्यायालय के ही हाथ में रहेगा
Restitution : प्रत्यास्थापन
Restitution of conjugal rights: दांपत्य अधिकारों का प्रत्यास्थापन
Restitution of property : संपत्ति का प्रत्यास्थापन
Restoration : वापस दिलाया जाना
Restore : प्रत्यावर्तन करना
Restrain : अवरोध लगा देना

Restraining the defendant : प्रतिवादी को अवरुद्ध करना

Restrain : अवरोध

Restraint of marriage, in : विवाह का अवरोधक

Restraint of trade, in : व्यापार का अवरोधक

Restrict {Sec. 401. 4(A), Cr.P.C.} : निर्बंधित करना

Restriction : निर्बंधन

Restriction repugnant to interest created : सृष्ट हित के विरुद्ध निर्बंधन

Restrictive conditions : निर्बंधनात्मक शर्तें

Result : परिणाम

Resummon : पुनः समन करना / पुनः बुलाना

Resumption : पुनरारंभ

Retail : फुटकर / खुदरा

Retain : प्रतिधारित करना

Retain an attorney : अटर्नी / मुख़्त्यारी प्रतिधारित करना

Retain possession : कब्ज़ा रखे रहना

Retaining allowance : प्रतिधारण भत्ता

Retaintion {Sec. 57(b) TP Act}: प्रतिधारण

Retinue : अनुचर वर्ग

Retire : निवृत्त होना / सेवा निवृत्त होना

Retire, jury may : जूरी एकांत में जा सकेगी

Retired partner : निवृत्त भागीदार

Retirement by rotation : चक्रनुक्रम से निवर्तन

Retirement of next friend : वादमित्र की निवृत्ति

Retiring gratuity : निवृत्ति उपदान

Retract bid : बोली वापस लेना

Retransfer : प्रति-अंतरित करना

Retrenchment : छटनी

Retrenchment compensation : छटनी प्रतिकर

Retrial : पुनः विचारण

Retrospective : भूतलक्षी / पूर्वव्यापी/ पूर्व प्रभावी

Retrouse : ऊपर मुड़ा या उठा हुआ

Return a verdict : अधिमत दे देना

Returned as juryman {Sec. 229, IPC} : जूरी सदस्य के रूप में तालिकांकित

Returning officer : रिटर्निंग आफिसर / चुनाव अधिकारी

Returns : प्रत्यागम / विवरण

Revenue : राजस्व / आय

Revenue assessed : निर्धारित राजस्व

Revenue law : राजस्व विधि

Revenue process : राजस्व आदेशिका

Revenue sale : राजस्व के लिए विक्रय

Reversal {Sec. 144(1) CPC} : उलटाव

Reverse {Sec. 144(1) CPC} : उलटना

Reversion : प्रतिवर्तन / शेष भोग / उत्तर भोग

Reversionary interest {Sec. 16, Indian Trusts Act} : उत्तर भोग हित (भारतीय न्यास अधिनियम, धारा 16 देखिए)

Revert : प्रतिवर्तित होना / पलटना

Review : पुनर्विलोकन / समीक्षा

Review of judgement : निर्णय का पुनर्विलोकन

Revised pension rules : पुनरीक्षित पेंशन नियम

Revision : पुनरीक्षण

Revision court : पुनरीक्षण न्यायालय

Revive {Sec. 9(2) Hindu Minority & Guardian Act} : पुनरुज्जीवित होना/ करना (हिंदू अप्राप्तवयता और संरक्षता अधिनियम, धारा 9(2) को भी देखिए)

Revocable : प्रति संहरणीय

Revocation of acceptance : प्रतिग्रहण का प्रतिसंहरण

Revoke the transfer : अंतरण का प्रतिसंहरण

Reward : इनाम

Right accrues : अधिकार प्रोद्भूत

Right decision : ठीक विनिश्चय

Right in good faith without notice and for value, acquired {Sec.27 (2)(e) Specific Relief Act} : सद्भावपूर्वक सूचना के बिना और मूल्य देकर अर्जित अधिकार

Right in personam : व्यक्तिवंधी अधिकार

Right in rem : सर्ववंधी अधिकार

Right, legal : विधिक अधिकार

Right of appeal : अपील का अधिकार

Right disposal : व्ययन / निपटान का अधिकार

Right of future maintenance : भावी भरण-पोषण का अधिकार

Right of lien : धारणाधिकार

Right of objection : आक्षेप करने का अधिकार

Right of personal service : वैयक्तिक सेवा कराने का अधिकार

Right of pre-emption : शुफाधिकार (अग्रक्रयाधिकार)

Right of private defence : प्राइवेट प्रतिरक्षा का अधिकार

Right of redemption : मोचन का अधिकार

Right of stopping the goods : माल रोक देने का अधिकार

Right of suit : वाद का अधिकार

Right of the sureity : प्रतिभू का अधिकार

Right or interest : अधिकार या हित

Right, private or public : लोक अधिकार या प्राइवेट अधिकार

Right to a fishery : मीनक्षेत्र पर अधिकार

Right to claim : दावा करने का अधिकार

Right to compensation : प्रतिकर का अधिकार

Right to redeem : मोचन करने का अधिकार

Right to share : अंश पाने का अधिकार

Right to sue : वाद लाने का अधिकार

Rightful claimant : अधिकारवान दावेदार

Rigorous : कठिन

Rise : बढ़ोतरी

Risk {Sec.87 IPC} : जोखिम

Rounding off : पूर्णांकित करना (कर्मचारी भविष्य निधि अधिनियम, धारा 6, परंतुक देखिए)

Routine work : नेमी काम

Royal charter : रायल चार्टर

Rule of interpretation : निवर्चन का नियम

Rule of pleading : अभिवचन संबंधी नियम

Rule of preference : अधिमान का नियम

Rules as to delivery : परिदान विषयक नियम

Rules as to evidence : साक्ष्य विषयक नियम

Ruling : विनिर्णय

Rummage : छानबीन (स्वर्ण नियंत्रण अधिनियम, धारा 61(ए) भी देखिए)

Rumour {Sec. 505 I.P.C.} : जनश्रुति / अफवाह

Run, period begins to : काल चलना आरंभ होता है

Running account : चालू हिसाब / खाता

Running of time : समय का चलते रहना

S

Sabotage : अभिध्वंस / अंतर्ध्वंस

Safe : निरापद / सुरक्षित

Safe and secure custody {First Schedule, Appendix F., Form no. 7 CPC} : सुरक्षित और सुनिश्चित अभिरक्षा

Safe conduct : सुरक्षित रूप से ले जाया जाना

Safe custody : निरापद अभिरक्षा

Safe transport of workers : कर्मचारियों का सुरक्षित परिवहन

Safe working condition : काम करने की निरापद दशा में

Safeguarding the interest of : के हितों की रक्षा

Safety appliance : सुरक्षा साधन

Safety guard : रक्षोपाय

Safety lamp : निरापद लैंप / दीप

Safety of person : व्यक्ति का क्षेम

Salaried : वेतनभोगी / वैतनिक / संबलग्राही

Salaried judges : वैतनिक न्यायाधीश

Sale by description : वर्णनानुसार विक्रय

Sale by one of joint owners : संयुक्त स्वामियों में से एक द्वारा विक्रय

Sale by sample : नमूने के अनुसार विक्रय

Sale in enforcement of mortgage {Sec. 28, Sale of Goods Act} : बंधक का प्रवर्तन कराने के लिए विक्रय / बंधक धन की वसूली के लिए विक्रय

Sale is good : विक्रय ठीक है

Sale of debts : ऋणों का विक्रय

Sale proceeds : विक्रय आगम

Sale shall become absolute : विक्रय आत्यंतिक हो जाएगा / विक्रय पक्का हो जाएगा

Saleable property : विक्रेय संपत्ति

Salvage : उद्धरण

Same offence, accused of {Sec. 239(a) Cr.P.C.} : एक ही अपराध के लिए अभियुक्त

Sample : नमूना

Sanad : सनद

Sanction to prosecution : अभियोजन के लिए मंजूरी

Sane : (मानसिक तौर से) स्वस्थ चित्त

Sanitation, diploma in : स्वच्छता विज्ञान में डिप्लोमा

Sat in the proceeding : कार्यवाही में उपस्थित रहा

Satisfaction of court, to the : न्यायालय को समाधान प्रद रूप में

Satisfaction of claim {Order XXIV, rule 1, CPC} : दावे की तुष्टि

Satisfaction of the decree : डिक्री की तुष्टि

Satisfactory account : समाधानप्रद वृत्तांत

Satisfactory determination : समाधानप्रद अवधारण

Satisfactory inquiry : समाधानप्रद जांच

Satisfactory reason : समाधानप्रद कारण

Satisfactory trial : समाधानप्रद विचारण

Satisfy the condition : शर्तों को पूरा करना

Satisfy the justice of the case, to {Sec. 21(3), Specific Relief Act} : मामले में न्याय की तुष्टि के लिए

Satisfying all costs : सब खर्चों का चुकाया जाना

Save as otherwise prescribed {order XXI, rule 65, CPC} : जैसा अन्यथा निहित है, उसे छोड़कर / अन्यथा उपबंधित के सिवाए

Save as provided : यथा उपबंधित के सिवाय

Save with permission : अनुज्ञा के बिना

Scale : माप / मापमान

Scale of expenses : व्ययों का मापमान

Scale of costs : खर्चों के मापमान

Scandalous : कलंकात्मक

Schedule : अनुसूची

Scheduled areas : अनुसूचित क्षेत्र

Scheduled tribe : अनुसूचित जनजाति

Scheme : स्कीम, योजना

Scope : परिधि

Scope of audit : संपरीक्षा की परिधि/ लेखा परीक्षा की परिधि

Scope of authority : प्राधिकार का विस्तार

Scope of authority, beyond the: प्राधिकार के विस्तार के परे

Scope of authority, with in : प्राधिकार के विस्तार के भीतर

Scrap value : स्क्रैप मूल्य
Screening : प्रतिच्छादित करना / छिपाना
Scruting : छानबीन / संवीक्षा
Seafaring profession : सांयात्रिक वृत्ति / सागरगामी वृत्ति
Sea wall : सागर भित्ति
Seal : मुद्रा / मोहर
Sealed : मुद्राबंद / मोहर बंद
Sealed cover : मोहरबंद लिफाफा
Search, general : आम तलाशी
Search warrant : तलाशी वारंट
Seas, high : खुला समुद्र
Seat, alloted : आबंटन में मिले स्थान
Secession : विलग हो जाना
Second hand : बरता हुआ
Secondary evidence : द्वितीय साक्ष्य
Secrecy : गोपनीयता
Secret : गुप्त बात
Sect {Sec. 69(1)(a) TP Act} : पंथ
Section : धारा / अनुभाग
Sector, private : निजी क्षेत्र
Sector establishment in private : प्राइवेट सेक्टर में—का स्थापन/ निजी क्षेत्र स्थापन
Sector, public : पब्लिक / सार्वजनिक क्षेत्र
Sector, establishment in public : पब्लिक / सार्वजनिक क्षेत्र में — का स्थापन
Secure : सुनिश्चित / प्रतिभूत करना
Secure custody : सुरक्षित अभिरक्षा
Secured and unsecured creditors : प्रतिभूत और अप्रतिभूत लेनदार
Securing better working conditions {Sec. 9(2)(f) Cardamom Act} : काम के लिए अधिक अच्छी अवस्थाएं प्राप्त कराना / काम के लिए अधिक अच्छी दशाओं को सुनिश्चित करना
Securing possession : कब्जा लेना/ सुनिश्चित करना
Securing the repayment : प्रतिसंदाय प्रतिभूत करना
Securities of the Central Govt. of any maturity : परिपक्वता की केंद्रीय सरकार की प्रतिभूतियां
Security, bad : बुरी प्रतिभूति
Security bond : प्रतिभूति-पत्र
Security for appearance : उपसंजाति के लिए प्रतिभूति / हाज़िरी के लिए प्रतिभूति
Security for money : धन के लिए प्रतिभूति
Security, good : अच्छी प्रतिभूति
Security of goods : माल की प्रतिभूति
Sedition : राजद्रोह
Sedition matter : राजद्रोहात्मक बात
Seduce : विचलित करना / बहकाना
Seduction : विलुब्ध करना
Seeking employment : नियोजन चाहने वाले
Seize : अभिग्रहण करना
Seizure : अभिग्रहण
Select : वरण करना / चयन करना
Select committee : चयन समिति / प्रवर समिति
Selection committee : चयन समिति
Selection post : चयन पद

Self control : आत्मसंयम

Self defence : आत्मरक्षा / प्रतिरक्षा

Sell : बेचना

Sell by auction : नीलाम द्वारा बेचना

Sell on credit : उधार पर विक्रय करना

Seller's authority : विक्रेता का प्राधिकार

Seller's skill or judgement {Sec. 16(1), Sale of Goods Act} : विक्रेता का कौशल या विवेक बुद्धि

Seller's lien : विक्रेता का धारणाधिकार

Seller's risk : विक्रेता का जोखिम

Senior officer : वरिष्ठ / प्रवर / ज्येष्ठ अधिकारी

Sensation : संवेदना / संवेदन

Sentence : दंडादेश

Sentence of death : मृत्यु दंडादेश

Separate and correct account : पृथक और सही लेखा / पृथक और सुभिन्न तथ्य

Separate and independent footing : पृथक और स्वतंत्र आधार

Separate contract : पृथक संविदा

Separate inquiry : पृथक जांच

Separate judgement : पृथक निर्णय

Separate possession : पृथक कब्ज़ा

Separate or divided : पृथक या विभाजित किया हुआ

Separately and distinctly : पृथकतः और सुभिन्नतः

Separation : पृथक्करण

Sepulture : कब्र स्थान

Sequence : अनुक्रम

Sequestration : परिबद्ध किया जाना

Series : आवली / श्रृंखला / तांता

Series of occurrences : घटनाओं की आवली / श्रृंखला

Serious bodily injury : गंभीर शारीरिक क्षति

Serious repercussion : गंभीर प्रतिक्रिया

Serve term of imprisonment : कारावास की अवधि काटना

Served with enemy : शत्रु की ओर से सेवा की

Service book : सेवा पुस्तिका

Service, contract of : सेवा संविदा

Service family pension fund : सेवा कुटुंब / पेंशन / निधि

Service of the process {Order XXXIII, rule 8, CPC} : आदेशिका की तामील

Service privileges : सेवा के विशेषाधिकार

Service property : सेवा संपत्ति

Service sheet : सेवा पत्र

Session : सत्र / सैशन

Session, magistrates in : सत्रासीन मजिस्ट्रेट

Session division : सैशन खंड

Session judge : सैशन न्यायाधीश

Set : जड़ी हुई

Set apart : पृथक करना

Set aside {Sec. 99B-Cr.P.C.} : अपास्त करना

Set aside the dismissal : ख़ारिजी अपास्त करना

Set forth : उपवर्णित करना / दर्ज करना / देना

Set forth in schedule : अनुसूची में दिया जाना

Set of jurors : जूरी सदस्यों का संवर्ग

Set off : प्रवृत्त करना / लगाना / मुजरा

Set out : उपवर्णित / दिए गए

Set over : उपरिस्थापित

Set up a variation : फेरफार होना / अभिकथित करना

Setting off one item against another : एक मद को दूसरी में से प्रवृत्त करना

Setting up a tille : हक़ खड़ा करना

Settle : तय होना

Settled accounts : स्थिरीकृत लेखा/ तय हुआ हिसाब

Settlement : स्थिरीकरण / बंदोबस्त/ निपटारा

Settlement case : व्यवस्थापन मामला

Settlement of dispute : विवादों का निपटारा

Settlement of issues : विवाद्यकों का स्थिरीकरण

Severable : विभाजनीय / जो पृथक किया जा सके

Several distinct grounds : कई सुभिन्न आधार

Several liability {Sec. 27 Indian Trust Act} : पृथक-पृथक दायित्व

Several parties : विभिन्न पक्षकार

Severe : कठोर / तीव्र

Severe reprimand : तीव्र धिग्दंड/ फटकार

Severity : कठोरता

Shake his credit : धक्का पहुंचाना

Shall administer oath : शपथ दिलाएगा

Shall affect : प्रभाव डालेगी

Shall aid with his advice : अपनी सलाह से सहायता देगा

Shall also be laid on the table of Parliament : संसद के पटल पर भी रखे ज़ाएंगे

Shall be a corporate body by the name of...: ... नाम का एक निगमित निकाय होगा

Shall be adjusted against the wages : मज़दूरी के विरुद्ध समायोजित की जाएगी

Shall be aggregated / shall be applicable : संकलित कर ली जाएगी उपयोज्य होगी / लागू होगी

Shall be assessed as a percentage on the pay : वेतन के प्रतिशत के आधार पर निर्धारित किया जाएगा

Shall be at liberty to explain {Sec. 364(1), Cr.P.C.} : स्पष्टीकरण करने के लिए स्वतंत्र होगा

Shall be binding upon : पर आबद्ध कर होगा

Shall be brought into books {Sec. 30 E.S.I. Act} : बहियों में चढ़ा लिया जाएगा

Shall be calculated : की संगणना की जाएगी

Shall be called : कहलाएगा

Shall be carried into effect : अमल में लाया जाएगा

Shall be convened : संयोजित किए जाएंगे

Shall be credited : जमा किया जाएगा

Shall be deemed to be adopted: अंगीकृत किया गया समझा जाएगा

Shall be deemed to give a gratification : समझा जाएगा कि वह परितोषण देता है

Shall be deemed to have been validly made : विधिमान्यत: बनाए गए समझे जाएंगे / विधिमान्य रूप से बनाए गए समझे जाएंगे

Shall be deemed to have the meaning : वे ही अर्थ समझे जाएंगे

Shall be deemed to have vacated his office : यह समझा जाएगा कि उसने अपना पद रिक्त कर दिया है

Shall be deemed to include an ordinance promulgated by the President : यह समझा जाएगा कि.... के अंतर्गत राष्ट्रपति द्वारा प्रख्यापित अध्यादेश आता है

Shall be deemed to mean : से अभिप्रेत समझा जाएगा

Shall be determind by lot : ... का अवधारण 'लाट' (भाग्य) द्वारा किया जाएगा

Shall be discharged of and from the same : उसके बारे में और उससे उन्मोचित कर दिया जाएगा

Shall be equal in number : संख्या में बराबर होंगे

Shall be forfeited : समपहृत हो जाएगा / जब्त कर ली जाएगी

Shall be forwarded : अग्रेषित की जाएगी

Shall be guided by principle : सिद्धांतों द्वारा मार्गदर्शित होगा

Shall be made available : उपलब्ध की जाएगी

Shall be made over to a police officer : पुलिस अधिकारी के हवाले कर दिया जाएगा

Shall be omitted from the list : सूची में छोड़ दिया जाएगा

Shall be on probation : परिवीक्षा पर रहेगा

Shall be open to inspection : निरीक्षण के लिए खुली रहेगी

Shall be prevented : निवारित रखा जाएगा

Shall be receivable in evidence: साक्ष्य में जाने योग्य होगा

Shall be reckoned : मानी जाएगी

Shall be sufficient warrant for detaining the person in custody : उस व्यक्ति को अभिरक्षा में निरुद्ध रखने के लिए पर्याप्त वारंट होगा

Shall be taken down : लिखा जाएगा

Shall be transferred to the credit of his account : उसके खाते में जमा किए जाने के लिए अंतरित कर दी जाएगी

Shall be treated as confidential : गोपनीय रखी जाएगी

Shall by the said name sue and be sued : उक्त नाम से वह वाद लाएगा और उस पर वाद लाया जाएगा

Shall cease to have effect {Sec. 5(a), Hindu Minority and Guardianship Act. Sec. 3(4) Delhi Administration Act}: प्रभावहीन हो जाएगी (हिंदू अप्राप्तव्यता और संरक्षकता अधिनियम, धारा 5(ए) और दिल्ली प्रशासन अधिनियम, धारा 3(4) को देखिए) समाप्त हो जाएगी

Shall cease to hold office : उसका पद धारण करना समाप्त हो जाएगा

Shall continue to apply : को लागू रहेगा

Shall countermand the poll : मतदान को प्रत्यादिष्ट कर देगा

Shall form part of : का भाग होगा

Shall formulate : बन जाएगा

Shall hear and determine the appeal : अपील की सुनवाई और अवधारण करेगा

Shall not be liable to be contested : उसका प्रतिवाद नहीं किया जा सकेगा

Shall obliterate : मिटाएगा

Shall otherwise act in a disorderly manner : विच्छृंखलता से कोई अन्य कार्य करेगा

Shall presume {Sec.4, Indian Evidence Act} : उपधारण करेगा

Shall proceed to charge the jury : जूरी को भारबोधन करने के लिए अग्रसर होगा

Shall record the reason of his inability : अपनी असमर्थता का कारण लिखेगा

Shall retire in every second year : हर दूसरे वर्ष के अवसान पर निवृत्त हो जाएंगे

Shall serve a notice of demand: मांग की सूचना की तामील कराएगा

Share : अंश / भाग

Share profits to : लाभों का अंश पाना

Share in a corporation {Sec. 2(19) & 60(1) CPC} : निगम अंश / निगम के / में अंश / शेयर

Share in the capital of the corporation : निगम की पूंजी में के अंश / शेयर

Short supply : प्रदाय की कमी

Short term capital asset : अल्पकालिक पूंजी / परिसंपत्ति

Short term capital gains : अल्प कालिक पूंजी अभिलाभ

Should be transposed to another place : अन्यत्र रख दी जानी चाहिए

Show cause notice : हेतुक दर्शित करने के लिए सूचना

Simple mortgage : सादा बंधक

Small cause court : लघुवाद न्यायालय

Smuggled : तस्करित

Solicitor : प्रतिवक्ता / न्यायाभिकर्ता

Solvency : शोधन-क्षमता / संपन्नता

Sovereign authority : प्रभु संपन्न प्राधिकारी

Speaker : (लोक सभा का) अध्यक्ष

Special damages : विशेष नुक्सानी

Special enactment : विशेष अधिनियमिति

Special judrisdiction or power: विशेष अधिकारिता या शक्ति

Special jurours : विशेष जूरी

Special leave to appeal : अपील करने की विशेष इजाज़त

Special magistrate : विशेष मजिस्ट्रेट

Specific legacy : विनिदिष्ट वसीयत

Specific legatee : विनिदिष्ट वसीयतदार

Specific property : विनिदिष्ट संपत्ति

Specific reward : विनिदिष्ट पुरस्कार

Specified act : विनिदिष्ट कार्य

Specified in writing : लिखित रूप में विनिदिष्ट

Specified modes of investing : विनिहित करने के विनिदिष्ट ढंग

Specified uncertain event : अनिश्चित घटना

Speculation business : सट्टे का बाजार

Speed, all convenient : सुविधानुसार पूर्ण शीघ्रता

Speedy and natural decay subject to : शीघ्रता और प्रकृत्या क्षयशील

Speedy remedy : शीघ्र उपचार

Split duty : विभाजित कर्तव्यकाल

Spontaneous heating {Sec. 23(1)(b) Mines Act} : स्वतः तपन (खान अधिनियम धारा 23 (1)(बी) देखिए)

Spying : गुप्तचरी

Stabilization of price : कीमतों का स्थिरीकरण / कीमतों में स्थिरता लाना

Stamp paper : स्टांप पत्र

Standard : मानक / स्तर / दंड

State of war : युद्ध स्थिति

Statement of the case : मामले का कथन

Statement or return : कथन या विवरणी

Station house : थाना

Statistical information : आंकड़ों की जानकारी / सांख्यिकीय की जानकारी

Statistics : सांख्यिकी

Stay : रोकना / रोक देना

Stay in strike : हाज़िर हड़ताल

Stay order : रोक आदेश

Step in aid : सहायक कदम

Still born child : मृतजात शिशु

Stumulating industrial output: औद्योगिक उत्पादन को बढ़ावा देना

Stipend : वृत्तिका

Stipulated amount : नियत परिमाण

Stipulated date : नियत तारीख

Stipulated time : अनुबद्ध समय

Stock : स्टाक / माल / सामान / भंडार

Stock exchange : शेयर बाजार

Stock inventory : स्टाक तालिका

Stoppage in transit : परिवहन / पारगमन में रोकना

Stoppage of work : काम का रोका जाना

Stowing (in cargo) : भरना / क़रीने से रखना

Strength (of board) : (बोर्ड की) सदस्य संख्या

Strict custody : कड़ी अभिरक्षा

Strike : हड़ताल

Stringency : तंगी

Structure : संरचना / निर्मिति

Stupefying : जड़िमाकारी

Style : अभिनाम

Sub Divisional Magistrate : उप खंड मजिस्ट्रेट

Subject : विषय / विषय वस्तु / प्रजा

Subject to : के अध्यधीन यह है कि / के अधीन बशर्ते कि

Subject to agreement detention {Sec. 82 (10), Navy Act} : करार के अध्यधीन निरोध्य (नौसेना अधिनियम, धारा 82(10) को देखिए)

Subject to imprisonment : कारावास में दंडनीय

Subject to mortgage : बंधक के अध्याधीन

Subject to some conditions : किसी शर्त के अध्याधीन

Subject to such conditions and limitations as may be specified : ऐसी शर्तों और परिसीमाओं के अध्याधीन जैसी विनिर्दिष्ट की जाए

Subject to the provision of any law : किसी विधि के उपबंधों के अध्याधीन

Submission to requisition : अध्यपेक्षा मानना

Submission to the custody : अभिरक्षा में समर्पित करना / अभिरक्षा में समर्पित होना

Submission to the order : आदेश मानना

Submortgage : अनुबंधक

Subordinate court : अधीनस्थ न्यायालय

Suborned persons to give false evidence : लोगों को झूठा साक्ष्य देने के लिए तैयार किया

Subordination of magistrate : मजिस्ट्रेट का अधीनस्थ होना

Subpoena : सपीना / सम्मन (दिलाना)

Subrogated : प्रत्यासीन

Subscribe : अभिदाय करना / समर्थन करना / हस्ताक्षर करना

Subscribed, debentures : डिबेंचर जिनके लिए समर्थन किया गया है

Subsequent : पश्चात्वर्ती / उत्तरवर्ती

Subsequent advance : पश्चात्वर्ती उधार

Subsequent assessment year : उत्तरवर्ती निर्धारण वर्ष

Subsequent conduct : उत्तरवर्ती आचरण

Subsequent conviction : उत्तरवर्ती दोषसिद्धि

Subsequent decision : उत्तरवर्ती विनिश्चय

Subsequent grant : उत्तरवर्ती अनुदान

Subsequent hearing : पश्चात्वर्ती सुनवाई

Subsequent incumbrance {Sec. 73(1) Proviso, thirdly CPC} : पाश्चिक विल्लंगम / (ऋण – भार)

Subsequent mortgage : पाश्चिक बंधकवार

Subsequent payments : पाश्चिक संदाय

Subsequent pleading : पाश्चिक अभिवचन

Subsequent proceeding : पाश्चिक कार्यवाहियां

Subsequent suit : पाश्चिक वाद

Subsequently appropriated : तत्पश्चात् विनियोजित

Subsidiary : समनुषंगी / सहायक

Subsidy : सहायकी / आर्थिक सहायता

Subsist : अस्तित्व में रहना

Subsitence : निर्वाह

Subsitence allowance : निर्वाह भत्ता

Subsitence grant : जीवन निर्वाह अनुदान

Substance : सार / उपदान / पदार्थ

Substance of the order : आदेश का सार

Substantial : सारभूत / पर्याप्त

Substantial compensation : पर्याप्त प्रतिकार

Substantial ground of claim : दावे का सारभूत आधार

Substantial injury : सारवान क्षति

Substantial interest : सारवान हित

Substantial loss {order XI, 1 rule 5(3)(a) CPC} : सारवान हानि

Substantial question of law : सारभूत विधि प्रश्न

Substantially : सारत: / सारभूत रूप से

Substantially in the form : सारत: उस प्ररूप में

Substantially varied, shall be: (उसमें) सारभूत फेरकार किया जाएगा

Substantiate by evidence : साक्ष्य द्वारा सिद्ध करना

Substantive rank : अधिष्ठायी रैंक

Substantive sentence : मुख्य दंडादेश

Substitute : प्रतिस्थापित करना / प्रतिस्थानी

Substituted service : प्रतिस्थापित तामील

Subversion of, in : के ध्वंसात्मक रूप से

Succeed : उत्तरवर्ती होना / उत्तराधिकारी होना

Succeed to the position {Sec. 7(3) Explanation, Hindu Succession Act} : पद पर उत्तरवर्ती होना (हिंदू उत्तराधिकार अधिनियम स्पष्टीकरण, धारा 7(3) देखिए)

Successive : उत्तरोत्तर / आनुक्रमिक

Successive claims : उत्तरोत्तर दावे

Successive debts {Sec. 94, T.P. Act} : आनुक्रमिक ऋण / वाद में लिए जाने वाले ऋण

Successor in office : पदोत्तरवर्ती

Sudden dispossession : अकस्मात् कब्जा बेकब्जा होना

Sudden provocation : अचानक प्रकोपन

Sue : वाद लाना / चलाना

Sue in representative charac-ter: प्रतिनिधिक हैसियत में वाद लाना

Suffer death or such other less punishment : मृत्युदंड या ऐसा लघुत्तर दंड भोगना

Suffer further damage : अतिरिक्त नुकसान उठाना

Sufficient instrument of trans-fer: अंतरण को पर्याप्त लिखित

Sufficient notice of the matter: बात की पर्याप्त सूचना

Sufficient to satisfy the amount {Sec. 17 A(1), Payment of Wages Act} : रक़म के चुकाए जाने के लिए पर्याप्त

Suicide {Sec 305 IPC} : आत्महत्या

Suit {Sec. 85 CPC} : वाद / मुकदमा

Suit damages : नुकसानों के लिए वाद

Suit foreclosure : पुरोबंध वाद

Suit property : वादांतर्गत संपत्ति

Suit shall abate : वाद का उपशमन हो जाएगा

Suitability {Sec. 399 (1) Cr.P.C.} : यथौचित्य

Suitable discipline : यथौचित्य अनुशासन

Suitable provision : उपयुक्त व्यवस्था

Suitor {Sec. 18 Indian Evi-dence Act} : वादकर्ता

Suits Valuation Act 1887 : वाद मूल्यांकन अधिनियम, 1887

Sum {Sec. 57(a)(i) T.P. Act} : रकम

Sum contributed : अभिदत्त रकम

Sum of money : धन-राशि

Sum up his case {Sec. 389(2), Cr. P.C.} : अपने मामले का उपसंहार करना

Summarily : संक्षेपतः

Summarily sold : संक्षेपतः बेची गई

Summary calculation : संक्षेप में परिकलन

Summary Court Martial {Sec.152 Air Force Act} : संक्षिप्त फौजी अदालत

Summary determination : संक्षेप में अवधारण

Summary disposal : संक्षिप्त निपटारा

Summary procedure : संक्षिप्त प्रक्रिया

Summary suit : संक्षिप्त वाद

Summary trial : संक्षिप्त विचारण

Summary way, try in a : संक्षेपतः विचारण करना

Summoned {Sec.69 Cr.P.C.} : समनित / समन किया गया

Sumptuary allowance : समचुआरी भत्ता

Superadded : अधियोजित

Superannuation, age of : अधिवर्षिता की आयु

Superannuation benefit : अधिवर्षिकी प्रसुविधा

Superficial contents : उपरिष्ठ वस्तुएं

Superior court : वरिष्ठ न्यायालय

Superior in rank : पंक्ति / रैंक में वरिष्ठ

Superior in jurisdiction : वरिष्ठ अधिकारिता

Superior magistrate : वरिष्ठ मजिस्ट्रेट

Superior qualification : उच्चतर अर्हताएं

Superjacent : उपरिस्थ

Super profit tax : अधिलाभ कर

Superscription : उपरिलेखन

Superseded : अविष्ठित / अधिक्रांत

Supplemental : अनुपूरक

Supplied on credit : उधार पर दिया गया

Supply the vacancy : रिक्ति की पूर्ति करना

Support a suit : वाद का समर्थन करना

Supra protest : प्रसाक्ष्य के पश्चात्

Supreme Court : उच्चतम / सर्वोच्च न्यायालय

Surety : प्रतिभू

Surety ship : प्रतिभूत्व

Surtax payable : देय अतिकर

Survey : सर्वेक्षण

Survives, right to sue : वाद लाने का अधिकार बचा रहता है

Surviving defendant : उत्तरजीवी प्रतिवादी

Surviving partner : उत्तरजीवी भागीदारी

Surviving plaintiff : उत्तरजीवी वादी

Surviver ship : उत्तरजीविता

Suspected character : संदिग्ध प्रकृति

Suspend : निलंबित करना

Suspicious circumstances : संदेहजनक परिस्थितियां

Sustained damage : हुए नुकसान

Sworn may be : शपथित किए जा सकेंगे

System of law : विधि पद्धति

T

Take in effect : प्रभावी होना / प्रभावशील होना

Take in adoption : दत्तक लेना

Take levels of land : भूमि का तल मापन

Take over the management : प्रबंध ग्रहण करना

Tampering : बिगाड़ना

Tangible : मूर्त

Tax credit certificate : प्रतिदेय कर प्रमाण-पत्र

Tax the cost : खर्चों का विनिर्धारण

Taxation laws : कर विधि

Technical research : तकनीकी अनुसंधान

Technical services : तकनीकी सेवाएं

Technique : तकनीक

Techno-economic studies : प्रौद्योग-आर्थिक अध्ययन

Temporal : ऐहिक

Temporarily : अस्थायी रूप से

Temporary injunction : अस्थायी व्यादेश

Tenancy : अभिधृति

Tenant : अभिधारी / किराएदार

Tenant of immovable property {Sec.6(f) T.P. Act} : स्थावर संपत्ति का अभिधारी

Tenants in common : सामान्यिक अभिधारी

Tend to general convenience of the parties, will : पक्षकारों की साधारण सुविधा होगी

Tendency : प्रवृत्ति / झुकाव

Tendency to expose in a criminal charge {Sec. 161(2), Cr.P.C.} : प्रवृत्ति ऐसी हो कि उसे आपराधिक आरोप के लिए उच्छन्न करे/ प्रवृत्ति ऐसी हो कि उसे आपराधिक आरोप के खतरे में डाले

Tender : निविदा / निविदा करना / कोमल

Tender of price : कीमत निविदत्त करना

Tender years {Sec. 118, Indian Evidence Act) : कोमल वर्ष (भारतीय साक्ष्य अधिनियम, धारा 118 देखिए) अप्रौढ़ आयु

Tenement : वासगृह

Tenets : सिद्धांत

Tenor : प्रकट शब्द / तात्पर्य

Tenure : अवधि / भूधृति

Tenure of service : सेवावृत्ति

Term : अवधि / निबंधन / शब्द / शर्त

Term of credit : उधार की अवधि

Term of years : वर्षों की अवधि

Term of contract : संविदा का निबंधन

Terminable : पर्यवसेय / समाप्य

Terminable annuity : पर्यवसेय वार्षिकी

Termination : पर्यवसान / समाप्त होना

Termination of bailment : उपनिधान का पर्यवसान / ज़मानत की समाप्ति

Termination of lien : धारणाधिकार का पर्यवसान / समाप्ति

Termination of the trial : विचारण खत्म होगा

Terms of reference : निर्देश निबंधन

Territorial : प्रादेशिक

Territorial division : प्रादेशिक खंड

Territorial waters : राज्यक्षेत्रीय समुद्र

Territory : राज्यक्षेत्र

Testamentary : वसीयती

Testamentary document : वसीयती दस्तावेज

Testamentary guardian : वसीयत संरक्षक

Testator : वसीयतकर्ता

Testator's will : वसीयतकर्ता की वसीयत

Testify : साक्ष्य देना

Testimony : परिसाक्ष्य

Test or examination : परीक्षण या परीक्षाएं

Text : शास्त्र-वाक्य

Text authoritative : प्राधिकृत पाठ

There in : उस में

There on : उस पर / उसके आधार पर

There under : उसके अधीन / तदाधीन

There upon : तब / तदुपरि

There upon the police officer shall arrest him : उस पर, पुलिस अधिकारी उसे गिरफ्तार करेगा

Things, usual course of : घटनाओं का प्रायिक अनुक्रम

Through the court : न्यायालय की मार्फत

Ties : बंधन

Time limit for registration : रजिस्ट्रीकरण के लिए नियत समय की परिसीमा

Time rate : कालानुपाती दर

Time work : कालानुपाती काम

Timely : यथासमय

Title : हक़ / अभिधान / पदनाम / उपाधि

Title, official : पदाभिधान

Title, deed : हक विलेख

Title short : संक्षिप्त नाम

To act in a disorderly manner: विच्छृंखलता से कार्य करना

To attend to : देखरेख करना

To exonerate absence : अनुपस्थिति की माफ़ी के लिए

To fill the office : पद भरने के लिए

To question : प्रश्नगत करना

To such an extent : इस विस्तार तक

To that effect : तदर्थक / उस प्रभाव का

To that extent : उस विस्तार तक

To the best of his knowledge : उसकी सर्वोत्तम जानकारी के अनुसार

To the best of his power : अपनी शक्तिभर

To the best of my judgement : अपने सर्वोत्तम विवेक के अनुसार / अपने श्रेष्ठ निर्णय के अनुसार

To the best of his belief : सर्वोत्तम विश्वासानुसार

To the fullest extent possible : संभवनीय पूर्णतम मात्रा में

To the prejudice of {Sec. 15 Indian Contract Act} : पर प्रतिकूल प्रभाव डालने के लिए / के हितों के अनुकूल

To the satisfaction of : के समाधान प्रद रूप में

Token : टोकन / चिह्न / प्रतीक / संकेत

Token grant : सांकेतिक अनुदान

Transferee {Sec. 48 T.P. Act}: अंतरिती जो सप्रतिफल है और जिसे सूचना नहीं है / बिना सूचना सप्रतिफल अंतरिती

Transferee for value {Sec. 19(b), Specific Relief Act} : मूल्यार्थ अंतरिती

Transferee without consideration : अप्रतिफल अंतरिती

Transferee with notice : सूचना सहित अंतरिती

Transferred by assignment in writing : अंतरण लिखित समनुदेशन द्वारा हो गया है

Transferring partner : अंतरक भागीदार

Transformation : रूपांतरण

Transit : अभिवहन

Transit, stoppage in : अभिवहन में रोकना

Transitory : अस्थायी

Transitory provisions : अस्थायी उपबंध

Transmission : पारेषण / पारेषित किया गया संचरण

Trasmit : पारेषित करना

Trasmit the proceedings : कार्यवाहियां पारेषित करना

Treasure : गुप्त निधि

Treasurer : कोषाध्यक्ष / कोषपाल

Treasury : खज़ाना

Treasury benches : सरकारी पक्ष (संसद में)

Treasury challan : खज़ाना चालान

Treat repudiated : निराकृत मापना

Treating bribery by : सत्कार के रूप में रिश्वत

Treating the contract as repudiated : संविदा को निराकृत मानना

Treatise : पुस्तक

Treaty for the sale : विक्रय की बातचीत

Trespass : अतिचार

Trespass, house : गृह अतिचार

Trespass lurking house : प्रछन्न गृह-अतिचार

Trial : परीक्षण

Trial by jury : जूरी द्वारा विचारण

Trial cannot behad : विचारण न हो सकेगा

Trial, on a : विचारण में

Trial run of any factory : किसी कारखाने को परीक्षणार्थ चलाना

Trial, subsequent : पश्चात्वर्ती विचारण

Tribe : जन जाति

Tribunal : अधिकरण

Trivial : तुच्छ

Trivial nature of the offence : अपराध की तुच्छ प्रकृति

Troops : फौज

True account : सच्चा लेखा / खाता / सही वृत्तांत

True and correct view : सच्चा और सही रूप

True construction {Sec.16, Explanation (ii) Specific Relief Act} : शुद्ध अर्थान्वयन (विनिर्दिष्ट अनुतोष अधिनियम, धारा 16, स्पष्टीकरण (ii) देखिए)

True copy : सही प्रति

True disclosure : सत्य प्रकटन

True faith and allegiance : सच्ची श्रद्धा और निष्ठा

True interpretation : ठीक भाषांतर

Trust : न्यास (ट्रस्ट) भरोसा करना

Trust, acceptance of : न्यास का प्रतिग्रहण

Trust, author of : न्यासकर्ता

Trust, breach of : न्यास भंग / विश्वासघात

Trust, creation of : न्यास का सृजन

Trust, disclaimer of : न्यास से इनकार

Trust funds : न्यास निधि

Trust, in : न्यासतः

Trust instrument of : न्यास की लिखित

Trust money : न्यास धन

Trust property : न्यास संपत्ति

Trust, subject of : न्यास का विषय

Trustee : न्यासी (ट्रस्टी)

Truthfully, interpret : ठीक-ठीक भाषांतर करना

Try in a summary way : संक्षेपतः विचारण करना

Try summarily : संक्षिप्त विचारण करना

Turpitude, moral : नैतिक अधमता

Tyranny : अत्याचार

U

Ulterior {Sec. 27, T.P. Act} : परतर / अंतरस्थ

Ulterior disposition : परतर व्ययन

Ultimate : अंतिम

Umpire {Sec. 5 Arbitation Act}: अधिनिर्णायक

Unallotted : अनाबंटित

Unanimous : एकमत

Unapplied : अनुपयोजित

Unascertained goods : अनभिनिश्चित माल

Unauthorised act : अप्राधिकृत कार्य

Unauthorised person : अप्राधिकृत व्यक्ति

Unavailed : अनुपयुक्त

Unavoidable : अनिवार्यतः/अपरिहार्यतः

Uncancelled : अरद्द

Unchaste : असती / शील भ्रष्टा

Unclaimed : अदावाकृत

Unconditional : बिना शर्त / अशर्त

Unconsciousable : लोकात्मा-विरुद्ध / अंतःकरण विरुद्ध

Uncontested : अविरोध

Uncorroborated : असंपुष्ट

Uncorroborated testimony : असंपुष्ट परिसाक्ष्य

Undefaced : अविरूपित

Under a mistake : भूल में / भूल के कारण

Under assessed : अवनिर्धारित

Under consideration : विचाराधीन

Under contract : संविदा के अधीन

Under estimate : अवप्राक्कलन

Under his command : अपने समादेशाधीन

Under my hand : मेरे हस्ताक्षर से

Under obligation : बाध्यताधीन

Under payment : न्यूनसंदाय

Under protest : सविरोध / अभ्यापति पूर्वक

Under the hand of the judge : जिस पर न्यायाधीश के हस्ताक्षर हों

Under the style of : के अभिनाम से

Under the suzerainty : महाधिपत्याधीन

Under lease : उपपट्टेदार

Under letting : उप पट्टाकरण

Undertaken, the promiser has not : वचनदाता ने यह भार अपने ऊपर ले लिया है

Undertaking : उपक्रम / वचनबंध / परिवचन

Undertraining : प्रशिक्षणाधीन
Under value : न्यून-मूल्य
Underwriter : निम्नांकक / हामीदार
Undermined : अनवधारित
Undischarged insolvent : अनुन्मोचित दिवालिया
Undisputed : निर्विवाद
Undivided : अविभक्त
Undoubted credit : असंदिग्ध प्रत्यय
Undue : अनुचित
Undue delay : अनुचित विलंब
Undue influence : असम्यक् असर/ अनुचित प्रभाव
Unemployment : बेकारी / बेरोज़गारी
Unemployment insurance : बेकारी / बेरोज़गारी बीमा
Unencumbered : विल्लंगम रहित
Unencumbered property : विल्लंगम रहित संपत्ति
Uneven number : अनिश्शेषित
Unexpired : अनवसित / चालू
Unexpired risk : चालू जोखिम
Unfair : नावाजिब
Unfasten : खोलना
Unfavourable : अननुकूल
Unfinished : अधूरा / असमाप्त
Unfit person : अयोग्य व्यक्ति
Unforeseen : अनवेक्षित / अकल्पित
Unicameral legislature : एक सदनीय विधान मंडल
Uniform : एकरूपात्मक / एक रूप
Unimpaired : अविकल
Unimpaired use : अविकल उपयोग
Unihabitable : निवास के अयोग्य
Uninterrupted service : अविच्छिन्न सेवा / अविरत सेवा
Union : संघ
Unit certificate : यूनिट प्रमाण-पत्र
Unite : संयोजित करना
Unjust : अन्यायपूर्ण
Unlawful : विधि विरुद्ध
Unlawful assembly : विधि विरुद्ध जमाव
Unlawful detaining : विधि विरुद्ध निरोध
Unlawful object : विधि विरुद्ध उद्देश्य
Unlawful obtained : विधि विरुद्धतया / अभिप्राप्त
Unless otherwise agreed : जब तक कि अन्यथा क़रार न हो
Unlicensed : अननुज्ञप्त
Unmerchantable : अविक्रेय
Unnatural death : अवमृत्यु
Unnecessary : अनावश्यक
Unnecessary delay : अनावश्यक विलंब
Unpaid : असंदत्त
Unpaid seller : असंदत्त विक्रेता
Unperformed : अपालित / पालन न किया गया
Unpublished : अप्रकाशित
Unqualified : अविशेषित / बिना शर्त/ अनर्हित
Unqualified acceptance {Sec. 7(1) Indian Contract Act} : अविशेषित प्रतिग्रहण
Unreasonable : अनुचित
Unrebutted : अखंडित
Unrepealed : अनिरसित

Unrepealed provisions : अनिरसित उपबंध

Unsafe : असुरक्षित

Unsatisfactory : असमाधान प्रद

Unsatisfied : अतुष्ट

Unsatisfied order : अतुष्ट आदेश

Unseaworthy : तरण अयोग्य / जल यात्रा के अयोग्य

Unsecured : अप्रतिभूत

Unsettled : अपरिनिर्धारित

Unsettled account : अपरिनिर्धारित हिसाब

Unskilful : अकौशल / अनाड़ी / अदक्ष

Unskilled : अकुशल / अप्रशिक्षित / बेहुनर

Unsound mind : विकृत चित्त

Unsoundness of mind : चित्त विकृति

Unspecified {Sec. 34, Indian Contract Act} : अविनिर्दिष्ट

Unstaking (of cargo) : चट्टा उठाना

Unstamped : अस्टांपित

Unstowing (of cargo) : निकालना

Unsustainable : न टिक सकने वाला

Until further order : जब तक अतिरिक्त / अगला / और आदेश न हो

Untransferable : अनंतरणीय

Untransferable right : अनंतरणीय अधिकार

Unusual {Sec. 99(b) Cr.P.C.} : अप्रायिक

Unusual rate : अप्रायिक दर

Unwholesome : अस्वास्थ्यकर

Unwilling : रजामंद न होना

Unworkman like manner, in : अकुशलता से

Unworthy : अयोग्य

Unworthy of credit : विश्वसनीयता के अयोग्य / विश्वसनीयता के अयोग्य का अपात्र

Unwrought : अनगढ़ा

Upkeep : अनुरक्षण / चालू रखना

Upon an amended charge : संशोधित आरोप पर

Upon oath : शपथ पर

Upon supposition : अनुमान पर

Upset price : प्ररक्षित कीमत

Up to date : अद्यतन

Urgency : आत्ययिकता / अति आवश्यकता

Urgent case : अतिआवश्यक मामला

Urgent necessity : अत्यंत आवश्यकता

Urgent official duty : अति आवश्यक पदीय / सरकारी काम / कर्तव्य

Usage {Sec.49, Indian Evidence Act} : प्रथा

Usage having force of law : विधि का बल रखने वाली प्रथा

Use his utmost endeavour, shall : अपना अधिकतम प्रयास करेगा

User : उपभोक्ता

User, right of : उपभोक्ता का अधिकार

Usual and reasonable manner: प्रायिक और युक्ति युक्त प्रकार

Usual clauses : उपबंध जो प्राय: रखे जाते हैं

Usual course of the post : डाक का सामान्य अनुक्रम

Usual course of things : घटनाओं का सामान्य अनुक्रम

Usual legal proceedings : प्रायिक विधिक कार्यवाहियां

Usual place of custody : अभिरक्षता का प्रायिक स्थान

Usual place of residence : प्रायिक निवास स्थान

Usual place of sitting : बैठक का प्रायिक स्थान

Usual rate : प्रायिक दर

Usual way : प्रायिक रीति

Usufructuary mortgage : भोग बंधक

Uterine blood {Sec.3(1)(e) Hindu Succession Act} : एकोदर रक्त (सामान्य (एक) मादा (स्त्री) का वंशज होने—हिंदू उत्तराधिकार अधिनियम, धारा 3(1)(ई) को देखिए)

Utilise : उपयोग होना / करना

Utmost endeavour, shall use his : अपना अधिकतम प्रयास करेगा

Utmost exertion : भरसक प्रयास

Utterer of coin : सिक्का चलाने वाला

V

Vacancy : रिक्ति

Vacancy in office : पद में रिक्ति

Vacant : रिक्त

Vacate : खाली करना

Vacation of seats : स्थानों का रिक्त हो जाना

Vakil : वकील

Valid : विधिमान्य

Valid cession : विधिमान्य अध्यर्पण

Valid charge : विधिमान्य आरोप

Valid discharge : विधिमान्य उन्मोचन

Valid ratification : विधिमान्य अनुसमर्थन

Valid service : विधिमान्य तामील

Valid votes : विधिमान्य मत

Validate : विधिमान्य बनाना

Validity of any Act : किसी अधिनियम की विधिमान्यता

Valuable : मूल्यवान

Valuation : मूल्यांकन

Valuation actuarial : बीमांकिक मूल्यांकन

Valuation of annuities : वार्षिकियों का मूल्यांकन

Valuation of suits : वादों का मूल्यांकन

Value of the security : प्रतिभूति का मूल्य

Value of the subject matter : विषयवस्तु का मूल्य

Value, rights for : मूल्य देकर अधिकार

Value, transferee for : मूल्यार्थ अंतरिती

Valuer : मूल्यांकक

Variance : फेरफार

Variation of rate of exchange : विनियम दर में फेरफार

Various classes : विभिन्न वर्ग

Vary : फेरफार करना

Vend : बेचना

Veracity : सत्यवादिता

Verbal : मौखिक

Verbal agreement : मौखिक करार

Verbal warranty : मौखिक वारंटी

Verbatim : शब्दश: / शाब्दिक

Verdict : अधिमत

Verification : सत्यापन

Verification of pleadings : अभिवचनों का सत्यापन

Verified copies : सत्यापित प्रतियां

Vernacular : जनभाषा / देशी भाषा

Vessel : जलयान

Vest : निहित करना / होना

Vested interest : निहित स्वार्थ / हित

Vexation : तंग करना

Vexatious claim : तंग करने वाला दावा

Vexatious defence : तंग करने वाली प्रतिरक्षा

Vexations or improper conduct: तंग करने वाला या अनुचित आचरण

Vice admirality : उपनावधिकरण

Vice admirality jurisdiction : उपनावधिकरण विषयक अधिकारिता

Vicinicty : सामीप्य

View to, with a : की दृष्टि से

Village accountant : ग्राम लेखापाल

Village Headman : ग्राम मुखिया

Village records : ग्राम अभिलेख

Violation : अतिक्रमण

Virtue of office, by : पदाभिधान से / पद के आधार पर

Visible representation : दृश्य रूपरण

Visitor of the university : विश्वविद्यालय का कुलाध्यक्ष

Viva voce examination : मौखिक परीक्षा

Vocational training {Sec.3(2) Employment of Children Act} : व्यावसायिक प्रशिक्षण

Void agreement {Chapter II, Reading Indian Contract Act} : शून्य करार (भारतीय संविदा अधिनियम का अध्याय-II, शीर्षक, देखिए)

Voidable, at the option of : के विकल्प पर शून्यकरणीय

Voidable in point of law : विधि की दृष्टि से शून्यकरणीय

Volume : जिल्द / परिणाम

Voluntary : स्वेच्छया

Voluntary retirement (VR) : स्वेच्छया निवृत्ति

Voluntary transfer : स्वेच्छया अंतरण

Vote of the majority : बहुमत

Voting by postal ballot : डाक मतपत्र द्वारा मतदान

Voting paper : मत पत्र

Voucher : वाउचर

Voyage : समुद्री यात्रा

Vows religious : धार्मिक व्रत

W

Wage board : मज़दूरी बोर्ड

Wage period : मज़दूरी कालावधि

Wager (Sec. 30 Indian Contract Act} : पदयम / बाजी लगाना/ शर्त बदना

Waging war : युद्ध करना / छेड़ना

Wagon : वैगन

Waiting period : प्रतीक्षा कालावधि

Waive : अधित्यजन करना

Waive of lien : धारणाधिकार का अधित्यजन करना

Waiver : अधिव्यजन

Wall, sea : सागर भित्ति

Wandering gang of persons : व्यक्तियों की घूमती-फिरती टोली

Want of capacity : क्षमता का अभाव

Want of due execution : सम्यक् निष्पादन का अभाव

Want of jurisdiction : अधिकारिता का अभाव

Want of skill : कौशल की कमी

Want of title : हक़ का अभाव

Want or failure of consideration : प्रतिफल का अभाव या निष्फलता

Wantonly : अनियंत्रित तौर से

War like operation : युद्ध जैसी संक्रियाएं

Warehouse : भंडागार

Warrant {Sec. 6, illustration (b), IPC, Sec. 109, Army Act} : वारंट / के लिए समुचित आधार होना / समर्थित करना

Warrant of arrest : गिरफ़्तारी का वारंट

Warrant of committal : सुपुर्दगी का वारंट.

Warrant officer : वारन्ट आफिसर

Warrant the genuineness : असली होने की वारंटी देना

Warrant by the information : जानकारी से समर्थित

Warranty {Sec. 133 TP Act} : वारंटी

Was misled : भुलावे में पड़ गया

Waste : बरबादी

Waste or arable land : बंजर या कृष्य भूमि

Wasteful expenditure : अपचयकारक व्यय

Wasting : क्षयशील

Watch word : संकेत शब्द

Weapon of offence : आक्रामक आयुध

Wear and tear : घिसाई

Wedlock, outside : (उससे) विवाह किए बिना

Welfare of labour : श्रमिकों का कल्याण

Wharfage {Sec. 7(2)(m) payment of wages Act} : घाटा-भाड़ा

Wharfinger {SEc. 407 IPC} : घाटवाल

When ealled upon : अपेक्षित किए जाने पर

When convicting : दोष सिद्ध करते समय

When it ceased to be enforceable : जब वह प्रवर्तनीय नहीं रह जाती

Where abouts : ठौर ठिकाना

Where as : यत:

Which had the force of law : जो विधि का बल रखती थी

Wife {Sec. 120, Indian Evidence Act} : पत्नी (एक स्त्री विवाह से एक पुरुष से जुड़ जाती है, एक स्त्री जिसका पति जीवित है और जो तलाकशुदा नहीं है—भारतीय साक्ष्य अधिनियम धारा 120 भी देखिए)

Wilful {Schedule V. form 38. Cr.P.C.} : जानबूझ कर

Wilful contempt : जानबूझ कर किया गया अवमान

Wilful wrong {Sec. 192 Indian Contract Act} : जानबूझ कर किया गया दोष

Wilfully avoiding service : तामील से जानबूझ कर बचना

Wilfully neglect : जानबूझ कर उपेक्षा करना

Winding up : परिसमापन

Wireless communication : बेतार संचार

With due regard to seniority : ज्येष्ठता का सम्यक ध्यान रखते हुए

With his own hand : स्वयं अपने हाथ से

With the like power : वैसी ही शक्ति रखते हुए

With the same amount of punishment (Sec. 234(2) Cr.P.C.}: दण्ड की उतनी ही मात्रा से

Withdraw : वापस लेना

Withdraw a case : मामला प्रत्याहृत करना

Withdraw from a suit {Order XXIII rule 1(3) CPC} : प्रत्याहृत कर लेना / वाद से प्रत्याहरण करना

Withdrawal from the fund : निधि से रकम का निकाला जाना

Withdrawal of condidature : उम्मीदवारी / अभ्यर्थिता वापस लेना

Withdrawal of complaint : शिकायत / परिवाद का प्रत्याहरण

With held : विधारित

With in the meaning of : के अर्थ में

With in the scope of the agent's authority : अभिकर्ता के प्राधिकार के विस्तार के भीतर

Without consent : समति के बिना

Without consideration : प्रतिफल के बिना

Without due care and attention : उचित / पर्याप्त सतर्कता और ध्यान के बना

Without intervention of the court : न्यायालय के मध्यक्षेप के बिना

Without jurisdiction : बिना अधिकारिता के

Without notice : सूचना के बिना

Without payment : भुगतान / संदाय के बिना

Without prejudice to the generality of powers : व्यापकता पर प्रतिकूल प्रभाव डाले बिना

Without prejudice to the generality of the foregoing principle : पूर्ववर्ती सिद्धांत की व्यापकता पर प्रतिकूल प्रभाव डाले बिना

Witness for the prosecution : अभियोजन साक्षी

Witness in attendance : हाजिर साक्षी

Won on wager : पंदयमपन जीती गई

Word or action, by : वचन या कर्म द्वारा

Words spoken : मौखिक शब्द

Work, execute the : कर्म निष्पादन करना

Work on hire : भाड़े पर काम करना

Work mine : खान खुदवाना

Wreck : नष्ट हो जाना

Writ : रिट / आदेश

Writ of attachment : कुर्की रिट / कुर्की आदेश

Writ of certiorari : सरशियोरेराई रिट / उत्प्रेषण रिट

Writ of execution : निष्पादन रिट / आदेश

Writ of Habeas Corpus : हेबिस कार्पस / बंदी प्रत्यक्षीकरण रिट

Writ of mandamus : परमादेश / मेंडेमस रिट

Writ of quowarrant : क्वोवारंट रिट/ अधिकार पृच्छा रिट

Writing under their hands : स्वहस्ताक्षरित लेख

Written acknowledgment : लिखित अभिस्वीकृति

Written authority : लिखित अधिकार

Written down value : अवलिखित मूल्य

Written instruction : लिखित अनुदेश

Written proclamation : लिखित उद्घोषणा

Written security : लिखित प्रतिभूति

Wrong actionable : अनुयोज्य दोष

Wrongdoer : दोषकर्ता

Wrongful confinement : सदोष परिरोध

Wrongful exaction : सदोष अत्यादाय

Wrongful gain : सदोष अभिलाभ

Wrongful possession : सदोष / दोषपूर्ण स्वाधीनम्

Wrongfully conceal : सदोष छिपाना

Wrongfully confined : दोषपूर्वक परिरुद्ध

Wrongfully deprives : दोषपूर्वक वंचित करता है

Wrongfully discharged : दोषत: सेवोन्मुक्त

Wrongfully dismissed : दोषत: पदच्युत्

Wrongfully diverted : दोषत: मोड़ दिया

Wrongfully fouled and polluted : सदोष कलुषित और प्रदूषित

Wrongfully obtained : सदोष अभिप्राप्त

Wrongfully refuse : सदोष इनकार करना

Wrongfully retain : सदोष प्रतिधारित करना

Wrongfully sold, shall be : सदोष बेच दी जाएगी

Wrongfully strike : सदोष आघात करना

Wrongfully determined : ग़लत तौर पर अवधारित किया गया

Wrongfully rejected : ग़लत तौर पर प्रतिक्षेपित

Y

Yielding income : आय देने वाली
Yields up his interest under the lease : पट्टे के अधीन अपना हित छोड़ देता है

Youthful offender : किशोर अपराधी

Z

Zanana : जनानखाना
Zany : भांड, मसखरा / मूर्ख

Zero : जीरो, शून्य
Zone : क्षेत्र

VIGILANCE

सतर्कता

Vigilance

सतर्कता

A

Abetment : दुष्प्रेषण
Above board : असंदिग्ध
Accusation : अभियोग
Accuse : अभियोग लगाना
Accused : अभियुक्त
Adhere to : अनुपालन करना
Administration of warning : चेतावनी देना
Administrative Authority : प्रशासनिक प्राधिकारी / प्राधिकरण
Administrative Reforms Commission : प्रशासनिक सुधार आयोग
Administrative Vigilance Division : प्रशासनिक सतर्कता प्रभाग
Admonishing : भर्त्सना करना
Affidavit : शपथ पत्र / हलफ़नामा
Agency for anti-corruption activities : भ्रष्टाचार विरोधी क्रियाकलाप/ कार्यकलाप अभिकरण
Agency for conducting enquiries : जांच आयोजन अभिकरण
Agreed arrangements : सहमति से की गई अवस्था / सहमत व्यवस्था
Agreed list : सहमत सूची
Allegation : आरोप
Allege : आरोप लगाना

Alleged offence : कथित अपराध
Alternative prosecution : वैकल्पिक अभियोजन
Alternative to prosecution : अभियोजन का विकल्प
Annual confidential report : वार्षिक गोपनीय रिपोर्ट
Anonymous complaint : अनाम शिकायत / परिवाद
Anti-corruption activities : भ्रष्टाचार विरोधी क्रियाकलाप
Anti-corruption department : भ्रष्टाचार विरोधी विभाग
Anti-corruption Law (Amendment) : भ्रष्टाचार विरोध-विधि (संशोधन)
Act : अधिनियम
Appeal : अपील
Appellate authority : अपील प्राधिकारी (विधि)
Applicability of rules : नियमों की प्रयोगशाला
Apprehend : पकड़ना / हिरासत में लेना
Appropriate and fruitful : समुचित और फलदायी

Appropriate action : समुचित कार्यवाही

Appropriate Disciplinary Authority : उपयुक्त अनुशासनिक प्राधिकरण

Arbitration : मध्यस्थता

Assistant vigilance officer : सहायक सतर्कता अधिकारी

Assisting defence counsel : सहायताकारी प्रतिवाद काउंसिल

Associate *(verb)* **:** सहयुक्त होना / करना

Associate *(noun)* **:** सहचारी / साझेदार/ संयुक्त

Attempt and conspiracy : प्रयास और षड्यंत्र

Auction : नीलाम

Audit report : लेखा परीक्षा रपट/ रिपोर्ट

Augment : बढ़ना

Authority : अधिकार / प्राधिकरण

Avail : काम आना / हितकर होना

Averse : प्रतिकूल

Award : अधिनिर्णय

B

Bad performance : कुनिष्पादन

Bankrupt : दिवालिया

Barest minimum : नितांत न्यूनतम

Basic & important document: आधारभूत / आधारिक और महत्त्वपूर्ण प्रलेख

Basis of allegations : आरोपों का आधार

Blacklisting of firms : फर्मों को काली सूची में डालना

Bribe : रिश्वत / घूस

Bribe money : रिश्वत का पैसा

Bribery : रिश्वतखोरी / घूसखोरी

Brief : पक्षसार

Broker : दलाल

Business like : कार्य कुशल

C

Cable : केबिल / रस्सा

Cache : गुप्त भंडार / छिपी हुई रसद

Cacography : बुरी लिखावट

Calligraphy : सुलेख / खुशनवीसी

Camera, in : बंद कमरे में

Capacity : सामर्थ्य / गुंजाइश

Caption : अनुशीर्षक / शीर्षक

Case : पक्ष / मामला

Catch red handed : रंगे हाथों पकड़ना

Cautioning : सावधान करना
Censure : परिनिंदा
Central Bureau of Investigation (CBI) : केंद्रीय अन्वेषण ब्यूरो
Central Investigation Agency (CIA) : केंद्रीय अन्वेषण अभिकरण
Character rolls : चरित्र पंजिका
Chargesheet : आरोप पत्र
Cheating : ठगी
Chief Technical Examiner's Organisation : मुख्य तकनीकी परीक्षक संगठन
Chronological : काल क्रमिक
Classified / graded documents/ records : वर्गीकृत / श्रेणीकृत प्रलेख/ अभिलेख
Co-accused : सह-अभियुक्त
Coercion : प्रपीड़न
Cognizable offence : संज्ञेय अपराध
Cognizance : संज्ञान
Collateral evidence : पार्श्वक साक्ष्य
Collect intelligence : आसूचना एकत्र करना
Commission of Enquiry Act : जांच अधिनियम आयोग
Committee on prevention of corruption : भ्रष्टाचार निवारक समिति
Committee on Public Enterprises : लोक उद्यम समिति
Common proceedings : साझी कार्यवाही
Competence : सक्षमता
Competent authority : सक्षम अधिकारी / प्राधिकरण
Competent jurisdiction : सक्षम न्याय क्षेत्र
Competent legal advice : सक्षम विधिक सलाह / सक्षम कानूनी सलाह
Complainant : फ़रियादी / परिवादी/ शिकायतकर्ता
Complainant organisation : शिकायत संगठन
Complete and thorough : पूर्ण और सम्यक
Complicated rules and procedure : जटिल नियम और कार्यविधि
Complicity : सह अपराधिता
Compulsory retirement : अनिवार्य सेवानिवृत्ति
Conclusion : निष्कर्ष
Conclusive : निश्चायक
Concurrent powers : समवर्ती शक्तियां
Confindential section : गोपनीय अनुभाग
Consider *(verb)* : मानना / विचार करना
Construction : सन्निर्माण
Consultation : परामर्श
Control : नियंत्रण
Contumaciously : धृष्टता पूर्वक
Conveying displeasure : अप्रसन्नता जताना
Convict : सिद्ध दोष / सिद्ध दोष ठहराना
Conviction : दोष सिद्धि
Coordination : समन्वय / तालमेल
Corrective : सुधारक
Corruption : भ्रष्टाचार
Counsel : मंत्रणा / मंत्र दाता / काउंसिल

Counterfeit currency antiques: नकली / जाली प्राचीन मुद्राएं
Court case : अदालती मामला
Courteous letter : शिष्ट पत्र
Court of law : न्यायालय / अदालत
Criminal : अपराधी / आपराधिक
Criminal breach of trust : आपराधिक न्यास भंग / आपराधिक विश्वासघात
Criminal force : आपराधिक दल / शक्ति
Criminal procedure code : दंड प्रक्रिया संहित
Criminal proceedings : आपराधिक कार्यवाही
Criminal prosecution : आपराधिक अभियोजन
Cross examination : जिरह / बहस
Culprit : दोषी
Cunning : चालाक / धूर्त
Curfew : घरबंदी / कर्फ़्यू
Curtail : घटाना
Custodian : परिरक्षक / अभिरक्षक
Custom : सीमा शुल्क
Custom house : सीमा शुल्क कार्यालय

D

Daily : दैनिक
Damage : क्षति
Dare : साहस / हिम्मत
Debar : विवर्जित करना / बहिष्कृत करना
Debate : वाद-विवाद / बहस
Decoy : छद्मी / फंदक
Defamatory language : मानहानिक भाषा
Defaults : अपराध
Defaulting employees : व्यतिक्रमी कर्मचारी
Defect : दोष / त्रुटि
Defence : प्रतिवाद
Defence counsel : प्रतिवाद काउंसिल/ वकील
Defence helper : प्रतिवाद सहयोगी
Defendant : प्रतिवादी / मुद्दालेह
Defendant official : प्रतिवादी कर्मचारी
Deficiencies : कमियां
Delection : लोप
Delinquent : अपचारी
Demotion : पदावनति
Departmental action : विभागीय कार्यवाही
Departmental disciplinary action : विभागीय अनुशासनिक कार्यवाही
Departmental enquiry : विभागीय जांच
Departmental inspection : विभागीय निरीक्षण
Departmental investingation : विभागीय अन्वेषण
Departmental irregularity (procedural) : विभागीय अनियमितता (कार्यविधिक)
Departmental negligence : विभागीय उपेक्षा / लापरवाही

Departmental proceedings : विभागीय कार्यवाही

Departmental test check : विभागीय नमूना जांच

Departmental vigilance unit : विभागीय सतर्कता इकाई

Departure : विचलन

Depose : अभिसाक्ष्य देना

Dereliction of duty : कर्तव्य की अवहेलना

Desk officer : डैस्क अधिकारी

Desertion of duty : कर्तव्य पलायन

Detailed reports : ब्यौरेवार रपट / विस्तृत रपट

Detailed remarks : ब्यौरेवार अभ्युक्ति

Detect : पता लगाना / पता चलाना / खोज निकलना

Detection : पता / खोज

Develop a case : पक्ष तैयार करना

Development of source : स्रोत विकास

Devise and adopt : (युक्ति) निकालना और अपनाना

Difference of opinion : मतभेद

Director vigilance : निर्देशक सतर्कता

Disability : नियोग्यता

Disagreement : असहमति

Disciplinary action : अनुशासनिक कार्यवाही

Disciplinary authority : अनुशासनिक प्राधिकरण / प्राधिकारी

Disciplinary proceedings : अनुशासनिक कार्यवाही

Discreet enquiry : विवेकपूर्ण जांच

Discretion : विवेकाधिकार

Discretionary powers : वैवेकिक शक्तियां

D & A¹ enquiry : अनुशासन और अपील जांच

Disicipline and appeal rules : अनुशासन और अपील नियम

Disgruntted person : क्षुब्ध व्यक्ति

Dishonest : बेईमान

Disproportionate source of income : आय का विषमानुपाती स्रोत

Dismissal : बरखास्तगी / खारिजी

Displeasure : अप्रसाद / अप्रसन्नता / असंतोष

Division : प्रभाग

Document : प्रलेख / दस्तावेज़

Doubt : संदेह

Draw a chargesheet : आरोप-पत्र तैयार करना

Drive and direction : प्रेरणा और निर्देश

Duress : दबाव / बाध्यता

Duty : शुल्क / कर्तव्य

Dynamical : गतिशील

Dynamism : ऊर्जावाद/गतिवाद/ गतिकता

Dysfunction : दुष्क्रिया

---

1. Disicipline & Appeal

E

Earn : (धन) कमाना
Easiness : आसानी
Economic offences wing : आर्थिक अपराध स्कंध
Effective : प्रभावी / कारगर
Efficiency : कार्यकुशलता / दक्षता / क्षमता
Embezzlement : ग़बन
Enquiry : जांच / पूछताछ
Enquiry inspector : जांच निरीक्षक
Enquiry officer (vigilance) : जांच अधिकारी (सतर्कता)
Eradicate corruption : भ्रष्टाचार उन्मूलन
Estimate Committee : प्राक्कलन समिति
Evaluation of the evidence and conclusions : साक्ष्य और निष्कर्षों का मूल्यांकन
Evidence, documentary : प्रलेखी साक्ष्य / दस्तावेज़ी साक्ष्य
Evidence, oral : मौखिक साक्ष्य
Examination : परीक्षण
Exculpate : निरपराध घोषित करना
Execution of trap : पाश / जाल बिछा कर कार्यवाही करना
Executive set up : कार्यकारी संगठन
Exonerate : दोष मुक्त / माफ़ करना
Exparte : एक पक्षीय
Expert police investigation : विशेषज्ञीय पुलिस अन्वेषण
Extant orders : वर्तमान आदेश
Extenuate : कम करना / घटाना
Exterminate : मिटा देना / नष्ट कर देना
Extinguish : बुझाना / समाप्त कर देना
Extract : उद्धरण / निष्कर्ष निकालना
Extravagant : असंयत / फिजूल खर्च
Extreme : अंतिम

F

Fabricate : गढ़ना / जालसाज़ी करना
Fabricated cases : मगढ़ंत मामले
Fact finding enquiry : तथ्यान्वेषणी जांच
Facts and evidence : तथ्य और साक्ष्य / गवाही
Factually correct : तथ्यत: सही
Fair and objective : निष्पक्ष और वस्तुपरक
False and baseless : झूठा और निराधार
Falsification of records : अभिलेखों का मिथ्याकरण
Favourtism : पक्षपात

Fight corruption : भ्रष्टाचार से जूझना

Findings : जांच परिणाम / निष्कर्ष

Finger print expert : अंगुली छाप जांच विशेषज्ञ

First information report (FIR): प्रथम सूचना रिपोर्ट / प्राथमिकी / एफ.आई.आर.

Flimsy ground : तुच्छ कारण / सारहीन कारण

Flog (v) : कोड़े लगाना / पीटना

Follow up action : अनुवर्ती कार्यवाही

Foreign exchange regulation : विदेशी मुद्रा विनिमय नियम

Foreign exchange regulation Act [1] : विदेशी मुद्रा विनिमय नियम अधिनियम / फ़ेरा

Forgery : जालसाजी

Formal disciplinary proceeding : औपचारिक अनुशासनिक कार्यवाही

Framing of charges : आरोप विरचन

Fraud : कपट / कपट कार्य

Fraud squad : कपट रोक दस्ता

Frivolous complaints : तुच्छ शिकायतें

Functions : कार्य

Functions & powers of SPE* : विशेष पुलिस स्थापना के कार्य एवं शक्तियां

Fundamental rights : मूल अधिकार

Furnish (verb) : जुटाना / प्रस्तुत करना

Futile : व्यर्थ / निरर्थक

G

Gallantry : वीरता

Gallows : फांसी का तख़्ता

Gang : गिरोह / टोली

Gauge : माप

General check : सामान्य जांच

General offencr wing : सामान्य अपराध स्कंध

Genuineness : असलीपन

Genuine signed complaints : असली हस्ताक्षरित शिकायतें

Go stray : भटकना

Good / Bad performance : अच्छा/बुरा कार्य संपादन

Govt. examiner of questioned documents : प्रश्नगत प्रलेखों का सरकारी परीक्षक

Graded documents / recods : श्रेणीकृत प्रलेख / अभिलेख

Grant of immunity or parden: उन्मुक्ति या क्षमा प्रदान करना

Gratification : अपतोषण / परितोषण

Gravity of offence : अपराध की गुरुता / गंभीरता

---

1. FERA

* Special Police Establishment

Grievance machinery : शिकायत तंत्र

Guidelines : मार्ग निर्देश

Guilty person : दोषी व्यक्ति

H

Habitual : अभ्यस्त

Handwriting expert : हस्तलिखित विशेषज्ञ / हस्तलेख विशेषज्ञ

Harm : हानि

Harsh : कठोर / निष्ठुर

Haste : जल्दी

Haul : खींचना

Havoc : विध्वंस

Hazarlous : जोखिम भरा संकटपूर्ण

Hearsay evidence : अनुश्रुत साक्ष्य

High grade : उत्कृष्ट

High wayman : बटमार

Hitch : झटका

Holding : संपत्ति

Holding company : नियंत्रक

Hood wink : आंखों में धूल झोंकना / धोखा देना

Hurdle : रुकावट / बाधा

Hypothesis : परिकल्पना / अनुमान

Hypothetical : परिकल्पित / अनुमानित

I

Idea : भाव / विचार

Identical : समरूप / समान

Identification : एकीकरण / पहचान / शिनाख़्त

Ignorance : अनभिज्ञता

Ignore (verb) : उपेक्षा करना

Illadvised : कुमंत्रित

Illegal : अवैध

Illegal gratification : गैर कानूनी अपतोषण / अवैध परितोषण

Illegitimate : ग़ैर कानूनी /ग़लत / अशुद्ध

Illicit : गैर कानूनी / अवैध

Illogical : तर्क विरुद्ध / असंगत

Immunity : उन्मुक्ति

Immunization : प्रतिरक्षण

Immunize (verb) : उन्मुक्त या प्रतिरक्षित करना

Impact : संघात / टक्कर

Impact of vigilance drive : सतर्कता अभियान का प्रभाव

Impose (verb) : अधिरोपित करना

Impose major or minor penalty : भारी या हल्का दंड देना

Improper motive : अनुचित हेतु

Imputation : लांछन

Inconfidence : विश्वस्त रूप से / विश्वास में लेकर

Incriminating evidence : अवबंधक साक्ष्य

Independent witness : स्वतंत्र साक्ष्य

Indian Penal Code : भारतीय दंड संहिता

In due course : यथावधि

Indulgence : उदारता

Informal enquiry : अनौपचारिक जांच

Informer : भेदिया / मुख़बिर

Inherently : अंतर्निहित रूप से

Insolvent : दिवालिया

Inspection of documents : प्रलेख निरीक्षण

Institute a complaint : शिकायत स्थापित करना

Institute disciplinary proceedings : अनुशासनिक कार्यवाही स्थापित करना

Integrity : ईमानदारी / निष्ठा

Integrity clearance : ईमानदारी निस्तारण

Intelligence : आसूचना

Interpolation : प्रक्षेप

Intoxicant : मादक द्रव्य / नशीले पदार्थ

Investigating officer : अन्वेषण अधिकारी

Investigating agency : अन्वेषण अभिकरण

Investigating report : अन्वेषण रपट

Invoke : अवलंब लेना

Irregularity in accounts : लेखों में अनियमितता

Irrelevance : असंगति

Irrelevant : असंगत / अप्रासंगिक

Irremovable : अस्थांतरीय

Irreplacable : अद्वितीय

Irresolvable : अखंडनीय / अविभाज्य

Irresponsible : अनुत्तरदायी / गैर जिम्मेदार

Isolate : अलग / पृथक

Issue : निर्गम / परिणाम

Item : मद / विषय

J

Jeopardise : खतरे में डालना / खटाई में डालना

Judicial proceedings : न्यायिक कार्यवाही

Judicial pronouncement : न्यायिक उद्घोषणा

Jurisdiction of SPE* : विशेष पुलिस स्थापना का अधिकार क्षेत्र

Jurisdiction : अधिकार क्षेत्र

Jurisprudence : विधि शास्त्र

Jurist : विधि वेत्ता / विधि शास्त्री

Justify : सफ़ाई देना / न्याय / तर्कसंगत

---

* Special Police Establishment

K

Keeper : रक्षक
Kennel : कुत्ताघर
Key : कुंजी
Key-hole : कुंजी का छेद

King's evidence : मुखबिर / सरकारी गवाह
Knock : मार / प्रहार / दस्तक
Knot : गांठ ग्रंथि, उलझन

L

Labour : श्रम / परिश्रम
Lack of evidence : साक्ष्य का अभाव
Lack of integrity : ईमानदारी / निष्ठा की कमी
Lacuna : रिक्ति / त्रुटि / कमी
Lacuna in rules or procedure: नियम या कार्यविधि में त्रुटि
Lapse : चूक / दोष / ह्रास
Launch a prosecution : अभियोजन करना
Law : विधि
Laying the trap : जाल बिछाना
Legal practioner : विधि व्यवसायी/ वकील
Levied by law : विधि द्वारा उद्गृहीत

Link : संपर्क सूत्र
Liquidation : परिसमापन
Lodge a complaint : शिकायत दर्ज करना
Loophole : विवर / छिद्र / बचाव का रास्ता
Loophole for the corruption : भ्रष्टाचार के लिए गुंजाइश
Loss of public funds : सरकारी धन का नुकसान
Lower most : निम्नतम
Loyalty : निष्ठा / भक्ति / वफ़ादारी
Lucre : आर्थिक लाभ
Lure : प्रलोभन / बहकाना
Lynch : बेकायदा मार डालना

M

Machinery : यंत्र
Maintenance of purity, integrity & effeciency : शुद्धता, निष्ठा और कुशलता / दक्षता बनाए रखना

Malafied decision : असद्भावपूर्ण निर्णय
Major penalty : बड़ा दंड / भारी दंड

Malicious allegation : विद्वेषपूर्ण आरोप

Malicious and motivated : विद्वेषपूर्ण और हेतु प्रेरित

Malpractice : कदाचार

Mandatory : आदेशात्मक / अधिदेशात्मक

Manipulation of records / documents : अभिलेखों / प्रलेखों का छल साधन

Manufacture : विनिर्माण

Menace of corruption : भ्रष्टाचार का अभिशाप

Method of investigation : अन्वेषण पद्धति

Minor penality : छोटा दंड / हल्का दंड

Misapprehend : ग़लत समझना / मिथ्या अर्थ लगाना

Misapprehension : ग़लतफहमी

Misappropriation of money and material : धन या सामग्री का अपयोजन / दुर्विनियोग / दुरुपयोग / ग़बन

Misbehaviour : दुर्व्यवहार

Miscalculate : ग़लत हिसाब लगाना / मिथ्या अनुमान लगाना / अशुद्ध गणना

Misconception : भ्रम

Misconduct : दुराचार / कदाचार

Misdemeanour : निन्दुयाचार

Misrepresentation : दुर्व्यपदेशन

Misunderstanding : भ्रांति

Mode of communication : संचार विधि / संचार का तरीका

Modus operendi : कार्य प्रणली

Moral conduct on behaviour : नैतिक आचरण या व्यवहार

Moral : मनोबल / हौंसला

Moral turpitude : नैतिक अधमता

Motivate : प्रेरित करना

Motivation : अभि / प्रेरणा / प्रयोजन

Motive : प्रेरणा / मंशा

Move : चेष्टा / कार्रवाई

Mover : प्रवर्त्तक

Muddle : गड़बड़ी / अव्यवस्था

Multitude : बहुसंख्या

Mutual : पारस्परिक

N

Narcotics : स्वापक पदार्थ

Narration : वर्णन

Natural justice : नैसर्गिक न्याय

Nature of allegation : आरोप प्रकृति

Negligence : उपेक्षा

Nexus : संबद्धता

Nickname : उपनाम

Night watch : रात का पहरा / चौकीदार

Nip : दबाना / तोड़ना / काटना

Nom de plume : उपनाम

Nomenclator : नामदाता

Nomenclature : नामावली

Nominal : नाम मात्र / सांकेतिक

Non apparent : परोक्ष / अप्रत्यक्ष

Non attendance : अनुपस्थिति
Non cognizable : अनवेक्षणीय
Non gazetted : अराजपत्रित
Non intervention : तटस्थता / अहस्तक्षेप
Non negotiable : अपरक्राम्य
Non official : ग़ैर सरकारी
Normal : सामान्य
Notary : लेख्य / प्रमाणक
Nut shell, in a : संक्षेप में

O

Oath : शपथ
Obligatory : अनिवार्य / बाध्वकर
Observance : अनुपालन
Observation : प्रेषण / प्रेक्षा
Offence : अपराध
Offtake : कुल खरीद
Ommission and commission : अकरण और अपकरण
On the spot check : स्थानीय जांच
Oral : मौखिक
Oral interogation : मौखिक पूछताछ
Order for revocation of suspension : निलंबन प्रतिसंहरण आदेश
Order sheet : आदेश फलक
Organisation of SPE* : विशेष पुलिस स्थापना संगठन
Original document : मूल प्रलेख
Over payment : अति भुगतान
Over riding priority : सर्वोपरि प्राथमिकता
Oversight : निरीक्षण
Over size : अधिमाप
Over stay : छुट्टी / समय से ज्यादा ठहरना
Overtime : अधिसमय / अतिकाल
Overwork : अतिश्रम
Overwrite : के ऊपर लिखना, ज्यादा लिखना

P

Panel : फलक / गद्दी / पट्टी / खंड / तालिका
Parallel enquiry : समानांतर जांच
Pardon : क्षमा
Pecuniary advantage : आर्थिक / धन संबंधी लाभ
Penal orders : शास्तिक आदर्श
Penality of reduction : अवनति का दंड
Pendency period for complaints : शिकायतों की लंबन अवधि
Pending : लंबित

* Special Police Establishment

Periodical discussion : आवधिक बातचीत / विमर्श

Permissible or prudent : अनुज्ञेय या बुद्धिपूर्ण

personal file : वैयक्तिक पंजिका

Perusal and scrutiny of complaints : शिकायतों / परिवादों का अवलोकन और छानबीन

Petty complaints : छोटी-मोटी शिकायतें

Pleading : अभिवचन

Pledge of secrecy : गोप्यता प्रण / गोपनीय प्रण

Poor socio-economic condition: कमज़ोर सामाजिक-आर्थिक अवस्था/ दशा

Power : अधिकार / शक्ति

Power jurisdiction : शक्ति / अधिकार क्षेत्र

Powers and functions of Central Vigilance Commission : केंद्रीय सतर्कता आयोग की शक्तियां और कार्य

Practice : परिपाटी / व्यवहार

Precaution : एहतियात / सावधानी

Precedence : नज़ीर / पूर्ववर्तिता

Precise : सटीक

Precluded : प्रवरित

Preconceived : पूर्व अनुमानित

Prejudice : पूर्वाग्रह

Preliminary enquiry : प्रारंभिक जांच

Preliminary hearing : प्रारंभिक सुनवाई

Preliminary scrutiny : प्रारंभिक छानबीन

Preponderance of probability: प्रबल अधिसंभाव्यता

Presenting officer : प्रस्तुतकर्ता अधिकारी

Presumption : उपधारणा

Pretext : बहाना

Prevaleance of corruption : भ्रष्टाचार का व्यापन

Prevention of corruption : भ्रष्टाचार की रोकथाम / निवारण

Preventive checks : निवारक जांच/ रोकथाम

Preventive measures : निवारक उपाय

Prima facia : प्रथम दृष्ट्या

Prior clearance : पूर्व निस्तारण / पूर्व निर्वाधन

Prior consultation : पूर्व परामर्श

Priority or preference : प्राथमिकता या अधिमान्यता

Probative : प्रमाणक

Procedural improvements : कार्यविधिक सुधार

Procedural lapses : कार्यविधिक चूक

Procedure and practice : कार्यविधि और परिपाटी

Proceedings (departmental) : कार्यवाही (विभागीय)

Processing : संसाधन

Professional advice : व्यावसायिक सलाह

Proof beyond reasonable doubt : उचित सन्देहातीत सबूत

Prosecute : अभियोग लगाना / पर मुकदमा चलाना

Prosecution : अभियोजन / इस्तग़ासा/ अभियोग पक्ष

Prosecution case : अभियोजन पक्ष/ मामला

Protection against harassment: संतापन से संरक्षण

Pseudonymous complaints : छद्मनामी शिकायत

Psychic : आत्मिक

Psychological resistance : मनोवैज्ञानिक प्रतिरोध

Public Accounts Committee : लोक लेखा समिति

Public servant : सरकारी कर्मचारी

Public undertaking : सार्वजनिक / सरकारी उपक्रम

Purity : शुद्धता

Purport : अभिप्राय / तात्पर्य

Q

Quality : विशेषता / गुण

Quantum : प्रमात्रा

Quarter : चतुर्थांश / चौथिया

Quarterly : त्रैमासिक / तिमाही

Quarterly statistical return of public servants under suspension : निलंबनाधीन सरकारी कर्मचारियों की त्रैमासिक सांख्यिकी विवरणी

Quartet : चतुष्क

Queue : क्यू / पंक्ति

Questioned document : संदिग्ध प्रलेख

Questionnaire : प्रश्नावली

Quittance : उन्मोचन / छुटकारा

Quorum : कोरम / गणपूर्ति

Quota : यथाश / कोटा

Quotation : उद्धरण

R

Raid : छापा

Railway Corruption Enquiry Committee : रेलवे भ्रष्टाचार जांच समिति

Railway Service (conduct) Rules : रेल सेवा (आचरण) नियम

Railway Vigilance Organisation : रेल सतर्कता संगठन

Railway Vigilance Unit : रेलवे सतर्कता इकाई

Ramification : बहुशाखन / प्रशाखन

Rank : ओहदा

Rationing : राशन व्यवस्था

Reasonable apprehension : तर्कसंगत आशंका

Recommendation : संस्तुति / सिफ़ारिश

Record : अभिलेख

Red handed : रंगे हाथ

Reduced employee : अवनत कर्मचारी

Reduction in rank : पदावनति

Reflection : आक्षेप

Registration of complaints : शिकायतों का पंजीकरण

Regular case : नियमित मामला

Regular hearing : नियमित सुनवाई

Reinstatement : बहाली / पुनर्स्थापना

Release : जारी करना / मुक्त करना

Relevant service record : संगत सेवा अभिलेख / रिकार्ड

Relied upon documents : विश्वस्त प्रलेख

Removal from service : सेवा से हटाना / निष्कासन

Report : प्रतिवेदन / रपट

Requisites of the rule : नियम की अपेक्षाएं

Restoration : पुन:स्थापन

Results of investigation : अन्वेषण के परिणाम

Returns : विवरणियां

Reversal of decision : निर्णय का उल्टा जाना

Reversion : परावर्तन

Review : समीक्षा / पुनरीक्षण / पुनविलोकन

Reviewing authority : पुनरीक्षण प्राधिकारी

Revoke : प्रतिसंहरण करना / रद्द करना

Rights and privileges : अधिकार और विशेष सुविधा

Routine : नेमी

Rope : रस्सी

Runner : दौड़क / धावक

S

Safe : निरापद / सकुशल

Safe custody : निरापद अभिरक्षा

Safe deposit : सुरक्षित जमा

Safeguard : सुरक्षण

Sake, for the : के कारण

Sampling method : नमूना पद्धति

Sanction for prosecution : अभियोजन स्वीकृति

Sanctioning authority : स्वीकृति अधिकारी

Satisfactory information or clarification : संतोषजनक सूचना या स्पष्टीकरण

Scam : भ्रष्ट कार्य

Scandal : घोटाला / कलंक

Scarcity : न्यूनता / कमी / अभाव

Schedule for investigation : अन्वेषण कार्यक्रम

Screening of complaints : शिकायतों की छानबीन

Scrutiny : छानबीन

Search : तलाशी

Second stage consultation : द्वितीय चरण परामर्श

Section officer (Vigilance) : अनुभाग अधिकारी (सतर्कता)

Seizure : अभिग्रहण

Self contained report : स्वत: पूर्ण रपट

Sensitive post : संवेदनशील पद

Service of chargesheet : आरोप पत्र देना

Set side : अपास्त करना

Set up : गठन / स्थापित करना

Show cause notice : कारण बताओ नोटिस

Social evil : सामाजिक बुराई

Sophisticated : जटिल / विवेकी / परिष्कृत

Special Police Establishment (SPE) : विशेष पुलिस स्थापना

Specific : विशिष्ट

Specific recommendation : विशिष्ट सिफारिशें

Spot check : स्थलीय जांच

Staff : कर्मचारी गण

Statement : बयान / विवरण

Statement of charges : आरोप विवरण

Statement of imputation : लांछन विवरण

Stock verification survey : स्टाक सत्यापन सर्वेक्षण

Stock verifier : स्टाक सत्यापक

Strict : कड़ा / कठोर

Stricture : निंदक टिप्पणी

Study team on railways : रेल अध्ययन दल

Subjudice : न्यायाधीन

Substance : सार

Substantial : सारपूर्ण

Substantiate : सिद्ध करना

Subvert : ध्वंस करना

Sufficient evidence : पर्याप्त साक्ष्य/ यथेष्ठ साक्ष्य

Summary of allegation : आरोप सारांश

Superintendence and administration of SPE : विशेष पुलिस स्थापना का अधोक्षण और प्रशासन

Supernumerary post : संख्याधिक पद

Supporting documents : समर्थक प्रलेख

Surprise check : आकस्मिक / औचक जांच

Surprise visit : आकस्मिक / औचक दौरा

Suspect : संदिग्ध व्यक्ति

Suspected corrupt practice : संदिग्ध भ्रष्ट परिपाटियां

Suspension : निलम्बन

Sustained : सतत

System of priorities : प्राथमिकता प्रणाली

T

Tabular : सारणीबद्ध

Tackle (*verb*) **:** हाथ में लेना / जुटाना/ जूझना

Tact : कार्य कौशल / व्यवहार कौशल

Tactics : रणनीति / युक्ति

Tainted : दोषयुक्त / दूषित

Tamper with : हेर-फेर करना

Target : लक्ष्य

Termination : पर्यवसान

Terms of reference : विषय संदर्भ/ विचारार्थ विषय

Through proper official channel : उचित सरकारी प्रणाली के माध्यम से

To conduct enquiry : जांच करना/ पूछताछ करना

To give publicity : प्रचारित करना

To establish motive : हेतु स्थापित करना

To pronounce judgement : निर्णय सुनाना

Top secret document : परम गुप्त प्रलेख

Trap, lay : पाश / जाल बिछाना

Trial : मुकदमा / परीक्षण

Tribal : जाति संबंधी

Tricky : कपटी

Trinity : त्रिदेव

U

Ulterior motive : कर हेतु / प्रच्छन्न हेतु

Unjustified : अनुचित / अनौचित्यपूर्ण

Under investigation : अन्वेषणाधीन

Under suspension : निलंबनाधीन

Undertaking : उपक्रम

Under trial : जिस पर मुकदमा चल रहा हो

Unequivocal : असंदिग्ध

Unreliable complaint : अविश्वसनीय शिकायत

Unscruplous : अविवेकी / अविचारी

V

Vague policy and authority : अस्पष्ट नीति और प्राधिकार

Verify the allegation : आरोप सत्यापित करना / करो

Vexations : क्लेशकर / उलझनपूर्ण

Victimisation : दंडन

Vigilance : सतर्कता

Vigilance activities : सतर्कता कार्यकलाप / गतिविधि

Vigilance agency : सतर्कता अभिकरण

Vigilance angle : सतर्कता दृष्टिकोण

Vigilance case : सतर्कता मामला

Vigilance case register : सतर्कता मामला पंजी

Vigilance complaints : सतर्कता शिकायत

Vigilance directorate : सतर्कता निर्देशालय

Vigilance machinery : सतर्कता तंत्र

Vigilance measures : सतर्कता उपाय

Vigilance objective : सतर्कता उद्देश्य

Vigilance organisation : सतर्कता संगठन / संघटन

Vigilance units : सतर्कता इकाइयां

Vigilance work : सतर्कता कार्य

Vindictive : प्रतिशोधात्मक

Violate : उल्लंघन करना

Virtue : नेकी / गुण / अच्छाई

Voluntary public organisation: स्वयं सेवी जन संगठन

W

Want of evidence : साक्ष्य का अभाव

Withdrawl of prosecution : अभियोजन वापस लेना / अभियोजन वापसी

Witness : साक्ष्य

Witness, circumstantial : साक्ष्य पारिस्थितिक / प्रत्यक्ष

Witness, direct : प्रत्यक्ष साक्ष्य

Witness, eye : प्रत्यक्षदर्शी साक्षी

Writ petition : याचिका

Written statement : लिखित बयान

Works : निर्माण

STATISTICAL
स्टेटिस्टिकल / सांख्यिकीय

सांख्यिकीय
STATISTICAL

A

Actual Figures : वास्तविक आंकड़े

Administrative stastistics : प्रशासनिक सांख्यिकी

Analysis : विश्लेषण

Analysis of passenger traffic: यात्री यातायात विश्लेषण

Analysis of variance : प्रसरण विश्लेषण

Analytic statistics : विश्लेषी सांख्यिकी / विश्लेषणात्मक सांख्यिकी / वैश्लेषिक सांख्यिकी

Appropriation earnings : प्रभाजित अर्जन

Appropriation to Depreciation Deserve Fund : मूल्य ह्रास आरक्षित निधि में विनियोजन

Asset, fixed : स्थायी परिसंपत्ति

Assets, intangible : अमूर्त परिसंपत्ति

Assisting not required engine: अनपेक्षित सहायक इंजन

Authorised stock : प्राधिकृत स्टाक

Average : औसत

Average amount of curvature per kilometre : औसत गोलाई प्रति किलोमीटर

Average carrying capacity : औसत ढुलाई क्षमता

Average cost : औसत लागत

Average daily loading : औसत दैनिक लदान

Average detention in hours: औसत रुकाई घंटों में

Average detention per wagon: प्रति माल डिब्बा औसत रुकाई

Average distance a passenger carried : यात्री की औसत यात्रा दूरी / यात्री द्वारा तय की गई औसत दूरी

Average distance a tonne of goods carried : एक टन माल ढुलाई की औसत दूरी

Average earnings per freight tonne kilometre : औसत अर्जन प्रति माल टन किलोमीटर

Average earning per passenger kilometre : प्रति यात्री किलोमीटर औसत अर्जन

Average freight train load : मालगाड़ी का औसत भार

Average freight train speed: मालगाड़ी की औसत रफ्तार

Average haul : औसत कर्षण / औसत अनुकर्षण

Average holding : औसत स्टाक धारण

Average number of passenger carried per train: प्रतिगाड़ी यात्रियों की औसत संख्या

Average number of passenger per route kilometre : प्रति मार्ग किलोमीटर यात्रियों की औसत संख्या

Average number of passenger per track kilometre : प्रति चलपथ किलोमीटर यात्रियों की औसत संख्या

Average number of wagon dealt with : निपटाए गए माल डिब्बों की औसत संख्या

Average number of wagons despatched : प्रेषित माल डिब्बों की औसत संख्या

Average number of wagons detained : रोके गए माल डिब्बों की औसत संख्या

Average number of wagons received : प्राप्त माल डिब्बों की औसत संख्या

Average number of wagons transhipped : माल बदली डिब्बों की औसत संख्या

Average overall detention : औसत कुल विलंब / रुकाई

Average rate per passenger kilometre : प्रति यात्री किलोमीटर औसत कीमत

Average speed : औसत रफ्तार

Average starting wagon load: औसत आरंभिक माल डिब्बा भार

Average tare weight : औसत टेयर वज़न / धड़े का औसत वजन

Average time : औसत समय

Average time per claim disposed of : निपटाए गए प्रति दावे का औसत समय

Average train load : गाड़ी का औसत भार

Average wage per regular employee : प्रति नियमित कर्मचारी की औसत मज़दूरी

Average wagon load during the run : चालन के दौरान औसत माल डिब्बा भार

B

Balance sheet : तुलन पत्र / पक्का चिट्ठा

Bar diagram : दंड आरेख

Bogie wagon : बोगी मालडिब्बा

Brackets : ब्रैकेट / बंधनी / कोष्ठक

Branch line : ब्रांच लाइन / उप पटरी

Branch line under guarantee terms : गारंटी शर्तों के अधीन ब्रांच लाइन

Branch line under rebate terms: छूट की शर्तों के अधीन ब्रांच लाइन

387

Branch line under operation: प्रचलनाधीन ब्रांच लाइन

Branch line on loan : उधार पर ब्रांच लाइन

Branch line of special work : विशेष कार्य पर ब्रांच लाइन

Brand new : बिलकुल नया

Break : तोड़ना

C

Calculation : परिकलन

Calculation under scrutiny: सूक्ष्म परीक्षणाधीन परिकलन

Capital at charge : ब्याज देय पूंजी

Car Kilometres : कार किलोमीटर

Census : गणना / जनगणना

Charges, general : प्रभार, सामान्य

Classification : वर्गीकरण

Classification, simple : वर्गीकरण, सरल

Classification, two fold, Manifold : द्विविध / बहुविध वर्गीकरण

Cluser sampling : समूह प्रतिचयन

Coaching earning per train kilometer : कोचिंग / सवारी अर्जन प्रति गाड़ी किलोमीटर

Coaching (projection) : कोचिंग (प्रोजेक्शन)

Coaching proportion : कोचिंग अनुपात

Coaching vehicle km. : कोचिंग वाहन किलोमीटर

Coding of data : डाटा / आंकड़े संकेतन / डाटा संकेतन वर्गीकरण

Commodity statistics : पण्य / जिंस सांख्यिकी / पदार्थ सांख्यिकी

Comparative statistics : तुलनात्मक सांख्यिकी

Compilation : संकलन

Compute : अभिकलन

Computing machine : अभिकलन मशीन

Consumer's price (working class) : उपभोक्ता कीमत (श्रमिक वर्ग)

Consumption : खपत

Conversion coefficients and factors : परिवर्तन गुणांक और गुणक

Conversion table : परिवर्तन सारणी

Corelation : सह संबंध

Cost of hauling a passenger train per kilometre : यात्री गाड़ी की प्रति किलोमीटर कर्षण लागत

Cost of living index : निर्वाह खर्च सूचकांक

Cost of ordinary repairs and maintenance per coaching vehicle : प्रति कोचिंग वाहन साधारण मरम्मत और रख-रखाव की लागत

Cost of ordinary repairs and maintenance per equated engine kilometre : प्रति समीकृत इंजन किलोमीटर साधारण मरम्मत और रख-रखाव की लागत

Cost of ordinary repairs and maintenance to locomotive per engine kilometre : रेल इंजन की प्रति इंजन किलोमीटर साधारण मरम्मत और रख-रखाव की लागत

Cost of ordinary repairs and maintenance per wagon : प्रति माल डिब्बा साधारण मरम्मत और रख-रखाव की लागत

Cost per coaching vehicle : प्रति कोचिंग वाहन लागत

Cost per EMU stock : प्रति उपनगरीय बिजली गाड़ी स्टाक की लागत

Cost per equated engine kilometre : प्रति समीकृत इंजन किलोमीटर लागत

Cost per 1000 gross tonne km.: प्रति 1000 सकल टन किलोमीटर लागत

Cost per wagon owned : प्रतिस्वक्षेत्रीय माल डिब्बा लागत

Cumulative data : संचयी डाटा

D

Data : डाटा / आधार-सामग्री / आंकड़े

Data processing centre : डाटा संसाधन केंद्र

Deficit : घाटा

Degree of curvature : गोलाई की मात्रा

Denominator : हर

Density : घनत्व / सघनता

Density function : घनत्व फलन

Density of traffic : यातायात का घनत्व / अधिकता

Depreciation reserve fund: मूल्यह्रास आरक्षित निधि

Derivative results : व्युत्पन्न परिणाम

Derivative units : व्युत्पन्न इकाइयां

Descriptive statistics : वर्णनात्मक सांख्यिकी

Diameter of driving wheel : चालक पहिये का व्यास

Dividend on capital : पूंजी पर लाभांश

Division : वितरण

Dominant : प्रबल / प्रमुख

Drawing : आरेखन

Duplicate : द्वितीयक / अनुलिपि

Dynamical : गतिशील

E

Each : प्रत्येक

Earmark : छाप / निशान

Earmark *(verb)* : उद्दिष्ट करना

Earlier estimate : पहले का प्राक्कलन

Earning : अर्जन

Earning, apportioned : अर्जन प्रभाजित / अनुभाजित

Earning, coaching : अर्जन कोचिंग

Earning goods : अर्जन माल

Earning gross : अर्जन सकल / कुल

Earning miscellaneous : अर्जन विविध

Earning net : अर्जन निबल / शुद्ध

Earning originating : अर्जन प्रारंभिक

Earning passenger : अर्जन यात्री / सवारी

Earning per coaching vehicle per kilometre : अर्जन प्रति कोचिंग वाहन प्रति किलोमीटर

Earnings per goods unit : अर्जन प्रति माल (डिब्बा)

Earnings per goods wagon per kilometre : अर्जन प्रति माल डिब्बा प्रति किलोमीटर

Economic and financial statistics: आर्थिक और वित्तीय सांख्यिकी

Economic indicators : आर्थिक संकेतक / सूचक

Economic statistics : आर्थिक सांख्यिकी

Editing : संपादन

Effective vehicle : प्रभावी वाहन

Effective wagon : प्रभावी माल डिब्बा

Effeciency statistics : कार्यकुशलता साख्यिकी

Electrical multiple unit : उपनगरीय बिजली गाड़ी

Engine : इंजन

Engine average number awaiting repairs : मरम्मत के लिए प्रतीक्षारत इंजन की औसत संख्या

Engine average number under repair : मरम्मत हो रहे इंजनों की औसत संख्या

Engine hours : इंजन घंटे

Engine hours siding : इंजन घंटे साइडिंग में

Engine kilometres : इंजन किलोमीटर

Engine kilometres per engine day in use : प्रति प्रयुक्त इंजन दिवस इंजन किलोमीटर

Equated engine kilometre : समीकृत इंजन किलोमीटर

Equated track kilometre : समीकृत रेल पथ किलोमीटर

Estimate : अनुमान / प्राक्कलन

Eventual conception : परिणामी संकल्पना

Evolution : विकास

Examination : परीक्षा

Example : उदाहरण

Exception : अपवाद

Excess : अतिक्रमण

Exchange : विनिमय

Exemplify : का उदाहरण होना

Exercise : का प्रयोग करना

Exist : अस्तित्व रखना

Expletive : पूरक / अनुपरक

Exterminate : मिटा देना / नष्ट कर देना

Extract : उद्धरण

Exuberant : प्रचुर

F

Facilation : सरलीकरण

Factory : कारखाना

Field : क्षेत्र / मैदान / खेत

Figures : आंकड़े

Figures, audited : आंकड़े लेखा परीक्षित

Figures, confirmation of : आंकड़े की पुष्टि

Figures, corresponding : आंकड़े, तदनुरूपी

Figures, cumulative : आंकड़े, संचयी

Figures, final : आंकड़े, अंतिम

Finance : वित्त

Financial results : वित्तीय परिणाम

Final accounts : अंतिम खाते (लेखा)

Firm : व्यवसाय संघ / कंपनी / फर्म

Fical : वित्तीय

Fitness : उपयुक्तता / औचित्य

Fitter : मिस्त्री

Fixed price : निश्चित / निर्धारित मूल्य

Forensic : अदालती / न्यायिक

Forthright : निष्कपट / खरा

Forth with : तुरंत / तत्क्षण

Fraction of a rupee : रुपए का भाग / अंश

Fraud : छल / कपट / धोखेबाजी

Freight computation : भाड़े का अभिकलन

Freight tonnes carried : ढोए गए माल टनों में भाड़ा

Freight tonnes kms : माल टन किलोमीटर भाड़ा

Freight tonnes originating : प्रारंभिक माल टनों में भाड़ा

Freight train kms : भाड़ा / मालगाड़ी किलोमीटर

Freight vehicle kms : माल वाहन किलोमीटर

Frequency table : आवृत्ति / बारंबारता सारणी

Fuel consumption by classes of fuel : श्रेणीवार ईंधन की खपत

Fundamental unit : मूलभूत इकाई

G

Gain : नफा / लाभ
Galore : प्रचुर मात्रा
Gauge : माप / गेज / कसौटी / मानदंड
General : सामान्य
General index : सामान्य सूचकांक
Generalization : सामान्यीकरण
General on cost : सामान्य अधिव्यय
General statistics : सामान्य सांख्यिकी
Godown : गोदाम / भंडार / कोठार
Goods earning per train kilometre : प्रति गाड़ी किलोमीटर माल से अर्जन
Goods proportion : माल का अनुपात
Goods proportion of total working expenses : कुल संचालन व्यय में माल अनुपात
Goodwill : सुनाम / छवि / सद्‌भावना
Gradation : श्रेणीकरण
Gram : ग्राम
Gross : सकल
Gross tonne kilometre : सकल टन किलोमीटर
Gross weight : सकल भार
Gratuity : आनुतोषिक / उपदान
Gross : कुल
Gross assets : कच्ची निकासी
Gross earning : कुल अर्जन
Gross profit : कुल नफ़ा
Gross weight : कुल भार

H

Haploid : अनुगणित / मूलसंख्यक
Hard : दुर्बोध
Hard cash : रोकड़
Hard currency : दुर्लभ मुद्रा
Hard working : परिश्रमी
Haulage : कर्षण
Head : शीर्ष / मद्द
Holding company : नियंत्रक कंपनी

I

Imitable : अनुकरणीय
Immediate : तात्कालिक
Impertinent : असंगत
Imprint : छाप / मुहर

Inability : असमर्थता
Inadequate : अपर्याप्त
Incharge : प्रभारी / कार्य भारी
Include : सम्मिलित करना
Income : आय / आमदनी
Income per capita : प्रति व्यक्ति आय
Income tax : आयकर
Index : सूचकांक
Index historiograph : कालिक सूचकांक
Index number : सूचकांक संख्या
Index of earnings : अर्जन सूचकांक
Industrial statistics : औद्योगिक सांख्यिकी / औद्योगिक आंकड़े
Input : आगत / निविष्टि
Interim index number : आंतरिक सूचकांक
Interline *(verb)* : पंक्तियों के बीच लिखना
Internal source : आंतरिक स्रोत
Interpreter machine : दुभाषिया मशीन
Investment : निवेश
Inward : आंतरिक / आवक
Irregular : असाधारण / बेक़ायदा अनियमित
Irrespective of : का लिहाज किए बिना

J

Job : नौकरी / काम / कर्तव्य
Journal : दैनिक / डायरी
Jurisdiction : न्याय-अधिकार
Justified : न्याय संगत / व्यवस्थित

K

Kilometrage, engine : किलोमीटर, इंजन
Kilometrage, mean route : किलोमीटर, औसत (रेल) मार्ग
Kilometrage, statement : किलोमीटर, विवरण
Kilometrage, tonne : किलोमीटर, टन
Kilometrage, train : किलोमीटर, गाड़ी
Kilometrage, vehicle & wagon : किलोमीटर, वाहन और वैगन

L

Laborious : परिश्रमी / कठिन

Labour bureau : श्रमालय

Labour statistics : श्रम सांख्यिकी

Land utilisation statistics : भूमि उपयोगी सांख्यिकी

Lead : गमन दूरी

Light and assisting not required kilometre per 100 train Kms. : प्रति 100 गाड़ी-किलोमीटर पर खाली और अनपेक्षित (अनदेखी) इंजन किलोमीटर

Light engion : खाली / केवल इंजन

Light engion kms per 100 Kms. : प्रति 100 गाड़ी किलोमीटर पर खाली इंजन

Listing of data : डाटा सूचीकरण

Loaded wagons per train : प्रति गाड़ी लदे मालडिब्बे

Local : स्थानीय / मुकामी

Locomotive : इंजन

Longways : लंबाई

Lubricant : चिकनाई

M

Maldistribution : कुवितरण

Malpractice : अनाचार / कदाचार

Manifesto : घोषणा पत्र / नीति घोषणा

Manifold : विविध

Manipulation : धोखाबाजी/छल-कपट

Manual : नियमावली

Manual of statistical instruction : सांख्यिकी अनुदेश पुस्तिका

Manitenance and supply of locomotive power : रेल इंजन का रख-रखाव और सप्लाई / पूर्ति

Maintenance and working of ferry steamers and harbours : नौवाहनों और बंदरगाहों का अनुरक्षण और कार्य संचालन

Maintenance of carriage and wagon stock : सवारी और मालडिब्बा का रख-रखाव

Mean : माध्यम

Mean kilometrage : माध्यम / औसत किलोमीटर

Mean route kilometrage worked : औसत / मध्यम चलित मार्ग किलोमीटर

Mean running track kilometrage worked : औसत/ मध्यम चलित चल-पथ किलोमीटर

Midnight yard balance : यार्ड का अर्धरात्रीय शेष

Minus : ऋण (–)

Mixed goods proportion : मिश्रित माल अनुपात

Mixed Passenger proportion: मिश्रित यात्री अनुपात

Monthly statistics : मासिक आंकड़े/ सांख्यिकी

Motive : प्रेरणा

Multiple : बहुल / गुणज / अपवर्त्त

N

National income at current prices : चालू मूल्यों पर राष्ट्रीय आय

Net addition : निवल वृद्धि

Net earnings : निवल अर्जन

Net earnings per route kilometre worked : निवल अर्जन प्रतिचालित मार्ग किलोमीटर

Net earnings per train kilometre : निवल अर्जन प्रति गाड़ी किलोमीटर

Net expenditure : निवल व्यय / खर्च

Net gain / profit : निवल लाभ / शुद्ध लाभ

Net goods locomotive daupon line : लाइन पर (सेवारत) निवल माल इंजन-दिन

Net loss : निवल हानि

Net load : निवल भार

Net reduction : निवल कमी

Net rise : निवल वृद्धि

Net run : निवल यात्रा / दौड़ना / चलना

Net revenue : निवल राजस्व

Net supply : निवल आपूर्ति

Net tonne kilometres : निवल टन किलोमीटर

Net tonne kilometres per goods locomative day in use : प्रति प्रयुक्त माल इंजन दिन के निवल टन किलोमीटर

Net tonne kilometre per route kilometre per day : प्रतिमार्ग किलोमीटर प्रतिदिन के निवल टन किलोमीटर

Net tonne kilometre per wagon day : प्रति माल डिब्बा दिन निवल टन किलोमीटर

Number of passengers carried : लाए-ले आए गए यात्रियों की संख्या

Number of tonnes carried : ढोए गए टनों की संख्या

Number of staff employed : नियोजित कर्मचारियों की संख्या

O

Observation : अवलोकन / प्रेक्षण

Obvious : सुस्पष्ट / प्रत्यक्ष

Occupational ratio : स्थान ग्रहण अनुपात

Omit : छोड़ देना

On Cost : अधिव्यय

Open : अनिर्णीत / विचाराधीन / खुला

Open line works revenue : चालू लाइन का निर्माण राजस्व

Operating ratio : परिचालन अनुपात

Operative : चालू / सक्रिय / कारगर

Out bid : से बढ़कर बोली लगाना

Outcome : परिणाम / निष्कर्ष

Out dated / out of date : पुराना

Out going : निर्गामी / जावक

Outline : रूपरेखा

Output : निगम / निर्गत / उपज

Out standing : बकाया / अप्राप्त / विशिष्ट

Over : ऊपरी / अतिरिक्त / पार

Over all : कुल / समग्र

Over look : देखी-अनदेखी / पर ध्यान न देना

Over production : अति उत्पादन

Over time : अधि समय / समयोपरि

Over valuation : अधिमूल्यन

Over work : अधिक श्रम

Over write : के ऊपर लिखना / ब्योरा निकलना

P

Panel : तालिका / नाम सूची / चयनक

Par / parity : सम मूल्य / बराबरी

Passenger kilometre : यात्री किलोमीटर

Passenger kilometre per route kilometre : प्रति मार्ग किलोमीमटर

Passenger kilometre revenue : यात्री किलोमीटर राजस्व

Passenger proportion : यात्री अनुपात

Passenger traffic trends : यात्री यातायात की प्रवृत्ति / यात्री यातायात का रुख

Passenger train kilometre percentage : सवारी गाड़ी किलोमीटर प्रतिशतता

Passenger train kilometre revenue : सवारी गाड़ी किलोमीटर राजस्व

Percentage of effective wagons to wagons on line : लाइन के माल डिब्बों से प्रभावी मालडिब्बों की प्रतिशतता

Percentage of loaded to total wagon kilometre : कुल मालडिब्बा किलोमीटर से लदे हुए का प्रतिशत

Percentage of net earning to capital at charge : ब्याजदेय पूंजी से निवल अर्जन की प्रतिशतता

Percentage of total working expenses to gross earning: सकल अर्जन से कुल संचालन व्यय की प्रतिशतता

Percentage of working expenses to gross earning : सकल अर्जन से संचालन व्यय की प्रतिशतता

Percentage of trains not loosing time : अनखोए समय की गाड़ियों की प्रतिशतता

Prescribed conversion factor: निर्धारित परिवर्तन गुणक

Primary data : प्राथमिक डेटा / आंकड़े

Primary unit : प्राथमिक इकाई / यूनिट

Probability : प्रसंभव्यता / प्राथमिकता

Profit on working a passenger train per kilometre : सवारी गाड़ी संचालन पर प्रति किलोमीटर

Proportionate cost : आनुपातिक लागत

Prorata basis : यथानुपात मूल्यांकन

Prorata assissment : यथानुपात आधार

Punched cards : पंच कार्ड / छिद्रित कार्ड

Punching machine : वेधनी मशीन/ पंचमशीन

Punch room : पंच रूम / पंच कक्ष

Punch man : पंचकर्ता

Punch room supervisor : पंचकक्ष पर्यवेक्षक

Purchase : क्रय / खरीद

Pursue : पीछा करना / खोजना

Pursuit : अनुसंधान / अनुसरण

Purview : सीमा / क्षेत्र

Q

Quantification : परिमापन

Quantity : राशि / मात्रा / ढेर / मात्रा

Quantom : प्रमात्रा

Quantity-originating on home line : मात्रा-स्वक्षेत्रीय लाइन पर प्रारंभ होने वाली

R

Rail usage : रेल उपभोग

Randum sampling : यादृच्छिक प्रतिचयन

Randum selection : यादृच्छिक चयन

Rate : दर

Rate of return on capital : पूंजी पर प्रतिफल का दर / प्रतिशत

Ratio : अनुपात

Ratio of curve to total length: कुल लंबाई से गोलाई का अनुपात

Reclassification : पुनर्वर्गीकरण

Receipts, gross : सकल प्राप्तियां

Receipts, revenue : राजस्व प्राप्तियां

Receipts, traffic : यातायात प्राप्तियां

Relative share : सापेक्ष अंश

Repairs and maintenance : मरम्मत और अनुरक्षण

Replacement of existing assets: मौजूदा परिसंपत्ति का बदलाव/ प्रतिस्थापन

Reserve funds : आरक्षित निधि

Reservation : अभिरक्षण

Resolution : संकल्प / प्रस्ताव

Returns : विवरणियां

Return, missing : लुप्त विवरणी / खोई विवरणी

Revenue : राजस्व

Revenue earnings : राजस्व अर्जन

Revenue earning traffic : राजस्व अर्जक यातायात

Revenue Reserve Fund : राजस्व आरक्षित निधि

Revenue tonne kilometre : राजस्व टन किलोमीटर

Rolling stock and workshop repair statistics : चलता-फिरता/ चल स्टाक कारखाना मरम्मत सांख्यकी

Rounding off : पूर्णांकन

Route kms : मार्ग किलोमीटर

Route length : मार्ग की लंबाई

Route mean : मार्ग का औसत

Route track : मार्ग रेल पथ

Running power : चालन अधिकारी/ शक्ति

Running track kms : चल रेल पथ किलोमीटर

Runway : लीक / मार्ग/ पथ

S

Sampling : प्रतिचयन

Sampling method : प्रतिचयन प्रणाली

Scale : मापक / मापक्रम

Seat kilometre : सीट किलोमीटर

Share of rail and road : रेल और सड़क का अंश

Shunting kilometre per 100 train kilometre : प्रति 100 गाड़ी किलोमीटर का शंटिंग किलोमीटर

Siding engine kilometre : उपपथ इंजन किलोमीटर / साइडिंग इंजन किलोमीटर

Smalls : फुटकर

Source of data : डेटा / आंकड़ों का स्रोत

Square metre : वर्ग मीटर

Staff : कर्मचारी वर्ग

Statement in consolidated form : समेकित रूप में विवरण

Standard : मानक

Standard deviation : मानक विचलन

Standard error : मानक त्रुटि

Standard mass & measure : मानक नाप-तोल

Statistical : सांख्यिकीय

Statistical abstract : सांख्यिकीय सार

Statistical average : सांख्यिकीय औसत

Statistical branch : सांख्यिकीय शाखा

Statistical chart : सांख्यिकीय चार्ट

Statistical coefficient : सांख्यिकीय गुणांक

Statistical data analysis : सांख्यिकीय डेटा / विश्लेषण

Statistical derivative : सांख्यिकीय व्युत्पन्न

Statistical digest : सांख्यिकीय सार संग्रह

Statistical enquiry : सांख्यिकीय जांच

Statistical error : सांख्यिकीय त्रुटि

Statistical figures : सांख्यिकीय आंकड़े

Statistical graph : सांख्यिकीय ग्राफ़

Statistical information : सांख्यकीय सूचना

Statistical instruction : सांख्यिकीय अनुदेश

Statistical investigator : सांख्यिकीय अन्वेषी

Statistical law : सांख्यिकीय नियम / कानून

Statistical map : सांख्यिकीय मानचित्र/ नक्शा

Statistical mechanic : सांख्यिकीय यांत्रिक / यंत्रविद्

Statistical methodology : सांख्यिकीय प्रणाली विज्ञान / प्रणाली

Statistical methods : सांख्यिकीय विधियां

Statistical picture : सांख्यिकीय स्थिति/ चित्र

Statistical process : सांख्यिकीय प्रक्रिया

Statistical section : सांख्यिकीय अनुभाग

Statistical series : सांख्यिकीय श्रेणी/ सीरीज़

Statistical statement : सांख्यिकीय विवरण

Statistical summary : सांख्यिकीय सारांश

Statistical survey : सांख्यिकीय सर्वेक्षण

Statistical table : सांख्यिकीय सारिणी

Statistical theory : सांख्यिकीय सिद्धान्त

Statistician : सांख्यिकीकार

Statistics : सांख्यिकी / आंकड़े

Statistics, administrative : सांख्यिकी, प्रशासनिक

Statistics, annual : सांख्यिकी, वार्षिक

Statistics, commercial : सांख्यिकी, वाणिज्य

Statistics, half yearly : सांख्यिकी, छमाही

Statistics, marshalling yard : सांख्यिकी मार्शल यार्ड

Statistics monthly : सांख्यिकी मासिक

Statistics of variables : चल / परिवर्तनीय सांख्यिकी

Statistics, passenger rev-
  enue : सांख्यिकी, यात्री राजस्व
Statistics, periodical : सांख्यिकी
  आवधिक
Statistics, staff : सांख्यिकी कर्मचारी

Statistics, trimonthly :
  सांख्यिकी, दस दिवसीय / त्रैमासिक
Sub-urban traffic : उपनगरीय
  यातायात
Sub-urban zone : उपनगरीय क्षेत्र /
  मंडल

T

Table : सारणी
Tableau : चित्र / प्रभावशाली दृश्य / झांकी
Tabular / Tabulate : सारणीबद्ध /
  तालिका बद्ध
Tabulation : सारणीयन
Take down : उतारना
Tape : फीता / टेप
Tape drive : फीता / टेप चालन
Tare tonne kilometres : टेयर
  टन किलोमीटर
Telescopic variation : दूरबीनी
  घटा-बढ़ी / दूरदर्शी विभिन्नता
Tendency test : प्रवृत्ति परीक्षा
Theory of estimation : प्राक्कलन
  का सिद्धांत
Theory of probability : संभाव्यता
  का सिद्धांत
Theory of statistics : सांख्यिकी
  का सिद्धांत
Through traffic : अबाध / सीधा
  यातायात
Tonne kilometre : टन किलोमीटर
Tonne kilometre revenue :
  टन किलोमीटर राजस्व
Tonnes carried : ढोए गए टन

Tonnes originating : प्रारंभिक टन
Tonnes originating foreign
  line : प्रारंभिक टन परक्षेत्रीय लाइन
Tonnes originating home
  line: प्रारंभिक टन स्वक्षेत्रीय लाइन
Tonnes terminating : समापक
  टन
Total-corresponding : योग-
  तदनुरूपी
Total cubic decimeters per
  100 engine kilometres : कुल
  घन डेसीमीटर प्रति 100 इंजन किलोमीटर
Total receipts : कुल प्राप्तियां
Track kilometrage : रेलपथ
  किलोमीटर
Track utilisation : रेलपथ उपयोग
Tractive effort : कर्षण प्रयास
Trade statistics : व्यापार सांख्यिकी
Traffic receipts : यातायात प्राप्तियां
Trailers : ट्रेलर / अनुयान
Train engine hours : गाड़ी इंजन
  के घंटे
Train hours : गाड़ी के घंटे
Train kilometre : गाड़ी किलोमीटर
Transhipment : यानांतरण

Transportation statistics : परिवहन सांख्यिकी

Trend : रुख / प्रवृत्ति

Trial and error : जांच और चूक / भूल

Trimonthly statistics : त्रैमासिक सांख्यकी / दस दिवसीय सांख्यिकी

Turn round of a wagon : माल डिब्बे का लदान आवर्तन

U

Ultimo : गतमास का

Unassisted company's line : सहायता रहित कंपनी लाइन

Uncalled : अनाहूत

Uncalled for : अनावश्यक

Uncatalogued : असूचीबद्ध

Unchangeable : अविकारी / अपरिवर्ती

Unclaimed : लावारिस

Unit : इकाई / एकांश / यूनिट

Unit measurment : इकाई माप

Unit repairs : यूनिट / इकाई मरम्मत

V

Value : मूल्य

Value of exports including re-exports : पुनर्निर्यात सहित निर्यात का मूल्य

Variable : पल / परिवर्तनशील

Variance : विवाद / मतभेद

Vehicle day : वाहन दिवस

Vehicle kms : वाहन किलोमीटर

Vehicle kms per vehicle day: प्रति वाहन दिवस वाहन किलोमीटर

Vehicle, passenger : वाहन यात्री

Vehicle usage : वाहन-उपयोग

Verifying machine : सत्यापन मशीन

Vital statistics : महत्त्वपूर्ण सांख्यकी/ आंकड़े

Volume of traffic : यातायात की मात्रा

Voucher : वाउचर / आधार पत्र / खर्च का पुरज़ा (कागज)

W

Wage : मजदूरी / वेतन

Wagon : माल डिब्बा

Wagon kilometres : मालडिब्बा किलोमीटर

Wagon kms per wagon day : प्रति मालडिब्बा दिन मालडिब्बा किलोमीटर

Wagon usage / utilisation : माल डिब्बा उपयोग

Weighted index number : बलार्थ सूचकांक / भारित सूचकांक

Weighted aggregate : बलार्थक कुल योग / भारित पूर्ण योग

Weighted arithmetical average : बलार्थक गणितीय औसत / भारित गणितीय औसत

Weighted average : बलार्थक औसत / भारित औसत

Worked lines : अभिचालित लाइनें

Working expenses per train kms. : संचालन व्यय प्रति गाड़ी किलोमीटर

Working expenses per route kms worked : संचालन व्यय प्रति चलित मार्ग किलोमीटर

CIVIL ENGINEERING

सिविल इंजीनियरिंग

CIVIL ENGINEERING

सिविल इंजीनियरिंग

A

Abrasion : अपघर्षण / घिसाई
Abstract : सार
Abundance : बहुतायत / बाहुल्य
Abutment : अंत्याधार / फील पाया
Academy : अकादमी / परिषद
Accede *(verb)* : पद या कार्यभार ग्रहण करना
Acceptance : स्वीकृति
Acceptance letter : स्वीकृति पत्र
Accessory : अतिरिक्त / गौण / सहायक
Accident : अप्रत्याशित घटना / संयोग/ दुर्घटना
Aceidie / Acedia : निष्क्रियता / निराशा
Accommodation : समायोजन / आवास / समझौता
Accurate : परिशुद्ध / यथार्थ
Acid proof paint : तेज़ाब सह रोग़न
Acquittance roll : भुगतान चिट्ठा/ निस्तारण चिट्ठा
Across : पार / उस पार /आड़े तिरछे
Action : कार्यवाही / कार्यव्यापार
Acute : नुकीला / पैना
Adaptability : अनुकूलनीय (ता)
Addenda / Addendum : परिशिष्ट
Adding machine : जोड़ यंत्र
Adequacy : पर्याप्तता / उपयुक्तता
Adequate : पर्याप्त / यथेष्ट / उपयुक्त
Adhoc : तदर्थ
Adjacent : निकटवर्ती
Adjoin : से लगा हुआ
Adjuvant : सहायक
Admeasure : आवंटन / अनुभाजन
Admissible : ग्राह्य
Admissibility : स्वीकार्यता / ग्राह्यता
Adobe : कच्ची ईंट (का मकान)
Adulterate : खोट मिलाना / मिलावट
Advance : आगे बढ़ना / अग्रिम
Adventure : साहस करना / जोखिम
Agreement : क़रार
Agreement bond : क़रार बंध पत्र
Aground : भूग्रस्त
Aid : सहायता
Air brick : छेददार ईंट
Alfalfa : गरारी
Alignment : निर्धारित सीध / सिधाई / सरेखण
Alkali : क्षारीय
Alleviate : हलका कर देना / ऊपर उठा देना
Allocation : आबंटन

Allocation register : आबंटन पंजी

Allowance : छूट / गुंजाइश / भत्ता

Aluminium prime : अल्यूमीनियम की निचली तह

Analogous : सदृश

Angular velocity : कोणीय वेग

Anti corrosive bituman paint: अक्षरी बिटुमन रोग़न

Apex angle : शीर्ष कोण

Apparatus : उपकरण

Appellate officer : अपीलीय अधिकारी

Appliance : उपकरण / साधित्र

Applicability : लागू होना / प्रयुक्ति / प्रयोज्यता

Apportionment : अनुभाजन

Approach road : पहुंच मार्ग

Approved contractors : अनुमोदित ठेकेदार

Arable (Land) : कृषि योग्य (भूमि)

Arbitration : माध्यस्थ / मध्यस्थता / विवाचन

Arbitration Act : मध्यस्थता अधिनियम

Arbitration award : मध्यस्थता अधिनिर्णय

Arbitrator's award : मध्यस्थ का अधिनिर्णय

Arch : महराब / दर, दरवाजे का ऊपरी अर्ध गोल भाग

Architect : वास्तुकार

Architure : वास्तुशिल्प

Archway : तोरणद्वार / छत्ता / तोरण पथ

Arterial : धमनीय

Artificer : शिल्पी / परिशिल्पी

Artisn : कारीगर / शिल्पी / दस्तकार

Asbestos : अहद / एस्बेस्टॉस

Ashlar stone : एश्लर रंगीन पत्थर

Assessed rent : निर्धारित किराया

Assessment : आकलन / निर्धारण

Assests : परिसंपत्तियां

Assignment : समनुदेशन / सौंपना

Authorisation : प्राधिकरण

Authorisation roll : प्राधिकरण पंजी

Axle load : धुरी / धुरा भार

B

Back : पिछला

Back board : पृष्ठ फलक

Background : पृष्ठभूमि

Back stairs : पिछली सीढ़ियां

Ballast : गिट्टी

Ballast fork or rake : गिट्टी (बटोरने वाला) पंजा

Ballast section : गिट्टी खंड

Bank : बंध

Banner flag : जाम झंडी / रोक पताका

Barbed wire : कंटीले तार

Barrier : अवरोध / रोधिका

Base rail : आधार पटरी

Batten : काष्ट पटरी

Battened door : पट्टी दरवाजा
Beading : गुरिया पट्टी
Bearing plate : धारक पट्टी
Beam : धरनी / शहतीर
Beater : गैंती
Beat of gang : गैंग का क्षेत्र
Bed block : आधार खंड
Bedroom : शयन कक्ष
Bedew : तर कर देना / जल छिड़कना
Bees waxing : मोम लगाना
Befit *(verb)* : शोभा देना
Belt : क्षेत्र / इलाका
Benching slope : पैड़ी
Bench mark : तल चिह्न
Bevelled edges : पख़मारे किनारे
Berm : अधिपट्ट
Binding : बंधनी / बाध्यकर
Binder : बंधक
Bipartite : द्विखंडी / द्विभागीय / द्विदलीय
Bitumen : डामर / बिटूमन
Blister : फफोला
Block kankar : कंकड़ पिंड
Bond : बंध पत्र / बांड
Bound stone : बंध पत्थर / बंधी प्रस्तर
Book value : खाता मूल्य
Borrow pit : खनती
BRC fabrics : बी.आर.सी. तारजाल
Bottle nut : दो सिरा पेंच
Boulder : गोला पत्थर
Boxing : भराई
Boxing of ballast section & tidying : गिट्टी की भराई व बंधाई
Brass curtain rod : पीतल की परदा छड़
Breach of contract : संविदा भंग
Brick flooring : ईंटों का फर्श
Bridge deck : पुल पाटन
Bridge work : पुल कार्य
Briefing note : हिदायती नोट / पक्ष पत्र
Brustle brush : तार ब्रुश
Brush wood : झाड़-झंखाड़
Buckling : व्याकुंचन
Building : भवन / इमारत
Bulge : फुलाव / उभार / उभरना / फूलना
Bunded stones : बांध के पत्थर
Bursting of tank : जलाशय का फटाव

C

Cabin : कोठरी / कक्ष / कमरा
Cabinet : अलमारी / पेटिका / कोठरी
Calculation : परिकलन
Calender day / month / year: पंचाग दिन / मास / वर्ष
Camber : कमान / कुब्जता
Cant board : उठान पट्ट
Capital at charge : ब्याजदेय पूंजी
Carriage of material : सामग्री / माल ढुलाई
Cash abstract book : रोकड़ सार बही

Cash flow : नकदी प्रवाह
Cash safe : तिजोरी
Cashier : रोकड़िया
Catch siding : ग्राही साइडिंग
Catch water drain : जल ग्राही नाली
Cattle guard : पशु रोक / सुरक्षा
Caulling of joints : जोड़ भराई
Cavity wall : खोखली दीवार
Centre lines : मध्य रेखाएं / केंद्रीय रेखाएं
Centre line pillars : मध्य रेखा स्तंभ
Centering : ढूला / केंद्रण
Certificate of completion of work : कार्य समापन प्रमाण पत्र
Cess : सैस / अधितल
Chainage : ज़रीब दूरी / श्रृंखला दूरी
Chajja : छज्जा
Challenge : चुनौती / टोक / टोकना
Chamfering of bricks : ईंटों का निष्कोणन / ईंट गढ़ाई
Check rail : रोक पटरी
Chimney breast : चिमनी मुख
Chips : पाषाण कण / छीलन / चिप्स
C.I. pipe : लोह नाल / सी.आई. पाइप
C.I. sheets door : लोहे की चादरों का दरवाजा
C.I. sleeper : ढलवां लोहे का स्लीपर
Clearance : अंतराल / निर्वाधिता
Clearance zone : निर्वाधिता क्षेत्र
Clerestory window : शीर्ष झरोखा
Clinkers : खंगर / अवशिष्ट राख़
Clino-meter : नतिमापी / क्लाइनोमीटर
Clip : क्लिप तराशना / काट फेंकना
Clod of earth : मिट्टी का ढेला
Coaching earnings : कोचिंग से अर्जन
Coal tarring : तारकोल बिछाना
Communicate : संसूचित करना
Compensation : प्रतिकर / क्षतिपूर्ति/ मुआवजा
Completion plan : समापन आरेख/ नक्शा
Completion estimate : समापन प्राक्कलन
Components : घटक
Compressor : संपीड़क
Concrete : रोढ़ी
Concrete mixer : रोढ़ी मिश्रक
Concurrent regulation : समदर्शी विनिमय
Condition : अवस्था / हालत
Consideration : प्रतिफल / विचार
Consolidated : समेकित
Construction : रचना / निर्माण
Contemplated : अनुध्यात / अपेक्षित
Contingencies : आकस्मिक व्यय
Contour : समोच्च रेखा
Contract : ठेका / संविदा
Contract agreement : संविदा करार
Contract document : संविदा प्रलेख
Contractor : ठेकेदार
Convict labour : बंदी मज़दूर
Copal varnish : पपड़ा वार्निश
Coping : मुंडेरा

Copper dowel bars : तांबे की गुंजी सलाखें

Copper oxydised fitting : तांबे की जारित फिटिंग

Copper slag : तांबे का मैल / धारन

Corelation : सह संबंध

Corrigenda : शुद्धि पत्र

Corrugated sheet : नालीदार चद्दर

Costing : लागत निर्धारण

Cost : लागत

Cotter : फन्नी

Coursed rubble masouary : पत्थर की रद्दा चिनाई

Covering docket : आवरण डाकेट

Crack : दरार

Creation : सृजन / सृष्टि / रचना

Creche : शिशु गृह

Credentials of contractor : ठेकेदार का प्रत्यय पत्र

Creep adjustment : विसर्पण (सरकन) समायोजन

Creepindicator : विसर्पण (सरकन) संकेतक

Creep register : विसर्पण (सरकन) पंजी

Cross over : पारगामी / क्रास ओवर

Cross section : आड़ीधार / अनुप्रस्थ काट

Cross bar : सब्बल

Crown level : शीर्ष स्तर

Crown grants : शीर्ष अनुदान

Crude : कच्चा / अनगढ़

Culvert : पुलिया

Curator : संग्रहाध्यक्ष / संग्रहपाल

Curl : छल्लेदार / मोड़दार

Curing : तराई

Curette : खुरचनी

Currency of sanction : मंजूरी की वर्तमानता

Curvature : वक्रता

Curve : वक्र

Cushion : कुशन / लचीला किनारा

Custody : अभिरक्षा

Cutting : कटान

Cylinder : सिलिंडर / बेलन

Cylindrical : बेलनाकार

D

Dado (Paint) : हाशिया / डेडो

Daghbel : दागबेल

Damages : हरजाना

Dead bolt : बेकार बोल्ट

DCP Technique : बट्टागत नकदी प्रवाह प्रणाली

Declivity : उतार / अवरोह / ढाल

Default of contractor : ठेकेदार की चूक

Deficit : कमी / घाटा

Definitive : निर्णायक / अंतिम / निश्चित

Deflexion : झुकाव / मोड़

Defraud : कपट से लेना

Degeneration : विकृति

Degrade : भ्रष्ट करना / दरजा घटाना

Degree of curvature : वक्रांश / वक्रता की डिग्री (मात्रा)

Delayed tender : विलंबित निविदा

Deposit, miscellaneous : विविध निक्षेप

Deposit work : निक्षेप कार्य

Derailment : अवपथन / पटरी से उतरना

Derricks : डेरिक / सामान उठाने का यंत्र

Design : अभिकल्प / डिज़ाइन

Detached marks : मिटाए हुए चिह्न

Detention : रुकाई

Determination : अवधारणा

Determination of contract : ठेका अवधारण

Detonate : दागना / विस्फोट करना

Detour : चक्करदार मार्ग

Detrain : रेल से उतरना

Detonator : पटाखा

Detriment : हानि / क्षति / नुकसान

Detrition : घिसाई

Deviation : विचलन

Devolve : न्यागत होना

Diamond crossing : ईंट की कैंची / डायमंड क्रासिंग

Dimensions : आयाम / परिमाप

Dimerous : द्वितीय

Dimetric : चतुष्कोण

Dimidiate : अर्धीकृत

Direct : प्रत्यक्ष

Dirt track : कंकरीला रास्ता

Disadvantageous : असुविधाजनक/ हानिकारक

Disagree *(verb)* : असहमत होना

Disallow *(Verb)* : अस्वीकार करना

Disapprove *(verb)* : अस्वीकार करना

Disarrange *(verb)* : अस्त-व्यस्त कर देना

Disband : विघटित / छिन्न-भिन्न होना

Disburse : चुकाना / भुगतान करना

Disbursement : भुगतान वितरण

Discharge : मुक्त करना / सेवा मुक्त करना

Dismanfling : उखड़ाई

Disposal : निपटान

Distortion of guage : गेज विकृति

Dog spike : डाग स्पाइक

Dominion : उपनिवेश

Dotted line : बिन्दी रेखा

Double line : दोहरी लाइन

Drainage area : जल निकास क्षेत्र

Drawing : आरेख

Dressed : प्रसाधित

Dressed stone : गढ़ा हुआ पत्थर

Drop bottom bucket : खुल पेंदी बालटी

Drop wall : कटाव रोक दीवार

Dross : फोक / मैल / लोहमल

Dump : अस्थायी गोदाम

Dune : बालू का टीला

Duplex : दोहरा

Durability : टिकाऊपन / चिरस्थायित्व

Duration : अवधि

Duress : दबाव

Dust : धूल

Dustbin : कचरा पेटी

Dust cart : कूड़ा गाड़ी

Duty : कर्तव्य / कर / महसूल
Dye : रंग / रंगना

Dynamical : गतिशील
Dynamo : डायनामो

E

Earnest money : बयाना
Earnings : अर्जन / आमदनी
Earth ridging : मिट्टी की मेड़ बनाना
Earth work : मिट्टी का काम
Easy curve : सुगम वक्र
Ecelesiastical : धर्म संबंधी
Edge : धारा / किनारा / कोर
Effective : प्रभावी / प्रभावकारी
Effectual : फलप्रद / अचूक
Effeciency : (कार्य) कुशलता / दक्षता
Elastic spike : लचीली कील
Elbow : कोहनी
Elevation : उत्थान / उचान
Embankment : तट बंध
Embargo : पोत अधिरोध / घाटबंदी
Employ : काम में लाना / प्रयोग करना
Employment : रोज़गार / नौकरी
Empower : अधिकार देना
Emulator : प्रतिस्पर्धी
Enable : समर्थ करना / योग्य करना
En bloc : सामूहिक रूप से
Encroachment : अवैध कब्ज़ा / अतिक्रमण
Enforceable : प्रवर्तनीय
Engagement : नियुक्ति / प्रतिज्ञा
Engine changing : इंजन बदल
Engineer : अभियन्ता

Engrave *(verb)* **:** उत्कीर्ण करना
Enjoin : आदेश देना
Enlarge : बढ़ाना / विस्तार देना
En masse : सामूहिक रूप से
Ensure : सुरक्षित / सुनिश्चित करना
Enter : प्रवेश
Enterprise : उद्यम
Enterprising : आरंभी / उद्यमशील
Entrain : रेल में चढ़ना या चढ़ाना
Entrance : प्रवेश
Entrepot : गोदाम
Entrepreneur : ठेकेदार / आयोजन कर्त्ता / उद्यमी
Enunciation : प्रतिपादन / प्रतिज्ञापन
Equable : स्थिर / एकरूप / सम
Equilibrant : संतुलक
Equilibrium : साम्य / संतुलन
Equivalant : तुल्य / बराबर
Eyection : उत्थापन / निर्माण
Erosion : कटाव / (भू) क्षरण
Error : भूल चूक / गलती
Estimate : अनुमान / प्राक्कलन
Escarpment : कगार
Essential : तात्विक / परमावश्यक
Estate : भूसंपत्ति
Estimation : अनुमान / आकलन
Evidence : साक्ष्य

Excalation Factor : बढ़ता तत्त्व
Examining pit : परीक्षण गर्त
Excavation : खुदाई
Existing lines : मौजूदा लाइनें
Exportable : निर्यात्य / निर्यात योग्य
Exportable surplus : निर्यात योग्य अधिशेष
Extant : विद्यमान / वर्तमान
Extend : फैलाना / विस्तार देना
Extension : विस्तार
Extensive : व्यापक / विस्तीर्ण
Extent : विस्तार / प्रसार
Exterior : बाहरी / अहिर्भाग
Extrados : टाट की ऊपरी सतह

F

Fake : नकल / जाली / बनावटी
Fangbolt : दांत / दंत काबला
Fastening : स्थिरक / बंधन / जकड़
Fat line : कली चूना
Feasibility : व्यवहार्यता
Features : लक्षण
Feeder line : पोषण लाइन / संभरक लाइन
Fence : बाड़ा / अहाता / घेरा
Ferry : तारण / नौका
Ferrogellic : फेरोगैलिक
File : फाइल / पंजी
Field book : क्षेत्र पंजी / फील्ड बुक
Field Location Survey : क्षेत्रीय स्थान निर्धारण सर्वेक्षण
Final Location Survey : अंतिम मार्ग निर्धारण सर्वेक्षण
Fine single : पथरी
Fish bolt : जोड़ काबला
Fish bolt spanner : जोड़ काबला पाना
Fishing cord : ढोरी
Fishing plane : जोड़ पट्टी तल
Fishing plate : जोड़ पट्टी
Fitting : फिटिंग / अनुरूपता
Fittings : साज-सामान / साज-सज्जा
Fixed structure : स्थिर संरचना
Flake : पपड़ी
Flange gauge : स्फ़ार दूरी मापक
Flap doors : पल्ला
Floating bridge : नाव पुल
Floating coat : पतला लेप
Flood : बाढ़
Flood light : परि प्रदीप्ति
Foot over bridge : ऊपरी पैदल पुल
Formation level : तल्प स्तर
Formation of litance : झाग बनाना
Fouling marks : उल्लंघन चिह्न

G

Gable roof : त्रिअंकी छत

Gadget : यांत्रिक / जुगत

Gallery : दीर्घा / गैलरी

Gang : टोली / गैंग

Gangman : गैंगमैन

Gangway : मार्गिका / गलियारा

Gang chart (Diary book) : गैंग चार्ट / दैनिकी

Gate : फाटक / कपाट

Gate lodge : गुमटी

Gauge : गेज / आमान / मापी / प्रमापी

Gauging : मापन

Gelatine : सरेस / जिलेटिन

General : सामान्य / साधारण

Girder seating : गर्डर पीठिका

GL Scour pipe : तल सफाई पाइप

Glazed tile : कांची / (कांच के) टाइल

Glazer : शीशागर

Goods earning : माल से अर्जन

Grade : प्रवणता / ढाल

Gravel : बजरी

Grenolithic : दानेदार

Gross earning : सकल अर्जन

Grouping : समूहबद्ध करना

Guarantee bond : गारंटी / बंध पत्र

Gully trap : कुंडी पाश

Gusset : (कपड़े की) कली / गेसट / प्रकोणी

Gutta percha : गटापारचा

H

Hachure : रेखाच्छादन

Hack : फावड़ा

Hack saw : लोहकाट आरा / लोहा आरी

Half timer : अर्धकालिक

Half way : बीचोंबीच

Hand bill : इश्तहार / विज्ञप्ति

Hand book : पुस्तिका

Hand cart : ठेला

Hand level : दस्ती तल मापी

Hand signal : हाथ सिगनल / दस्ती संकेत

Hand work : हस्तकार्य / दस्तकारी

Hangar : विमानशाला

Haphazard : संयोग / इत्तफाक

Harbinger : अग्रदूत

Harbour : पत्तन / बंदरगाह

Hard drawan hooks & eyes : कड़े तार की / कुंडी

Head : शीर्ष

Heap : ढेर / अंबार

Hemp cord : सन की डोरी

Hiramchi colour wash : हिरमिची पुताई

Hogged rail : अवतलित पटरी

Hold up : रुकावट
Hole : छेद / गड्ढा / कुंड
Hook : कांटा / अंकुश
Hostler : साइस
House : घर / मकान / सदन
House hold : घराना / परिवार / घरेलू
House keeping : गृह व्यवस्था
House magezine : गृह पत्रिका
House property : गृह संपत्ति

House warming : गृह प्रवेश
Hoisting : उत्तोलन
Homestead : बालगीत / बाल भूमि
Honey comb brick work : ईंट जाली / ईंटों की जाली
Hook bolt : कांटा काबला / कांटा बोल्ट / हुकदार सिटकिनी
Horizontal groove : गुमटी
Humidity : आर्द्रता / नमी

I

Idle : बेकार / आलसी / निकम्मा
Ignominy : अपकीर्ति / बदनामी
Imbue : सराबोर / रंग चढ़ाना
Immovable : अचल
Impale : छेदना
Impartial inquiry : निष्पक्ष पूछताछ
Imparse : गतिरोध / गलीबंध
Impaste : लेई
Impedance : प्रतिबाधिता
Impede (verb) : रोकना / बाधा डालना
Implement : औज़ार / साधन
Implement (verb) : लागू करना
Implimentation : कार्यान्वयन / कार्यान्विति / पालन
Implicate : फंसाना / उलझाना
Imply : का अर्थ होना / से परिणाम निकालना
Imprest : अग्रदाय
Incidence : आपतन

Incident : घटना
Incoherent : असंबद्ध / असंगत
Incoming : आवक / प्रवेशी
Incompetence : असमर्थता
Incompetent : असमर्थ
Incomplate : अधूरा / अपूर्ण
Inconstancy : अस्थिरता
Incordination : असमन्वय
Incorporated company : निगमित कंपनी
Incredible : अविश्वसनीय / अविश्वास्य
Incrust : पपड़ी चढ़ाना
Inculcate : मन में बैठाना
Indecisive : अनिश्चायक/अनिश्चित
Indefeasible title : अजेय हक
Indemnity : क्षतिपूर्ति
Indenture : प्रतिज्ञा पत्र / राजीनामा
Indicator (Engineering) : सूचक (इंजीनियरी)
Inferrable : अनुमेय

413

Infringement : अतिलंघन / अतिक्रमण

Infruetuous : निष्फल

Infrastructure : मूल सुविधा / मूल उद्योग / आधारभूत ढांचा

Ingoing : अंदर जानेवाला

Ingot : सिल्ली

Ingredient : संघटक

Inner rail : भीतरी (रेल) पटरी

Interlocked point : अंतर्पाशित कांटा

Internal check : आंतरिक जांच

Intention : आशय

Intra dos : डाट की निचली सतह

Iron chokhat : लोहा चौखट

Issue rate : जारी करने की दर

Isthmus : स्थल संयोजक

Item : मद / विषय

J

Jack : उत्थापक / जैक

Jack plane : मोटा रंदा

Jack roofing : डाट की छत

Jack screw : जैक पेंच

Jag : नोक / कांटा

Jamb : पाखा / पख / बाजू

Jamboree : जमावड़ा

Jammed point : रुद्ध जोड़

Jhama brick : झांवा ईंट

Jib : जिब / डाट

Job : नौकरी / काम / फुटकर काम

Join : जोड़ / मिलना

Joint : संधि / गांठ

Jot : बिंदु / कण / लिख लेना

Jim crow : पटरी बकक / जिम क्रो / सब्बल

Junction : जंक्शन / संधि / संयोजन

Justify (verb) : सफाई देना

K

Kankar nodule : कंकड़ी

Keeper : रक्षक / पालक

Kill : हटाना / नष्ट करना

Kiln : भट्टा

Kink : वलन / विकुंच

Khurras : खुरा

Kinetic : गतिक / गतिमूलक

Kinetic energy : गतिक ऊर्जा

Kinetic theory : गतिक सिद्धांत

Knife : चाकू

Knobby : गुठीला / गांठदार

Knotty : गांठदार / घुंडीदार

L

Label : लेबल / नाम-पत्र / परची
Laborious : परिश्रमी
Labour : श्रम / परिश्रम
Labour bureau : श्रम कार्यालय
Labour camp : श्रम शिविर
Labour dispute : श्रम विवाद
Labour movement : श्रम आंदोलन
Land : भूमि /ज़मीन
Land tenure : भूमि धृति / भू धारण
Laterite : लेटराइट / मखरैला
Layout *(yard)* : अभिन्यास (यार्ड का)
Lead : वहन दूरी / गमन दूरी
Lead of turn outs : विशाखन मध्यांश
Lead rail : मध्यांश पटरी
Lettering : अक्षरांकन
Level : तल / सतह / समतल
Level peg : समतल खूंटी
Level crossing : समपार
Lightning conductor : तड़ित चालक
Lime : चूना
Lime panning : चूना स्तरण
Lineal : रेखीय
Liner : पत्ती
Lipping : होंठन
Liquidated damages : परिनिर्धारित नुक्सान / निर्णीत हर्जाना
Live hedges : हरी बाड़
Loam : दुमट
Location survey : मार्ग निर्धारण सर्वेक्षण
Lock nut : पाश डिबरी / लाक नट
Longitudinal edges : अनुदैर्ध्य किनारे
Louvered shutters : झरोखा
Lubricant : स्नेहक
Lubrication of rail joints : पटरी जोड़ों में तेल देना
Lug : अटक

M

Macadam : गिट्टी / रोढ़ी मार्ग / पक्की सड़क
Machine : मशीन / यंत्र / कल
Mcahinery : मशीनरी / यंत्र समूह
Machinist : मशीनवाला / यांत्रिक
Magnet : चुंबक
Magnetometer : चुंबकत्व मापी
Maintenance : अनुरक्षण / रख रखाव
Maintenance allowance : अनुरक्षण भर भत्ता
Maintenance work : अनुरक्षण कार्य

Make shift : काम चलाऊ

Make up : ढांचा

Manager : प्रबंधक

Map : मानचित्र

Material : सामग्री

Mature : परिपक्व

Marked value : अंकित मूल्य

Mean : माध्यम

Mean sea level : माध्यम समुद्र तल

Metal jaffory : धातु की जाफरी

Microwave : सूक्ष्म तरंग

Mining : खनन

Miry earth : कीचड़

Mitring : कोण काटना

Moist gunnybag : गीला बोरा

Mop : बुहारी

Mortar : मसाला

Mortar mill : चूना चक्की / मसाला चक्की

Mortar pan or basket : मसाला कड़ाही या टोकरी

Mortice & tenon : साल और चूल

Mortgage : रेहन / गिरवी

Mould : सांचा

Moulding & cornice : किनारी / गढ़न और कारनिस

Movingor or running dimensions : गतिमान आयाम

Mud gobri plaster : गोबरी

Multiple line : बहुल लाइन

Muster roll : हाजिरी रजिस्टर / उपस्थिति पंजिका

Muster sheet : उपस्थिति पत्रक

N

Natural aggregate : प्राकृतिक रोड़ी

Neat cement : दोगा

Negative : निषेधक

Neo : नव / नव्य

Nerve (verb) : शक्ति या साहस प्रदान करना

No confidence : अविश्वास

No claim certificate : दावाहीन प्रमाण पत्र

Nominal roll : नाम पंजिका

Node : गांठ / ग्रंथि

Non availblity : अनुपलब्धि

Non effective : निष्प्रभाव

Non essential : अनावश्यक

Non gazetted : अराजपत्रित

Non metalled : कच्चा

Non stop :अविराम / निरंतर

Non technical : अप्राविधिक / ग़ैर तकनीकी

Notice : अधिसूचना

Nut : डिबरी

O

Obedience : आज्ञापालन

Obedient : आज्ञाकारी

Object : उद्देश्य

Obligation : बाध्यता

Observe : अवेक्षण करना / प्रेक्षण करना

Octroi : चुंगी

Occupier : दखलदार / अधिभोक्ता

Offer : अर्पण / प्रस्ताव

Oil bound distamper : सतेल डिस्टेंपर

Oiling wood work : लकड़ी पर तेल लगाना

Open tumbering : खुली तख्ताबंधी

Order book : आदेश पुस्तिका

Oscillation effect : दोलन प्रभाव

Oscillograph : दोलन लेखी

Outer rail : बाहरी पटरी

Over bridge (Road foot) : ऊपरी पुल (सड़क, पैदल)

Out fall : मुहाना

Over flow pipe : अतिप्रवाह नल

Over lap : तह जमाना / कुछ अंश तक ढक लेना

Over lapping : पर्त चढ़ाना

Over size ballast : बड़ी गिट्टी

Oxydised finish : जारण सफाई

P

Pack : पोटली / बोझ / गड्डी

Packing : बंधाई

Packing of sleepers : स्लीपरों की बंधाई

Parapet wall : मुंडेर

Partent line : मूल लाइन

Parmanent hinge : मूल कब्जा

Parnalla : परनाला

Pattern pattern : फरमा / पैटर्न

Paucity of funds : धन की कमी / धनाभाव

Payment of wages Act : मजदूरी संदाय अधिनियम

Pay order : भुगतान (संदाय) आदेश

Pea gravel : मटरी बजरी

Pelmet : पर्दाधारक

Pendency of arbitration : मध्यस्थता अवधि

Pending : लंबित

Per centum : प्रतिशत

Periodical inspection : आवधिक निरीक्षण / नियत कालिक निरीक्षण

Permanent way diagram : स्थायी रेल पथ का रेखाचित्र

Permanent work : स्थायी निर्माण

Petty contractor : छोटा ठेकेदार

Pick end : नोक

Pills bricks : अधपकी ईंटें

Pitch pocket : खोड़
Phase : चरण
Phasing : प्रावस्थान / बढ़ता चरण
Phyllite : पथरी गिट्टी
Plan : नक्शा / योजना
Planking : तख़्ताबंदी
Plant : संयंत्र
Plant (Constructional) : संयंत्र (निर्माण संबंधी)
Plinth area : कुर्सी / चौकी
Plumbago : काला सीसा
Pneumatic tools : वायु चालित औज़ार
Points & crossing (Roconditioned) : कांटे और क्रासिंग (नवीकृत)
Point indicator : कांटा सूचक
Pollution : प्रदूषण
Post : खंभा
Post facto sanction : कार्योत्तर स्वीकृति
Pot sleeper : गोल स्लीपर
Power of modification : शोधन शक्ति / अधिकार
Pozzolana : पोज़ोलाना
Precast material : ढालित पदार्थ
Precious stone : मूल्यवान पत्थर
Predicted section : प्रागुक्त
Premix carpet : मिश्रित सड़क मसाला
Premises : परिसर
Presents : विलेख
Presiding : पीठासीन
Print, Blue : योजना आरेख / ब्ल्यू प्रिंट
Prismatic compass : प्रिज़्मी दिक्सूचक
Procurement : प्रापण
Profiles : रूपरेखा / परिच्छेदिका
Profile (Track) : बाह्य रूपरेखा (रेल पथ)
Prohibited : निषिद्ध
Projection : प्रक्षेपण
Proprietory right : स्वत्वाधिकार
Protective work : रक्षणात्मक कार्य
Pruning cost : छंटाई लागत / खर्च
Puddle : कीचड़
Pug mill : रौंद चक्की
Pulverised : चूर्णित
Pumice stone : झांबा पत्थर
Purlins : शहतीर
Push trolly : ठेला / ट्रॉली

Q

Qualification : योग्यता / अर्हता
Qualificative : गुणवाचक
Quantity : राशि / परिमाण / मात्रा
Quarry : खुली खान / खदान
Quartz : स्फटिक / विलौर
Quest : खोज / तलाश
Queue : चोटी, क़तार
Quick lime : अनबुझा चूना
Quoins : कोनिया / कोलिया पत्थर

R

Rabbet : खांचा
Rack : रैक / टांड / ढांचा / निधान
Radar : रेडार
Radiance : कांति
Radical : मूल / उग्र / अतिवादी
Radioactive : रेडियोधर्मी / विघट नाभिक
Radius : त्रिज्या
Rail : पटरी / छड़
Rake : रैक / रेल के डिब्बों का समूह
Rail seat : पटरी पीठिका
Randam ruffle : अनगढ़ पत्थर
Range finder : दूरी मापी
Ramming earth : मिट्टी की ढुकाई
Ramp : ढालू
Ramped crossing : ढालू क्रासिंग
R.B. Work : प्र.ई. निर्माण
R.C.C. : प्रदलित सीमेंट कंक्रीट
R.C.C. work : प्रदलित सीमेंट कंक्रीट निर्माण
Realigument : पुनः सरेखण / पुनः सिधाई
Reception and despatch line: आदान और प्रेषण लाइनें
Reclaimed oil : शोधित तेल
Reconditioning : पुनर्नवीयन
Reconnoissance survey : टोह सर्वेक्षण
Record : दर्ज करना / रिकार्ड करना / रिकार्ड (संज्ञा)
Regarding : पुनः प्रवणन
Regression analysis : समाश्रयण विश्लेषण
Reinforcement bar : प्रबलन सरिया
Released : निर्मुक्त
Relics : अवशेष
Remit : छोड़ना / प्रेषण करना
Remittance : प्रेषणा
Renewal : नवीयन / नवीकरण
Rent rolls : किराया पंजी
Resilient : लचीला
Resource allocation : संसाधनों का विनिधान / आबंटन
Retaining wall : पुशता दीवार
Return : प्रतिफल / प्रतिलाभ
Revetment : रिवेटमेंट / पलस्तर लगाना
Ridge and hip : कोर और काठी
Rifle range : चांदमारी परिसर
Riparian : तटवर्ती / नदतटीय
Rising grade : चढ़ान
Road over bridge : ऊपरी सड़क पुल
Road under bridge : निचला सड़क पुल
Rolled steel (R.S.) Joist : इस्पाती छन्नी / कड़ी
Roof ladder : छत की सीढ़ी
Roof light sheet : प्रकाशी चादर
Roof slab : छत पट्ट / छत स्लैब
Rounding : गोल करना
Run : चालन / चालन दूरी

Run of single line : इकहरी लाइन क्षेत्र

Rummage : छानना / तलाशी

Rustic : देहाती

S

Sabotage : तोड़-फोड़ / ध्वंसन

Safety of track : रेल-पथ संरक्षा

Sag (Sagging) : झोल (झोल पड़ना)

Sample survey : नमूना सर्वेक्षण

Sand work : बालू कार्य / बालू का काम

Sanitary work : सफाई कार्य

Sash bar : सरकाऊ चौखटा

Saturation : संतृप्ति

Scaffolding : पाड़

Scattered renewal : छुटपुट नवीयन

Schedule of dimensions : आयाम अनुसूची

Schedule of rates : दर अनुसूची

Scotch block : रोक गुटका

Scour : निघर्षण

Screening of ballast section: गिट्टी की छनाई

Screw spike : पेंच कील

Scrutiny : जांच-पड़ताल / छानबीन

Section limit bard : खंड सीमा पट्ट

Security deposit : प्रतिभूति जमा / प्रतिभूति निक्षेप

Secpage water : रिस्ता पानी

Service building : सेवा भवन

Service road : सेवा पथ / उप पथ

Sewerage (System) : जल मल निकास (प्रणाली)

Shallow cutting : उथली कटाई

Shoring prop : टेक

Shoulder sleeper : स्कंध स्लीपर

Shovel : बेलचा

Shunting neck : शंटन ग्रीवा

Side drains : बगली नाली / पार्श्व नाली

Side wear : बगली घिसाव

Sill : दासा

Site : स्थल

Site clearance : कार्यस्थल की सफाई

Site of work : कार्य स्थल

Sketch : खाका

Sketch map : रेखा मानचित्र / नक्शा

Skew back : तिरछी डाट

Skirting : किनारी बनाना

Slacks : ढीले स्थान

Slack rivets : ढीले रिविट

Sleeper density : स्लीपर घनत्व

Sleeper packing : स्लीपर भराई

Sleeper wall : स्लीपर की दीवार

Slide chair : सरकन कुर्सी

Slide plate : सरकन (सर्पण) पट्टिका

Sling : उद्बंधन

Slowing of track : रेल-पथ सरकाना

Soaking vat : सोख कुंड / तरबतर करने वाला कुंड

Soiling stone : तल पत्थर / मैला पत्थर

Specification : विशिष्ट / विनिर्देश

Spar varnish : खनिज वार्निश

Spike : कील

Spill channels : बिखरे बहाव

Spirit level : स्पिरिट स्तरमापी

Spoil bank : फालतू मिट्टी का बंध

Sponsored : प्रायोजित

Sprayman : छिड़काव वाला (भिश्ती)

Spring hinge : कमानीदार कब्ज़ा

Spun yarn : बटा हुआ रस्सा

Square : गुनिया

Square joints : सम्मुख जोड़

Squaring of sleepers : स्लीपरों को गुनिया करना

Stack : चट्टा

Stacking : चट्टे लगाना

Staggered joint : विचलित जोड़

Stake : खूंटा

Standard specifications : मानक विशिष्टियां

Standard dimensions : मानक आयाम

Statue : संविधि

Steam road roller : माप चालित सड़क रोलर

Steel trough sleeper : इस्पाती नाली का स्लीपर

Steel work : इस्पात का काम / कार्य

Stipulated period : निर्धारित अवधि

Stipulation : अनुबंध

Stock rail : मूल पटरी / स्कंध पटरी

Stone chisel : पत्थर काटने की छैनी

Stone grit : कंकड़ी

Sub contractor : उप ठेकेदार

Sub division : उप मण्डल

Sub letting of contract : उप ठेका देना

Sub soil : अव मृदा

Subsistance : निर्वाह

Sub structure : अवसंरचना

Successor railway : उत्तराधिकारी रेल

Super elevation : बाह्य उत्थान / अध्युत्थान

Superior : उच्च / प्रवर / वरिष्ठ / श्रेष्ठ

Suppliers : सप्लाई कर्ता / पूर्तिकर्ता

Surface : धरातल / ऊपरी सतह

Surface damage : सतह क्षति

Survey : सर्वेक्षण

Switch points protector : पंखी रक्षक / स्विच

Switch rail : स्विच (पंखी) पटरी

Swivel : फिरकी / घुमाऊ

Swivel bridge : घुमाई पुल

Synthesis : संश्लेषण

Syrtis : चोर रेती / बालू

System : प्रणाली

T

Table : मेज / सूची / फलक / सारणी / तालिका

Tablean : झांकी / सजीव चित्र

Tack : छोटा कांटा

Tack coat : बंधक लेप

Tackle : कील-कांटा

Tamping : ठुकाई

Tamping bar : भराई छड़ / ठोकनी

Tangent point : स्पर्श बिंदु

Tapered wall : गोदमी दीवार

Tatties : टट्टियां
Technical Examination : तकनीकी जांच
Tee : तिमुहा / टी / निशाना / छतरी
Teething troubles : प्रारंभिक कठिनाइयां
Tegmen : आवरण
Telescope : दूरबीन
Template : आकार पट्ट
Tempo : रफ्तार /
Tender committee : निविदा समिति
Tenderer : निविदाता
Tender form : टेंडर फार्म / निविदा फार्म
Tender percentage : निविदा प्रतिशत
Tenure : धृति / धारण
Terfing : टर्फिंग
Test check : नमूना जांच
Theodolite : थियोडो लाइट
Thermoseting (Synthetio) resin : ताप दृढ़ (कृत्रिम) राल
Thorough packing : पूर्ण भराई
Through trains : सीधी (जाने वाली) गाड़ियां
Tie bar : तान छड़
Tie bar fancing : तान·छड़ बाड़
Tie rods : बंधक छड़
Timber : इमारती लकड़ी / प्रकाष्ठ
Time limitation : काल परिसीमा
Title of land : भूमि का हक़
Toe of switch : पंखी मुख
Tolerance : गुंजाइश (माप)
Tongue rail / Switch rail : स्विच रेल / जीभ पटरी / पंखी पटरी
Tool box : औजार पेटी
Tooth brick eding : तिरछी ईंट किमारी
Tracing : अनुरेखण
Track : रेल पथ
Track circulated : परिपथित
Track depot : रेख पथ डिपो
Track coordination : रेल-पथ समन्वय
Track maintenance : रेल पथ अनुरक्षण
Track renewal : रेल पथ नवीयन
Traffic survey : रेल पथ सर्वेक्षण
Transit : पारवहन / पारगमन
Transition : संक्रमण
Transitioning of curves : वक्रता क्रमण
Transverse / level : अनुप्रस्थ / तल
Trellis : जाफरी / झंझरी
Tremie : ट्रेमी
Tresspass : अनधिकार प्रवेश
Trial pit : जांच गर्त
Trifling deviation : मामूली विचलन
Trolley refuge : ट्राली यान
Turfing : घास लगाना
Turn out : उत्क्राम / विशाखन
Turn table : घूम पटरी / घूम चक्कर
Twirl : घूमना / चक्कर खाना

U

Unbolt : सिटकिनी खोलना

Unburden : भार या बोझ उतारना

Under burnt bricks : कम पकी ईंटें

Underside : अधीपार्श्व

Unmanned : कर्मचारी रहित

Upkeep : रख रखाव

Urgency certificate : अविलम्बता प्रमाण पत्र

Urgent work : अत्यावश्यक कार्य

U-shaped : नाल रूप

Utility : उपयोगिता

Utilizabel : प्रयोज्य / व्यवहार्य

Utmost : परम / उच्चतम

Uttermost : आत्यंतिक

V

Vacancy : खाली जगह / रिक्ति

Vacate : खाली करना

Vacuity : रिक्तता

Vacume : शून्य / रिक्त स्थान

Valid : मान्य / प्रामाणिक

Valve : वाल्व / कपाट

Variable : परिवर्ती / चल / चर

varicoloured : रंग-बिरंगा

Varnish : वारनिश / रोगन

Vary : बदल जाना / देना

Vat : टंकी / हौज

Vault : तहखाना / मेहराबी छत

Vegetation : वनस्पति / पेड़-पौधे

Vent shaft : चिमनी

Versed : निष्णात

Verification : सत्यापन

Vested : निहित

Vibrating : कंपित्र / कंपन

Viable : अर्थक्षम

Vicinity : सामीप्य / निकटता

Vitreous china : चीनी मिट्टी की खड्डी

Void : शून्य / अभाव / रिक्ति

Voucher : वाउचर / खर्च का पुर्ज़ा

W

Wage : वेतन / मज़दूरी

Wage earner : वेतन भोगी

Wagon / waggon : चौपहिया गाड़ी/ माल डिब्बा

Waiting room : प्रतीक्षालय

Wall map : भित्ति मान चित्र / दीवार नक्शा

Wall lining : अस्तरी दीवार

Water column : जल खंभ / जल सूंड

Water pipe : पनाला

Water supply & conservancy: जलपूर्ति (प्रदाय) तथा सफाई व्यवस्था

Water way : जल मार्ग

Washy : पनिहा / पनीला

Water gauge : जल मापी

Water hole : (जल) गड्ढा

Water works : जल कल

Way : रास्ता / दूर / साधन / युक्ति

Web and works manual : रेल पथ और कार्य नियमावली

Wedge : फन्नी

Weep hole : रिसन-छिद्र / बहता छेद

Whistle board : सीटी पट्ट / सीटी संकेतक

Whitting : खड़िया भराई

Wing rail : पक्ष पटरी

Wood work : लकड़ी का काम

Wooden cleats : लकड़ी के गुटके

Worked lines : चालित लाइनें

Works : निर्माण कार्य

Works order : निर्माण कार्य आदेश

Work out : अभ्यास

Works programme : निर्माण कार्यक्रम

Works slip : निर्माण कार्य पर्ची

Work shop : वर्कशाप / कारखाना / कार्यशाला

Wrap : कंबल

X

Xylography : काष्ठ चित्रकला

Y

Yard : अहाता / यार्ड

Yardage : क्षेत्रफल / प्रांगण का किराया

Year book : वार्षिक

Yard stick : मापदंड

Z

Zero : शून्य / कुछ नहीं

Zinc (verb) : जस्ता चढ़ाना

Zip (verb) : ज़िप से बंद करना